長沙市文物考古研究所
中國文物研究所
北京大學歷史學系
走馬樓簡牘整理組 編著

長沙走馬楼三國吴簡

竹簡〔壹〕

（下）

文物出版社

釋文

一　妻大女黄年廿四腫兩足　子小女浩年二歲☒

二　健妻大女仵（？）年廿五　健女弟洎年廿一腫兩足

三　馬姪子男高年七歲踵兩足　高女☒

四　肫子小女澐（？）年三歲　☒

五　慮（？）女弟金年二歲　☒

六　右禮家口食合四人　其三人男 一人女

七　富貴里户人公乘楊□年廿四　☒

八　□□□年廿九　絲男弟□年七歲☒

九　右馬家口食合五人　其二人男 三人女

一〇　土（？）兄公乘戰年五十踵兩足　戰妻大女☒

一一　妻大女思年卌三　禮子男李年☒

一二　妻大女如年廿三　土（？）子男賢年三歲

一三　李男弟鄧年六歲　☒

一四　富貴里户人公乘胡禮年六十踵兩足

一五　……□□年十二……□男……

一六　從男弟脩年六歲　妾姪子男亡年四歲

一七　老（？）男弟萇年四歲☒

一八　□姪子男呙年七歲　呙男弟妔年五歲☒

一九　妻大女思年廿七　☒

二〇　禮姪子男魯年五歲　魯兄勉年八歲苦癰病

二一　☒嘉禾元年十二月六日新成丘黄强付三州倉吏谷漢受

【注】「黄强」為簽署。

二二　入東鄉三年税米二斛胄畢☰☒

二三　☒……罪應……☒

二四　☒……五年八月廿五☒

二五　☒兒女弟揹年三歲☒

二六　☒□□齊壽……月十一日□□☒

二七　右廣成鄉入粢……　中

二八　富貴里户人公乘黄逊年廿一　☒

二九　魯女弟姑年三歲　☒

三〇　☒☰嘉禾二年九月十七日□□丘□□付倉吏殷連受

三一　入二年四月五日酒租錢二萬☰嘉禾二年五月九日吏潘有☒

三二　☒☰嘉禾二年八月十六日玉龍丘☒

三三　☒税米一千六百一十三斛一斗五升

三四　☒□五斛胄畢☰嘉禾元年十二月廿八日上和丘☒

三五　☒□大夫事　八月一日中賊曹史郭邁白

【注】「郭邁」為簽署。

三六　入都鄉嘉禾二年税米廿斛☰嘉禾二年☒

三七　☒漆關限米六斛胄畢☰嘉禾元年十二月十八日盡丘□□☒

三八　☒□覆吏啓田事　□月一日右田曹史□□白

三九　入南鄉頃佃丘谷蘇嘉禾二年口筭錢一千三百五十☰嘉禾三年三月

四〇　□□日☒

四一　☒鋘錢二千☰嘉禾二年五月廿□日盡丘男子潘□☒

四二　☒□月三日□□丘男子朱□關坒閣☒

四三　……斛四斗☰嘉禾年三月廿一日盡丘繼仁關丞皋紀付掾孫☒

【注】「嘉禾」、「年」間脱年數。

四四　……子五既（？）宗賢……

四五　☒☰嘉禾六年十一月六日上和丘謝義付三州倉吏谷漢受中

四六　☒鄉入鋘賈錢十萬五千一百

四七　☒五年貸直（？）息米一斛六斗☰嘉禾六年二月十六日莨丘李完關

四八　主記梅　☒

四九　……三月五日☒

五〇　☒丘區賢關坒閣郭據付☒

五一　☒鄉嘉禾二年大男限米四斛☰嘉禾二年十一月十五日部丘郡吏☒

五〇　未畢三年吏帥客限米□斛□□⧄
【注】「未」上原有墨筆點記。
五一　入□鄉叛士限米四斛伍斗胄畢≡嘉禾二年十月⧄
五二　入□□□□賈錢二千≡嘉禾⧄
五三　⧄三斛四斗胄米畢≡嘉禾五年四月□□⧄
五四　⧄嘉禾三年三月廿七日□□郡吏黄□付庫吏殷連⧄
五五　⧄□事　□□□□□□曹史□□百
五六　⧄□□付倉吏黄諱番□受
五七　⧄□鄉□□黄龍二年□□⧄
五八　右中鄉入皮賈錢一萬
【注】「右」上原有墨筆點記。
五九　⧄□□□等限米入不滿限畝課問府等事　十月□九日□⧄
六〇　⧄□事　……
【注】本號形制與三五、三八、五五、五九等號同，下殘部分也是小字。
六一　⧄王二月十一日泊丘……倉吏谷漢受
六二　入中鄉……斛胄畢≡嘉禾元年十二月⧄
六三　⧄……≡嘉禾二年……⧄
六四　入廣成鄉……⧄
六五　⧄私學限米卅七斛五斗□畢≡嘉禾二年五月十五日大男傅刀關坙⧄
六六　入廣成鄉二年財用四千≡嘉⧄
【注】「財用」下脱「錢」字。
六七　⧄三日常略丘烝禿付三州（？）吏谷漢受中
【注】「三州」下脱「倉」字。簡末「中」為朱筆。
六八　⧄≡嘉禾二年□□⧄
六九　⧄入粢租米八斛八斗
七〇　⧄米……⧄
七一　⧄斛九斗六升≡嘉禾二年□⧄
七二　⧄鄉税米二斛四⧄
七三　入西鄉□□⧄
七四　⧄閣郭據付倉吏黄諱史潘慮受　中
【注】簡末「中」為朱筆。
七五　⧄付庫吏潘……⧄
七六　入□□□□□錢□□⧄
七七　⧄付庫吏⧄
七八　⧄九月廿一日税布一□□□⧄
七九　⧄黄龍二年⧄
八〇　入都鄉嘉禾二年税米十二斛≡嘉禾二年十一月三日厭下丘郡吏⧄
八一　⧄……關坙閣……⧄
八二　⧄卅二斛≡嘉禾二年七月三日⧄
八三　⧄斛五斗胄畢≡嘉禾元年十二月五日⧄
八四　⧄□陳廉關坙閣李　⧄
八五　右模鄉入財用錢一萬五□⧄
八六　⧄□倉吏番慮受中
【注】簡末「中」為朱筆。
八七　⧄□八月九日厭梁丘大女區廉關⧄
八八　入都鄉嘉禾二年税米廿三斛⧄
八九　⧄□≡嘉禾二年七月九日伍（？）下丘□□關⧄
九〇　……四斗九升□畢≡嘉⧄
九一　入樂鄉嘉禾六年財用錢五千一□⧄
九二　入模鄉鋘賈錢五千四□⧄
九三　入東鄉倉丘男子謝生二年財⧄
九四　⧄□≡嘉禾二年七月廿五日石下丘男子□⧄
九五　入廣成鄉嘉禾二年財用錢二千≡⧄
　　⧄□二斛≡嘉禾二年十一月十五日仇□丘郡吏毛昕（？）關坙閣
九六　李嵩（？）⧄

九七　入□□鄉□稅米……斛☐
九八　☐月二日□默還本縣桑……☐
九九　右□民□□☐

【注】「右」上原有墨筆點記。

一〇〇　☐胄畢𡟰嘉禾元年七☐
一〇一　☐□鄉濟丘謝賞二年口筭錢二☐
一〇二　☐黄龍二年十月十一日☐
一〇三　☐倉吏黄諱潘慮受
一〇四　☐月□日石□丘□□關邸閣□□付倉吏黄諱史潘慮受
一〇五　☐丘男子吏□付□☐
一〇六　☐鋘（？）賈（？）錢二□𡟰嘉禾二年二月□☐
一〇七　☐二日□□丘大男蔡巴關邸☐
一〇八　☐□合三百卅三斛二斗□升☐
一〇九　☐十一月八日奋丘大女俱妾關邸閣
一一〇　☐□□稅米□□□☐
一一一　☐□唐（？）中丘黄□關邸閣董基付倉吏黄諱……
一一二　☐□卅四□□□☐
一一三　☐一日……吏黄諱□□受
一一四　入模鄉嘉禾元年財用錢☐
一一五　入廣成鄉二年財用錢三千𡟰☐
一一六　☐□上丘大男毛德關邸閣☐
一一七　☐萬四千𡟰嘉禾二年十二月十……☐
一一八　☐□二斛胄畢𡟰嘉禾元年四月☐
一一九　☐□□𡟰嘉禾二年……循關邸閣☐
一二〇　☐𡟰嘉禾二年六月廿八日□□□☐
一二一　☐月十四日黄中丘大男張士關邸閣李嵩☐
一二二　☐□□□□𡟰嘉禾□年四月□日☐
一二三　入小西鄉□□□□□□☐
一二四　☐……　中
一二五　☐……□士關邸……☐
一二六　☐十一月廿一日□□丘大男張高關邸閣李嵩付倉吏☐
一二七　入都鄉嘉禾□年□☐
一二八　☐𡟰嘉禾二年七月十八日□☐
一二九　☐𡟰嘉禾二年九月☐
一三〇　☐□□三州倉稅米五斗一升
一三一　☐衛陳關邸閣李嵩☐
一三二　☐□事　八月廿八日□□□史□□白
一三三　☐□米船師□☐
一三四　☐旱限米三斛□☐
一三五　☐……米二百卅九斛九斗一升
一三六　入樂鄉嘉禾元年財用篺賈錢☐
一三七　☐□米二斛胄畢𡟰嘉禾元年☐
一三八　☐……連受
一三九　小赤里户人公乘劉刀年七十新（？）☐
一四〇　☐月三日楮下丘蔡德付□□☐
一四一　☐二年八月八日大男謝□☐
一四二　入廣成鄉□□□☐
一四三　☐一斛三斗𡟰嘉禾元年☐
一四四　☐□元年十一月十日□□丘鄭參付三州□□□
一四五　☐十九日羅終上丘區□□☐
一四六　☐□錢二萬八千五☐
一四七　☐□租錢五萬　☐
一四八　☐倉吏黄諱潘慮受
一四九　☐嘉禾二年十一月☐
一五〇　☐邸閣李嵩付倉吏☐
一五一　☐□付庫吏□☐

⧄□十一月六日□□丘大男⧄ 一五二
⧄吴嘉禾二年田□⧄ 一五三
⧄□付三州倉吏谷漢受 一五四
⧄□四斛吴嘉禾二年六月⧄ 一五五
入中鄉税米八斛五斗⧄ 一五六
⧄嵩付倉⧄ 一五七
⧄□廣二尺深一尺四⧄ 一五八
⧄□黄弁付庫吏⧄ 一五九
⧄畢吴嘉禾⧄ 一六〇
⧄嘉禾二年九月四⧄ 一六一
⧄萬七千二百⧄ 一六二
⧄　吴嘉禾⧄ 一六三
⧄錢三千吴⧄ 一六四
⧄□四百　⧄ 一六五
⧄吏谷漢受 一六六
右理家口食⧄ 一六七

【注】「右」上原有墨筆點記。

⧄年八月十五日⧄ 一六八
⧄年財用錢⧄ 一六九
都鄉男子誦怗故户上品出錢一萬二千⧄ 一七〇正

【注】「怗」為「惉」之俗體。

入錢畢民自送牒還縣不□□□⧄ 一七〇背
都鄉男子脩敌敌户上品出錢一萬二千侯相　⧄ 一七一正
入錢畢民自送牒還縣不得持還⧄ 一七一背
都鄉男子朱敬故户上品出錢一萬二千侯相⧄ 一七二正
入錢畢民自送牒還縣不得持還□⧄ 一七二背
都鄉縣吏鄭郎故户上品出錢一萬二千侯相⧄ 一七三正
入錢畢民自送牒還縣不得持還□⧄ 一七三背

⧄吴嘉禾□年十一月十三日楮丘鄭適付三州倉吏谷漢受　中 一七四
⧄米二斛吴嘉禾六年二月九日何丘由遠關主記⧄ 一七五
都鄉謹列五十□億錢……⧄ 一七六
都鄉男子□□故户上品出錢一萬二千侯相⧄ 一七七正
入錢畢民自送牒還縣不得持⧄ 一七七背
⧄吴嘉禾□年十二月廿八日楮丘□□□付三州倉吏谷漢⧄ 一七八
⧄成鄉入所備連□□米六斛 一七九
⧄□□吴嘉禾元年十二月二日首丘謝（？）□付三州倉吏谷漢受中 一八〇
入平鄉限米三斛□畢吴嘉禾元年十二月十四日⧄ 一八一
⧄嘉禾二年十月六日首丘黄□關邸閣董基⧄ 一八二
⧄□黄龍二年税□□□曺畢⧄ 一八三
⧄曺畢吴嘉禾元年十二月廿七日緒中丘米碭付三州倉吏谷漢受　中 一八四
⧄吴嘉禾六年三月六日石下丘許賓關丞䆠　⧄ 一八五
⧄畢厚關邸閣李嵩⧄ 一八六
入中鄉嘉禾二年…… 一八七
⧄禾元年十二月十九日大平丘（？）黄孔付倉吏谷漢受 一八八
入□鄉備吏周章□□⧄ 一八九
⧄鄉限米廿九斛七斗五升……⧄ 一九〇
⧄月廿九日□能丘陳□關邸閣李嵩付倉吏黄⧄ 一九一

【注】「能丘」上□右半殘缺，左半從「亻」。

⧄畢吴嘉禾元年十一月七日平陽丘…… 一九二
入小武陵鄉嘉禾二年新租米六斛吴嘉禾二年七月廿五⧄ 一九三
⧄日奮丘李衛關邸閣李嵩付倉吏黄諱史潘慮受 一九四
⧄吴嘉禾元年十一月廿五日林丘男子區孫付三州倉吏谷漢受　中 一九五
⧄□運道縣米卌五斛吴嘉禾元年□□□□□⧄ 一九六

一九七 ⧄米一斛胄米畢𦫳嘉禾元年十一月六日頃丘吴□付三州倉吏谷漢受
一九八 ⧄關坣閣李嵩付倉吏黄諱史潘慮受
一九九 ⧄鄉元年税米一斛胄畢𦫳嘉禾元年十二月田⧄
二〇〇 ⧄日□下丘大男蔡鵬關坣閣李嵩付倉吏黄諱史⧄

【注】「鵬」疑為「鵰」之別體。

二〇一 ⧄七斛𦫳嘉禾元年八月廿三日男子許□關坣閣⧄
二〇二 ⧄丘大男□□關坣閣董基付三州倉吏谷漢受
二〇三 ⧄禾元年四月一日□……⧄
二〇四 入平鄉三年佃卒限米⧄
二〇五 入吏吴健二年鹽米二斛⧄
二〇六 ⧄□年十二月廿一日關坣閣郭⧄
二〇七 ⧄李嵩付倉吏黄諱潘⧄
二〇八 ⧄限米廿六斛胄畢𦫳嘉禾五年十二月九□⧄
二〇九 入吏韋周二年鹽米⧄
二一〇 ⧄限米二斛⧄
二一一 入廣成鄉二年謝□□□⧄
二一二 ⧄□五奉番有二斛連錢四萬⧄
二一三 入廣成鄉嘉⧄
二一四 ⧄□□𦫳嘉禾二年□⧄
二一五 入樂鄉二年限米五斛胄⧄
二一六 ⧄武羅民李思關坣⧄
二一七 ⧄付倉吏黄⧄
二一八 ⧄連道縣米五十五斛又八斗

【注】「五十五」為濃墨改字。

二一九 ⧄入三年合□卒限米六斛五斗
二二〇 ⧄□馬關坣閣李嵩付倉掾谷⧄
二二一 ⧄稟租米二斛𦫳嘉禾元年□□月七日斷所（？）丘男子李刀關坣閣⧄
二二二 ⧄嘉禾二年□□□□⧄
二二三 ⧄故帥客限米卅一斛五斗
二二四正 ⧄故户中品出錢八千侯相⧄
二二四背 ⧄自送牒還縣不得持還⧄
二二五 ⧄五年六月廿五日□
二二六 ⧄禾三年八月十日□⧄
二二七 右諸鄉入二年稟租米一斛⧄

【注】「右」上原有墨筆點記。

二二八 ⧄嘉禾二年稟租米二斛⧄
二二九 入都鄉嘉禾二年稟租米一斛𦫳嘉禾二年七月廿三⧄
二三〇 ⧄限米七斛八斗胄畢𦫳嘉禾元年十一月廿七日負丘男子□□付三州倉吏谷漢受
二三一 ⧄朱（？）道（？）潘迎即米五斛胄畢𦫳嘉禾元年十一月三日領中丘謝□付倉吏谷漢受　中
二三二 ⧄□四斛二斗胄畢𦫳嘉禾元年十二月八日敦丘男子由明⧄
二三三 ⧄□連道縣（？）米四斛□□𦫳嘉禾元年十一月⧄
二三四 ⧄□日菀丘黄屯付三州倉吏谷漢受　中
二三五 ⧄倉吏谷漢受
二三六 ⧄禾元年十二月廿二日□□丘□□付三州倉吏□□□　中
二三七 ⧄𦫳嘉禾元年十一月廿五日……⧄
二三八 ⧄……十一日史□□白
二三九 入廣成鄉三年郵卒限米三斛胄畢𦫳嘉⧄
二四〇 ⧄𦫳嘉禾元年十二月九日屈丘□樵（？）付三州倉吏谷漢受　中
二四一 ⧄　春（？）寡姃綺年卅
二四二 ⧄𦫳嘉禾元年十二月二日桐丘□□付三州倉吏谷漢受

☑……嘉禾□年十一月五日□頃丘侯建付倉吏谷漢受　二四三

右廣成鄉入三年郵卒限米☑　二四四

【注】「右」上原有墨筆點記。

北（？）姪子☑　二四五

☑付倉吏谷漢受　中　二四六

☑米一斛八斗㕁嘉禾元年十二月廿二日南彊丘☑　二四七

入□鄉黄龍三年税米一斛五斗五升冑畢㕁嘉禾二年☑　二四八

☑　□　嘉禾二年十二月十二日典田掾蔡□白　二四九

【注】□為濃墨批字，已殘，應為「若」，亦即「畫諾」之「諾」。

右美家口食二人☑　二五〇

右平鄉入三年……☑　二五一

入廣成鄉黄龍三年税米七斛□斗冑☑　二五二

☑年十一月五日□□丘□□付倉吏谷漢受　二五三

☑□子男□☑　二五四

☑……付三州倉吏谷漢受　二五五

☑……月右記□□☑　二五六

☑入三年□□税米卅斛七斗☑　二五七

右這家口食十二☑　二五八

☑嘉禾六年已□☑　二五九

☑右平鄉入三年粢租米八斛三☑　二六〇

☑㕁嘉禾二年七月五日小赤丘☑　二六一

☑右入二年粢租米☑　二六二

☑米六斛㕁嘉禾二年七月十一日□☑　二六三

右承家口食☑　二六四

☑付三州倉吏谷漢受　二六五

☑□六日上利丘男子烝□☑　二六六

☑付倉吏谷漢受　二六七

☑□斗冑畢㕁嘉禾元年十一月三日東扶丘☑　二六八

☑佃（？）吏（？）□□☑　二六九

富貴里户人公乘雷崇年☑　二七〇

☑户人公乘李敱年卅一　☑　二七一

【注】「敱」疑為「敳」之别體。「敳」同「敦」。

入平鄉嘉禾二年粢租米五斛三□☑　二七二

☑□三年税米五斛冑畢☑　二七三

☑二年粢租米十斛☑　二七四

入□鄉黄□□年☑　二七五

☑二斗就畢　二七六

入□鄉嘉禾二年粢租米☑　二七七

☑付倉吏谷漢受　二七八

入所運三州黄☑　二七九

【注】「三州」下似脱「倉」字。

右入二年粢租米九斗☑　二八〇

右樂鄉入三年☑　二八一

☑㕁嘉禾元年十二月十日泊丘廖洄付三州倉吏谷漢受　二八二

☑□□關主記梅綜□□□☑　二八三

入都鄉鋘錢六☑　二八四

☑市妻東波☑　二八五

☑付倉吏黄諱潘☑　二八六

☑關主記梅綜☑　二八七

☑三斛九斗㕁嘉禾五年十二☑　二八八

☑丘李昌關邸閣☑　二八九

☑□侯相　☑　二九〇正

☑不得持還☑　二九〇背

都鄉男子龔將故户上品出錢☑　二九一正

入錢畢民自送牒還縣☑　二九一背

☑黄龍□□限米☑　二九二

二九三　⧄黄諱史潘慮□
二九四　⧄𠕇嘉禾六年四月十二日藺丘唐⧄
二九五　右□⧄
二九六　⧄□肇詣府給吏⧄
二九七　⧄二月二日恕（？）丘周□⧄
二九八　⧄史潘慮受
二九九　⧄付倉吏黄諱史⧄
三〇〇　⧄□□丘李昌付三州⧄
三〇一　⧄六斛𠕇□⧄
三〇二　⧄□年正月十六日平樂丘⧄
三〇三　⧄周章所貸□□⧄
三〇四　入都鄉嘉禾□年新⧄
三〇五　⧄□限米二斛冑米⧄
三〇六　⧄粢租米四斛
三〇七　入西鄉嘉禾⧄
三〇八　⧄栂（？）綜（？）⧄
三〇九　⧄□黄武四⧄
三一〇　⧄限米七⧄
三一一　⧄布三丈九尺𠕇嘉⧄
三一二　入都鄉嘉禾二年税米二斛𠕇嘉禾二年五月⧄
三一三　⧄嘉禾五年私學限米⧄
三一四　⧄　張男弟角年……
三一五　⧄年税米廿二斛𠕇嘉禾二年⧄
三一六　⧄祐（？）年九歲　⧄
三一七　⧄□丘大男黄楸付倉吏黄諱受
三一八　⧄□斛𠕇嘉禾二年□⧄
三一九　入□鄉嘉禾二年粢租米⧄
三二〇　⧄日□丘陳选關主紀史栂　⧄
三二一　⧄𠕇嘉禾六年正月廿日茆丘□⧄
三二二　⧄關邸閣郭據付倉⧄
三二三　⧄米年七十九
三二四　⧄鄉四年税米一斛一斗𠕇嘉禾五年十二月廿八日□⧄
三二五　入東鄉税米六斛⧄
三二六　⧄嘉禾二年粢租三斛⧄

【注】「粢租」下脱「米」字。

三二七　右東家口食四人　筭二　⧄
三二八　……三人□□……⧄
三二九　東妻白年廿　⧄
三三〇正　⧄……𠕇嘉禾六年正月十二日□⧄
三三〇背　⧄□□郡典田吏□□
三三一　劉里户人公乘李尚年七十⧄
三三二　⧄□錢□□應□⧄
三三三　⧄慮受
三三四　⧄五　尚妻大女姑年六十六　⧄
三三五　入小武陵鄉嘉禾二年粢租米⧄
三三六　⧄𠕇嘉禾二年七月五日錫丘□⧄
三三七　右姑家口食⧄

【注】「右」上原有墨筆點記。

三三八　入廣成鄉嘉禾二年⧄
三三九　⧄斛𠕇嘉禾二年七月廿⧄
三四〇　⧄年卅五
三四一　入□鄉嘉禾二年粢租米⧄
三四二　⧄廿四
三四三　還付掾孫⧄
三四四　⧄丈一□𠕇嘉禾六年三月廿九日露丘縣吏谷漢□⧄
三四五　⧄□關邸閣□⧄

〼稅米十斛胄畢𡖟嘉禾六年十月廿〼　三四六

入紀（？）鄉二年□□四斛四斗四升〼　三四七

入都鄉黃龍二年𥻗租米〼　三四八

〼𡖟嘉禾元年〼　三四九

〼叩頭〼　三五〇

〼關主記栂　〼　三五一

□里户人公乘濼珠年〼　三五二

【注】「濼」疑為「瀵」之別體。

〼付倉吏〼　三五三

都鄉……〼　三五四正

入錢畢民〼　三五四背

〼□□付倉吏番有受　三五五

都鄉男子黃□𢼸〼　三五六正

入錢畢民〼　三五六背

〼□付倉吏番〼　三五七

【注】簡下部有朱筆塗痕。

入模鄉口筭錢三百〼　三五八

〼𡖟嘉禾〼　三五九

入廣成鄉嘉禾二年𥻗租米十斛〼　三六〇

右平鄉入三年〼　三六一

〼□年八十九盲右目〼　三六二

賀妻□〼　三六三

〼米七斛七斗𡖟〼　三六四

〼元年租□〼　三六五

□子男得年〼　三六六

〼□丘謝〼　三六七

〼□六關〼　三六八

〼□丑關邸各董基付三州倉吏鄭黑受　三六九

【注】「各」應為「閣」之誤。

〼𡖟嘉禾二年十一月八日〼　三七〇

弘女弟兒年七歲　兒□〼　三七一

〼三年田畝錢准入米一斛七斗𡖟嘉〼　三七二

入都鄉嘉禾二年𥻗租米三斛□斗𡖟嘉禾二年七月十三日真緈丘男〼　三七三

〼付掾孫儀〼　三七四

□庫吏殷連謹列九月旦簿□餘新入嘉禾二年布匹〼　三七五

〼□□𡖟嘉禾二年七……〼　三七六

都鄉男子黃諂故户上品出錢一萬二千侯相〼　三七七正

入錢畢民自送牒還縣不得持還〼　三七七背

都鄉男子陳晉故户中品出錢〼　三七八正

入錢畢民自送牒還縣〼　三七八背

都鄉男子朱萇故户中品出錢八千侯相〼　三七九正

入錢畢民自送牒還縣不得持還□〼　三七九背

入廣成鄉嘉禾二年財用錢一千𡖟嘉禾〼　三八〇

〼□真故户下品出錢□千□百九十四侯相　〼　三八一正

〼入錢畢民自送牒還縣不得持還鄉典田□〼　三八一背

緒中里户人公乘雷□年卌□〼　三八二

〼弟明年六歲　三八三

入東鄉嘉禾〼　三八四

〼故户中品出錢八千侯相〼　三八五正

〼自送牒還縣不得□□〼　三八五背

〼　其 □□男 五人女　三八六

右𢼸家口食〼　三八七

〼𡖟嘉禾五年十二月廿八日平□〼　三八八

〼掾孫儀受　三八九

三九〇　〼平鄉入佃卒限米八十七斛〼

三九一　〼粢租米十四斛〼

三九二　〼□斛四斗㚒嘉禾二年七月廿□日〼

三九三　〼斛㚒嘉禾六年〼

三九四　〼□年五月九日盧丘谷方關坠〼

三九五　〼㚒嘉禾三年正月五日屈丘〼

三九六正　都鄉男子□□故户上品出錢一萬二千侯相〼

三九六背　入錢畢民自送牒還縣不得持還〼

三九七　〼嘉禾二年粢租米二斛㚒嘉禾二年八月十三日連□丘關〼

三九八　□男弟淮年五歲

三九九　〼㚒嘉禾元年十二月十日谷〼

四〇〇　〼□年卅一

四〇一　〼㚒嘉禾二年五月十七日唐中丘鄧□關坠閣董基付三州倉吏番有受

四〇二　入黄龍元年吏張復田米六斛㚒〼

四〇三　〼斛㚒嘉禾五年十二月廿八日壺□丘□□關坠〼

四〇四　□子女□年八歲

四〇五　〼□付庫吏〼

四〇六　〼三　世女弟絮年十一

四〇七　入模鄉二年布廿匹三丈　〼

四〇八　〼□税米廿三斛□斗㚒嘉禾六年四月廿〼

四〇九　〼……丘□□關坠閣董基付三州倉吏谷漢受

四一〇　非妻楊年卅一　〼

四一一　〼關坠閣董基付三州倉吏谷漢受

四一二　入都鄉留丘□□嘉禾二年□受〼

四一三背　□錢畢民自送牒還縣不得持還鄉與田□〼

【注】正面有字，但已磨滅，無法識讀。

四一四　〼禾二年正月〼

四一五　〼廿二斛㚒〼

四一六　〼□男弟□年廿（？）歲

四一七背　〼得持還□□〼

【注】正面有字，但已磨滅，無法識讀。

四一八　〼□滿（？）丘黄〼

四一九　妻大女豆年卅　肫男弟〼

四二〇正　都鄉男子□□故户上品出錢〼

四二〇背　入錢畢民自送牒〼

四二一　其五百五十三斛□□〼

【注】簡中有朱筆塗記。

四二二　〼三歲

四二三　〼四斛一斗㚒嘉禾五年十二月廿八日於上丘〼

四二四　〼□粢租米……曹畢〼

四二五　〼嘉禾二年十二月十九日〼

四二六　〼十二月廿八日於上丘〼

四二七　〼嘉禾五年田畝布賈□〼

四二八　〼吏潘慎受

四二九　謙弟士伍□年〼

四三〇正　都鄉男子黄皇故户上品出錢一萬二千侯相〼

四三〇背　入錢畢民自送牒還縣不得□〼

四三一　〼嘗付倉掾黄諱史潘慎受

四三二　〼□丘男子黄鳳關主記梅綜付□〼

四三三正　都鄉男子張羥故户上品出錢一萬二千侯相〼

四三三背　入錢畢民自送牒還縣不得持還鄉〼

四三四　入中鄉二年布一匹〼

四三五　入模鄉二年林文鄧汻財用〼

四三六　入西鄉楊溲丘大男陳延□〼

四三七　入都鄉嘉禾二年税米廿三斛六斗二升㚒嘉〼

四三八　⧄月十五日吳丘黃□關丞宰　⧄

四三九　入□鄉二年調布一匹〓嘉⧄

四四〇　⧄弟具年七歲

四四一　⧄□鋘賈錢五⧄

四四二　⧄大女□汝姑□⧄

四四三　入小武陵鄉嘉禾二年⧄

四四四　⧄□謝□□□

四四五　出用須⧄

四四六　⧄〓嘉禾二年四月廿二日□□佃丘周□關邸閣董基付三州倉吏谷
漢受

四四七　⧄　馬得兄憂（？）年六十七

四四八　入樂鄉三年庚□⧄

四四九　入模鄉嘉禾二年粢租米二斛□□⧄

四五〇　入東鄉三年稅米一斛六斗胄畢〓嘉禾⧄

四五一　入都鄉嘉二年稅米三斛六斗〓嘉⧄

【注】前「嘉」下脱「禾」字。

四五二　入平鄉三年子弟限米三斛胄畢〓⧄

四五三　⧄□貸食三州倉吏□□⧄

四五四　右□家⧄

【注】「右」上原有墨筆點記。

四五五　⧄月十八日租下丘男子谷□⧄

四五六　⧄二斛〓嘉禾二年□月□⧄

四五七　⧄彊妻䜣年廿三⧄

四五八　入都鄉嘉禾二⧄

四五九　⧄　其　一人男　□□□

四六〇　⧄其　□人男　□□□

四六一　右東鄉貸□⧄

【注】「右」上原有墨筆點記。

四六二　⧄〓嘉禾六年三月十日肥斋丘鄭⧄

【注】「斋」疑為「布」或「希」之別體。

四六三　⧄邸閣李嵩付倉吏黃諱潘慮受

四六四　⧄二年八月十三日⧄

四六五　⧄丘毛王關邸閣□⧄

四六六正　都鄉男子□□故户中品出錢八千……⧄

四六六背　入錢畢民自送牒還縣不得持還鄉⧄

四六七　入都鄉嘉禾二年粢租米三斛□□〓嘉⧄

四六八正　都鄉男子吳□故户上品出錢一⧄

四六八背　入錢畢民自送牒還縣不得持⧄

四六九　⧄□黃興裴□□⧄

四七〇　⧄栂綜付掾孫儀受

四七一　入都鄉嘉禾二年稅米⧄

四七二　富貴里户人公乘唐玉年卅⧄

四七三　緒中里户人公乘□□⧄

四七四　⧄吏殷⧄

四七五　⧄〓嘉禾六年正月廿一日新⧄

四七六正　⧄户下（？）品出錢四千⧄

四七六背　⧄自送牒還縣不得⧄

四七七　⧄綜付掾孫儀受⧄

四七八　⧄年十一

四七九　⧄年廿一

四八〇　右□家口食五人　⧄

四八一　⧄□月十三日　⧄

四八二　出倉吏黃諱潘慮所領黃龍⧄

四八三　⧄廿一斛六斗〓嘉禾六年二月十日楮丘⧄

四八四　入模鄉元年稅⧄

四八五　⊠綜付掾孫儀受
四八六　⊠〼嘉禾二年八月九日□□□⊠
四八七　⊠四年稅米田一斛五斗〼嘉禾六年正月廿一日□⊠
四八八　⊠掾黃諱史潘慮受
四八九　⊠錢二千六百
四九〇　⊠年九月廿三日□⊠
四九一　⊠〼嘉禾六年二月⊠
四九二　⊠□□□付庫吏殷（？）⊠
四九三　入西鄉二年粢租米⊠
四九四　⊠嘉禾六年正月十六日東平丘⊠
四九五　⊠下和丘周廖□⊠
四九六　⊠家口食⊠
四九七　⊠月旦簿領餘吳平斛⊠
四九八　⊠□兄子男絮年廿六
四九九　⊠　户下婢小長五尺
五〇〇　黃桑妻項田長卅……廣□⊠
五〇一正　⊠□□出錢⊠
五〇一背　⊠還縣不⊠
五〇二　⊠〼嘉禾六年正月廿六日⊠
五〇三　⊠二年□□□限米二斛胄畢⊠
五〇四　⊠〼嘉禾六年十二月十七日□丘縣吏⊠
五〇五　⊠□□〼嘉⊠
五〇六　⊠□□〼嘉禾元年十一月⊠
五〇七　入南鄉嘉禾二年⊠
五〇八　⊠□□關主記梅⊠
五〇九　⊠□□年四歲
五一〇　⊠□斛一斗胄畢⊠
五一一　⊠□五十斛⊠
五一二　□□鄉嘉禾二年布二匹□□⊠
五一三　⊠米六斛就畢〼⊠
五一四　⊠卅六斛〼嘉禾六年四月七日男子謝⊠
五一五　入東鄉五年□稅米□□□胄畢〼嘉⊠
五一六　⊠嘉禾元年□⊠
五一七　⊠□□倉吏⊠
五一八　⊠□禾二年十月⊠
五一九　⊠□□石丘高（？）⊠
五二〇　⊠歲
五二一　⊠〼嘉禾二年⊠
五二二　⊠錢一千八百〼嘉⊠
五二三　富貴里户人公乘文禮年卅九　⊠
五二四　⊠□米廿斛二斗四升⊠
五二五　⊠□貲准米七斛九斗⊠
五二六　⊠□年貸□⊠
【注】簡中有朱筆塗記。
五二七　⊠年十一月十六日黃丘鄭餘關坚閣□□付倉吏鄭黑受
五二八　⊠一千〼嘉禾二⊠
五二九　⊠禾五年田畝布賈□⊠
五三〇　⊠□租米卌六⊠
五三一正　⊠上品出錢⊠
五三一背　⊠送隱還⊠
五三二　⊠家口食十人⊠
五三三　⊠七日於上丘潘⊠
五三四　⊠付倉吏鄭黑受
五三五　⊠□□斛〼嘉禾二年十二月十一日彈溲丘鄭⊠
五三六　入樂鄉粢租九斛一斗□⊠
【注】「粢租」下脫「米」字。

入都鄉嘉〼　五三七
入樂鄉嘉禾五年□〼　五三八
〼禾二年稅米卅斛冑〼　五三九
富貴里户人公乘唐兟（？）〼　五四〇
〼□船師□關坙閣〼　五四一
〼禾二年稅米〼　五四二
〼米七斗冑畢〼　五四三
〼年七十三　兟妻買（？）年〼　五四四
〼歲　五四五
都鄉州卒黃□〼　五四六正
入錢畢民自〼　五四六背
〼何黑錢二千𠄠〼　五四七
〼□付主庫吏〼　五四八
〼□所差馬夫二日□〼　五四九
入東鄉嘉禾五年貸□……〼　五五〇
〼中品出錢八千侯〼　五五一正
〼自送隱還縣不〼　五五一背
〼□□黨□四〼　五五二
〼□死罪〼　五五三
〼冑畢𠄠嘉禾□年〼　五五四
〼二歲　五五五
〼年稅米四斛〼　五五六
〼文關記梅綜〼　五五七
【注】「關」下疑脱「主」字。
〼畢𠄠嘉禾元年〼　五五八
〼二年稅米十斛二斗冑畢𠄠嘉〼　五五九
〼男監狗限米八斛〼　五六〇
〼稅米五斛嘉禾二年〼　五六一

〼錢一千𠄠〼　五六二
〼上丘謝討關丞睪〼　五六三
〼□佃師唐秃〼　五六四
右□家口食〼　五六五
〼關丞睪紀付〼　五六六
右怗家口食四〼　五六七
【注】「怗」為「惉」之俗體。
〼□關丞睪紀〼　五六八
〼丘謝貧付三州倉〼　五六九
〼付倉吏黃諱□〼　五七〇
〼米三斛七斗〼　五七一
〼鄉二年〼　五七二
〼尚（？）里户人公乘〼　五七三
〼嘉禾二年十一月〼　五七四
〼□稹丘謝會關主記〼　五七五
〼□□付三州倉吏□〼　五七六
右宁家口食〼　五七七
〼稅米四斛𠄠嘉禾□年〼　五七八
〼斗冑畢𠄠〼　五七九
□□鄉嘉禾二年稅〼　五八〇
〼□□月六日（？）□還米〼　五八一
入桑鄉嘉禾〼　五八二
〼四（？）年貸食三州倉〼　五八三
【注】殘存第一字，模糊難辨，暫定為「四」字，但也有可能是「五」字。
〼□□錢二□〼　五八四
〼□付倉吏□〼　五八五
〼米三斛二斗𠄠嘉禾〼　五八六
〼新成丘黃彊關坙〼　五八七

五八八　入樂鄉子弟限米☐

五八九　☐稅米七斛八斗九升⿱三乂☐

五九〇　☐⿱三乂嘉禾六年二月☐

五九一　☐□年八月十七日☐

五九二　☐卅四斛八斗⿱三乂嘉禾☐

五九三　☐郡吏監訓關坚閣☐

五九四　☐□□倉吏谷漢受

五九五　☐三年私學限米一斛青畢☐

五九六　☐□准入米九斛☐

五九七　入郃（？）鄉嘉☐

五九八　☐二斛五斗五升

五九九　☐□當年四歲　☐

六〇〇　入都鄉嘉禾元☐

六〇一　☐□付倉吏黃諱☐

六〇二　☐二斗⿱三乂嘉禾□年☐

六〇三　☐禾□年八月廿□日禾丘□☐

六〇四　☐黃龍元年☐

六〇五　☐關坚閣郭☐

六〇六　☐歲

六〇七　☐　嵩付倉☐

六〇八　☐吏番　☐

六〇九　☐□用

六一〇　☐朱表關主記栂　☐

六一一　☐□綜□☐

六一二　☐紀付掾孫☐

六一三　☐⿱三乂嘉禾六年二月廿二日☐

六一四　☐禾六年二月十☐

六一五　☐⿱三乂嘉禾六年正月廿二日湛丘縣☐

六一六　入樂鄉嘉☐

六一七　☐畝布准入米一☐

六一八　☐子弟限米三斛一斗☐

六一九　☐　□男弟□年廿☐

六二〇　☐□□綜☐

六二一　☐月十四日租下丘大男☐

六二二　☐□吏谷漢受　中

【注】簡末「中」為朱筆。

六二三　☐匠年卅五□☐

六二四　☐租米五斛四斗二升⿱三乂嘉☐

六二五　☐□狗關□☐

六二六　入桑鄉嘉禾五年田畝布☐

六二七　☐財用錢☐

六二八　☐吏限米卅□☐

六二九　☐諱史潘慮受

六三〇　入東鄉☐

六三一　☐月三日禾丘□☐

六三二　☐關主記栂　☐

六三三　士黃□☐

六三四　☐嘉禾元年二月☐

六三五　☐模鄉□☐

六三六　☐二月廿日烝弁□□☐

六三七　☐　儀受

六三八　☐丞宰紀☐

六三九　☐二年稅米三☐

六四〇　☐吏谷漢受

六四一　入東鄉嘉☐

六四二　☐湹（？）姪子男□☐

☐限米四斛㕦☐　六四三

☐　綜付掾孫儀☐　六四四

☐青畢㕦嘉☐　六四五

宜陽里户人公乘☐　六四六

☐□付三州☐　六四七

☐㕦嘉禾六年正月十三☐　六四八

☐鄉州吏樊嵩☐　六四九正

　☐入錢畢民自☐　六四九背

☐二丑㕦嘉禾六☐　六五〇

☐嘉禾六年正☐　六五一

☐□二斛☐　六五二

☐里户人公乘唐强年卅三筭☐　六五三

☐禾元年☐　六五四

☐□米八斗青畢☐　六五五

☐男□□☐　六五六

☐米五斛二斗㕦☐　六五七

　☐入錢畢民自送☐　六五八背

【注】正面有字，但已磨滅，無法識讀。

☐□丘李兒☐　六五九

富貴里户人☐　六六〇

☐記梅綜付掾☐　六六一

□□里户人□☐　六六二

☐　□子男□年九歲　六六三

【注】「男」下□右半殘缺，左半從「糸」。

☐右小武陵鄉□入二年粢租米☐　六六四

☐日李下丘□☐　六六五

☐五年田畝布賈准入米☐　六六六

入東鄉嘉禾二年税米十二☐　六六七

入東鄉租米☐　六六八

☐㕦嘉禾三年☐　六六九

☐□鄉二年☐　六七〇

☐□税米十☐　六七一

☐□嘉禾六（？）年☐　六七二

入模鄉鋘☐　六七三

☐□□關丞☐　六七四

☐故户中品出錢☐　六七五正

　☐民自送牒☐　六七五背

☐畢閣馮統付倉☐　六七六

☐年二月一日□☐　六七七

☐□事　☐　六七八

☐年田畝賈□☐　六七九

☐谷漢受　六八〇

☐年税米三斗胄（？）☐　六八一

☐鄉嘉禾☐　六八二

☐畢閣李嵩☐　六八三

入西鄉□☐　六八四

☐□□五（？）田（？）小（？）□☐　六八五

☐嘉禾二年☐　六八六

☐錢三百㕦☐　六八七

　☐弟石年五歲　☐　六八八

☐倉吏張　☐　六八九

【注】「倉」下疑脱「吏」字。

☐付倉曹☐　六九〇

☐里户人公乘吴宗☐　六九一

入西鄉嘉禾二年粢租米□□☐　六九二

☐男弟婁年八☐　六九三

☐更殷　☐　六九四
☐史潘☐　六九五
☐錢七千𫝀嘉☐　六九六
☐十二月十四日□丘☐　六九七
☐五年貸食三州□☐　六九八
☐日音湮丘烝☐　六九九
　☐家口食七人　☐　七〇〇
入廣成鄉☐　七〇一
☐付掾孫　☐　七〇二
☐　連受　七〇三
☐𫝀嘉禾二年二月十九日□☐　七〇四
☐畝布賈准入米三☐　七〇五
　☐入錢畢民☐　七〇六背
【注】正面有字，但已磨滅，無法識讀。
☐□番　☐　七〇七
入□鄉嘉☐　七〇八
　☐男□年六歲　七〇九
☐米十三斛𫝀嘉禾六年☐　七一〇
☐嘉禾二年□☐　七一一
☐百七十七斛九☐　七一二
☐米十四斛☐　七一三
入樂鄉嘉禾二年和賜（?）□☐　七一四
　☐賢（?）妻□☐　七一五
☐□斛三☐　七一六
入中鄉☐　七一七
☐年二月九日夫與丘因☐　七一八
☐嘉禾☐　七一九
入廣成鄉嘉☐　七二〇
☐𫝀嘉禾二年十一月□☐　七二一
吉陽里户人公乘周（?）☐　七二二
☐斛胄畢𫝀嘉禾☐　七二三
☐月十一日□賢丘☐　七二四
☐嘉禾二年□☐　七二五
☐嘉禾元年☐　七二六
☐米九十二斛☐　七二七
☐　惡妻□年☐　七二八
☐□子弟限米三斛𫝀嘉☐　七二九
　☐家口食二人☐　七三〇
☐禾元十一月☐　七三一
【注】「元」下脱「年」字。
☐𫝀嘉禾☐　七三二
☐鄉嘉禾☐　七三三
☐年限米二百☐　七三四
☐……四人　☐　七三五
☐□年税米☐　七三六
☐二斛畢☐　七三七
☐年十二日☐　七三八
【注】「日」疑為「月」之誤。
☐限米二☐　七三九
☐□𫝀嘉禾☐　七四〇
曼湞（?）里户人公乘李☐　七四一
　☐子女吴年☐　七四二
☐𫝀嘉禾六年☐　七四三
　☐　糜女□☐　七四四
☐斛一斗五年十二月☐　七四五
☐嘉禾元☐　七四六

☒芰嘉禾□☒　七四七

☒鄉嘉禾□☒　七四八

☒八斛□☒　七四九

☒禾元年☒　七五〇

☒芰嘉禾☒　七五一

☒嘉禾元☒　七五二

☒□付庫吏☒　七五三

☒□斗芰嘉禾□年十一月廿八日□□☒　七五四

☒中　七五五

入桑鄉嘉禾五年☒　七五六

☒……斛六斗五升☒　七五七

☒禾二年税米四斛☒　七五八

☒錢一千六百卅芰☒　七五九

☒賈准入米一斛一斗☒　七六〇

☒准入米三☒　七六一

□姪子男□年□□□□　□男弟丘年四☒　七六二

☒……　皆　五☒　七六三

☒　□弟加年十七　七六四

☒　子男諺（？）年九歲　子女尚年六歲☒　七六五

☒　皆　五　十　☒　七六六

☒□□□□年七十　☒　七六七

☒　皆　五　十　七六八

□□里户人佰龍（？）年八十盲目□□　□妻□年七十一　☒　七六九

☒……皆　五　十　七七〇

☒年十　□男弟□年六歲　七七一

右客家口食四人　七七二

【注】「右」上原有墨筆點記。

☒光子男皐年六歲　☒　七七三

☒九人　皆☒　七七四

☒廿二人　皆　☒　七七五

上鄉里户☒　七七六

☒□奴年十歲　☒　七七七

☒□□□年五歲　七七八

☒……二……☒　七七九

□求小女婢年☒　七八〇

☒□年十六□□□☒　七八一

【注】「年」上□右半殘缺，左半從「月」。

☒□歲　□男☒　七八二

☒　□女弟未年☒　七八三

☒　□子男□年廿一　七八四

□從兄馬年六十六☒　七八五

☒□年十二　☒　七八六

☒年□歲☒　七八七

☒五　十　七八八

☒□□息貸□山丞□☒　七八九

☒□妻（？）大女☒　七九〇

☒會年八歲☒　七九一

☒弟小女婢□□□☒　七九二

☒六十歲□☒　七九三

☒□足　七九四

☒□□　累子男旻年七歲　七九五

☒□黄龍□年□☒　七九六

☒口食合……☒　七九七

☒□□合一萬嘉禾□年□☒　七九八

☒□男弟隆年☒　七九九

☒禿年七歲　八〇〇

☒……嘉禾元年正月……☒　八〇一
☒丘烝贛旁丘嘉禾元年☒　八〇二
【注】原文如此，疑有脱誤。
廣成里户人公乘☒　八〇三
☒□四年六月廿□日閱（？）　八〇四
右杢家口食四人　☒　八〇五
【注】「右」上原有墨筆點記。
師（？）兄曺（？）年□□☒　八〇六
☒十四　☒　八〇七
入廣成鄉二年粢☒　八〇八
☒　嬰男☒　八〇九
☒年卌二郡吏□□……七☒　八一〇
☒□子男□年四歲　八一一
☒年十二　八一二
☒訾　五　十　八一三
右義成里領□☒　八一四
☒妻大女絹年六十一　八一五
☒□□□年廿八　□□□☒　八一六
☒□年卅九　□男弟□☒　八一七
□□家口食☒　八一八
☒五　十　八一九
☒　五　十　八二〇
☒　其四百八十☒　八二一
☒□丞☒　八二二
☒□里户人謝使年卌☒　八二三
☒□五千合劉☒　八二四
☒朋家口食☒　八二五
☒　十　八二六

☒□記年五十一　八二七
☒□子男勝年十□　八二八
☒年卌六□☒　八二九
☒　訾……　八三〇
右□家口食□□☒　八三一
【注】「右」上原有墨筆點記。
☒　餘女□☒　八三二
☒　禾女弟□年□歲☒　八三三
☒□家口食☒　八三四
右☒　八三五
☒調（？）□□烝學豆☒　八三六
☒男弟全年☒　八三七
☒弟□年□歲　八三八
萬歲里户人☒　八三九
右□家口食☒　八四〇
☒　如□□□年十☒　八四一
☒□歲　八四二
☒妄弟□年五歲☒　八四三
上鄉里户☒　八四四
☒平年卌四　八四五
☒汝年廿六　八四六
☒□年二月一日劉里丘劉☒　八四七
☒卌二　八四八
□子男☒　八四九
畧（？）男☒　八五〇
☒□女姪□☒　八五一
右□家口食☒　八五二
☒□年廿☒　八五三

八五四 ☒年四歲
八五五 ☒食四人
八五六 右□家口食☒
【注】「右」上原有墨筆點記。
八五七 □□里户人唐早☒
八五八 ☒□家口食十三人 ☒
八五九 ☒□男弟赤年七歲 ☒
八六〇 ☒□子男□☒
八六一 ☒四月一日關坐閣張☒
八六二 ☒ 其三百斛☒
八六三 ☒□年廿五 ☒
八六四 ☒□一介（？）錢五（？）□☒
八六五 ☒十一
八六六 ☒□□□嘉禾三年☒
八六七 ☒□□卅一□□☒
【注】「卅」上□上半殘缺，下半從「辶」。
八六八 ☒ 皆 五 ☒
八六九 ☒年五□☒
八七〇 ☒年六歲 ☒
八七一 ☒ 子男□年□☒
八七二 右兆家☒
【注】「右」上原有墨筆點記。
八七三 右子男□☒
【注】「右」上原有墨筆點記。
八七四 ☒米八十七斛☒
八七五 ☒ □男弟☒
八七六 ☒兩足
八七七 ☒□年六歲☒

八七八 富貴里☒
八七九 ☒家口食四☒
八八〇 ☒池（？）米七□☒
八八一 ☒年卅七 ☒
八八二 ☒斛四斗五☒
八八三 ☒家口食□一☒
八八四 ☒ 妻思年□☒
【注】「妻」上原有墨筆點記。
八八五 ☒一歲
八八六 ☒□男弟□☒
八八七 ☒□男姪☒
八八八 ☒□妻□年☒
八八九 ☒□子男☒
八九〇 ☒年卅七 麦妻大女婢年卅☒
八九一 ☒□□汯年三☒
八九二 入運三州☒
八九三 ☒ 紹（？）弟震（？）年（？）☒
八九四 ☒買妻詔年廿☒
八九五 ☒□□年廿☒
八九六 入上鄉嘉禾□年☒
八九七 ☒ 五 十
八九八 ☒里户人公乘周庚年☒
八九九 入民（？）還（？）二年☒
九〇〇 ☒ 妻☒
九〇一 ☒堅閣☒
九〇二 ☒萬嘉禾□☒
九〇三 ☒仁男弟☒
九〇四 ☒粢租米四☒

九〇五 ☐周（？）男弟☐

九〇六 右卒家口食☐

【注】「右」上原有墨筆點記。

九〇七 ☐男弟☐

九〇八 ☐年四歲　☐

九〇九 ☐　祖（？）☐

九一〇 富貴里户人谷能年☐

九一一 ☐妻禾年卌　☐

九一二 ☐□□年□歲☐

九一三 富貴里户人吴馬年□☐

九一四 ☐□男弟☐

九一五 ☐卌九郡吏

九一六 ☐□歲

九一七 ☐弟真年七□☐

九一八 右罌家口食☐

【注】「右」上原有墨筆點記。

九一九 ☐錢五千嘉禾☐

九二〇 ☐四歲　☐

九二一 ☐□男弟□年☐

九二二 ☐六十九　☐

九二三 入□□□☐

【注】「入」上原有墨筆點記。

九二四 ☐歲

九二五 ☐五　妻□☐

九二六 右友家☐

【注】「右」上原有墨筆點記。

九二七 ☐弱（？）年十☐

九二八 富貴里户入☐

九二九 ☐□朋（？）年八歲☐

九三〇 ☐女婢☐

九三一 ☐卌八

九三二 妻大女員年卌九筭一腫兩足　□小妻銀年□□腫☐

九三三 ……一千七百斛一斗九升事　七月十二日部由田曹史□□白

九三四 右鄉家口食七人　其四人男 三人女

九三五 大片里户人公乘王得年六十二龍耳眇目　中

【注】簡末「中」為朱筆。

九三六 ……在家年五十以下十七以上□書具不備　中

【注】簡末「中」為墨筆小字。

九三七 ☐中（？）……賤（？）入（？）郭益（？）

九三八 妻大女妾年五十筭一腫兩足　耳子男康年廿九筭一腹心病

九三九 領私學限米八十斛

九四〇 ☐□□二百卌七斛□斗□□□入米八百九十二斛六斗事　二月十二日部由田曹史□□白

【注】簡中有朱筆塗痕。

九四一 右平鄉□□□□丘三人取禾三斛　居　在　□　丘

【注】「右」上原有墨筆點記。

九四二 大男□□二夫取禾一斛　居　在　□　丘

九四三 郡□師□□二夫取禾一斛　居　在　□　丘

【注】「師」上□右半殘缺，左半從「女」。

九四四 妻大女郎年卌八

九四五 車父公乘平年九十九　平妻大女肆年七十

九四六 招（？）子☐

九四七 凡口八事　訾　一　☐

九四八 凡口九事　訾　一　千

九四九 新吏□□二夫取禾□斛　☐

九五〇　□□里户人公乘高祺年五十二筭一　中

【注】簡末「中」為朱筆。

九五一　䂞樂里户人公乘□□年十七刑右足

九五二　凡口十　訾　三　☒

九五三　☒公乘奴年廿腹心病　奴妻大女溶（？）年廿五

九五四　☒問事　正月十四日功曹史□珠白

九五五　☒□□事　三月十八日户曹史□□白

九五六　☒……事　三月廿八日史□□白

九五七　☒……事　……史□□白

九五八　大女陳□取禾一斛　居　在　□　丘

九五九　……八户罰估不注役

九六〇　□唐鄉遣吏□還潰丘……

九六一　☒□年卅四刑左足復

九六二　☒禾一斛　居　在　□　丘　□

九六三　大男□□一夫取禾一斛　居　在　□　丘

九六四　……重役大□調（？）……事　十二月……

九六五　僕鄉領餘力田五十四畝□☒

九六六　十四匹一丈三尺匹直三□☒

九六七　☒謹列三年槩付郡吏王客送建寧☒

九六八　☒嘉禾六年二月廿八日□丘馬□關邸閣☒

九六九　☒……取禾十斛……

九七〇　☒……居　在　□　丘

九七一　☒□□三千六百九十九斛七斗一升三月廿日付

九七二　☒宗付關邸閣☒

九七三　☒閣郭據付倉吏黄諱史潘慮☒

九七四　☒事　……□日□司屯曹史□□白

九七五　☒學限米二斛

九七六　☒閣李嵩付倉吏……

九七七　☒　連受

九七八　入模鄉財用錢八百卅☒

九七九　☒米十五斛二升☒

九八〇　☒䢦嘉禾元年十月十二☒

九八一　☒因取禾二斛……

九八二　□領元年□☒

九八三　□□□□三州倉吏限米十九斛曹　☒

九八四　曰□屯尚（？）……部伍夷民

九八五　☒吏□備白

九八六　☒䢦嘉禾二年十□☒

九八七　☒年十二月廿五日二頃丘男☒

九八八　☒吏陳彊□□□☒

九八九　☒……六日金曹史□□白

九九〇　□□□出今年財用錢十四萬□□郡吏吴□生□事　二月十四日□□□□□白

九九一　入樂鄉財用錢三千䢦黄龍☒

九九二　☒□□□事……☒

九九三　☒□斛一斗五升其□☒

九九四　右領□□吏□□☒

九九五　右平鄉□□□□丘五人取禾三斛☒

【注】「右」上原有墨筆點記。

九九六　☒□布匹□□□☒

九九七　大女□□取禾一斛　☒

九九八　☒□□□□六百□□□☒

九九九　☒……事　……曹史鄧□白

一〇〇〇　☒□□安言事對封府督郵

【注】「府督郵」三字為濃墨書寫。

一〇〇一　☒吏黄諱潘慮受

☒□人為生口送□屯事對封府督郵　二月卅日謝□兵曹史☒　一〇〇二

☒廿一日周丘□☒　一〇〇三

☒谷漢受　一〇〇四

☒□付三州倉吏谷漢受　一〇〇五

☒□□□𥻆嘉禾☒　一〇〇六

☒武陵鄉粢租米一斛胄畢𥻆嘉禾二年□月十五日下□丘☒　一〇〇七

……言□大女□伯伯□□□二人□□☒　一〇〇八

☒男谷□一夫取禾□□　☒　一〇〇九

【注】「谷」下□右半殘缺，左半從「糸」。

☒二年十月四日譙丘區姍關坚閣☒　一〇一〇

☒匹一丈三尺五寸　一〇一一

□言郡……☒　一〇一二

入□鄉二年□☒　一〇一三

☒付三州倉吏☒　一〇一四

☒吏黄諱史潘慮受　一〇一五

……言入□☒　一〇一六

☒□斗斛當（？）二千□二□　一〇一七

☒畢𥻆嘉禾元（？）年□☒　一〇一八

☒□月六日大男遺（？）☒　一〇一九

☒……　□月二日……☒　□□　一〇二〇

☒萬二千七百☒　一〇二一

☒五匹三丈四尺直（？）錢一千☒　一〇二二

☒　……户曹史殷栢（？）白　一〇二三

☒□事對封　□月二日□□□□☒　一〇二四

☒　對封府　□封府　二月七日□□□潘慮白　一〇二五

☒□□付庫吏……☒　一〇二六

☒……　……白　一〇二七

□□三年襍限米六百八十☒　一〇二八

☒□十斛𥻆嘉禾元☒　一〇二九

☒□大男張伯事　☒　一〇三〇

右都鄉入吏☒　一〇三一

【注】「右」上原有墨筆點記。

☒□里大男□☒　一〇三二

入□鄉租米□斛……☒　一〇三三

☒……事　☒
……十一日……☒　一〇三四

入……粢租米☒　一〇三五

☒□付庫吏☒　一〇三六

七月十二日□金曹掾□□白　一〇三七

☒□頡（？）蓮三州倉☒　一〇三八

☒月十七日妻丘曾□關坚閣☒　一〇三九

右運（？）三年税米一千□☒　一〇四〇

【注】「右」上原有墨筆點記。

☒□年七月二日脳丘□□關坚閣李☒　一〇四一

☒付三州倉吏鄭黑☒　一〇四二

章言府没入大女□□□□☒　一〇四三

☒□禾三年五月十一日□□　史郭遺白　一〇四四

☒□二年對封府督郵□□□　一〇四五

☒□□稟長水日諂大屯□□□□□□　☒　一〇四六

☒　中　一〇四七

☒　在　敷　丘　一〇四八

稟□□鄉仁吴□□□☒　一〇四九

一〇五〇 ☒年士唐限米十☒

【注】「仁」應為「人」之通假。

一〇五一 入嘉禾四年☒

一〇五二 ☒二壬五百五十四萬□壬□百卌□☒

一〇五三 ☒居 在 敷 丘

一〇五四 □曹言吏縣（?）□傳（?）□□□□□□☒

一〇五五 大男苾牛一夫取禾一斛 ☒

一〇五六 ☒□租錢四☒

一〇五七 ☒……月二日倉丘☒

一〇五八 入模鄉嘉禾元年粢租☒

一〇五九 ☒□ 中 四月三日邑曹史尹桓白

【注】簡中「中」為朱筆。

一〇六〇 ☒嘉禾元年☒

一〇六一 ☒□付庫吏殷☒

一〇六二 ☒嘉禾元年大□□□☒

一〇六三 ☒□□□廣丘五郡關坚☒

一〇六四 入模鄉嘉禾元年稅米□☒

一〇六五 ☒年十二月七日合☒

一〇六六 ☒斛𠔏嘉禾元年十二☒

一〇六七 ☒米六斛𠔏☒

一〇六八 ☒□ 居 在 新 片 丘

一〇六九 ☒□□□米□☒

一〇七〇 ☒吏谷漢受☒

一〇七一 付庫吏番有領布簿料列□□□☒

一〇七二 入男子張兒所貸☒

一〇七三 ☒斛𠔏嘉禾☒

一〇七四 ☒□錢□壬□百☒

一〇七五 右□□☒

一〇七六 ☒𠔏嘉禾元年十月廿二日石□丘☒

【注】「右」上原有墨筆點記。

一〇七七 ☒斛三斗□畢𠔏☒

一〇七八 ☒ 運☒

一〇七九 ☒倉黃諱☒

【注】「倉」下應脫「吏」字。

一〇八〇 行書□言府答大常□追遣吏殷連□□☒
行書言府□四大常□劉黃調錢二□□☒

一〇八一 入□□鄉☒

一〇八二 ☒稅錢六百七☒

一〇八三 百五十一斛八斗七☒

一〇八四 ☒□番慮受

一〇八五 ☒十四日□☒

一〇八六 ☒黃龍元年吏帥客限☒

一〇八七 ☒李嵩付庫吏殷☒

一〇八八 大（?）男（?）米（?）□□☒

一〇八九 入都鄉元年子弟限☒

一〇九〇 ☒禾二年五月十日☒

一〇九一 ☒□盡關坚閣☒

一〇九二 ☒𠔏嘉禾元年☒

一〇九三 大男……☒

一〇九四 ☒嘉禾元年☒

一〇九五 ☒三州倉吏鄭黑受

一〇九六 入模鄉嘉禾☒

一〇九七 ☒□五十二斛九斗一升所在☒
☒百九十七斛事☒

一〇九八 ☒付倉☒

一〇九九 ☒𠔏嘉☒

一一〇〇 ☒付倉吏黃諱史潘慮受

一一〇一 ☒百一十斛九斗與前合二百五十☒

一一〇二 ☒二天取禾一斛　☒

一一〇三 ☒取禾七斛　☒

一一〇四 ☒□元年錢□☒

一一〇五 ☒吏潘☒

一一〇六 ☒一斛吴嘉禾元年八月十二日湛☒

一一〇七 ☒□關坚閣□☒

一一〇八 ☒元年子弟☒

一一〇九 ☒禾二年□☒

一一一〇 容（？）番（？）大女胡□☒

一一一一 ☒元年二月廿八日☒

一一一二 ☒□錢八千吴☒

一一一三 ☒□□税米□☒

一一一四 □女弟□年□☒

一一一五 ☒吴嘉☒

一一一六 ☒五斛三☒

一一一七 ☒禾元年□税米☒

一一一八 入船師□☒

一一一九 ☒吏鄭黑☒

一一二〇 ☒右南☒

一一二一 錢九萬一千四百五十付庫吏殷連領與前所入合八十七萬八千

一一二二 ☒□斛五斗嘉禾元年

一一二三 其五十八斛五升黄龍三年　☒

一一二四 其卅八斛監池司馬付嘉禾二年☒

一一二五 ☒嘉禾元年十一月五日□丘□☒

一一二六 其二百八十一斛七斗佃卒嘉禾☒

一一二七 入□□財用錢□萬二千八百今琬霸還料校□入觧少歲☒

一一二八 ☒□□□建業其□年三月三（？）日付掾□□☒

一一二九 其廿五斛州佃吏鄭循黄□☒

一一三〇 ☒廉男弟早年六歲☒

一一三一 ☒六斛五斗五升嘉□□年税米

一一三二 入□□二年所貸嘉禾元年□□付客限米十七斛　☒

一一三三 □妻湖年卅九　☒

一一三四 □三月廿三日丁未部督軍行立義都尉規督察告

【注】據陳垣《魏蜀吴朔閏異同表》，嘉禾三年三月朔為乙酉，廿三日為丁未。

一一三五 嘉禾元年□亘□☒
吏□□嘉禾元年限米五斛　☒

一一三六 □□里户人□□年卅……☒

一一三七 ☒□孫儀受

一一三八 銀（？）□覲（？）□　☒

【注】第二□左半殘缺，右半為「胄」。

一一三九 ☒下丘男子谷□付三州倉☒

一一四〇 ☒丘婁馮付三州倉吏☒

一一四一 ☒□李客　☒

一一四二 ☒嘉禾二年十二月廿三日戊子下　起　右　金　曹

【注】據陳垣《魏蜀吴朔閏異同表》，嘉禾二年十二月朔為丙辰，廿三日為戊寅，明年正月三日為戊子。

一一四三 入三州倉吏嘉禾元年税米二百一十三斛四斗四升

一一四四 平出錢二百廿一萬一千七百六十五錢雇元年所調布麻水牛皮并□

一一四五 瑞湯南部會四月十五日泄如故事

一一四六 誠惶誠恐叩頭死罪死罪敢言之

一一四七 其三斛五斗郡屯田掾利焉圓圓☒

一一四八 三千六百布付連　領

一一四九 ☒郎中李嵩被督軍糧都尉嘉禾三年二月卅日□

一一五〇 入民還二年所貸嘉禾元年租米四斛　☒

一一五一 隱前言部諸鄉吏謝韶五訓文膃劉平等督責☒

☒□五錢定合二百廿一萬一千七百六十五錢付庫吏殷連領□☒　一一五二
其三百卅四斛九斗五升嘉禾☒　一一五三
☒張囯付三州倉吏谷漢受　一一五四
其二百八斛三斗郡縣佃吏☒　一一五五
入模鄉布三匹𠀋嘉禾元年十一月七日□□☒　一一五六
……陳仲書史蔡畱等運諸集所嘉禾三年……☒　一一五七
☒□月卅日零陵☒　一一五八
□□□餘縣得入多少令已畢未杷縣丘□治下遣各所言☒　一一五九
□月日關督郵□☒　一一六〇
☒□付三州倉吏谷漢受　中　一一六一
【注】簡末「中」為朱筆。
□子女州年三歲　☒　一一六二
已人二萬二千五百□　一一六三
【注】「人」應為「入」之誤。
三合五勺二撮□□□☒　一一六四
☒□□□□吏蔡□董基黃龍三年限米　一一六五
☒□付三州倉吏谷漢受　中　一一六六
【注】簡末「中」為朱筆。
☒黃諱潘慮所領嘉禾元年稅吳平斛米☒　一一六七
其一百□☒　一一六八
……被督軍糧都尉嘉禾□年☒　一一六九
出嘉禾五年火種租□☒　一一七〇
其六十七斛三斗大男張狗張□☒　一一七一
出□吏黃諱潘慮所領……☒　一一七二
☒基付付三州倉吏谷漢受　中　一一七三
【注】簡中衍一「付」字。簡末「中」為朱筆。
其廿斛□□嘉禾□年所貸□☒　一一七四
其□斛七斗一升倉吏明所貸□☒　一一七五
入民還二年所貸嘉禾元年□米七十六斛三斗四升　☒　一一七六
☒子男根年五歲　一一七七
☒黃武五年租吳平斛☒　一一七八
☒嘉禾三年……□……☒　一一七九
☒吏嘉禾二年限米☒　一一八〇
其七十五☒　一一八一
☒……付三州倉吏☒　一一八二
☒八斛五斗嘉禾元年大□租米☒　一一八三
☒□□年卅二　□男弟☒　一一八四
【注】「男」上□右半殘缺，左半從「言」。
☒□□所貸嘉禾二年米四□☒　一一八五
☒□□　□□姪客年七歲　一一八六
稅米十斛州佃吏……☒　一一八七
☒六升黃龍三年稅米　一一八八
入都鄉元年財用……☒　一一八九
☒付嘉禾元年十一月二日……☒　一一九〇
☒董基三州倉吏谷漢受　一一九一
其廿一斛郡掾利焉黃龍☒　一一九二
其卅三斛□……☒　一一九三
□領☒　一一九四
☒……□君弟李□年十二　☒　一一九五
☒嘉禾二年……　一一九六
☒□□□□付三州倉吏☒　一一九七
☒廿一斛七斗五升郡屯田掾利焉☒　一一九八
□□里戶人李车年卅五歲　一一九九
其四斛五斗八升嘉禾□年□吏☒　一二〇〇
右驚家口食三人……☒　一二〇一

入廣成鄉冬賜布一匹𡕒嘉禾元年十一月□日……☑ 一二〇二
……硯（？）子女宜（？）卅日 ☑ 一二〇三
☑□丘吳侑關丞睾 ☑ 一二〇四
☑……子男☑ 一二〇五
其廿七斛六斗三升□□☑ 一二〇六
☑呂執關坔閣董基付三州☑ 一二〇七
其六十四斛☑ 一二〇八
其卅四斛☑ 一二〇九
入民還所貸置☑ 一二一〇
入□鄉嘉禾二年故吏黃□☑ 一二一一
☑□□六十六斛七斗……☑ 一二一二
右倉曹……☑ 一二一三
都鄉□□□□□☑ 一二一四
入模鄉所調布一匹𡕒嘉禾六年☑ 一二一五
☑其□□正月廿三日付書☑ 一二一六
☑斛五斗民還☑ 一二一七
入西鄉嘉禾二年還所貸食☑ 一二一八
☑ □子女孟年十二 一二一九
右桑家口食三人 其☑ 一二二〇
☑米卅二斛一斗四升嘉禾三年☑ 一二二一
☑斛五斗四升□□□☑ 一二二二
東天里大男陳匹年卅二☑ 一二二三
☑嘉禾五年十二月廿日下□丘李禿關坔☑ 一二二四
☑ 其廿五斛九斗九升□□□☑ 一二二五
☑吏鄭嬰故户上品出錢☑ 一二二六正
【注】背面未見字迹。
☑……𡕒嘉禾元年☑ 一二二七
☑月旦簿領餘吳平斛米☑ 一二二八
☑……米七斛三斗□□☑ 一二二九
☑嘉禾二年十二月廿五日伍社☑ 一二三〇
東里大男鄧□年卅三 ☑ 一二三一
☑□師黃芝榮廷德讓何☑ 一二三二
☑三斛一斗 一二三三
入平鄉元年財用錢☑ 一二三四
入模鄉所調布一匹□□☑ 一二三五
☑據孫儀受 一二三六
右房家口食三人☑ 一二三七
右卅六户下品 ☑ 一二三八
【注】「右」上原有墨筆點記。
出嘉禾二年□□□☑ 一二三九
☑倉吏☑ 一二四〇
右十三户下品☑ 一二四一
☑□鄉丘張州（？） ☑ 一二四二
☑龍元年☑ 一二四三
☑腫兩足 一二四四
☑□妻大女也年卅九 一二四五
☑廿七日瀛（？）丘男子☑ 一二四六
入市吏李□所□……☑ 一二四七
☑付三州掾孫□□ 一二四八
☑日□□丘男子劉□付三州倉吏谷漢☑ 一二四九
☑□□民還二□☑ 一二五〇
☑□二百六十四斛☑ 一二五一
☑元年十一月一日區丘李焉付☑ 一二五二
☑萬一千二百十☑ 一二五三
☑十一斛五斗司馬員☑ 一二五四
☑□□□卅斛叛士黃☑ 一二五五

妻從兄公乘⧄　一二五六

⧄布一匹㆔嘉禾□年□⧄　一二五七

⧄　文子公乘⧄　一二五八

⧄□□年廿七盲兩目　一二五九

付吏□羊李□⧄　一二六〇

⧄□□吏頓首□⧄　一二六一

⧄□力故户中品出錢八千臨湘侯相　一二六二

【注】本簡與前録户品簡不同，另面無「入錢畢」等字樣。下同，不再注明。

⧄十一月十八日白石丘鄧會關⧄　一二六三

東扶里吏客朱設年五十一腫兩足⧄　一二六四

⧄八斛私學黄龍二年……　一二六五

⧄嘉禾二年私學限米十一斛　一二六六

⧄　其卅六斛一升船師栂朋傅□建安廿六年折咸⧄　一二六七

監池司馬鄧邵嘉禾元年限米十斛吏所備□⧄　一二六八

其五⧄　一二六九

楊男弟蔣年卅六□□□　⧄　一二七〇

其廿二斛州佃吏蔡□⧄　一二七一

⧄□□吏師（？）客嘉禾二年限米　一二七二

入東鄉嘉禾二年還所貸□□□□⧄　一二七三

⧄倉吏□南□□□⧄　一二七四

東夫里佃□唐□年□□□⧄　一二七五

【注】「佃」下□右半殘缺，左半從「阝」，有可能是「師」，也有可能是「帥」。

入廣成鄉布四匹三丈九尺㆔嘉⧄　一二七六

模鄉大男謝習故户上品出錢一萬⧄　一二七七

模鄉大男鄧畋故户上品出錢一萬⧄　一二七八

嬰男弟春年六歲　⧄　一二七九

其八十⧄　一二八〇

⧄□□□嘉禾三年正月其十□⧄　一二八一

⧄禾□年限米一斛　⧄　一二八二

⧄□月廿三日平支丘監（？）李（？）付三⧄　一二八三

其八十一斛六⧄　一二八四

其二斛五斗吏⧄　一二八五

東扶里李闓年卅二　⧄　一二八六

⧄□死（？）督悉（？）□⧄　一二八七

模鄉郡吏谷能故户⧄　一二八八

入模鄉利橋丘大男鄧末冬賜布三匹㆔嘉禾元年八月十四日□⧄　一二八九

右廿六户下品　⧄　一二九〇

【注】「右」上原有墨筆點記。

入西鄉布六匹三丈七尺㆔嘉禾元年九月三日楊丘⧄　一二九一

其六十四斛五斗四升⧄　一二九二

□扶里大□⧄　一二九三

其廿九斛五斗民還二年⧄　一二九四

入南鄉宜陽里調布一匹㆔嘉禾元年九月十四日大男□⧄　一二九五

中書典校事呂壹□⧄　一二九六

入嘉禾二年佃師限米廿斛　⧄　一二九七

入廣成鄉布二匹二丈七尺㆔嘉禾元年十月十一⧄　一二九八

⧄嘉禾元年十一月十一日□□丘□□⧄　一二九九

入嘉禾二年⧄　一三〇〇

⧄□鄉嘉禾元年布二匹㆔十二月三日⧄　一三〇一

【注】「十二月」上似脱「嘉禾某年」。

⧄年十一月八日谷浭丘烝貴付⧄　一三〇二

模鄉郡吏潘真故户上品出⧄　一三〇三

右謙（？）家口食□人……⧄　一三〇四

【注】「右」上原有墨筆點記。

□妻杞（？）年十五⧄　一三〇五

〼□□年廿三……　〼　一三〇六
其一千九百一十〼　一三〇七
〼□□〼嘉禾元年十二月廿二日□□〼　一三〇八
〼其三斛四斗黄龍三年□□〼　一三〇九
〼□七十五斛三斗吏〼　一三一〇
入南鄉調〼　一三一一
〼其一百卅〼　一三一二
〼四年還所貸嘉禾〼　一三一三
〼　其□百斛□〼　一三一四
〼□年四歲　困姪子男奴年七歲聾兩耳　一三一五
〼陳義所領吏帥客一百廿六人嘉禾二年十二月八日□〼　一三一六
〼　其三千八百卌六斛四斗二升□〼　一三一七
〼女番獮年五十五腫兩足　一三一八
〼田一歲　一三一九
困妻陽年卌一　困子男各年六歲　一三二〇
〼六十五　趙妻惢年卅五　一三二一
〼□女弟画年十五　劉男弟豚年六歲　一三二二
〼□妻心年五十三　□子男攬年十九　一三二三
〼□□□□調役　一三二四
……所調布……〼　一三二五
〼妻祟年卅六　□子女雷年六歲　一三二六
〼　弼男弟莫年三歲　一三二七
鴻母演年五十九　鴻妻從年卅四　一三二八
〼　妻從男弟胡建（？）年十五　〼　一三二九
〼年八歲　生男弟民年六歲　一三三〇
出倉吏黄諱番慮所領嘉禾二年□□〼　一三三一
〼　□妻□年卅六　一三三二

【注】第二□右半殘缺，左半從「角」。

東夫里大男李震年卌二　〼　一三三三
右□家口食三人　〼　一三三四
□□里大男周春年廿四刑右手　一三三五
……〼嘉禾六年十二月卅日〼　一三三六
〼□妻蘇（？）年廿三　楝男弟流年十三　一三三七
桑鄉□財用錢六萬□千九百　一三三八
〼嘉禾元年限米　其六十五斛四斗五〼　一三三九
客女弟□年四歲〼　一三四〇
〼　正子男應年四歲　〼　一三四一
右涪家口食四〼　一三四二
〼　一家合□人　〼　一三四三
〼匹〼嘉禾元年八月廿〼　一三四四
……□客□□……〼　一三四五
弩妻姑年卌　一三四六
〼　其十一斛民還二年所貸〼　一三四七
課負者有人起書□君誠惶誠恐叩頭々々死罪々々敢言之　一三四八

【注】「々々」為重文符號。下同，不再注明。

〼九日東丘黄都關邸閣董〼　一三四九
其十六斛郵〼　一三五〇
〼匹〼嘉禾元年八月十〼　一三五一
貪子男袁年四歲　袁女弟栂年三歲　一三五二
其〼　一三五三
其七斛五斗□〼　一三五四
右闔家口食三人　〼　一三五五
〼大女汝年卌二□□〼　一三五六
〼田一斛八斗青畢〼嘉禾二年十二月廿六日塹□〼　一三五七
〼禾二年十二月三日楊湮丘蒴何關邸〼　一三五八
其卅三斛六斗吏所備黄龍二年〼　一三五九

一家☑　一三六〇

☑五月三日典田（？）掾五陵白　一三六一

踹（？）女弟丞年☑　一三六二

☑九匹三丈七尺　一三六三

☑四斛五斗鄧□☑　一三六四

☑□户上品　一三六五

未畢三萬……鞭杖鄉吏孫義各□　一三六六

嬰男弟紵年十歲　☑　一三六七

一家合五人　☑　一三六八

其卅五斛□吏番□彌□☑　一三六九

□錢督領當運彌畢琬霸覓解無狀請案條罰聞　一三七〇

其八斛七斗一升□□☑　一三七一

□錢督入言君叩頭々々死罪々々案文書牘☑　一三七二

未畢三萬……鞭杖鄉吏五訓各卅五　一三七三

民□笄年卅九　☑　一三七四

□子男□年四歲☑　一三七五

☑□右郎中李嵩□被督軍糧☑　一三七六

☑□領餘力田五十四畝一百廿步收☑　一三七七

入廣成鄉馮唐丘男子殷鄭租☑　一三七八

其七十五斛八斗民……☑　一三七九

入□鄉嘉禾二年税米六斗𠄡嘉☑　一三八〇

入模鄉鋘賈錢二千五百𠄡嘉禾二年閏月六日柤亭丘大男□☑　一三八一

☑□倉吏谷漢受　一三八二

☑關坚閣李嵩吏黄諱潘慮受　一三八三

【注】「吏」上似脱「付倉」二字。

☑員其　大檣一枚長七丈　大杝一枚　上剛一枚長六丈　釘石一枚　下剛一枚長六丈　大絏一枚　𠄡嘉禾二年二月廿八日谿☑　一三八四

入都鄉鋘錢□□□□𠄡嘉禾二年五月☑　一三八五

入廣成鄉鋘錢五☑　一三八六

入都鄉嘉禾二年税帛米二斛□☑　一三八七

☑錢八百𠄡嘉禾二年九月十一日白石丘大男程（？）□☑　一三八八

領佃吏鄭脩嘉禾二年限粢五斗斛𠄡嘉禾三年☑　一三八九

【注】「粢」下應脱「米」字。

☑□黄龍元年税米廿斛六斗☑　一三九〇

☑𠄡嘉禾二年□月□□☑　一三九一

□嘉禾元年調布□□……☑　一三九二

入都鄉官鋘錢一萬𠄡嘉禾二年十一月廿二日☑　一三九三

☑布六百匹□□☑　一三九四

……市租錢六百𠄡嘉禾二年☑　一三九五

☑二月九日東田丘鄭山付三州倉吏□☑　一三九六

入模鄉嘉禾元年税米三百一斛四斗𠄡嘉☑　一三九七

右二家合□☑　一三九八

【注】「右」上原有墨筆點記。

☑五十九畝畝租米七斗□☑　一三九九

☑下品出錢二千四百臨湘侯相　……☑　一四〇〇

☑官鋘錢三千𠄡嘉禾二年五月廿五日□☑　一四〇一

☑𠄡嘉禾二年四月☑　一四〇二

☑月廿九日鄉吏番佩付庫吏☑　一四〇三

☑士二人　客單身　☑　一四〇四

入西鄉嘉禾二年税米四斛𠄡嘉禾☑　一四〇五

其□五月一日關坚☑　一四〇六

☑中品出錢八千臨湘侯相……☑　一四〇七

入都鄉嘉禾二年佃帥限米☑　一四〇八

□寡婢□年廿六　□□☑　一四〇九

☑禾元年十一月十一日度丘□☑　一四一〇

☒鋘錢一千五百☰嘉☒　一四一一

入都鄉嘉禾二年所貸☒　一四一二

☒嘉禾二年□吏限米　一四一三

☒九月六日烝弁付庫吏殷☒　一四一四

入西鄉□☒　一四一五

☒□☰嘉禾元年□月☒　一四一六

☒倉運米……☒　一四一七

☒嘗付庫吏殷□□　一四一八

入都鄉紡匠丘男子劉曼鋘錢二百☒　一四一九

☒謝□鋘賈錢四千二百☰嘉禾二年六月十一日☒　一四二〇

右都鄉入私學☒　一四二一

【注】「右」上原有墨筆點記。

右都鄉入而租錢九千☒　一四二二

【注】「右」上原有墨筆點記。

入西鄉粢租米一斛☰☒　一四二三

☒□米　二年六月三日☒　一四二四

☒嘉禾二年十一月二日龍丘□□☒　一四二五

☒大男何純故户中品出錢☒　一四二六

☒庫吏潘慮受　一四二七

☒州中倉☒　一四二八

☒□□皮二□☒　一四二九

☒□百六枚長一丈六尺□☒　一四三〇

☒錢一千☰嘉☒　一四三一

入桑鄉市會干慎三月四月五月租錢一□□☒　一四三二

入西鄉吏毛昴領何黑錢□☒　一四三三甲

☒□□☰嘉禾二年二☒　一四三三乙

入桑鄉吏殷連所備何黑□錢三千☰嘉☒　一四三四

☒九百☰嘉禾二年七月七日彈溲丘男子☒　一四三五

右入三百八十七斛六斗三升　☒　一四三六

☒□男唐能年廿二　□☒　一四三七

☒年私學限米四斛☒　一四三八

入廣成鄉領州吏田仁貸米□□一百卌□☒　一四三九

右東鄉入財用錢十一萬八百一十　☒　一四四〇

【注】「右」上原有墨筆點記。

☒☰嘉禾二年五月廿☒　一四四一

☒□付庫吏殷連受　一四四二

入模鄉鋘賈☒　一四四三

☒嘉禾二年二月十一日□園丘大男劉□☒　一四四四

☒□付庫吏殷連受　一四四五

入都鄉嘉禾元年官鋘錢四□☒　一四四六

入西鄉蒩丘男子庾雒鋘錢四☒　一四四七

☒庫吏殷連受　一四四八

☒二年私學限米卌斛☰嘉☒　一四四九

☒廿二斛☰嘉禾元年□□☒　一四五〇

入西鄉鋘賈錢二千☰嘉禾□年廿二☒　一四五一

入平鄉林丘大男☒　一四五二

☒□丘大男五錢□□☒　一四五三

☒限米三百一十四斛七斗☒　一四五四

☒日書史□□付庫吏☒　一四五五

☒書史谷□☒　一四五六

☒□付庫吏殷連受　一四五七

☒牒□士妻子田四頃☒　一四五八

☒吏黄諱潘慮受　一四五九

☒☰嘉禾三年三月廿八日□□□□☒　一四六〇

☒右匠家口食☒　一四六一

入模鄉嘉禾二年新吏黄□限米☒　一四六二

〼□□付庫吏殷連受　一四六三
〼鋘賈錢七百𠕋〼　一四六四
〼□丘男子陳胄□〼　一四六五
八月二日三州倉吏鄭黑白　一四六六
入模鄉鋘賈錢一萬二千𠕋嘉〼　一四六七
〼□付庫吏殷連受　一四六八
入都鄉嘉禾二〼　一四六九
〼嘉禾元年十一月十三日彈浭丘〼　一四七〇
〼□𠕋嘉禾元年〼　一四七一
〼大男康琴付庫吏殷〼　一四七二
〼米九斛五斗𠕋嘉禾元〼　一四七三
〼□付庫吏殷連受　一四七四
〼□己酉丘五郎付庫吏殷〼　一四七五
〼五斗𠕋嘉禾二年五月〼　一四七六
〼　連受　一四七七
〼倉吏〼　一四七八
〼帥限米八十八斛六斗七升𠕋〼　一四七九
〼□斗七升五合　〼　一四八〇
〼殷連受　一四八一
〼禾二年八月十四日大□〼　一四八二
〼付庫吏殷　〼　一四八三
〼嘉禾二年七月十二日〼　一四八四
〼成鄉鋘〼　一四八五
　〼右東鄉入皮賈〼　一四八六
〼嘉禾二年正月十三日男子殷錢〼　一四八七
〼浭丘鄭□付〼　一四八八
〼斛五斗八升六合〼　一四八九
〼月廿一日殷梁丘宗困付庫吏殷連受　一四九〇
〼□日寇丘番〼　一四九一
〼嘉禾二年二月廿七〼　一四九二
〼□付庫吏殷連〼　一四九三
□□
【注】「殷連」左二□，據殘筆，第一□似「丘」或「五」，第二□似「倉」。
〼錢一千一百𠕋嘉〼　一四九四
〼□縣柏上□□〼　一四九五
【注】「柏上」下二□，據殘筆，似「作典」或「佃兵」。
〼壄閣郭據〼　一四九六
右西鄉入鋘〼　一四九七
【注】「右」上原有墨筆點記。
入廣成鄉口算〼　一四九八
〼李嵩付三州倉吏谷漢受　一四九九
〼斛五斗二升□〼　一五〇〇
〼……二百二十𠕋嘉〼　一五〇一
〼嘉禾二年□〼　一五〇二
〼殷連受　一五〇三
〼連受　一五〇四
右一家合三人〼　一五〇五
【注】「右」上原有墨筆點記。
〼鄉財用錢二萬〼　一五〇六
〼嘉禾元年〼　一五〇七
〼八月七日倉吏谷漢付庫吏殷〼　一五〇八
〼□當鹿皮十枚𠕋〼　一五〇九
〼□鄉州吏〼　一五一〇
〼……陵丘男子〼　一五一一
入都鄉嘉禾二年租〼　一五一二
〼□七丘男子〼　一五一三

〼年鋘錢一萬〓嘉禾二年九月廿九日烝弁付庫吏殷連受 一五一四
右一家合三人 〼 一五一五
右南鄉入稅米三斛 〼 一五一六
入模鄉香丘男子區帛鋘錢五千〓嘉禾二年閏月廿三日〼 一五一七
模鄉大男蓋轉故户中品出錢八千臨湘侯相 □ 〼 一五一八
〼吏黃況故户中品出錢八千臨湘侯相 □□ 〼 一五一九
□ □ □
〼取禾二千□百廿斛五斗一升 一五二〇
〼□□□謝合付三州倉吏谷漢〼 一五二一
〼年十二月十五日苗丘男子黃蒲付三州倉吏谷漢受 一五二二
〼麂皮十枚〓嘉禾二年二月十八日柚丘雷貢付庫吏殷〼 一五二三
〼行錢一千六百〓嘉禾二年正月十四日吏延若付庫吏殷連受 一五二四
模鄉大男周碩故户中品出錢八千臨湘侯相 □ 〼 一五二五
行書人通言府吏區顯大男□□□□□□□將軍封府□
行書人通言府□禮詔部□吏□□□□□□大將軍□□□□ 〼 一五二六
〼□□付倉吏谷漢受 中 一五二七
【注】簡末「中」為朱筆。
〼租米廿一斛八斗 一五二八
□入一百五十一斛二斗 一五二九
〼一千四百〓嘉禾二年五月十一日兼丘男子〼 一五三〇
其七千一百卅斛付三州倉…… 一五三一
右西鄉入步侯還民一斛四斗 〼 一五三二
【注】「右」上原有墨筆點記。
□入九百十三斛一斗八升 一五三三
右二年佃卒田三頃六十畝々收限米二斛合□〼 一五三四
〼……百六斛……〼 一五三五
其七百六十四斛三斗二升……〼 一五三六
入南鄉嘉禾二年復客限米十斛〓嘉禾三年三月十七日惠（？）〼 一五三七
〼五日塘丘男子黃策（？）付三州倉吏谷漢受 一五三八
〼錢三千五百〓嘉禾二年八月廿六日鄉丘〼 一五三九
〼吏□□故户中品出錢八千臨湘侯相 □〼 一五四〇
〼……付三州倉吏□□受 一五四一
模鄉大男李信故户中品出錢八千臨湘侯相 〼 一五四二
模鄉大男吳丁故户中品出錢八千臨湘侯相 〼 一五四三
〼都鄉嘉禾二年私學限米六斛〓嘉禾三年〼 一五四四
〼□田丘蔡文付三州倉吏谷漢受 中 一五四五
【注】簡末「中」為朱筆。
耒畢五十九斛三斗 〼 一五四六
〼錢二萬四千七百 一五四七
右南鄉入鋘賈錢二萬二千五百二〼 一五四八
【注】「右」上原有墨筆點記。
〼一千五百〓嘉禾二年五月卅日進渚丘黃止〼 一五四九
〼鄉□□租米三斛四斗胄畢〓嘉禾元年八月□日平陽丘〼 一五五〇
入西鄉二年稅米五斗 〼 一五五一
模鄉大男□墨故户中品出錢八千臨湘侯相〼 一五五二
〼十二月廿一日茹丘雷□付庫吏殷〼 一五五三
□妻大女□□…… 一五五四
〼年十一月八日付庫吏殷連受 一五五五
入都鄉嘉禾二年步侯還民限米一斛〼 一五五六
〼□人何黑錢一千〓嘉禾二年二月廿一日付庫吏殷連〼 一五五七
〼錢一千〓嘉禾二年八月十日區陵丘男子潘張付庫吏殷〼 一五五八
〼禾二年四月廿三日倉吏谷漢付庫吏殷連受 一五五九
其一百卅一斛一升三州倉吏〼 一五六〇
入西鄉鋘賈錢五千六百〓嘉禾二年閏月□□□□〼 一五六一

☐九日盡丘區明付車吏殷連受 一五六二

【注】「車」應為「庫」之誤。

☐廿二月廿□日倉吏谷漢付庫吏☐ 一五六三

右諸鄉入步侯還民限米廿斛□☐ 一五六四

【注】「右」上原有墨筆點記。

☐□□□故戶中品出錢八千臨湘侯相 □☐ 一五六五

入中鄉嘉禾元年税米七斛六斗〼嘉禾元年十一月□☐ 一五六六

☐□千四百三斛四斗□嘉禾元年吏帥客限米☐ 一五六七

入嘉禾二年州佃吏限米……□☐ 一五六八

☐□□斛七斗五升冑畢〼嘉禾□☐ 一五六九

☐一斗冑畢〼嘉禾二年十月九日文丘蕭浩付三州倉吏谷漢☐ 一五七〇

☐□〼嘉禾二年三月□日□丘……☐ 一五七一

入南鄉嘉禾二年税白米三斛〼嘉☐ 一五七二

☐□尺□寸〼嘉禾二年正月八日付……☐ 一五七三

☐鄉財用錢四千二百〼嘉禾二年二月☐ 一五七四

☐二千八百 一五七五

□男弟小男紐年☐ 一五七六

入都鄉嘉禾二年私學限米廿斛四斗三升〼嘉禾元年三月☐ 一五七七

☐鄉嘉禾二年税米二百卅六斛☐ 一五七八

☐□丘大男區娲付主庫吏殷 ☐ 一五七九

【注】「丘」上□左半殘缺，右半從「隹」。

☐七升民還黄龍□年税米☐ 一五八〇

其二百七十四斛六斗二升付州中倉關坚閣☐ 一五八一

九（？）月日關翕（？）督郵 ☐ 一五八二

☐……付庫吏殷 ☐ 一五八三

右都鄉入……☐ 一五八四

☐萬二千〼嘉禾元年十二月九日□丘潘□付庫吏☐ 一五八五

入都鄉鋘錢一萬二千〼嘉禾二年正月廿日□□☐ 一五八六

☐□□□〼嘉禾□年□月廿七日付庫吏殷連☐ 一五八七

右□鄉入……☐ 一五八八

☐二千〼嘉禾二年九月十八日烝弁付庫吏殷 ☐ 一五八九

☐鄉口筭□錢八千……〼嘉禾☐ 一五九〇

入龍穴丘椋曹二年財用錢□□〼嘉禾二年九月十八日☐ 一五九一

☐九月十八日烝弁付主☐ 一五九二

☐□□□大男鄧錢付庫吏殷連受 一五九三

☐殷連受 一五九四

入東鄉元年財用錢七☐ 一五九五

☐ 六月五日入付……☐ 一五九六

入廣成鄉鋘賈錢四千〼☐ 一五九七

入都鄉口筭錢二千〼嘉☐ 一五九八

入西鄉嘉禾二年□□□□〼嘉禾二年八月廿三日□淒丘☐ 一五九九

☐□□□〼嘉禾元年十一月二日付庫吏殷☐ 一六〇〇

☐貸米九十斛已入畢付☐ 一六〇一

【注】簡下部有朱筆塗痕。

☐□鋘錢二千二百〼嘉禾二年五月廿六日□☐ 一六〇二

入□鄉客（？）□□☐ 一六〇三

☐□□□米八十五斛☐ 一六〇四

南鄉領復民田六十四畝畝一百廿步收□☐ 一六〇五

【注】「收」下□右半殘缺，左半從「禾」，有可能是「租」，也有可能是「税」。

☐□孟（？）宣（？）宋（？）斛（？）殷曼 一六〇六

☐二年十月廿六日烝弁付庫吏殷連受 一六〇七

入廣成鄉二年財用錢二千〼嘉禾二年八月十☐ 一六〇八

☐□千四百〼嘉禾二年七月八日新唐（？）丘男子唐難付庫☐ 一六〇九

☐□□□□□入錢九萬四千六十☐ 一六一〇

☐倉吏☐ 一六一一

一六一二 入桑鄉二年□錢七☒

一六一三 ☒□□□百廿一乂嘉禾二年二月十七日鄉吏五□付庫吏☒

一六一四 入南鄉嘉禾元年盡錢八千乂嘉禾二年二月四日烝弁付庫吏殷連受

一六一五 入小模鄉嘉禾元☒

一六一六 ☒其二千一百□□付庫吏☒

一六一七 ☒吏殷☒

一六一八 右胡家口食十二人

【注】「右」上原有墨筆點記。

一六一九 右銀家口食二人

【注】「右」上原有墨筆點記。

一六二〇 右……口送詣屯

一六二一 其十一斛四斗三州倉吏□□□　二年五月廿三日入

一六二二 右布家口食二人一人送大屯

一六二三 入都鄉口筭錢五百一十乂嘉禾元年十一月五日傑□丘何誠付庫吏☒

一六二四 ☒□錢一萬乂嘉禾元年□□月□□日壬□付庫吏殷連受

一六二五 ……倉吏□□□錢……

一六二六 右溺家口食二人　訾　十

【注】「右」上原有墨筆點記。

一六二七 ☒嘉禾二年八月廿二日倉丘周客付庫吏殷　☒

一六二八 右週家口食□二人

一六二九 入南鄉財用錢一千四百乂嘉禾元年十一月十日大男王蜀（？）付☒

一六三〇 ☒鋘賈錢一千八百乂嘉禾二年八月十一日湛上丘大男區□付庫吏殷

☒

一六三一 □□里戶人公乘曾□年五十三　妻□年卅九

【注】「妻」下□右半殘缺，左半從「女」。

一六三二 ☒　其一百九十九斛八斗五升民入

一六三三 ☒　其六十七斛四斗民入

一六三四 右黃武六年民入襍米八千八百□☒

【注】「右」上原有墨筆點記。

一六三五 領二年郵卒田六頃五十畝々收限米二斛合為吳平斛米一千三百斛

一六三六 其三百十四斛五斗付州中倉關堅閣李嵩吏黃諱潘慮　中

一六三七 領二年民田三百七十六頃六十五畝二百卅八步畝收米一斛二斗合

四萬五千一百九十九斛一斗

一六三八 右根家口食二人　☒

【注】「右」上原有墨筆點記。

一六三九 右□家口食二人

【注】「右」上原有墨筆點記。

一六四〇 □月卅日倉吏黃諱潘慮受

一六四一 右倉田曹史烝堂白　嘉禾二年領租稅襍限吳平斛米合八萬一千

一六四二 常遷里戶人公乘李漠年卅七　妻大女思年卅二

一六四三 入嘉禾二年郵卒限米七百九十八斛二斗八升　☒

【注】簡下部有朱筆塗痕。

一六四四 入嘉禾二年佃帥限米九百五十五斛八斗七升

【注】簡下部有朱筆塗痕。

一六四五 右民還黃龍三年所貸襍米□百卅三斛三斗☒

【注】「右」上原有墨筆點記。

一六四六 右□家口食二人

【注】「右」上原有墨筆點記。

一六四七 訾女弟角年十三

一六四八 其卅一斛五斗付吏區業給稟夷（？）民

一六四九 其卌四斛已入畢付州中倉關堅閣李嵩吏□☒

入畢二千四百五十八斛□斗九升六合　一六五〇

【注】簡下部有朱筆塗痕。

入中鄉嘉禾元年財用錢八千𠄡嘉禾元年二月十日湛龍丘潘⧄　一六五一

入模鄉財用錢一千……吳平斛米⧄　一六五二

梨下里户人公乘黄⿱龍田年廿九　妻大女思年廿六　一六五三

【注】「⿱龍田」疑為「壟」之別體。下同，不再注明。

入南鄉財用錢二千𠄡嘉禾元年十一月十日□□丘召季付主庫吏殷連⧄　一六五四

湛龍里户人公乘吳易年廿一　妻思年廿　子女□年三歲　一六五五

高遷里户人公乘毛布年卅□　妻大女思年卅九　一六五六

□□月□□日付倉吏黄諱潘慮□　一六五七

其卅五付關邸閣李嵩倉吏黄諱潘慮　中　一六五八

【注】「卅五」下似脱「斛」字。

入模鄉嘉禾元年蓋錢二千八百𠄡嘉禾二年二月三日□⧄　一六五九

陽貴里户人公乘吳銀年廿八　妻大女□年廿九　一六六〇

其六……關邸閣李嵩⧄　一六六一

⧄禾元年鋘賈錢二千六百𠄡嘉禾二年五月⧄　一六六二

入模鄉嘉禾元年財用錢一萬七千𠄡嘉二年二月十二日吏鐵霸付庫吏殷⧄　一六六三

【注】「嘉」下脱「禾」字。

右買家口食二人　一六六四

【注】「右」上原有墨筆點記。

其四百五十五斛六斗六升付州中倉關邸閣李嵩吏黄諱□□□　一六六五

東枎里户人公乘㢘困年卌二　妻□年卅九　一六六六

未畢一十二斛三斗七升　一六六七

入嘉禾二年稅米二百廿六斛九斗五升　一六六八

領二年佃（？）卒（？）衛士田七十五畝々收限米二斛合為吳平斛米一百五十斛　一六六九

六十九斛九斗四合拘計州中三州倉俱起嘉禾二年九月一日訖三年五月十五日　一六七〇

九升
其三百七十二頃卅九畝九十四步收米四萬四千六百八十七斛二斗七升民稅田先所□
其四百十七畝百卅四步收米五百一十一斛九斗二升九□火種田後吏□□□□　一六七一

【注】「右」上原有墨筆點記。

入中鄉吏許丑所備何黑錢二千𠄡嘉禾二年二月十日付庫⧄　一六七二

嘉禾四年九月卅日兼金曹史李訸白言入□□□□
一□屬四千六百九十　一六七三

……中部督郵　一六七四

其三百一十四斛七斗付三州倉關邸閣董基吏鄭黑⧄　一六七五

……宜左目　妻思年卅六　一六七六

入僕鄉口筭錢一千九百𠄡嘉禾元年十二月九日□丘□□付庫吏殷⧄　一六七七

右傅家口食九人　一六七八

【注】「右」上原有墨筆點記。

入西鄉吏何旆侑何黑錢三千𠄡嘉禾元年二月十四日⧄　一六七九

入嘉禾二年所貸還民限米三百七十五斛六斗三升　一六八〇

右□家口食□人　一六八一

右□家口食三人　一六八二

【注】「右」上原有墨筆點記。

右都鄉入財用錢一千　一六八三

吉陽里户人公乘區（？）黑年廿七　妻思年廿六　一六八四

其一百廿五斛□斗二升付州中倉關邸閣……⧄　一六八五

⧄□年財用錢一千𠄡嘉禾二年二月十七日劉里丘殷越付庫吏殷⧄　一六八六

其七斛五斗民入　□年五月四五日……　一六八七

已入六百六十斛二斗　一六八八

〼□夫唐丘財用錢卌六〼嘉禾□年十一月□□日……　一六八九

入都鄉嘉禾元年財用錢三千〼嘉禾二年二月卅日□□□□□□〼　一六九〇

右南鄉入財用錢八千　一六九一

【注】「右」上原有墨筆點記。

右□家口食二人　一六九二

【注】「右」上原有墨筆點記。

入嘉禾二年叛士限米九十八斛　一六九三

□□里户人公乘閻術年卅　妻秋年廿九　一六九四

右□家口食四人　一六九五

【注】「右」上原有墨筆點記。

入東鄉所備吏朱讓文入皮賈錢三千當……〼　一六九六

其四百八十斛二斗付三州倉關坚閣□□吏鄭黑　中　一六九七

右南鄉入何黑錢二萬二千八百　一六九八

領佃卒黃龍二年限米一斗二升七合　一六九九

入都鄉嘉禾元年鋘賈錢一千〼嘉禾二年四月七日廉丘〼　一七〇〇

右東鄉入蓋錢四百　一七〇一

【注】「右」上原有墨筆點記。

〼區稟年卌一　一七〇二

其廿斛民入　〼　一七〇三

入都鄉鋘賈錢七千〼嘉禾二年五月四日苻中丘□□付〼　一七〇四

入都鄉民賈鋘錢二千七十〼嘉禾二年四月六日……〼　一七〇五

【注】「賈鋘」疑為「鋘賈」之倒。

男嘉禾二年十月二日皮佃丘民還侯〼　一七〇六

入都鄉元年鋘賈錢一千一百〼嘉禾二年四月廿一日唐中丘□□付庫

〼　一七〇七甲

〼□賈付庫〼　一七〇七乙

入中鄉吏李誣所備何黑錢三千〼嘉禾二年二月十日付庫〼　一七〇八

困〼嘉禾二年五月廿一日租渚陶（？）師（？）李䜌付庫殷連受　一七〇九

【注】「租渚」下似脱「丘」字。又「庫」下脱「吏」字。

右平家口食二人　〼　一七一〇

【注】「右」上原有墨筆點記。

〼□千九百六十四斛二斗　〼　一七一一

〼□染病物故□□　一七一二

〼□十八斛　一七一三

〼嘉禾□年五月廿五日赤頭丘男子□〼　一七一四

〼　連受　一七一五

〼右導家口食十一人　一七一六

其十斛五斗司馬鄧邵黃龍三年臨居米　一七一七

其三百九十四斛六斗吏帥客黃龍三年限米　一七一八

黃龍三年屯田貸米三百七十斛黃龍三年貸米□□吏帥客黃龍元年〼　一七一九

入黃龍元年復田税米卌七斛〼　一七二〇

一百斛黃龍二年粢租〼　一七二一

〼□復田税米　一七二二

其三升故坚閣唐弈所（？）□〼　一七二三

右四月新入吳平斛米□〼　一七二四

【注】「右」上原有墨筆點記。

……賈醫賈米〼　一七二五

〼五十斛二斗五升郵卒黃龍三年限米　一七二六

〼□□税米　其二千八百二斛三斗限米　一七二七

〼卅六斛四斗新吏黃龍三年限米　一七二八

〼□嘉禾元年醫賈米二斛　一七二九

起黃龍三年十一月訖嘉禾〼　一七三〇

☒斛九斗□□合吳平斛米七十□☒　一七三一

☒斛四斗㕡嘉禾六年正月八日☒　一七三二

【注】簡上部有朱筆點記。

☒丑㕡嘉禾五年三月十七☒　一七三三

石黃龍二年限米壬三斛☒　一七三四

其卌六斛九斗吏何逸還鄱陽新兵湯羽等妻子還所貸黃龍元□□☒　一七三五

☒還價人李綏米十二斛八斗　一七三六甲

☒二年□禾准米　一七三六乙

廿八斛九斗一升運送大屯及給稟諸將吏士□米一萬三千卌六斛　一七三七

其卌八斛一斗四升三州倉二年□□□　一七三八

入司馬黃升黃龍三年屯田限米二百六十二斛一斗五升　中　一七三九

其一千一百六十一斛五斗二升黃龍□年私學限米　一七四〇

入中鄉故尉陳崇加臧米六十斛　中　一七四一

其卌七斛黃龍元年復田稅米　一七四二

☒□二……米　一七四三

其十三斛二斗三升黃龍二年□□□僦米　一七四四

☒　其一百七十九斛八斗新還民三年限米　一七四五

其十斛吏文董備黃龍三年□賈米　一七四六

其九百五十四斛七斗七升□□黃龍三年限米　一七四七

☒米八百斛黃龍三年吏□□限米一百斛郵驛□□　一七四八

其廿二斛二斗六升黃龍三年官所買醬賈米　一七四九

其一千八百廿二斛七斗七升吏帥客黃龍三年限米　一七五〇

監（?）運（?）掾陳靚□□所貸二年三月十四日付書史謝
越（?）□師張矚陳中趙衡戴鴆　一七五一

其一百六十六斛九斗佃卒黃龍三年限米　一七五二

入三州倉運民還黃武七年吏帥客限米二斛　中　一七五三

其十三斛二斗三升三州倉二年□吳平斛米　一七五四

入黃龍三年郵卒限米八十二斛九斗　二斗三升私學黃龍三年限米　一七五五

凡……斛黃武元年四月四日戊戌金曹史許尚□受　一七五六

入黃龍元年復田稅米廿六斛□丑　中　一七五七

其三百卌六斛□斗新吏黃龍三年限米☒　一七五八

其卌斛三斗四升黃武七年諸將佃禾准米　中　一七五九

匣三千八百斛□合□□七千六十斛被督軍糧都尉□嘉禾元年三
月四日庚午書付　一七六〇

☒五千七百五十六斛二斗六升　□年二月十一日……☒　一七六一

其二百卌六斛五升黃龍三年郵卒限米　一七六二

其八十斛佃卒☒　一七六三

入黃龍三年稅米一萬四千□百□斗一升　其六斛六斗……　中　一七六四

☒□□張蓋折咸米七十四斛九斗六升　☒　一七六五

入黃龍元年私學限米六斛　中　一七六六

其一百六十八斛九斗黃龍三年佃卒限米　一七六七

……黃龍三年限米　一七六八

☒　其一百六十六斛九斗佃卒黃龍三年限米　一七六九

入新還民黃龍三年限米卌三斛☒　一七七〇

☒□承黃龍三年二月☒　一七七一

尉嘉禾元年四月十五日☒　一七七二

正月一日訖三月卅日旦簿☒　一七七三

其八百四斛☒　一七七四

禾元年四月四日付典□☒　一七七五

其三百七十二斛二升白米　一七七六

☒□畢（?）七千十二斛嘉禾元年四月七日☒　一七七七

其十二斛一斗監運掾泗度漬米　一七七八

☒□佃卒黃龍元年限米　一七七九

定領襍米一萬一千四百八十五斛八斗四升五合　一七八〇

其十三斛二斗三升三州倉黄龍二年小□僦　一七八一

【注】「右」上原有墨筆點記。

六十六斛被督軍糧都尉嘉禾元年六月廿九日癸亥所書給右郎中何宗　一七八二

其六十斛二斗永新故許廣□宗品臧米　一七八三

【注】「故」下疑脱「吏」字。

☒……限米　一七八四

米二百八十七斛七斗八升私學黄龍三年限米一百六斛□☒　一七八五

七年税米與劉陽□☒　一七八六

其九十九斛☒　一七八七

其六斛黄武七年州吏□□曹田税吏　一七八八

入都鄉黄龍三年限米一百五十一斛　一七八九

其七十九斛□□佃卒黄龍元年限米　一七九〇

其二斛七斗□□□□☒　一七九一

☒龍二年限米　一七九二

☒元年四月卅日付典軍曹史許尚受　一七九三

☒□□黄升黄龍元年限米　一七九四

其六十八斛□☒　一七九五

入黄龍三年佃卒限米卅斛　☒　一七九六

其二萬九千三百十二斛九斗六升□□税米　一七九七

入新吏烝勉還連道黄武□年米七☒　一七九八

其二百□☒　一七九九

☒……斛黄龍三年池賈米☒　一八〇〇

其卅斛吏文董所備黄龍三年醬賈米　一八〇一

其一百六十一斛一斗五升黄龍元年復田税米　一八〇二

其一萬五千一百七十四斛三斗□升黄龍三年税米　一八〇三

其□萬……□□黄武六年米　一八〇四

☒典運吏□□黄龍元年税□□米　一八〇五

其三百八十九斛二斗七升私學黄龍元年限米　一八〇六

☒　斛六斗五升　一八〇七

☒……九百七十斛吴昌倉吏唐魁米　一八〇八

其二斛二斗□□□☒　一八〇九

領市士十四人嘉禾元年直起九月訖十一月其三人人月三斛五斗
十二人人月二斛　一八一〇

其二百廿六斛一斗三州倉……　一八一一

其二萬八千三百廿九斛四斗……　一八一二

其一斛佃卒周柔黄龍元年限米　一八一三

其廿八斛□斗叛士黄龍元年限米　一八一四

所督軍邑君跳傳所領吏士卅三人嘉禾元年七月直人二斛嘉禾□□　一八一五

☒卌斛□□黄龍二年税米三升故塋閣唐□所度量　一八一六

其五二斛二斗六升□☒　一八一七

□還黄龍二年郵卒限米五十斛　中　一八一八

其一千一百廿七斛三斗二升黄龍三年吏帥客限米　一八一九

入黄龍三年新吏限米卅六斛三斗　已中　一八二〇

【注】「已」為勾校符號。下同，不再注明。

其□□四百八十四斛□斗□升黄龍三年吏帥客限米　一八二一

集凡承餘新入吴平斛米□合一萬□千七百九十二斛七斗五升　一八二二

【注】「集」上原有墨筆點記。

☒……□□書給監運掾曹□□　一八二三

龍二年私學限米十七☒　一八二四

入黄龍元年叛士限米九斛　☒　一八二五

其十斛吏黄□入新吏黄龍元年限米　一八二六

其二百五十斛五斗新吏黄龍二年限米　一八二七

出倉吏黃諱潘慮所領嘉禾元年官所貸醬賈吴平斛米六斛九斗被督軍糧都尉　一八二八

其卌斛黃龍三年旨□□限米　一八二九

其五十斛五斗……黃龍……　一八三〇

右入稅米二萬一千五十一斛……　一八三一

軍糧都尉移右節度府黃龍三年十一月六日乙巳書給督軍録事典事訖司馬□□　一八三二

【注】據陳垣《魏蜀吴朔閏異同表》，黃龍三年十一月朔為己巳，六日為甲戌，十二月八日為乙巳。

出倉吏黃諱潘慮所領□□□□池師朱恙……　一八三三

其卌二斛二斗一升黃龍二年租米　一八三四

入□□黃升黃龍二年限米六斛　一八三五

元年四月十六日付書吏□☑　一八三六

☑龍三年稅吴平斛米廿三斛二斗為稟斛米廿四斛被督　一八三七

其一斛佃卒周□黃龍二年粢限米　一八三八

其卌斛五斗四升司馬□□□□□□黃武七年□□☑　一八三九

其二斛一斗六升新吏監吏□□黃龍元年稅粢米　一八四〇

月直人二斛嘉禾元年六月十一日□□曹師曼　一八四一

☑其一百七十九斛八斗新還民黃龍三年限米　一八四二

入船師傅米貸建安廿六年限米卌四斛☑　一八四三

☑年廿月十三日付船師鄭肅　一八四四

☑□黃武七年稅米　一八四五

☑百五十斛其五百卅七斛□☑　一八四六

九人嘉禾元年八月直人二斛嘉禾☑　一八四七

其九千□☑　一八四八

其卌斛四斗一升☑　一八四九

都尉嘉禾元年十一月六日壬辰書給右☑　一八五〇

【注】據陳垣《魏蜀吴朔閏異同表》，嘉禾元年十一月朔為癸亥，六日為戊辰，十二月朔為壬辰。

其一百廿九斛☑　一八五一

☑吴平斛米一百卌四斛二斗四升為稟斛米一百卌四　一八五二

其廿斛一升吏☑　一八五三

其卌三斛□☑　一八五四

☑東部烝口倉□邸陵備黃龍元年稅復米　一八五五

其一百七十五☑　一八五六

出倉吏黃諱潘慮所領嘉禾元年稅吴平☑　一八五七

右稅米二百五十斛☑　一八五八

【注】「出」下衍一「倉」字。

【注】「右」上原有墨筆點記。

其二百廿八斛□☑　一八五九

其四斛黃武六☑　一八六〇

☑□□嘉禾……　一八六一

入吏帥客黃龍二年限米十二斛八斗□☑　一八六二

☑五升黃龍三年稅中白米　其五升擿米　一八六三

☑斛八斗六升黃龍三年稅米　一八六四

出倉吏黃諱潘慮所領黃龍三年稅☑　一八六五

其一百七十五斛☑　一八六六

入吏番觀張樂等所備黃武五年租□☑　一八六七

其卅七斛☑　一八六八

☑吏黃龍元年限米　一八六九

☑□米三百斛□□倉曹陳洽運詣集所嘉禾　一八七〇

其二百卌八斛三斗□☑　一八七一

出倉吏黃諱潘慮所領黃龍三年稅☑　一八七二

☑……三年稅中白米　一八七三

五十六斛劉陽□吏……☑　一八七四

☑九千七百一十一斛八斗□升黃龍二年稅米　一八七五

☑斛四斗六升　中　一八七六

其九斛四斗六升☑　一八七七
☑……三州倉□　一八七八
入私學黃龍元年限米八十二斛五斗三升　一八七九
其三斛五斗郵☑　一八八〇
其五十八斛郵☑　一八八一
☑□黃升黃龍三年限米廿一斛嘉禾元年所負襍□☑　一八八二
黃龍元年限米廿二斛□斗八升吏潘慮☑　一八八三
☑□黃龍三年限米　一八八四
☑□嘉禾元年……☑　一八八五
其九十一斛三升黃☑　一八八六
二升黃龍元年……☑　一八八七
入黃龍元年張復田稅米□□斛五斗　☑　一八八八
七斛九斗□升黃龍……☑　一八八九
☑米　其□□四斗……　一八九〇
其廿二斛一斗□☑　一八九一
其卌七斛三斗五升黃龍元年吏帥客限米　一八九二
其一百斛三斗九升私學黃龍元年限米　一八九三
佃卒黃龍元年限米六十八斛八斗新吏☑　一八九四
其四斛三斗四升☑　一八九五
入私學黃龍三年限米廿一斛　☑　一八九六
入黃龍三年私學限米三百廿二斛☑　一八九七
☑呂財貴清所將□史李會黃□　一八九八
入黃龍三年租米卅二斛六斗　☑　一八九九
□被督軍糧都尉嘉禾元六月廿九日癸亥書給右郎中何宗所督☑　一九〇〇

【注】「元」下應脱「年」字。

出倉吏黃諱潘慮所領黃龍三年稅吳平斛米六十三斛三斗六升為稟
斛米　一九〇一

入佃卒黃龍元年限米一斛……　☑　一九〇二
☑……限米☑　一九〇三
其一萬□☑　一九〇四
☑□黃龍□年限米　一九〇五
其七斛佃卒☑　一九〇六
其十一斛七斗☑　一九〇七
入黃龍三年稅米四百九十斛二斗九升　一九〇八
☑……龍三年限米卌五斛五斗黃龍二年□□□☑　一九〇九
督軍糧都尉嘉禾元年八月☑　一九一〇
出倉吏黃諱潘慮所領襍吳平斛米二千七十斛其二百斛郵卒黃龍三年
限米　一九一一
其廿一斛三斗七升黃☑　一九一二
其一斛四斗新吏謝□還所錫六年米　一九一三
☑……倉吏□□米一千七百一十☑　一九一四
其卌四斛六斗黃武五年限米　一九一五
☑斛二斗七升嘉禾元年所受襍米擿米　一九一六
其卅五斛嘉禾元年賊帥☑　一九一七
其一百五十一斛☑　一九一八
☑……與郡倉吏監賢米一百☑　一九一九
歆二人各一年奉起黃龍☑　一九二〇
☑嘉禾元年□租大豆……☑　一九二一
☑武七年諸……☑　一九二二
☑黃龍二年限米六十斛七斗七升私學　一九二三
☑掾利焉黃龍二年屯田限米　一九二四
其卅六斛一斗私學黃☑　一九二五
☑五斛三斗一升黃龍三年租米　一九二六
其一萬□□☑　一九二七
☑二百卅斛五斗司馬黃升黃龍三年屯田限米　一九二八

入司馬黄升黄龍三年限米十二斛　☒　一九二九
☒吴平斛米五十五斛六斗八升為稟斛米□☒　一九三〇
其九十斛皮☒　一九三一
☒二百□千斛其五千七百七□斛☒　一九三二
出倉吏黄諱潘慮所領黄龍☒　一九三三
☒龍元年粢租米一斛六斗　一九三四
右出吴平斛米二千一百五十七斛□斗□升☒　一九三五
☒□張鄭黄龍三年限米　一九三六
其一百卌一斛三斗佃卒黄龍三年限米　一九三七
出倉吏黄諱潘慮所領嘉禾☒　一九三八
☒黄龍元年復田税米　一九三九
其十六斛☒　一九四〇
☒糧都尉嘉禾元年十二月二日☒　一九四一
入郵卒黄龍三年限米十六斛五斗　☒　一九四二
☒五□黄龍二年　□☒　一九四三
☒其九百七十☒　一九四四
其四百☒　一九四五
入黄龍元年新吏限米十七斛五斗☒　一九四六
☒米二斛　一九四七
☒五斛七……　一九四八
☒斛黄龍三年屯田限米　一九四九
入嘉禾元年粢租米九十九☒　一九五〇
入黄龍三年官所賣醬賈米一斛　一九五一
楊昭所領吏士六十二人嘉禾元☒　一九五二
☒……限米　五十二斛覈（？）□□□　一九五三
☒□□司馬王禄所領吏士七十二人嘉禾元年七月　一九五四
☒監運兵曹張象扣阡徐邵備所運黄龍二年□　一九五五
☒……限米　一九五六
☒　其五斛八斗三州倉☒　一九五七
☒種賈米　一九五八
☒□所□書給大常都尉□□士胡客□　一九五九
入吏帥客黄龍二年限米八斛　☒　一九六〇
□□□□吏張□☒　一九六一
☒　嘉禾元年所貸食　中　一九六二
元年九月奉嘉禾元年九月一日付右倉曹史　一九六三
☒七百卌斛五升六合黄龍三年税米　一九六四
其卌斛八斗三升黄龍元年租米　一九六五
出倉吏黄諱潘慮所領吏帥客……　一九六六
☒卒黄龍二年池賈米　一九六七
入佃吏黄龍元年限米七斛……　一九六八
其二百一十斛七斗二升黄龍三年税米　一九六九
☒年七月直人二斛嘉禾元年六月卅日付樊囂何盛☒　一九七〇
吴平斛米三萬……出米二萬一千五百　一九七一
……黄龍元年……　一九七二
其三斛五斗郡掾利焉黄龍二年屯田限米　一九七三
出倉吏黄諱潘慮所領黄龍□年吴平斛米廿五斛□斗□升為稟斛米廿
六斛一斗一升　一九七四
☒□□黄龍元年張復田税米　一九七五
嘉禾元年七月五日……嘉禾元年七月一日付□　一九七六
入吏帥客黄龍三年限米一百廿一斛一斗　一九七七
☒　其廿二斛五升民還嘉禾元年五月食　一九七八
三百斛黄龍三年……又三百卅□斛九斗九升黄龍三年税米二百五
十斛□　一九七九
其八十斛佃吏黄龍☒　一九八〇
其一百一十五斛六斗價人李綬米　一九八一
其二百卅斛六斗……黄龍三年限米　一九八二

一九八三 □□官所賣醬賈吳平斛米七十四斛九斗七升被督軍糧⧄
一九八四 其三斛八斗東部烝口倉吏黽陵備黃龍元年稅耗（？）咸米
一九八五 定領襍米三萬三千七百□斛三斗六升
一九八六 ⧄元年限米
一九八七 ⧄六升為稟斛米十斛給郡干
一九八八 ⧄□□黃龍元年限米……
一九八九 ⧄……嘉禾□年折咸米
一九九〇 ⧄……□□所領□□折咸米
一九九一 ⧄年二月訖嘉禾元年五月尚月三斛□月二斛嘉⧄
一九九二 入黃龍元年佃卒限米五斛　中
一九九三 都尉兒福倉曹掾阮父所領師士九十人嘉禾元年六月直其卒六人人
三斛廿二人⧄
一九九四 其廿四斛五斗黃龍元年租米
一九九五 其三百六十三斛一斗五升郵卒黃龍三年限米
一九九六 米五千六百八十三斛□□□⧄
一九九七 出倉吏黃諱潘慮所領黃龍三年□吳平斛米一百五十二斛六斗四升□
□⧄
一九九八 其七百□⧄
一九九九 其一百七十四斛四斗黃龍三年襍入擿米
二〇〇〇 二人各一年稟□□黃龍三年七……⧄
二〇〇一 其十斛五斗監池司馬鄧邵黃龍三年臨咼米
二〇〇二 其一千七百八斛四斗七升□□□黃龍三年限米
二〇〇三 ⧄黃龍三年稅米　其七十六斛二斗七□租米⧄
二〇〇四 其三千八百八十斛六斗四升黃龍三年稅米
二〇〇五 其一百一十斛一斗二升□吏黃龍二年限米
二〇〇六 元年三月卅日倉吏黃諱潘慮白
二〇〇七 出倉吏黃諱潘慮所領黃龍□⧄
軍糧都尉移右節度府黃龍三年十一月十一日乙巳書給興軍
左金
二〇〇八 曹典事□□

【注】據陳垣《魏蜀吳朔閏異同表》，黃龍三年十一月朔為己巳，十一日為己卯，十二月八日為乙巳。

二〇〇九 ⧄□□吏適坟米一千斛吳昌倉⧄

【注】「坟」為「梅」之古字，又為「墳」之俗體。

二〇一〇 ⧄龍元年稅米
二〇一一 入黃龍二年□兵限米四斛九斗　已中
二〇一二 入佃卒黃龍三年限米卅六斛　已中
二〇一三 ⧄元年襍擿米
二〇一四 士四人稟起嘉禾元年四月訖七月其一人二斛□□三人人二斛……
二〇一五 其四百八十二斛九升私學黃龍三年限米
二〇一六 出倉吏黃諱潘慮所領黃龍三年稅吳平斛米卅六斛八斗為稟斛米卅八
斛被督
二〇一七 其廿六斛民還黃龍元年佃吏限米
二〇一八 卅五斛五斗被督軍糧都尉嘉禾元年四月九日甲寅書給前部□□
二〇一九 其六千七百卅八斛六斗六升黃龍三年稅米　其三百五十四斛五斗四升已校
二〇二〇 其七千五百八十四斛八斗□升……⧄
二〇二一 □琦左別治兵曹典事袁潘二□事奉起黃龍三年□月□訖嘉禾元
年七月人月
二〇二二 入民還貸人李綏米一斛　已中
二〇二三 入嘉禾元年官所賣醬賈米三斛九斗　已中
二〇二四 二斛嘉禾元年四月四日付典軍曹史許尚□人陳□
二〇二五 其一百一十四斛二斗黃龍元年復田稅米
二〇二六 其二斛嘉禾元年醬賈米
二〇二七 其一百七十五斛六斗六升嘉禾元年所受襍米擿米　⧄

☒　三年税吴平斛米一百斛九斗四升四合為稟斛米一百☒　二〇二八
☒年所貸禾准米　☒　二〇二九
軍糧都尉移右節度府黄龍三年七月十八日戊子書給□曹阮範□□
□□☒　二〇三〇
【注】據陳垣《魏蜀吴朔閏異同表》，黄龍三年七月朔為庚午，十八日為丁亥，十九日為戊子。
出倉吏黄諱番慮所領黄龍三年税吴平斛米一百六十五斛二斗合為稟
斛米☒　二〇三一
入黄龍元年叛士限米十七斛五斗　中　二〇三二
人陳嘉……☒　二〇三三
其一千一百廿七斛三斗二升黄龍三年吏帥客限米　二〇三四
☒□黄龍元年税米　二〇三五
其二百卌八斛五升郵卒黄龍三年限米　二〇三六
☒□賈米一斛九斗□□　二〇三七
☒合黄龍三年税米　其一□☒　二〇三八
右倉曹史烝堂白　州中倉吏黄諱潘慮列起嘉禾元年☒　二〇三九
其十斛卒何監還員口倉七年折咸米　二〇四〇
因……黄龍二年麦准米　二〇四一
其二斛還吏帥客黄武七年限米　二〇四二
其二百一十四斛五斗黄龍三年新吏限米　二〇四三
其六十三斛八斗三升黄龍元年税米　二〇四四
九日付郾……　二〇四五
二斛嘉禾元年四月廿□日付佃吏□□　二〇四六
其卅斛三斗四升黄武七年諸將佃禾准米　二〇四七
其十三斛叛士黄龍二年限米　二〇四八
☒税吴平斛米二百□九斛四斗八升為稟斛米二百　二〇四九
☒□□税米　二〇五〇
出倉吏黄諱潘慮所領黄龍三年税吴平斛米五十七斛合為稟斛米六十
斛被督　二〇五一
其五斛黄武七年税米　二〇五二
其五十九斛私學黄龍元年限米　二〇五三
□餘吴平斛米一萬三千卅斛五斗九升　二〇五四
被督軍糧都尉黄龍元年四月廿九日辛亥書給監□掾□□□□　二〇五五
其九斛民還叛吏朱文没入米　二〇五六
督軍糧都尉移樓船倉書掾吴邦吏□□□□☒　二〇五七
☒年五月廿八日癸巳書給監（？）所領師　二〇五八
出倉吏黄諱潘慮所領禖吴平斛米八千五百九十斛三斗一升□□□黄
龍三年□□□☒　二〇五九
其六百六十六斛六斗六升□□黄龍三年限米　二〇六〇
其六十四斛☒　二〇六一甲
☒……黄龍元年限☒　二〇六一乙
入新吏黄龍元年限米□斛五斗　中　二〇六二
【注】簡末「中」為朱筆。
入□擿米十六斛九斗五升　二〇六三
其廿九斛一斗私學黄龍三年限米　已　二〇六四
其一百七十一斛一斗三升監池司馬鄧邵黄龍三年收指米　二〇六五
其二百卌七斛五斗司馬黄升黄龍三年屯田限米　二〇六六
其一百卌三斛五斗一升船師張盖何屰栂朋等折咸米　二〇六七
入監池司馬鄧邵黄龍三年收指米卅六斛四斗五升　中　二〇六八
【注】簡末「中」為朱筆。
軍糧都尉移右節度府黄龍三年五月十七日丙寅書給典軍曹史許尚
典軍（？）邵　二〇六九
【注】簡末「中」為朱筆。
其廿九斛□□□曹因□□黄武七年□米　二〇七〇
入郵卒黄龍二年限米一斛　已中　二〇七一
【注】簡末「中」為朱筆。

囯……黃龍二年限米　二〇七二

其□五斛付三州倉□□黃龍二年佃卒□▨　二〇七三

其九斗六升價人李綏黃龍□年米　已　二〇七四

入黃龍二年粢租米十六斛五斗五升　中　二〇七五

其六百六十斛二斗四升黃龍三年租米　其五十二斛士妻租　二〇七六

▨三千五百斛通合吴平斛米四千一十斛被督軍糧　二〇七七

其二斛九斗三州倉所還黃龍二年豆租大豆　二〇七八

□所嘉禾元年五月廿三日……將□□師……　二〇七九

【注】「所」下疑有脱字。

運詣武陵嘉禾二年六月十四日付兵曹典□□船師陳棟王買□□□　二〇八〇

其一萬三千八百六十四斛三斗□□□米　二〇八一

其□百卌七斛七斗二升黃龍二年粢租米　二〇八二

……黃龍二年□□限米四斛　二〇八三

其廿一斛七斗一升嘉禾二年租米　二〇八四

其十六斛六斗司馬黃升還黃龍元年種粻米　二〇八五

入司馬黃升黃龍元年限米六十一斛二斗　▨　二〇八六

囯……黃龍□年□□米　二〇八七

▨黃龍元年種粻米　二〇八八

米四斛三斗四升監運兵曹張象杝師徐邵備所運黃龍二年八月稅
□買米▨　二〇八九

米六斛州吏華東黃武七年張復田稅米十六斛六斗司馬黃升黃龍▨　二〇九〇

▨□□□黃龍三年屯田限米　二〇九一

其十斛船師何春建安廿七年折咸米　二〇九二

其卌八斛佃卒黃龍元年限米　二〇九三

其廿九斛五斗嘉禾元▨　二〇九四

五斛一斗五升被督軍糧都尉嘉禾元年六月廿九日癸亥書給右郎中

何宗所督武猛司馬陳陽所領吏□□　二〇九五

其……二斛六斗黃武五年租米　二〇九六

其□五斛九斗五升校士黃龍三年限米　二〇九七

▨禾元年麥租大麥　二〇九八

▨□□嘉禾元年限米　二〇九九

其三千七百七十三斛四斗一升五合黃龍三年稅米▨　二一〇〇

▨利焉黃龍元年禾准米　二一〇一

入黃龍元年張復田稅米十一斛五斗　二一〇二

▨□斛九斗新吏烝勉還連道黃武六年米　二一〇三

其五十斛七斗三升黃▨　二一〇四

禾元年十一月六日壬辰書給右選曹尚書□▨　二一〇五

【注】據陳垣《魏蜀吴朔閏異同表》，嘉禾元年十一月朔為癸亥，六日為戊辰，十二月朔為壬辰。

其二斛叛士黃龍元年限粢米　二一〇六

都尉嘉禾元年十一月三日乙丑書給監運掾□這所領師士十二人□▨　二一〇七

十二日付書史張……　二一〇八

其三百六十四斛四斗▨　二一〇九

其四斛郡掾利焉黃龍元年限米　二一一〇

其卌八斛佃卒黃龍元年限米　二一一一

糧都尉嘉禾元年十一月十日壬申書付監運掾曹□等運諸集所嘉禾
元年▨　二一一二

【注】「曹」下□右半殘缺，左半從「糸」。

出倉吏黃諱番慮所領襍吴平斛米二百一十斛合……斛九斗一升民還
黃龍元年稅　二一一三

出倉吏黃諱潘慮所領黃▨　二一一四

其一百五十三斛佃卒嘉禾▨　二一一五

▨元年吏帥客限米一百廿九斛五斗　二一一六

税米五十五斛五斗黄龍二年吏帥客限米卌八斛九斗黄龍三年限米
九十七斛七斗　二一一七
黄龍三年新還民限米九十九斛新吏黄龍三年限米八十四斛六斗黄
龍三年過湎米　二一一八
其田四斛八斗三州倉所運黄龍二年佃卒麦　二一一九
其□斛□斗……　二一二〇
斛其年十一月四日付杝師（？）……　二一二一
其七斛五斗佃卒黄龍二年□□☑　二一二二
其卌七斛五斗□掾利焉黄龍三年限米　二一二三
其……校士嘉禾元年限米　二一二四
都尉嘉禾元年六月十四日戊申書付督軍司馬徐玄所督都尉胡辰陳晉　二一二五
定領米二萬一千廿□斛五斗八升六合　二一二六
入民還黄龍二年税米……　二一二七
承七月旦簿餘領吴平斛米□□定合一萬九百九十四斛一斗八升五合　二一二八
其七斛佃吏黄龍元年限米　二一二九
其一百九斛二斗六升黄龍元年税米　二一三〇
其一百五斛四斗五升黄龍元年吏帥客限米　二一三一
其六十一斛六斗新還民嘉禾元年限米　二一三二
其三百九十一斛四斗五升黄龍元年吏帥客限米　二一三三
出倉吏黄諱番慮所領嘉禾元年……☑　二一三四
其一百卌斛七斗二升黄龍二年粢租米　二一三五
其九十斛叛士黄龍二年限米　二一三六
入吏師客……七十斛五斗□□☑　二一三七
入黄龍二年粢租米六十五斛二斗四升　☑　二一三八
其四斛郡掾利焉嘉禾元年限米　☑　二一三九
入吏帥客黄龍三年限米六十九斛五斗　☑　二一四〇

其一百□□斛六斗民還黄龍二年税米☑　二一四一
其五十斛五斗黄龍二年郵卒限米　二一四二
士張遠等卌四人嘉禾元年所□□□　二一四三
☑　其一百六十一斛一斗五升☑　二一四四
【注】「其」上原有墨筆點記。
日付書史胡丑杝師……　二一四五
嘉禾元年五月廿……☑　二一四六
其五十四斛五斗司馬黄升黄龍二年限米　已　二一四七
其十六斛七斗監池司馬鄧邵黄龍三年池賈米　二一四八
其一千二百五十斛九斗二升黄龍三年襍擿湎米　二一四九
其八十七斛八斗黄龍元年□□□米　二一五〇
入黄龍三年税米二千三百八十六斛五斗一升……千六百一十五斛七
斗三升☑　二一五一
其六十八斛八斗新吏黄龍元年限米　二一五二
☑番慮所領……吴平斛米四斛八斗為稟斛米五斛……　二一五三
其六斛州吏壐東黄龍三年張復田税米　二一五四
其卅六斛黄龍三年校士限米　二一五五
其五十四斛五斗司馬黄升黄龍二年限米　二一五六
其五十九斛七斗五升郡□□□黄龍二年屯田限米　二一五七
右五月出吴平斛米四千一百卌一斛七斗七升□合　二一五八
☑六十五人人月二斛五斗卌人人月三斛十五人人月　二一五九
☑　其三千七百九十二斛七斗五升黄龍三年税米　☑　二一六〇
入民還黄龍元年税米九十二斛六斗　二一六一
其二百卌斛六斗五升司馬黄升黄龍三年限米　又　二一六二
☑米四百八十斛……☑　二一六三
入黄龍二年粢租米八斛二斗　☑　二一六四
入私學黄龍元年限米卌一斛五斗　中　二一六五
【注】簡末「中」為朱筆。

其卅五斛二斗一升黃龍二年租米　二一六六
其一百五十斛五斗黃龍三年新還民限米　二一六七
其八十六斛七斗七升黃龍元年私學限米　二一六八
出倉吏黃諱潘慮所領嘉禾元年税吴平斛米廿三斛四升為稟斛米廿四
斛被督軍糧　二一六九
其……升黃龍二年新吏限米　二一七〇
被督軍糧都尉嘉禾元年六月廿九日癸亥書給右郎中何宗所督别部
司馬　二一七一
其一百卅一斛新還民黃龍三年限米　二一七二
其二斛九斗六升□……　二一七三
其一萬九千六百廿四斛九斗一升六合黃龍三年□米　二一七四
【注】簡末有朱筆塗痕。
入佃卒黃龍元年限米卅□斛　二一七五
☑年限米　☑　二一七六
其三百廿斛□□佃卒黃龍元年限米　二一七七
其二斛八斗新吏烝勉所還運這黃武元年米　二一七八
其十九斛九斗二升四合嘉禾元年粢租米　二一七九
其八斛七斗豆麦　☑　二一八〇
其二百一十三斛六斗五升吏帥客黃龍元年限米　二一八一
十五人嘉禾元年七月直□□☑　二一八二
承六月旦簿餘吴平斛米一萬三千八百七十三斛五合　二一八三
出倉吏黃諱潘慮所領黃龍三年税吴平斛米八十斛六斗四升為稟斛
米八十四斛　二一八四
斛八斗五升黃龍……　二一八五
入黃龍三年租米六百卌九斛一斗一升　其一百卅二斛七斗士妻租　已中　二一八六
出倉吏黃諱潘慮所領黃龍三年税吴平斛米七十斛被□倉曹許□進□
給府□☑　二一八七
其三斛一斗東部烝口倉孫陵備黃龍元年税□米　二一八八
【注】簡末有朱筆塗痕。
凡付典軍曹史許尚部人陳復　中　二一八九
【注】簡末「中」為朱筆。
其八十五斛八斗新吏黃龍元年限米　二一九〇
出倉吏黃諱潘慮所領黃龍三年税吴平斛米七斛斗二升為稟斛米七斛
□☑　二一九一
入黃龍二年租米卌九斛三斗　☑　二一九二
其……斛郵卒黃龍□年限米　二一九三
黃龍三年税米十斛黃武六年粢租米六十四斛二斗司馬黃升黃
龍元年屯田☑　二一九四
☑龍二年佃卒麦　二一九五
其一萬一千四百☑　二一九六
元年五月奉其五月二日付吏……　二一九七
其六十三斛六斗黃龍元年吏帥客☑　二一九八
其卅斛八斗五升黃龍龍□年租米　二一九九
【注】簡中衍一「龍」字。
☑　吏帥客嘉禾元年限米　二二〇〇
☑黃龍二年限米　二二〇一
☑……黃龍二年佃客（？）限米　二二〇二
入嘉禾元年麦租大麦十二斛……☑　二二〇三
其一百三斛四斗一升黃龍三年吏帥客限米　二二〇四
☑書付監運掾□　二二〇五
☑諱潘慮所領黃龍三年税吴☑　二二〇六
☑其□□卅三斛四斗三州倉運　已　二二〇七
其八十斛☑　二二〇八
其一百廿三斛☑　二二〇九
【注】「其」上原有墨筆點記。

☐□□□□□領米　二二一〇

☐譚潘慮所領吳平☐　二二一一

☐平斛米廿七斛□斗□升為稟斛☐　二二一二

☐斛黄武七年□客限米　二二一三

☐軍糧都尉嘉☐　二二一四

其十九斛一斗嘉☐　二二一五

出倉吏黄諱潘慮所領嘉禾元年稅吳平斛米三□☐　二二一六

其一百二斛三斗六升嘉禾元年所貸□米　二二一七

倉吏黄諱潘慮謹列所領褋米□□七月旦簿　□　二二一八

【注】第二□左半殘缺，右半為「皮」。

其十斛七斗一升□□□黄武七年折咸米☐　二二一九

其二斛四斗新吏烝勉還連道縣黄武六年米　二二二〇

其六千四百卌八斛八斗六升黄龍二年稅米　二二二一

其一萬一千七百一十四斛三斗五合舊米　二二二二

其廿三斛六斗七升☐　二二二三

其一百卌斛二斗五升黄龍□年吏帥客限米　二二二四

其十九斛一斗□□麦　二二二五

【注】「其」上原有墨筆點記。

入司馬黄升黄龍二年限米□斛五斗　☐　二二二六

出倉吏黄諱潘慮所領黄龍三年稅米吳平斛米一百一十七斛四升為稟
斛米一百廿四斛　二二二七

☐□□三百九十七斛□☐　二二二八

其十三斛校士黄龍三年限米　二二二九

其卌七斛五升民還☐　二二三〇

其卌斛八斗五升黄龍元年租米　二二三一

其二百卌六斛五升黄龍三年□卒限米　二二三二

其三斛五斗郡掾利焉黄龍二年屯田限米　二二三三

其……倉吏□□備黄龍元年稅米　中　二二三四

入三州倉運□□二年麦五斛八斗　中　二二三五

□□□□三百二十斛六斗□升　二二三六

出倉吏黄諱潘慮所領褋吳平斛米三千五百斛其一千九百☐　二二三七

其一斛佃卒周吳黄龍二年麦准米　二二三八

其一百卌八斛三斗佃卒黄龍三年限米　二二三九

入吏五慈備黄龍二年限米張復田稅米五斛　中　二二四〇

入備船師黄廉折咸米廿一斛　已中　二二四一

【注】簡末「中」為朱筆。

出倉吏黄諱潘慮所領黄龍三年稅吳平斛米十三斛二斗四升為稟斛米
十三斛　二二四二

☐倉曹史烝堂白州中倉吏黄諱潘慮列起嘉禾元年四月　二二四三

☐　其……黄龍三年限米　二二四四

運諸集所其年十二月十九日付杝師這富陳奴　二二四五

入私學黄龍元年限米五斛　☐　二二四六

其廿九斛一斗私學黄龍□年限米　二二四七

入嘉禾元年粢租米二百七斛四斗七升　已中　二二四八

【注】簡末「中」先朱筆、後墨筆。

☐還黄龍三年稅米三斛五斗　已中　二二四九

【注】簡末「中」先朱筆、後墨筆。

八月直人二斛嘉禾元年八月十四日付東讓　二二五〇

領吏士五十五人嘉禾元年八月直其卌九人人二斛五人鼓史人一斛
五斗一人□四斛　二二五一

其一斛佃卒周吳黄龍二年麦准米　二二五二

其五十二斛九斗五升黄龍三年□□限米　二二五三

其二百二十二斛九斗郡縣佃吏嘉☐　二二五四

五斗被督軍糧都尉嘉禾元年八月九日壬寅所書給武猛都尉□□　二二五五

☑斛六升黃龍□年税米 二二五六
都尉嘉禾元年八月十一日甲辰書給將軍呂岱所部□□所□士四
人力□合五人 二二五七
其五十斛九斗六升黃龍三年官所醬賈米 二二五八
【注】「所」下應脱「賣」字。
其廿五斛二斗六升黃龍三年官所賣醬賈米 二二五九
其卌七斛四斗五升黃龍二年張復田税米 二二六〇
☑吏黃諱番慮所領黃龍三年☑ 二二六一
月一日訖七月卅日其一人人一斛五斗一人一斛嘉禾元年六月五
日付倉貸（?） 二二六二
入吏所備船師梅朋建安廿五年折咸米六斛 二二六三
其一百卌九斛五斗一升備船師何春張蓋梅朋等折咸米 二二六四
入佃卒黃龍三年限米十一斛五斗 二二六五
其九百五十九斛二斗六升黃龍三年租米 二二六六
其一百一十四斛三斗新吏黃龍□年☑ 二二六七
入黃龍三年官所賣醬賈米七斛　☑ 二二六八
其卅一斛三斗四升黃武☑ 二二六九
☑一斛民還黃武七年吏帥客限米 二二七〇
☑□□□斛嘉禾元年八月十一日付司馬□□□人鄭固 二二七一
其一萬九千二百八十四斛二斗二升嘉禾元☑ 二二七二
其三百二斛三斗新吏黃龍三年吏限米 二二七三
其一百□十二斛一斗私學黃龍二年限米 二二七四
其卅一斛三斗四升黃武七年諸將佃禾准米 二二七五
其卅一斛三斗四升黃武七年諸將佃禾准米 二二七六
入吏番觀所備船師何畜建安廿七年折咸米四斛 二二七七
其一百七十五斛二斗一升船師張蓋黃廉等米 二二七八
嘉禾元年六月一日乙巳書給作柏船匠師朱存朱□二人稟起嘉禾元
年六 二二七九
【注】據陳垣《魏蜀吴朔閏異同表》，嘉禾元年六月朔為乙未，十一日為乙巳。
右米□斛一斗九升別領 二二八〇
【注】「右」上原有墨筆點記。
入私學黃龍二年限米七斛 二二八一
其十斛船師何春建安廿七年折咸米 二二八二
出倉吏黃諱潘慮所領黃龍三年税吴平斛米九斛六斗為稟斛米十斛☑ 二二八三
其六百三斛一斗吏帥客黃龍三年限米 二二八四
入吏鄧宗備黃龍二年士租准米☑ 二二八五
其十斛五斗□□□黃龍三年限米 二二八六
入吏備黃武三年租米廿三斛　已 二二八七
其廿一斛一斗一升黃龍元年限米 二二八八
其九斛二斗一升吏備船師…… 二二八九
其一百八斛八斗二升黃龍二年□☑ 二二九〇
☑所領黃龍三年税吴平斛米四斛八斗為稟斛米五斛承☑ 二二九一
其一斛六斗周吴黃龍二年☑ 二二九二
【注】「其」上原有墨筆點記。
出倉吏黃諱潘慮所領黃龍三年税吴平斛米廿二斛八斗為稟斛米廿三
斛被督 二二九三
其一百卌八斛三斗佃卒黃龍三年限米 二二九四
其卌一斛郡掾利焉黃龍元年限米 二二九五
☑黃諱番慮所領嘉禾元年税吴平斛米□萬□□□☑ 二二九六
其卅八斛七斗一升黃龍□年租米 二二九七
其七斛□□□□黃龍三年限米 二二九八
其九斗六升價人李綬黃龍□年米☑ 二二九九
其五十一斛九斗六升價人李綬米 二三〇〇
☑……月廿二日丁亥書給呂侯都尉陳□□☑ 二三〇一
【注】據陳垣《魏蜀吴朔閏異同表》，嘉禾元年五月朔為丙寅，廿二日為丁亥。

集凡承餘新入吳平斛大麥一萬一千七百廿六斛三斗五合　二三〇二

【注】「集」上原有墨筆點記。

三斗九升九合七勺被督軍糧都尉嘉禾元年六月十四戊申書給鎮南

☑　二三〇三

【注】「十四」下脱「日」字。

大屯及給稟諸將吏□□餘米一萬三千六百七十三斛□□□☑　二三〇四

☑斛黃龍二年□□限米☑　二三〇五

入黃龍三年官所賣醬賈米廿四斛　二三〇六

其七百六十二斛三斗私學嘉禾元年限米　二三〇七

☑潘慮所領黃龍三年稅吳平斛米二斛八斗四升為稟斛米四斛被督　二三〇八

換（？）士裘長二人稟起嘉禾元年六月訖十月……☑　二三〇九

其二百卌斛六斗五升司馬黃升黃龍三年屯田限米☑　二三一〇

其二百八十八斛五斗新還所買□□□米　二三一一

被督軍糧都尉嘉禾元年四月十七日壬子書給監運掾章□□□　二三一二

其二百七十四斛黃龍二年新還民限米　二三一三

☑□奉起黃龍三年二月訖四月月二斛嘉☑　二三一四

其二百九十七斛二斗黃龍二年新吏限米　二三一五

其一百□□斛四斗五升吏帥客黃龍元年限米　二三一六

入黃龍三年租米廿三斛六斗　二三一七

其十三斛叛士黃龍三年限米　二三一八

元年稅米一千二百斛黃龍三年□□米十五斛佃吏王毅黃武七年

□□□　二三一九

其一十七斛□吏董□黃武七年限米　二三二〇

其一百三斛四斗五升吏帥客黃龍二年限米　已　二三二一

□□吏黃諱番慮所領嘉禾元年稅吳平斛米十三斛四斗四升為稟斛米

十四斛被督軍　二三二二

其卌斛一斗價人李綏米　二三二三

□倉吏黃諱……稅吳平斛米一千六百九十八……　二三二四

☑……嘉禾元年……☑　二三二五

軍呂岱所領□□□……☑　二三二六

☑叛士嘉禾元年限米廿二斛　☑　二三二七

其三斛八斗東部烝口倉黃□□□黃龍元年折咸米☑　二三二八

其卌五斛七斗一升黃龍二年租米　二三二九

入民還黃龍二年稅米一百卌八斛七升　中　二三三〇

入民還黃龍二年租米三斛五斗　田　二三三一

入吏帥客黃龍三年限米六十七斛□斗　已　二三三二

其八百廿六斛一斗三升船師黃龍三年限米　二三三三

出倉吏黃諱番慮所領三年稅吳平斛米卅三斛八九斗七合為稟斛米

卅七斛　二三三四

【注】「八九」之中有一衍誤。

其三斛二斗一升重安倉吏胡（？）紫備黃龍元年擿折咸米　二三三五

其二斛□斗一升私學黃龍元年限米　☑　二三三六

其廿九斛一斗私學黃龍二年限米　二三三七

嘉禾元年十月九日……　二三三八

☑　其五斛九斗東部烝口倉吏孫陵備黃龍元年折咸米　二三三九

其一百一十八斛三斗吏帥客黃龍二年限米　二三四〇

右八月入吳平斛米□合七百卅二斛一斗二升　二三四一

【注】「右」上原有墨筆點記。

右入黃龍元年限米□十三斛　二三四二

出倉吏☑　二三四三

入民還黃龍元年□米四斛五斗　二三四四

其十二斛七斗監池司馬鄧邵黃龍三年池賈米　二三四五

【注】「其」上原有墨筆點記。

出倉吏黃諱番慮所領稅黃龍二年吳平斛米十八斛九斗　☑　二三四六

起嘉禾元年正月訖五月月五斛嘉禾元年四月訖六月付吏廖慮　二三四七

其九斛嘉禾元年貸（？）米　二三四八

其六十四斛二斗司馬黄升黄龍元年限米　二三四九

七月簿到拘校復白　〼　二三五〇

入叛士黄龍三年限米五斛　已中　二三五一

〼税米二百八十八斛一斗三升　其一百卌七斛三州倉運　中　二三五二

其一百廿三斛五斗二升價人李綬黄龍三年……中　二三五三

【注】簡末「中」先朱筆、後墨筆。

七斗九升九合九勺被督軍糧都尉嘉禾元年六月十四日戊申書給

鎮南將　二三五四

出倉吏黄諱番慮所領税黄龍三年吴平斛米四斛為稟斛

米□斛給縣□□□〼　二三五五

其□斛□□監池司馬黄升黄龍三年池賈米　二三五六

其十四斛九斗七升黄龍元年限米　二三五七

其六斗佃□黄龍二年限米　二三五八

入倉吏黄諱番慮謹列所領襍米八月旦簿　二三五九

〼……黄升黄龍三年限米　〼　二三六〇

其五十□斛監池司馬黄升黄龍三年限米　二三六一

〼　其廿五斛三斗□〼　二三六二

歲加米卅斛佃吏……嘉禾元年……　二三六三

一日訖六月卅日旦簿□承三月餘襍領吴平斛米三萬　二三六四

□應須□月簿……白　二三六五

其八百四斛五斗三升黄龍三年私學限米　二三六六

〼□□司馬□□黄龍三年限米五百六十六斛三斗七升嘉禾〼　二三六七

〼禾元年十一月廿六日戊子書付監運掾黄義督軍〼　二三六八

〼……七月卅日倉吏黄諱潘慮　二三六九

〼□斗東部烝口倉吏孫陵備黄龍元年□米　二三七〇

〼領税吴平斛米三千五百斛其二千五百五十二斛〼　二三七一

〼龍元年復田税米卌六斛九斗五升　已〼　二三七二

〼□□倉吏□□嘉禾元年十一月　二三七三

付書史張定……〼　二三七四

〼□二三斗郡掾利焉黄龍三年〼　二三七五

〼斛四斗七升黄龍二年賈□□〼　二三七六

〼月三日乙丑書給監運掾黄義□□〼　二三七七

【注】據陳垣《魏蜀吴朔閏異同表》，嘉禾元年十一月朔為癸亥，三日為乙丑。

吕岱所領都尉〼　二三七八

〼□元年六月一日……〼　二三七九

〼□龍二年税米五十斛二斗五升　二三八〇

其三斛五斗郡掾利焉黄龍二年屯田限米　二三八一

除小月嘉禾元年六月十五日付司馬黄升　二三八二

其二百五十七斛九斗六升嘉禾元年所負襍舊米　二三八三

□形長素體□〼　二三八四

【注】「長」下原有墨筆點記。

〼年屯田限米　二三八五

士七十五人嘉禾元年四月直其六人人二斛〼　二三八六

入吏帥客黄龍元年限米卌斛二升　二三八七

軍糧都尉嘉禾元年□月廿三日□□書給……嘉禾元年　二三八八

〼郵卒嘉禾元年……二斛□斗　二三八九

〼……七斗監池司馬□〼　二三九〇

其五十□斛郵卒黄龍□年限米　二三九一

〼惕黄武六年米　二三九二

〼升四合為稟斛米十九斛〼　二三九三

入黄龍二年新吏限米九斛〼　二三九四

出倉吏黄諱潘慮〼　二三九五

〼□督□書掾〼　二三九六

其一百卅斛七斗二升黃龍二年粢租米 二三九七
出倉吏黃諱潘慮所領稅吳平斛米三千二百五十斛其三千一百卅
八斛□☐ 二三九八
其七十六斛一斗三升郡掾利☐ 二三九九
廿一斛三斗四升諸將□合□□米卅三斛一斗五升黃龍二年粢
租米 二四〇〇
☐□黃龍三年吏帥客限米 ☐ 二四〇一
其……黃龍元年限米☐ 二四〇二
其五十八斛郵卒黃龍二年限米 二四〇三
出倉吏黃諱潘慮所領黃龍三年稅吳平斛米卅二斛一斗四升為稟
斛米卌☐ 二四〇四
其十六斛七斗監池司馬鄧邵黃龍三年池賈☐ 二四〇五
其一十六斛大麦 二四〇六
糧都尉嘉禾元年十一月二日甲子書☐ 二四〇七
☐……領士卅七人嘉禾元年□月 二四〇八
☐其二百七十七斛七斗八升私學黃龍三年□□ 二四〇九
☐吳平斛米五百七十七斛九斗☐ 二四一〇
☐龍三年限米 二四一一
入黃龍二年粢租米二百☐ 二四一二
☐……黃武六年米 二四一三
入新還民嘉禾元年……☐ 二四一四
入私學黃龍三年限米十六斛 其五斛民還嘉禾元年所貸米 二四一五
廿四日付□長…… 二四一六
其七十斛九斗七升黃龍二年粢租米 二四一七
☐倉吏黃諱番慮謹列□……☐ 二四一八
☐年八月十三日丙午書給監運兵曹孫供所領吏士三人 二四一九

【注】據陳垣《魏蜀吳朔閏異同表》，嘉禾元年八月朔為甲午，十三日為丙午。

☐□二斛六斗嘉禾☐ 二四二〇

其二萬三百六十八斛八☐ 二四二一
其二斛一斗六升新鹽賈☐ 二四二二
☐黃龍二年 ☐ 二四二三
☐鄉嘉禾四年稅米十四☐ 二四二四
☐二年八月十五日周陵丘☐ 二四二五
☐書御攝□□屯田吏部☐ 二四二六
☐監陵付庫吏殷 ☐ 二四二七
其卅三斛黃龍□年□□☐ 二四二八
☐壍閣董基☐ 二四二九
右襍米三千九百九十九斛七斗☐ 二四三〇

【注】「右」上原有墨筆點記。

☐還嘉禾元年所貸米 中 二四三一
入黃龍三年……☐ 二四三二
☐□關壍閣董基付☐ 二四三三
入新吏黃龍三年限米四斛 ☐ 二四三四
入黃龍元年新吏限米十八斛三斗 ☐ 二四三五
☐□□□私學……☐ 二四三六
☐記梅綜付掾☐ 二四三七
☐麦准米 二四三八
☐粢租米 二四三九
入平鄉嘉☐ 二四四〇
☐倉曹史區仨☐ 二四四一
出倉吏黃諱潘慮所領稅吳☐ 二四四二
其卅一斛☐ 二四四三
其廿三斛八斗嘉禾元☐ 二四四四
☐龍二年稅米一百廿一斛……☐ 二四四五
☐ 其廿五斛九斗六升黃龍元年稅米 ☐ 二四四六
其三斛二斗一升賈米倉吏☐ 二四四七

☒閣董基☒　二四四八

其七十九斛八斗□☒　二四四九

☒　其三百七斛六斗吏☒　二四五〇

☒□米卅五斛六斗　二四五一

☒龍二年限米　☒　二四五二

☒……為廩斛米四斛被督軍糧　二四五三

其五十七☒　二四五四

嘉禾元年十月十二日訖□年十月一日付右□□☒　二四五五

入模鄉嘉禾四年稅米田☒　二四五六

其十五☒　二四五七

【注】「其」上原有墨筆點記。

☒龍元年限米一十三斛□□☒　二四五八

☒嘉禾四年稅米☒　二四五九

出黃龍元年吏帥客限米……☒　二四六〇

☒□□關主記梅綜□☒　二四六一

☒嘉禾二年州吏☒　二四六二

☒部烝口倉□☒　二四六三

☒還黃龍元年吏☒　二四六四

☒關主記梅綜付掾孫　☒　二四六五

☒限米六十斛　二四六六

☒新吏限米　二四六七

其七十斛☒　二四六八

入嘉禾二年習射限米□☒　二四六九

☒其九斛四斗六升價人李綏□☒　二四七〇

其三百七十斛黃龍二☒　二四七一

☒鄉嘉禾四年稅☒　二四七二

☒
□紀付掾孫儀
睾紀付掾孫儀　☒　二四七三

【注】本簡左右二行文字全同，應是剖「莂」為「別」，錯位所致。

☒　儀受　二四七四

付杝師任圖誦岑　二四七五

入九月□禾米☒　二四七六

☒二年限米　二四七七

☒九十斛四斗五升黃龍三年☒　二四七八

吏四月□☒　二四七九

☒付倉吏谷漢受☒　二四八〇

☒倉吏谷漢受　二四八一

☒……□關丞睾紀☒　二四八二

☒　儀受　二四八三

☒吏□□所領米二百八十七斛□□付倉這☒　二四八四

【注】「倉」下應脱「吏」字。

入上鄉嘉禾二年稅米☒　二四八五

☒三日上利丘謝囊關丞睾☒　二四八六

☒　其廿一斛三斗民還黃龍元年☒　二四八七

☒　綜付掾☒　二四八八

入嘉禾二年佃吏限米三斛五斗　☒　二四八九

☒□廿二斛胄☒　二四九〇

☒掾孫　☒　二四九一

☒主記梅☒　二四九二

☒龍二年麥准☒　二四九三

☒年八月十三☒　二四九四

☒□□將吏士……☒　二四九五

入小武陵☒　二四九六

入□鄉嘉禾四年☒　二四九七

右……☒　二四九八

【注】「其」上原有墨筆點記。

☐禾四年□☐ 二四九九
☐記梅綜付掾孫☐ 二五〇〇
糧都尉嘉禾元☐ 二五〇一
其六十五斛□☐ 二五〇二
入嘉禾二年私學限米三□□□□☐ 二五〇三
出錢□萬三千九百五□☐ 二五〇四
【注】簡中有朱筆塗痕。
☐□其三千六百　□☐ 二五〇五
☐□四百□十八斛七斗□升☐ 二五〇六
吏陳愼送☐ 二五〇七
☐限米卅七斛七斗□升七☐ 二五〇八
九百其□□☐ 二五〇九
千五百吏☐ 二五一〇
☐壬六百八十一匹☐ 二五一一
船十一梗所用前已列言　☐ 二五一二
【注】「梗」為「艘」之別體。
☐　其廿二斛叛士嘉禾元年□☐ 二五一三
右囷家口食三人 二五一四
【注】「右」上原有墨筆點記。
□弟公乘容年十九☐ 二五一五
出錢三百☐ 二五一六
☐□四萬四千八百☐ 二五一七
☐□錢四千六百☐ 二五一八
☐□妻大女節年卅三　☐ 二五一九
☐　連受 二五二〇
☐斛二斗五升□☐ 二五二一
☐□錢七千七百☐ 二五二二
錢五百萬□☐ 二五二三

☐鄉嘉禾元年盡錢一萬七百卅　☐ 二五二四
☐　姶姪子士伍□☐ 二五二五
【注】「姶」上原有墨筆點記。
☐十七萬六千九百　☐ 二五二六
馬子女南年五☐ 二五二七
☐□斛佃卒黃龍元年☐ 二五二八
☐　陳子公乘狗年廿四苦腹心病　☐ 二五二九
野妻□年廿三　☐ 二五三〇
☐四千八百七十元年□☐ 二五三一
☐付庫吏番有受 二五三二
萇龍里户人公乘□野年☐ 二五三三
☐黑妻大女規年廿三美　☐ 二五三四
☐□□鼠食□□ 二五三五
☐……□弟小男□□年十一 二五三六
□□年廿六　☐ 二五三七
嘉禾元年稅米☐ 二五三八
☐年五十八苦腹心病　☐ 二五三九
☐□鄭昭所還官息□☐ 二五四〇
平陽里户人公乘鄧狗年七十☐ 二五四一
☐丈二尺匹直三千☐ 二五四二
☐一尺匹直三千六百□☐ 二五四三
☐□□付州中倉吏監☐ 二五四四
☐　鳴妻大女窮年卅四筭□　☐ 二五四五
九斛一斗□☐ 二五四六
☐□直一千八百合八☐ 二五四七
入平鄉嘉禾元年☐ 二五四八
☐　右命家口食十二人　☐ 二五四九
【注】「右」上原有墨筆點記。

☒家口食四人　二五五〇
☒年正月廿一日下□☒　二五五一
☒□家口食五人　☒　二五五二
☒□通合一千五百五□☒　二五五三
☒　右黑家□食十三人☒　二五五四
【注】「右」上原有墨筆點記。
其九千七……斛三斗☒　二五五五
☒□□□斛禾准米　二五五六
其十三斛三斗五□☒　二五五七
【注】「其」上原有墨筆點記。
☒□庫吏殷連付都尉陳☒　二五五八
☒五升其卅斛□□☒　二五五九
右馬家口食十人　貲☒　二五六〇
【注】「右」上原有墨筆點記。
涓子公乘穆年十歲　☒　二五六一
☒吏谷漢所買☒　二五六二
☒□子妾□年六歲　☒　二五六三
☒□女弟宗年十六　二五六四
□女弟小年八歲☒　二五六五
☒元年所□牛皮三枚□☒　二五六六
☒黑小妻大女□年……☒　二五六七
☒其二萬六千□☒　二五六八
【注】簡中有朱筆塗痕。
度里户人公乘廬□年七十二☒　二五六九
☒四匹一丈三尺匹直　二五七〇
☒　班妻大女仁年卅七　二五七一
☒　□□小女□年四歲　二五七二
棠姪子男☒　二五七三
☒斛九斗一升□ □民還嘉禾　☒　二五七四
入□鄉民還元年租米一斛一斗𠄢嘉禾☒　二五七五
☒潘狗□嘉禾二年☒　二五七六
其六十四斛☒　二五七七
烏妻大女姑年□☒　二五七八
☒□里户人公乘巨赤年六十一　☒　二五七九
☒□年六十七腫兩足刑右手　☒　二五八〇
☒□□三年民還所貸食米六□☒　二五八一
☒官□□□□錢七百☒　二五八二
□□里户人公乘□☒　二五八三
☒□一丈一尺匹直三千　二五八四
☒□□子士伍伃年七歲　二五八五
☒四六佃吏限　☒　二五八六
□弟公乘□年卅☒　二五八七
☒□卑妻大女□☒　二五八八
☒　□妻大女木年七十七☒　二五八九
□領元年州吏☒　二五九〇
☒禾六年正月十五日伻☒　二五九一
☒六年正月十二日僕丘☒　二五九二
右咨家☒　二五九三
【注】「右」上原有墨筆點記。
☒千六百六十☒　二五九四
右曹☒　二五九五
【注】「右」上原有墨筆點記。
☒四百七十萬□千一百一錢□□☒　二五九六
☒□五斛六斗𠄢嘉禾二年□☒　二五九七
區里户人公乘李狗年六十六　☒　二五九八

⧄　曹囝公乘禿年□⧄　二五九九
⧄年所調布得四千六　二六〇〇
⧄嘉禾二年田三月⧄　二六〇一
⧄金弟士伍濟年二歲⧄　二六〇二
⧄□弟士伍益年十歲踵兩足　⧄　二六〇三
一枚直一萬八千錢□□□□□⧄　二六〇四
⧄　□妻大女仍年五十⧄　二六〇五
⧄田鄉元年租米⧄　二六〇六
⧄□稅米二斛一⧄　二六〇七
⧄妻大女各年五十二　⧄　二六〇八
入模鄉嘉禾⧄　二六〇九
⧄戶人公乘鄧旖年五十五　⧄　二六一〇
⧄　右客家⧄　二六一一
【注】「右」上原有墨筆點記。
⧄□其二百九十三斛□⧄　二六一二
⧄一百卅五萬五千一百七十□⧄　二六一三
⧄□領布得四千三百⧄　二六一四
⧄米二斛五斗⧄　二六一五
入模鄉嘉禾元年稅米⧄　二六一六
⧄□匹直三千五百布付庫　二六一七
萬二千三百□□⧄　二六一八
⧄　鉉子公乘縹年卅踵兩足□　□⧄　二六一九
⧄□鉉姪子⧄　二六二〇
⧄五百萬⧄　二六二一
【注】簡中有朱筆塗痕。
⧄卅七斛七斗七升七合⧄　二六二二
⧄貴里戶人公乘烝⧄　二六二三
⧄□□子公乘牒年廿一　二六二四
佃父公乘廷年八十二刑右手⧄　二六二五
右發家……⧄　二六二六
【注】「右」上原有墨筆點記。
萬六千與襍錢三千二百□⧄　二六二七
出東鄉私學⧄　二六二八
⧄□子公乘富年十六踵……⧄　二六二九
⧄□錢一千四百三嘉⧄　二六三〇
其⧄　二六三一
【注】簡下有朱筆塗痕。
⧄年稅米一斛三嘉禾二年正月⧄　二六三二
⧄　□□寡嫂□年⧄　二六三三
⧄罷兄士伍務年九歲　二六三四
⧄□養年七歲踵足　⧄　二六三五
⧄石年十一　二六三六
千與襍錢一⧄　二六三七
⧄　□母大女□年七十七　⧄　二六三八
右□⧄　二六三九
【注】「右」上原有墨筆點記。□下半殘缺，據上半，似為「裏」或「裹」字。
⧄軍糧⧄　二六四〇
罷弟士伍⧄　二六四一
⧄□□□小女□年八歲□⧄　二六四二
⧄□斛三斗三　⧄　二六四三
盡里戶人公乘⧄　二六四四
⧄公乘潘詳年九十四　二六四五
□子士伍□年三歲□□⧄　二六四六
□□一萬八千二百卅五錢⧄　二六四七
度里戶人公乘由當年卅二　⧄　二六四八
⧄□□年卅二　⧄　二六四九

☒□斛七斗七升七☒　二六五〇

☒　雀左手　☒　二六五一

右□家☒　二六五二

【注】「右」上原有墨筆點記。

其廿斛五斗□☒　二六五三

☒付庫吏殷☒　二六五四

入□鄉嘉禾☒　二六五五

☒嘉禾六年二月二日男☒　二六五六

甚妻大女將年五十八踵兩足　☒　二六五七

☒　□弟士伍飲年三歲　二六五八

☒□陳戟口食十二☒　二六五九

☒　已姪子女歸年三歲　二六六〇

度里户人公乘潘□年五十☒　二六六一

☒年卅二　☒　二六六二

☒吏殷連受　二六六三

☒□出用☒　二六六四

☒□關邸閣□☒　二六六五

☒三歲　☒　二六六六

☒□□調牯牛二頭□□☒　二六六七

☒斛𠭘嘉禾五年十二月廿一日□☒　二六六八

□妻大女貞☒　二六六九

☒□百九十一斛二斗三升　二六七〇

☒𠭘嘉禾六年正月十五日困丘☒　二六七一

☒里户人公乘胡豪年七十三　☒　二六七二

☒嘉禾二年十一月廿六日緒下丘大男☒　二六七三

☒斛五斗𠭘嘉禾六年三月十六日□□☒　二六七四

已入七百六十一斛八斗九升☒　二六七五

□□里户人公乘謡□年七十一　☒　二六七六

☒□□𠭘嘉禾六年正月六日資丘鄭貴關丞𡩋☒　二六七七

☒典田掾烝若白　二六七八

☒　右都鄉□□☒　二六七九

【注】「右」上原有墨筆點記。

常遷里户人公乘五騰年七十二　☒　二六八〇

入中鄉元年鋘賈錢☒　二六八一

☒……月九日區女丘屯田兵□連關丞𡩋☒　二六八二

統妻☒　二六八三

☒禾□年十二月四日勸農☒　二六八四

☒十八日模鄉典田掾烝若白　二六八五

入黃龍三年税米卅九斛六斗□☒　二六八六

☒□月廿日五陽丘劉春關丞𡩋紀☒　二六八七

☒□月十二日夷（？）丘男子烝健關主記梅綜付掾孫☒　二六八八

☒四斛六斗𠭘嘉禾六年☒　二六八九

☒關邸閣郭據☒　二六九〇

☒關丞𡩋紀付掾孫　☒　二六九一

☒□□𠭘嘉禾六年十二月廿七日平樂丘李暉關丞𡩋☒　二六九二

□□米一千四☒　二六九三

【注】前□上原有墨筆點記。

常遷里户人公乘朱倉年卅一筭☒　二六九四

☒□□丘史明付庫吏☒　二六九五

☒一萬二千臨湘侯相　二六九六

☒嘉禾五年十二月十八日模鄉典田掾烝若白　二六九七

☒□□卌三斛八斗七升　二六九八

☒七十二斛九斗三升☒　二六九九

入組（？）□領□□□☒　二七〇〇

☒𠭘嘉禾元年十月廿日付庫吏殷連☒　二七〇一

右黃龍三年☒　二七〇二

【注】「右」上原有墨筆點記。

二七〇三　☑□曹史戴邁白潘□督遣鄉☑

二七〇四　☑嘉禾二年二月☑

二七〇五　☑嘉禾五年稅米二斛≡嘉禾六年☑

二七〇六　☑□付庫吏殷　連受

二七〇七　☑年二月十二日園丘文紘關主☑

二七〇八　入廣成鄉☑

二七〇九　☑潘慮受

二七一〇　入黃龍三年☑

二七一一　入□鄉鄉吏黃□□☑

二七一二　☑九千二百☑

二七一三　閣□□□□□☑

二七一四　☑□萬二壬臨湘侯相

二七一五　☑臨湘侯相

二七一六　☑斛八斗≡嘉禾六年二月三日□☑

二七一七　☑禾元年三月十一日□☑

二七一八　☑□五百九十七錢　☑

二七一九　☑督軍都尉旁書☑

二七二〇　☑□□宜速□□☑

二七二一　☑□興庶事給□☑

二七二二　其二百一十四□☑

二七二三　☑付庫吏殷運受

二七二四　☑元年十二月五日莫丘大男吳賓付庫吏☑

二七二五　入西鄉皮賈錢一千☑

二七二六　☑右諸鄉入口筭錢廿二萬☑

二七二七　☑□□三壬八斛八斗四升☑

二七二八　☑一匹≡嘉禾元年十月□日付庫吏殷運受

二七二九　☑若　嘉禾五年十二月十八日☑

二七三〇　☑≡嘉禾二年十一月七日☑

【注】按：此處之「若」，應即「畫諾」之「諾」。

二七三一　☑□布卌匹二丈六尺□合□□□□□□……

二七三二　☑脩所備黃武六年金行錢四☑

二七三三　領黃龍三年新吏限米一☑

二七三四　出錢一萬□千☑

【注】簡中有朱筆塗痕。

二七三五　☑遣疾並馳□☑

二七三六　☑黃諱史番慮受

二七三七　領黃龍三年……☑

二七三八　☑六日夢丘男子吳晶付庫吏殷連受

二七三九　☑□萬五千□□□□☑

二七四〇　☑壬九日昱丘謝漁（？）付三州倉吏☑

二七四一　☑□月一日□□□□鄉□合卌一□☑

二七四二　☑□二匹二丈四尺

二七四三　☑九千九百卌七斛☑

二七四四　☑□十二斛二斗三升☑

二七四五　右練家☑

二七四六　☑　若　嘉禾五年十二月十八日模鄉典田掾烝若白

【注】按：此處之「若」，應即「畫諾」之「諾」。

二七四七　☑鄉錢賈錢一千九百五十≡嘉禾☑

【注】前「錢」疑為「鋘」之誤。

二七四八　入黃龍三年州佃吏限米二百六☑

二七四九　☑付庫吏殷　☑

二七五〇　入廣成鄉平樂丘男子鄧☑

二七五一　☑□千臨湘侯相　☑

二七五二　☑　右模鄉入米七十九□☑

二七五三　入黃龍三年吏☑

☒若　嘉禾五年十二月十八日模鄉典田掾烝若白　二七五四
【注】按：此處之「若」，應即「畫諾」之「諾」。
入模鄉嘉禾二年財用錢四百五十≡嘉禾二年☒　二七五五
右入敀郿吏□□□口錢一萬　二七五六
【注】「右」上原有墨筆點記。
入桑鄉嘉禾五年税米廿斛≡☒　二七五七
☒斛≡嘉禾六年正月廿八日逢丘縣吏□☒　二七五八
入小武陵鄉嘉禾二年財用錢八百≡嘉禾二年八月五☒　二七五九
其一千四百……☒
□☒　二七六〇
☒□丘大男郭僮付庫吏殷連受　二七六一
□六□六□☒　二七六二
【注】第一□上原有墨筆點記。
入司馬黄升黄龍三年限米☒　二七六三
☒臨湘侯相　□　二七六四
☒百四斛六斗五升付主☒　二七六五
☒日模鄉典田掾烝若白　二七六六
☒税米二斛☒　二七六七
☒□丘男子吴□付庫吏殷連受　二七六八
常遷里户人公乘黄所年卅三踵兩足☒　二七六九
☒十二月十八日夫興丘縣吏黄秉關主記栂綜付☒　二七七〇
☒□光頭付庫吏殷☒　二七七一
☒連受　二七七二
☒□　嘉禾元年十二……☒　二七七三
【注】□為濃墨批字，已殘，應為「若」，亦即「畫諾」之「諾」。
☒田一斛　二七七四
☒元年十月廿六日拉陵丘男子番亊關☒　二七七五
其二萬☒　二七七六
☒嘉禾五年税米五斛一斗≡☒　二七七七
【注】簡上有朱筆塗痕。
☒□年税米五十七斛六斗≡☒　二七七八
【注】簡上有朱筆塗痕。
☒四千四百七十□☒　二七七九
☒　其四萬八千☒　二七八〇
☒所貸米　☒　二七八一
☒□≡□□□錢一萬≡嘉禾□☒　二七八二
孫子女☒　二七八三
頎弟小男☒　二七八四
☒月廿七日平樂丘鄧斷付庫吏殷連☒　二七八五
☒聾兩耳　二七八六
☒丘男子監☒　二七八七
☒嘉禾元年七月十八☒　二七八八
☒　禾元年租米□☒　二七八九
☒嘉禾二年十一月廿□☒　二七九〇
☒……嘉禾元年□□☒　二七九一
☒黄諱吏□☒　二七九二
☒年十二月十八日蒖丘鄭☒　二七九三
☒倉吏黄諱番慮受　二七九四
☒月十三日□□丘男子吴□□☒　二七九五
□前卒□病加□革□□☒　二七九六
☒五月一日桐丘谷□付庫吏☒　二七九七
☒□時都尉□須☒　二七九八
☒竟□宜速經所☒　二七九九
☒黄龍三年都尉□督□☒　二八〇〇
☒　□□臨湘孫□□無之☒　二八〇一
☒二年七月四日鄧疇付庫吏殷連受　二八〇二

☒付倉吏黄諱☒　二八〇三

入廣成鄉彈浭丘男子黄齵鋘錢一千𡕒嘉禾二年閏月廿六日☒　二八〇四

入南鄉嘉禾二年財用錢七千𡕒嘉禾二年七月五日男子雷渚盧仵付庫吏殷連受　二八〇五

☒四百𡕒嘉禾元年十一月☒　二八〇六

□□黄碩口筭錢一千𡕒☒　二八〇七

☒……所領賈具錢一萬□千☒　二八〇八

常遷里户人公乘胡甯（？）年廿筭一　☒　二八〇九

右廣成鄉入六年□　☒　二八一〇

【注】「右」上原有墨筆點記。

入廣成鄉嘉禾二年鋘賈錢二千𡕒嘉禾二年四月十三日雅丘男子唐陸付庫吏殷連受　二八一一

☒鄉嘉禾元年口筭錢一千𡕒嘉禾元年☒　二八一二

入桑鄉鋘錢七百𡕒嘉禾二年六月廿一日上薄丘男子☒　二八一三

入鄭龍丘男☒　二八一四

☒……二年財用錢三□二千……☒　二八一五

入南鄉嘉禾二年財用錢具□☒　二八一六

☒□𡕒嘉禾元年十二月十二日□☒　二八一七

右上鄉入調錢二千　二八一八

【注】「右」上原有墨筆點記。

☒錢一千六百𡕒嘉禾二年十月廿日……付庫吏殷連受　二八一九

☒……付庫吏殷連受　二八二〇

☒鋘錢八千八百𡕒嘉禾二年十月廿日烝弁付庫吏殷連受　二八二一

右廣成鄉入二年財用錢二萬五千八百八十　中　二八二二

【注】「右」上原有墨筆點記。

☒日□下丘男子□□付庫吏殷連受　二八二三

入南鄉嘉禾二年財用錢九千六百𡕒嘉禾二年七月十九日伻上丘盧仵付庫吏殷☒　二八二四

☒六月十九日東平丘男子盧遠付庫吏殷連受　二八二五

☒□□所□□□督軍糧……　二八二六

入南鄉鋘賈錢八萬一千七百☒　二八二七

入小武陵鄉嘉禾二年財用錢六千𡕒嘉禾二年八月三日前渚丘男子孫直付庫吏殷連受　二八二八

☒　若　嘉禾五年十二月十八日模鄉☒　二八二九

【注】按：此處之「若」，應即「畫諾」之「諾」。

入西鄉鋘賈錢二千五百𡕒☒　二八三〇

入中鄉湛龍丘男子潘連嘉禾二年財用錢一千𡕒嘉禾三年□月廿五日烝弁付庫吏殷連受　二八三一

☒二千𡕒嘉☒　二八三二

☒烝果付主庫吏☒　二八三三

入都鄉財用錢□☒　二八三四

直三千五百□☒　二八三五

入中鄉鋘錢四百𡕒嘉禾二年十月廿日汪松丘男子□□付庫吏殷連受　二八三六

都尉屯田吏蓋鄭□□□斷（？）春郡□□☒　二八三七

□妻大☒　二八三八

☒□□𡕒嘉禾二年五月廿五日帥唐□☒　二八三九

入中鄉鋘賈錢二萬二千　☒　二八四〇

畀二千二百五十八斛……☒　二八四一

☒□付庫吏殷連受　二八四二

入平鄉鋘錢五千𡕒嘉禾二年七月二日盧丘潘明付庫吏殷　☒　二八四三

入敉交謝進所備生口大女萬汝錢七百六十八子五百𡕒嘉禾二年七月十四日大女謝汝付主庫史殷連受　二八四四

入南鄉二年財用錢四百𡕒嘉禾二年八月十八日東平丘男子吳……　二八四五

……𡕒嘉禾二年六月廿七日上儺丘男子黄松付庫吏殷連受　二八四六

☐□鄉嘉禾二年鋘賈錢八百𠔀嘉禾二年八月十三日□□丘男子黄
□付庫吏殷連受　二八四七
☐𢈪成鄉入口筭錢四萬□☐　二八四八
☐𠔀嘉禾元年十一月十五日區丘☐　二八四九
☐□□𠔀嘉禾二年☐　二八五〇
☐□百𠔀嘉禾□☐　二八五一
☐家口食四☐　二八五二
宜陽里户人公乘何睹年卌三苦□□　☐　二八五三
香弟小女思年六歲　二八五四
唐子女黑年八歲　二八五五
凡口六事四　筭二事　中訾　五☐　二八五六
【注】簡中「中」為朱筆。
開弟小女養年八歲　二八五七
□姪子男□年三歲　二八五八
度子小女汝年六歲　二八五九
【注】簡中有朱筆塗痕。
右諸鄉入私學限米八斛五斗　二八六〇
【注】「右」上原有墨筆點記。
□子男吉年七歲　☐　二八六一
☐□筭四事二　訾　五　十　二八六二
純男弟囝年五歲　二八六三
𣪠女弟□年七歲　☐　二八六四
☐□養年三歲　二八六五
□女弟非年七歲　二八六六
宜陽里户人公乘□馬年五十　二八六七
護户下婢伺年八歲　二八六八
入□鄉嘉禾二年租米八斛就畢𠔀嘉禾二年九月廿八日㚖丘縣吏潘孔
關坚閣董基付倉吏鄭黑受　二八六九
☐嘉禾二年租米二斛五斗就畢𠔀嘉禾二年九月三日……　二八七〇
妻大女湘年卌二筭一　二八七一
宜陽里户人公乘信化年卌五真吏盲左目　二八七二
周妻大女汝年十五　二八七三
右諸鄉入租米五十八斛六斗　二八七四
【注】「右」上原有墨筆點記。
子男尚年十四　二八七五
☐二年□月廿九日南彊丘大男區温關坚閣董基付倉吏鄭黑受　二八七六
入圓鄉嘉禾二年租米四斛胄畢☐　二八七七
☐畢川𠔀嘉禾二年十月廿日平丘鄧達關坚閣董基付倉吏鄭黑受　二八七八
☐□年五歲　二八七九
雷寡㛅大女杷年卌三筭一刑右足復　二八八〇
宜陽里户人公乘潘賢年……　二八八一
□妻大女汝年卌二　二八八二
☐嘉禾二年十月廿日□□丘□□關坚閣董基付三州倉吏鄭黑受　二八八三
□嘉禾二年復民租米……☐　二八八四
月十一日癸酉臨湘侯相靖叩頭死罪敢言之　二八八五
【注】據陳垣《魏蜀吳朔閏異同表》，嘉禾元年十一月朔為癸亥，十一日為癸酉。
入廣成鄉嘉禾二年租米十四斛胄畢川𠔀嘉禾二年□月☐　二八八六
唐女弟客年十一　二八八七
☐賈畢𠔀嘉禾二年八月廿□日杷丘縣吏烝信關坚閣董基付三州倉吏
鄭黑受　二八八八
入西鄉嘉禾二年税米五斛三斗胄畢𠔀嘉禾二年十月十七日温丘☐　二八八九
☐基付三州倉吏鄭黑受　二八九〇
子小女鳶年十一　二八九一

☐冑畢𡗝嘉禾二年十月廿三日柚丘州吏黃元關邸閣董基付三州☐　二八九二
常遷里户人公乘何聚年卅四筭一　二八九三
☐☐里户人公乘張客年六十三刑右足☐　二八九四
☐公乘兒年六歲　二八九五
妻大女訾年廿三筭一　腫兩足復　☐　二八九六
☐　子小女☐年五歲　二八九七
入☐鄉嘉禾二年新關郵卒限米六斛𡗝嘉禾二年十月廿一日☐丘☐☐　二八九八
義成里户人公乘黃碩年六十三刑右足　二八九九
如妻大女延年廿二筭一　二九〇〇
凡口三事二　筭二事一　中訾　☐　二九〇一
【注】簡中「中」為朱筆。
睹母大女思年六十一　二九〇二
☐斗冑畢𡗝嘉禾二年十月廿日上俗丘男子鄧字關邸閣董☐　二九〇三
☐☐大女汝年卌五腫☐☐　二九〇四
☐男弟吳年十歲踵右足　二九〇五
右桑鄉入租米卅八斛　二九〇六
【注】「右」上原有墨筆點記。
凡口四事三　筭二事一　中訾　五　十　二九〇七
【注】簡中「中」為朱筆。
馬母大女妾年六十九　二九〇八
午男弟☐年六歲　二九〇九
常遷里户人公乘何練年六十一腫兩足　二九一〇
取男弟唐年七歲　二九一一
☐年十月十三日☐丘男子朱☐謝☐關邸閣董基付三州倉吏鄭黑受　二九一二
常遷里户人公乘胡豪年六十四　二九一三
☐☐☐鏡年八歲　二九一四
☐☐斗冑畢𡗝嘉禾二年十月廿七日三州丘鄭力關邸閣董基付三州倉吏鄭黑受　二九一五
右翼家口食二人　訾　五　十　二九一六
☐斛二斗就畢𡗝嘉禾二年十月廿一日平陽丘劉右關邸閣董基付倉吏鄭黑受　二九一七
☐男弟士年六歲　二九一八
右☐家口食七人　訾　五　十　二九一九
【注】「右」上原有墨筆點記。
高平里户人公乘周歷年六十　三　二九二〇
鏡女弟監年六歲　☐　二九二一
度弟公乘南年十　二九二二
右頭家口食四人　中訾　五　十　二九二三
【注】簡中「中」為朱筆。
孿户下婢安年十二　二九二四
軀妻大女姊年卌一　二九二五
☐户下奴目年十二　二九二六
☐嘉禾二年十月十三日石唐丘縣卒朱福關邸閣董基付三州倉吏鄭黑受　二九二七
馬妻大女☐年卅七　二九二八
……關邸閣董基付三州……☐　二九二九
☐　右☐家口食六人　訾　五　十　二九三〇
右厚家口食七人　訾　五　十　二九三一
☐☐☐關邸閣董基付三州倉吏谷漢受　二九三二
妻大女思年廿五　二九三三
入平鄉嘉禾二年租米九斛冑畢𡗝嘉禾二年十月廿三日☐☐丘張溏關邸閣董基付三州倉吏鄭黑受　二九三四
右軍家口食三人　中訾　五　十　二九三五

【注】簡中「中」為朱筆。

☒二年十月廿五日佃丘鄧番關坠閣董基付三州倉吏鄭黑受　二九三六

高姪子公乘恨年五歲　中　二九三七

【注】簡中「中」為朱筆。

妻大女思年卅三筭一盡（？）腫兩足復　二九三八

子女阿年十九　二九三九

凡口四事三　筭二事　中訾　五　十　二九四〇

【注】簡中「中」為朱筆。

子小女國年廿八筭一腫兩足復　二九四一

祖小妻大女客年廿七筭一　二九四二

凡口五事四　筭三事二　訾　☒　二九四三

凡口四事　筭二事一　中訾　五　十　二九四四

【注】簡中「中」為朱筆。

☒客年卅筭一　二九四五

妻大女沅年六十八　二九四六

溺弟公乘碓年八歲　二九四七

【注】「溺」上原有墨筆點記。

高平里户人公乘魯香年廿二筭一　二九四八

凡口四事二　筭二事　訾　五　田　二九四九

常遷里户人公乘何著年五十四筭一刑兩足復　二九五〇

常遷里户人公乘何樵年十三　二九五一

☒……≡嘉禾二年十一月廿三日彈溲丘□□關坠閣董基付三州倉吏鄭黑受　二九五二

入廣成鄉嘉禾二年税米六斛胄畢≡嘉禾二年十月十□☒　二九五三

嘗遷里户人公乘朱倉年卅筭一　二九五四

烏男弟馬年四歲　二九五五

妻大女□年廿四筭一　二九五六

富貴里户人公乘胡禮年五十四筭一腫兩足復　☒　二九五七

驚弟公乘仲年五歲　二九五八

子男持年五歲　二九五九

入樂鄉嘉二年租米九斛四斗就畢≡嘉禾二年☒　二九六〇

【注】前「嘉」下脱「禾」字。

雷母大女思年六十八　☒　二九六一

入廣成鄉嘉禾二年税米三斛六斗　☒　二九六二

凡口四事　筭二事一　訾　五　☒　二九六三

□男弟見年四歲　二九六四

右廣成鄉入鄉吏限米八斛六☒　二九六五

【注】「右」上原有墨筆點記。「鄉吏」間有塗改痕迹。

馬男弟龜年卅五　二九六六

右□□□入口筭錢五萬□千☒　二九六七

常遷里户人公乘朱涣年卌二筭一　二九六八

斗妻大女□年卅二筭一　二九六九

入廣成鄉嘉禾二年火種田租米二斛☒　二九七〇

宗妻大女妾年卅二筭一八十一復　二九七一

☒閣董基付三州倉吏□☒　二九七二

入武陵鄉嘉禾二年税米八斛四斗胄畢≡☒　二九七三

常遷里户人公乘許蔡年七十　一　二九七四

糸弟公乘郎年三歲　二九七五

□□□小女金年九歲　二九七六

□□里户人公乘吴□年五十……　二九七七

【注】第三□左半殘缺，右半從「貝」。

□男弟□年三歲　二九七八

【注】第一□左半殘缺，右半從「貝」。

富貴里户人公乘衣脩年卅三筭一苦腹心病　二九七九

入廣成鄉嘉禾二年租米五斛□畢≡嘉禾二年十月十七日東□丘毛蔣關坠閣董基付三州倉吏鄭黑受　二九八〇

妻大女妾年卅筭一 二九八一
素姪子小女□年七歲 二九八二
【注】簡中有朱筆點記。
□妻大女萬年十五筭一 二九八三
富貴里户人公乘朱會年卌二筭一 二九八四
入西鄉嘉禾二年税米廿一斛二斗五升冑畢𫇭嘉禾☒ 二九八五
入西鄉嘉禾二年税米……𫇭☒ 二九八六
☒……筭一重兩足 ☒ 二九八七
子男朱年八歲聾兩耳 二九八八
□子男□年七歲 二九八九
凡口四事三 筭二事復 訾 五 十 二九九〇
妻大女鄧年十五筭一 二九九一
妻大女饒年廿筭一 二九九二
子公乘宗廿四筭一 八十□復 二九九三
【注】「廿四」上脱「年」字。
妻大女□年卅五 二九九四
……一千八百二年財用錢……☒ 二九九五
莫妻大女□☒ 二九九六
□姪子男頭年六歲 二九九七
☒□□𫇭嘉禾二年十月廿二日上和丘陳□關邸閣董基付三州倉吏
鄭黑受 二九九八
右□家口食三人 中訾 五 十 二九九九
【注】「右」上原有墨筆點記。簡中「中」為朱筆。
□妻大女汝年廿二 三〇〇〇
□男弟□年七歲 三〇〇一
□男弟□年七歲 ☒ 三〇〇二
唐妻大女華年卅八 三〇〇三
富貴里户人公乘黃逑年廿筭一 三〇〇四
凡口六事五 筭四事二 訾 五 田 三〇〇五
入□鄉嘉禾二年租米十五斛一斗冑畢𫇭嘉禾二年九月四專丘縣吏謝
□關邸閣董基付三州倉吏谷漢受 三〇〇六
【注】「四」下脱「日」字。
男弟倉年卅七眞吏 三〇〇七
子小女兒年七歲 三〇〇八
阿男弟□年九歲□□□□ 三〇〇九
【注】「男弟」下□左半殘缺，右半從「支」。
桂子公乘言年七歲 三〇一〇
子公乘兒年五歲 三〇一一
入男子雷奉鹽米三斛一斗□□黃龍三年正月廿八日關邸閣郭據付倉
吏監賢受 三〇一二
□弟小女思年五歲 三〇一三
子公乘寔年七歲 三〇一四
子小女見年十一 三〇一五
蔡子小女汝年一 三〇一六
【注】按吴簡體例，「年一」下脱「歲」字。
高平里户人公乘魯開年卅二筭一刑左手復 三〇一七
妻大女窗年卅八筭一 三〇一八
……萬二千二百八十六斛一斗三升八合三勺黃龍二□☒ 三〇一九
入西鄉嘉禾二年税米十斛冑畢𫇭嘉禾二年十月廿九日旱丘大女謝糸
關邸閣董☒ 三〇二〇
其廿九斛民先入付三州倉吏谷漢出付船師車刀趙益運詣中倉關邸
閣李嵩 三〇二一
入吏趙野還員口漬米三斛一斗五升嘉禾三年正月十三日關邸閣李嵩
付倉吏☒ 三〇二二
☒禾二年税米七斛三斗冑畢𫇭嘉禾二年十月廿八日石文丘大男☒ 三〇二三

妻大女意年廿二筭一盲右 ☑ 三〇二四

兒弟小女逑年六歲 三〇二五

□弟小女婢年七歲 三〇二六

入中鄉子弟嘉禾二年限米四斛冑畢≡……☑ 三〇二七

子小女兒年七歲 ☑ 三〇二八

凡口四事三 …… 訾 五 十 三〇二九

【注】「凡」上原有墨筆點記。

碓弟小女赤年七歲 中 三〇三〇

【注】簡中「中」為朱筆。

☑嘉禾二年稅米七斛三斗就畢≡嘉☑ 三〇三一

右平鄉入稅米廿七斛二斗 ☑ 三〇三二

【注】「右」上原有墨筆點記。

湛母大女妾年七十一 三〇三三

□子小女䐈年五歲 三〇三四

右米廿二斛一斗五升員口漬米 三〇三五

凡口四事□ 筭二事一 中訾 五 十 三〇三六

【注】簡中「中」為朱筆。

入□□鄧應二年鹽米卌九斛黄龍三年四月廿一日關坔閣郭據付倉吏 三〇三七

監賢受

☑□年十月廿六日杷丘男子石集關☑ 三〇三八

☑一斛七斗 三〇三九

□□□大女□年卅三筭一 三〇四〇

蔡姪子公乘□年十八腫兩足 三〇四一

【注】「公乘」下□左半殘缺，右半為「至」。

□小妻大女思年卅一筭一 ☑ 三〇四二

【注】「小妻」上□右半殘缺，左半從「糸」。

☑二筭一腫兩足復 三〇四三

妻大女黄年廿□☑ 三〇四四

☑ 右平鄉入郵卒限米六斛 三〇四五

【注】「右」上原有墨筆點記。

☑米□□斛冑畢≡嘉禾二年十一月廿九日常略丘烝禿關坔閣☑ 三〇四六

其廿斛民入付州中倉關坔閣李嵩吏黄諱潘慮受 中 三〇四七

富貴里户人公乘李平年卅□筭一盲右目復 ☑ 三〇四八

入桑鄉租米三斛冑畢☑ 三〇四九

入男子張德李鳴二年□米廿斛黄龍三年四月廿一日關坔閣郭據付倉 三〇五〇

吏監賢受

妻大女小年卅八 三〇五一

子公乘□年十腹心病 三〇五二

困智公乘蔭年□四筭一腫兩足 三〇五三

【注】「智」為「婿」之俗體。

會從子公乘得年……☑ 三〇五四

未畢五百卅八斛四斗二升 三〇五五

☑五斛□升≡嘉☑ 三〇五六

入廣成鄉嘉禾二年租米十斛冑畢≡嘉禾二年十月廿五日州吏潘明關 三〇五七

坔閣☑

入小武陵鄉嘉禾二年稅米四斛就畢≡嘉禾二年十月□□☑ 三〇五八

謝小妻大女思廿二腫兩足 三〇五九

□誠惶誠恐叩頭死罪死罪敢言之 …… 三〇六〇

董基付倉吏谷漢受 三〇六一

右廣成鄉入租米四斛 三〇六二

□弟小女這年十 三〇六三

入中鄉租米三斛冑畢≡嘉禾二年九月廿八日東平丘縣吏伍訓關坔閣

凡口四事三 筭二事 中訾 五 十 三〇六四

【注】簡中「中」為朱筆。

君弟小女見年三歲 三〇六五

妻大女思年廿八筭一　三〇六六
妻大女□年廿五筭一腫兩足復　三〇六七
□男弟當年十一　三〇六八
子小女㒩年四歲　三〇六九
從弟小女□……　三〇七〇
常還里户人公乘鄧卿年卅三筭一刑左手復　三〇七一
□弟公乘□年五歲　☑　三〇七二
小妻大女閏年卅三筭一　三〇七三
☑□胄畢𡕚嘉禾二年十月廿五日□□□□關坠閣董基付三州倉吏鄭
黑受　三〇七四
子公乘客年廿八筭一苦腹心病復　三〇七五
凡口四事三　筭二事一　中訾　五　十　三〇七六
【注】簡中「中」為朱筆。
妻大女□年廿五筭一　□□□　三〇七七
□二日收責悉畢付庫吏殷連領□留市牛□□□布到□月□□□　三〇七八
入吏朱謙二年鹽米九斛六斗黃龍三年三月三日關坠閣郭據付倉吏監
賢受　三〇七九
其一百二斛九斗民先入付三州倉吏谷漢出付船師張瞻運詣中倉□　三〇八〇
☑回下市丘□渠關坠閣董基付三州倉吏鄭黑受　三〇八一
入□部師高米鹽米十四斛黃龍三年正月十八日關坠閣郭據付倉吏監
賢受　三〇八二
【注】第二□左半殘缺，右半從「阝」。
入男子宋讓米九十斛□斗黃龍三年正月廿八日關坠閣郭據付倉吏監
賢受　三〇八三
入男子張仵二年□□□斛黃龍三年正月十八日關坠閣郭據付倉吏監
賢受　三〇八四

□□入都尉陳勑□士還黃龍元年小月稟米二百廿六斛四升料校不見
前已列言　三〇八五
入男子吳起二年鹽米三斛二斗黃龍三年三月廿二日關坠閣郭據付倉
吏監賢受　三〇八六
□一千一百一十一斛四斗畢言縣□前所入　三〇八七
入吏趙野還員口漬米□□嘉禾二年十一月廿四日關坠閣郭據付倉吏
監賢受　三〇八八
其六斛五斗八升付倉吏黃諱番慮　中　三〇八九
其五十六斛三斗付☑　三〇九〇
其一百七十六斛九斗四升付州中倉坠閣郭據☑　三〇九一
未畢二百廿斛三斗二升　三〇九二
其九百卌七斛四斗四升畢言□□所入　三〇九三
閣李嵩付倉吏黃諱潘慮受　中　三〇九四
入吏徐業二年鹽米五十八斛黃龍二年三月十七日關坠閣郭據付倉
吏監賢受　三〇九五
……一十四斛九斗六升料校不見前已列言吏詭責負者　三〇九六
其一百廿五斛五斗四升民先入付三州倉吏谷漢出付船師唐鼠運詣
中倉關　三〇九七
其十斛付吏李兆盧禾元年函簿別列……　三〇九八
已列言如詔□□　三〇九九
入吏番陶二年鹽米四斛三斗黃龍二年十二月十日關坠閣郭據付倉吏
監賢　三一〇〇
未畢一萬一千三百五十九斛四斗七升　三一〇一
坠閣李嵩吏黃諱潘慮受　三一〇二
入男子李明二年鹽米十斛黃龍三年十一月十日關坠閣郭據付倉吏監
賢受　三一〇三
入吏趙野還員口漬米……二年三月廿一日關坠閣李嵩付倉吏……　三一〇四

入男子李鳴二年鹽米廿斛黃龍三年四月十八日關坙閣郭據付倉吏監
賢受　三一〇五
其八斛二斗七升付三州倉關坙閣董基吏鄭黑受　中　三一〇六
其十五斛三斗七升付三州倉關坙閣董基吏鄭黑受　田　三一〇七
未畢二千四百五十斛三斗九升……　三一〇八
其四斛谿付嘉禾二年貸民佃種粢粻　三一〇九
入吏黃詡二年鹽米四斛黃龍三年正月十八日關坙閣郭據付倉吏監賢受　三一一〇
入吏趙野還員口漬米五斛嘉禾二年十二月廿六日關坙閣李嵩付倉吏
監賢受　三一一一
已入三百三斛六斗九升四合　三一一二
□□文入船師張蓋何春傴忠等折咸吳平斛米二百□□斛一斗五升料校
不見前▨　三一一三
未畢一千二百八十六斛六斗二升八合三勺　三一一四
入男子李鳴□□鹽米廿斛黃龍三年十一月十八日……　三一一五
入郡吏廖拯二年鹽米八斛黃龍三年四月一日關坙閣郭據付倉吏監賢受　三一一六
其七百卌九斛……▨　三一一七
其一百五十七斛五斗七升□□付三州倉吏谷漢……　三一一八
詭責負者　三一一九
其八十二斛八斗九升付州中倉關坙閣李嵩吏黃諱潘慮受　田　三一二〇
其廿一斛六斗正領　三一二一
其七斛七斗……▨　三一二二
其一百□斛九斗四升付州中倉關坙閣郭據付吏區胄逢曹▨　三一二三
已入二百廿三斛九斗四升　▨　三一二四
其一百二斛九斗付吏黃諱潘慮　中　三一二五
右小武陵鄉入火種租米六斛　三一二六

【注】「右」上原有墨筆點記。

領黃龍二年士租米六斛六斗黃龍三年民貸食付吏鄭黑　中　三一二七
付吏黃諱番慮受　中　三一二八
……斛黃龍二年三月十九日關坙閣郭據付倉吏監賢受　三一二九
入黃龍三年民還貸食黃龍元年租米六斛六斗　三一三〇
其廿一斛□領付倉吏黃諱番慮……　三一三一
領黃龍二年吏帥客限米六十三斛九斗一升　三一三二
其一百一十七斛九斗九升四合付吏鄭黑□　中　三一三三
領黃龍元年稅米廿三斛六斗付吏黃諱潘慮受　三一三四
入吏鄧萇二年鹽米九斛五斗黃龍二年十二月十三日關坙閣郭據付倉
吏監賢受　三一三五
入男子張仵陳部張二年鹽米卌七斛黃龍三年三月廿三日關坙閣郭據
付倉吏監賢　三一三六

【注】第二「張」下似脱人名。

其廿九斛為黃龍三年還民所貸米　三一三七
四月十六日倉吏□□受　三一三八
入吏谷水二年鹽米一斛黃龍二年十二月十四日關坙閣郭據付倉吏監
賢受　三一三九
其廿七斛六斗付大男毛主運漊溺詭責未入　三一四〇
入黃龍三年貸食黃武五年稅米九斛八斗　三一四一
入黃龍元年佃卒限米卅二斛三斗　中　三一四二
其五斛嘉禾元年貧民（？）所貸米　三一四三
入吏光錢鹽米廿斛黃龍三年正月廿二日關坙閣郭據付倉吏監賢受　三一四四
入黃龍元年子弟限米十□斛一斗　田　三一四五
入吏石誂二年鹽米七斛黃龍二年十二月十日關坙閣郭據付倉吏監
賢受　三一四六
集凡領連年襍米合□千八百九斛五斗九升四合　三一四七

右穕米四百一十一斛三斗　三一四八

【注】「右」上原有墨筆點記。

□月十七日倉吏谷漢受　三一四九

……黃龍二年四月廿二日關堅閣郭據付倉吏監賢受　三一五〇

……黃龍二年三月十四日關堅閣郭據付倉吏監賢受　三一五一

其一千三百九十二斛四斗四升四合付吏黃諱番慮　三一五二

其二斛嘉禾元年民貸食　三一五三

……七百廿八斛三斗五升　三一五四

右民還貸食連年穕米一百三斛二斗一升　三一五五

【注】「右」上原有墨筆點記。

入吏陳□二年鹽米□斛黃龍三年四月八日關堅閣郭據付倉吏監賢受　三一五六

右穕米八百五十九斛二斗九升正領　三一五七

【注】「右」上原有墨筆點記。

入吏廖（？）□二年鹽米十一斛黃龍二年十二月廿日關堅閣郭據付倉吏監賢受　三一五八

入屯田司馬黃升黃龍二年限米卅四斛　三一五九

右民還貸食□年税米九斛八斗　三一六〇

入黃龍元年佃卒限米□□斛五斗　三一六一

☐右 □□起六年正月訖十二月當食□□受 □□為稟斛米一百一斛九斗四升　嘉禾元年十一月十三日司馬鄧銅關堅閣郭據付郡吏區胄受　三一六二

凡民還貸食連年□米一百一十三斛一升　三一六三

其三百八十九斛五斗五升付吏鄭黑　三一六四

入吏雷贊二年鹽米十六斛黃龍二年十二月十日關堅閣郭據付倉吏監賢受　三一六五

其二斛黃龍三年民貸食付倉吏鄭黑受　中　三一六六

入吏谷張二年鹽米十斛黃龍二年十一月九日關堅閣郭據付倉吏監賢受　三一六七

入吏□□二年鹽米六斛黃龍二年十二月十三日關堅閣郭據付倉吏監賢受　三一六八

倉吏鄭黑謹列故倉吏□□還所貸運年穕米一斛　三一六九

☐□客□□□限米五十一斛黃龍三年正月廿一日關堅閣郭據付☐　三一七〇

入吏黃高二年鹽米廿二斛黃龍三年正月廿五日關堅閣郭據付倉吏監賢受　三一七一

入吏石龍二年鹽米六斛五斗黃龍二年十二月廿□日關堅閣郭據付倉吏監賢□　三一七二

入吏吳連（？）三年鹽米五斛□斗五升黃龍三年正月廿一日關堅閣郭據倉吏監賢受　三一七三

……黃龍三年十二月廿三日關堅閣郭據付倉吏監賢受　三一七四

入黃龍元年私學限米廿八斛　三一七五

☐丘縣吏陳通關堅閣董基付三州倉吏鄭黑受　三一七六

☐關堅閣董基付三州倉吏鄭黑受　三一七七

☐弟限米四斛七斗胄畢𣥺嘉禾二年十月廿七日石文丘鄭□關堅閣董基付倉吏鄭黑受　三一七八

入黃龍二年州佃吏蔡□□□限米廿六斛　三一七九

☐□十七斛付三州倉關堅閣董基吏鄭黑受　三一八〇

其十五斛五斗嘉禾元年民還貸食付倉吏黃諱潘慮受　三一八一

☐廿四日高楩丘男子張楩關堅閣董基付三州倉吏鄭黑受　三一八二

入司馬黃升黃龍元年種粻米十六斛六斗　三一八三

☐子逢著關堅閣董基付三州倉吏鄭黑受　三一八四

右小武陵鄉入吏帥客限米六斛五斗　三一八五

【注】「右」上原有墨筆點記。

入黃龍元年鹽賈米四□黃龍三年貸食……　三一八六

☐月十九日禿丘蔡□關堅閣董基付三州倉吏鄭黑受　三一八七

☒□□限米十一斛胄畢𡗐嘉禾二年十月廿一日上俗丘區貴關邸閣董基付三州倉吏鄭黑受　三一八八

☒二年十月廿七日邸丘大男番省關邸閣董基付三州倉吏鄭黑受　三一八九

領黃龍元年叛士限米十斛　中　三一九〇

入黃龍元年稅米廿斛　已𠮥　三一九一

☒謝棠關邸閣董基付三州倉吏鄭黑受　三一九二

……四斛四斗四升料校不見前已列言更詭責負者　三一九三

☒□□□關邸閣董基付三州倉吏鄭黑受　三一九四

☒小武陵鄉入廷□□限米𠮥斛　三一九五

其四斛二斗嘉禾元年還民所貸米　三一九六

☒限米十一斛胄畢𡗐嘉禾二年十月十六日□元丘男子謝□關邸閣董基付三州倉吏鄭黑受　三一九七

☒廿五日伍社丘潘自關邸閣董基付三州倉吏鄭黑受　三一九八

☒關邸閣董基付三州倉吏鄭黑受　三一九九

……嘉禾二年十月十五日寇丘□☒　三二〇〇

關邸閣李嵩吏黃諱潘慮受　三二〇一

☒嘉禾二年限米七斛胄畢𡗐嘉禾二年九月廿八日東平丘軍吏□□關邸閣董基付三州倉吏谷漢受　三二〇二

☒閣董基付三州倉吏谷漢受　三二〇三

☒董基付三州倉吏鄭黑受　三二〇四

☒□閣董基付倉吏鄭黑☒　三二〇五

☒……關邸閣董基付三州倉☒　三二〇六

已入七百廿七斛二斗四升三州倉關邸閣李嵩吏監賢受　中　三二〇七

其廿一斛六斗□□付三州倉吏谷漢……　三二〇八

☒□關邸閣董基付三州倉吏□□受　三二〇九

入平鄉稅米十一斛八斗胄畢𡗐嘉禾二年十月十一日下和丘鄧有關邸閣董基付三州倉吏谷漢☒　三二一〇

入桑鄉嘉禾二年稅米四斛四斗胄畢𡗐嘉禾二年十月卅日☒　三二一一

入平鄉嘉禾二年稅米二斛九斗𡗐嘉禾二年十月三日浸頃丘男子□□關邸閣董基付倉吏谷漢受　三二一二

入廣成鄉嘉禾二年租米十七斛僦畢𡗐嘉禾二年十月廿五日世丘郡吏唐雷關邸閣董基付三州倉吏鄭黑受　三二一三

入西鄉嘉禾二年租米十二斛五斗胄畢𡗐嘉禾二年十月廿日前丘男子雷務關邸☒　三二一四

右平鄉入佃帥限米八斛七斗　三二一五

【注】「右」上原有墨筆點記。

☒十一月廿一日周陵丘慈牛關邸閣董基付三州倉吏鄭黑受　三二一六

☒□□丘烝定關邸閣董基付倉吏鄭黑受　三二一七

☒□□丘張□關邸閣董基付三州倉吏鄭黑受　三二一八

☒省關邸閣董基付三州倉吏鄭黑受　三二一九

右平鄉入□吏限米十六斛八斗　三二二〇

【注】「右」上原有墨筆點記。

入平鄉嘉禾二年租米六斛胄畢𡗐嘉禾二年十月廿八日東丘番有關邸閣董基付三州倉吏鄭黑受　三二二一

☒畢𡗐嘉禾二年十月廿七日監滄丘鄭新關邸閣董基付三州倉吏☒　三二二二

☒泊丘大男□□關邸閣董基付倉吏鄭黑受　三二二三

☒基付三州倉吏鄭黑受　三二二四

☒夫丘大男黃利關邸閣董基付三州倉吏鄭黑受　三二二五

☒□關邸閣董基付三州倉吏鄭黑受　三二二六

入廣成鄉嘉禾二年稅米四斛胄畢𡗐嘉禾……☒　三二二七

☒□□關邸閣董基付倉吏鄭黑受　三二二八

☒董基付三州倉吏鄭黑受　三二二九

☒基付三州倉吏鄭黑受　三二三〇

☒基付倉吏鄭黑受　三二三一

入廣成鄉嘉禾二年租米六斛九斗□□畢𡘋嘉禾二年十月廿□日上□丘
……☐　三二三二
入平鄉嘉禾二年佃帥限米八斛七斗畢𡘋嘉禾二年九月三日浸頃丘番
瓊關邸閣董基付倉吏谷漢受　三二三三
入平鄉嘉禾二年吏客限米一斛胄米畢𡘋嘉禾二年九月廿八日□□□
□□關邸閣董基☐　三二三四
入平鄉嘉禾二年税米五斛胄畢𡘋嘉禾二年九月廿九日常略丘謝友關
邸閣董基付三州倉吏谷漢受　三二三五
☐□日□丘朱□關邸閣李嵩付倉吏黄諱史潘☐　三二三六
入小武陵鄉嘉禾二年税米三斛九斗胄畢𡘋嘉禾☐　三二三七
右樂鄉入租米一百卌斛一斗　三二三八
【注】「右」上原有墨筆點記。
☐□關邸閣董基付倉吏鄭黑受　三二三九
☐邸閣李嵩付倉吏黄諱史潘慮受　三二四〇
□母大女姑年六十五　三二四一
閣李嵩付吏黄諱潘慮受　中　三二四二
入平鄉嘉禾二年租米十二斛胄畢𡘋嘉禾二年十月廿七日☐　三二四三
入廣成鄉嘉禾二年税米七斛胄畢𡘋嘉禾二年十月廿六日世丘唐生
關邸閣董基付三州倉吏鄭黑受　三二四四
入小武陵鄉嘉禾二年税米五斛胄畢𡘋嘉禾二年十月廿日丈丘謝艿
關邸閣董基付三州倉吏鄭黑受　三二四五
右平鄉入吏帥客限米六斛　三二四六
【注】「右」上原有墨筆點記。
入平鄉嘉禾二年税米七斛五斗胄畢𡘋嘉禾二年九月廿七日常略丘
烝高關邸閣董基付三州倉吏谷漢受　三二四七
☐……米六斛一斗五升胄畢𡘋嘉禾二年七月十日平支丘張明關邸閣董
基付三州倉吏鄭黑受　三二四八
入平鄉嘉禾二年租米□斛□斗胄畢𡘋嘉禾二年十月廿八日東丘烝
堂關邸閣董基付三州倉吏……受　三二四九
其三百八十五斛九斗七升黄龍元年叛士限米　三二五〇
☐□廿四斛三斗胄畢𡘋嘉禾二年十一月十七日伍社丘張周關邸閣董
基付三州倉吏鄭黑受　三二五一
……米二斛五斗胄畢𡘋嘉禾二年十月一日州上丘烝□關邸閣董基付
倉吏谷漢受　三二五二
☐鄭黑受　三二五三
☐關邸閣董基付倉吏谷漢受　三二五四
☐□𡘋嘉禾二年十月☐　三二五五
☐廣成鄉子弟嘉禾二年限米七斛胄畢𡘋嘉禾二年九月二日溫丘男子
□□關邸閣董基付三州倉☐　三二五六
入□鄉……米五斛一斗胄畢𡘋嘉禾二年十月廿六日石下丘郡吏□□
關邸閣……　三二五七
入□鄉租米一斛五斗胄畢𡘋嘉禾二年九月廿八日東平丘給帛關邸閣
董基付倉吏谷漢受　三二五八
☐□□年三歳　三二五九
☐眥　五　十　三二六〇
入平鄉嘉禾二年税米四斛七升胄畢𡘋嘉禾二年十月十五日栗丘烝□
關邸閣董基付三州倉吏鄭黑受　三二六一
□女弟□年四歳　三二六二
☐基付倉吏鄭☐　三二六三
☐帛子女□年四歳　三二六四
【注】「子女」下□右半殘缺，左半從「木」。
☐禾二年八月十八日楷丘鄧龍關邸閣李嵩付倉掾黄諱史潘慮受　三二六五
☐……丘男子□□關邸閣董基付倉吏谷漢受　三二六六
☐　通男弟虎年九歳　三二六七
毛子男兒年二歳　三二六八

□男弟𤋀年十一　三二六九
【注】「男弟」上□右半殘缺，左半從「亻」。
□六斛付州中倉關邸閣李嵩吏黄諱潘慮受　三二七〇
宜陽里户人大女胡□年五十七　三二七一
【注】「胡」下□右半殘缺，左半從「亻」。
右豫家口食四人　訾　五　十　三二七二
【注】「右」上原有墨筆點記。
入平鄉嘉禾二年税米八斛二斗冑畢𡉈嘉禾二年十月廿五日盡丘巨加
關邸閣董基付倉吏鄭黑受　三二七三
宜陽里户人公乘烝毛年卌一筭一刑左足　三二七四
□妻大女□年卅筭一　三二七五
☑公乘謝□年五十二筭一刑左手　三二七六
右入□□七十六斛九斗七升　三二七七
【注】「右」上原有墨筆點記。
☑十一事九　筭二事二　訾　一　☑　三二七八
入黄龍元年□餘□吏帥限米二千五百七十斛□斗一升　三二七九
凡口□事二　筭二事　訾　五　十　三二八〇
入模鄉嘉禾二年私學限米三斛五斗冑畢𡉈嘉禾二年十一月廿□日佃丘
□□關邸閣董基付倉吏鄭黑受　三二八一
☑……𡉈嘉禾二年十一月廿六日□丘鄭黑關邸閣董基付三州倉吏鄭黑受　三二八二
入平鄉嘉禾二年税米五斛四斗冑米畢𡉈嘉禾二年十月廿八日於上丘
潘勉關邸閣董基付三州倉吏鄭黑受　三二八三
梨弟公乘愁年五歲　三二八四
入黄龍元年子弟限米廿六斛　三二八五
妻大女思年卅三筭一腫兩足復　三二八六
入吏趙野還貝口限米五斛嘉禾三年十二月廿八日關邸閣李嵩☑　三二八七

妻大女壹年六十五　三二八八
入西鄉嘉禾二年佃帥限米……關邸閣李☑　三二八九
道弟小女思年八歲　三二九〇
凡口五事四　筭二事一　訾　五　十　三二九一
☑𡉈嘉禾二年十月十五日窗丘男子吕□關邸閣董基付三州倉吏鄭黑
☑　三二九二
入西鄉嘉禾二年税米二斛八斗冑畢𡉈嘉禾二年十月廿七日上□丘□
□關邸閣董基付三州倉吏鄭黑受　三二九三
入桑鄉嘉禾二年税米四斛六斗冑畢𡉈嘉禾二年十月卅日阿丘郡吏殷
收關邸閣董基付三州倉吏鄭黑受　三二九四
妻大女羅年六十八　三二九五
入廣成鄉嘉禾二年税米十五斛五斗冑畢𡉈嘉禾二年十月□五日艻丘
烝番關邸閣董基付三州倉吏鄭黑受　三二九六
子小女兒年六歲　三二九七
□子男□年十二　三二九八
入平鄉嘉禾二年子弟限米□斛冑畢𡉈嘉二年十一月廿七日三州丘謝
□關邸閣董基付三州倉吏鄭黑受　三二九九
【注】第二「嘉」下脱「禾」字。
☑嘉禾二年税米十四斛一斗冑畢𡉈☑　三三〇〇
☑□□□黄龍三年税米四斛五斗𡉈嘉禾二年十二月七日三州丘
鄧☑　三三〇一
……斛五斗冑畢𡉈嘉禾二年十月十二日☑　三三〇二
☑□租米四斛五斗五升　三三〇三
☑田九日東□丘□□關邸閣董基……鄭黑受　三三〇四
☑毛妻大女妾年卅八筭一　三三〇五
入廣成鄉嘉禾二年□帥□限米三斛二斗冑畢𡉈嘉禾二年十月廿七
日伍社丘張□關邸閣董基付三州倉吏鄭黑受　三三〇六
菌子男泠年三歲　三三〇七

☐……𠳋嘉禾二年十月廿三日盡丘鄭官關邸閣董基付倉吏鄭黑受　三三〇八

【注】「鄭」下□上半殘缺，下半為「官」。

囊弟小女汝年六歲　三三〇九

☐儀母大女妾年八十八　☐　三三一〇

七月廿日倉吏黄諱潘慮□　三三一一

☐□租米十九斛五斗　三三一二

妻大女羊年廿筭一　三三一三

□弟小女糸年九歲　三三一四

谷陽里户人公乘張滿年六十六　三三一五

税米四百五斛八升　☐　三三一六

☐……𠳋……十一日上利丘大男烝朝關邸閣董基付三州倉吏鄭黑受　三三一七

谷陽里户人大女劉妾年五十七……☐　三三一八

子公乘碭年七歲　三三一九

妻大女稠年卅六筭一　踵兩足　三三二〇

子公乘哀年十　三三二一

素寡婦大女思年卅六筭一　八十司復　三三二二

谷陽里户人公乘鄭囍年卅六筭一　給州吏復　三三二三

子公乘榮年八歲　三三二四

☐□妻大女姑年十五　三三二五

右小武陵鄉佃帥限米廿九斛三斗　三三二六

【注】「右」上原有墨筆點記。

□男弟告年二歲　三三二七

尾妻大女汝年十五筭一　刑右足復　三三二八

☐……董基付三州倉吏鄭黑受　三三二九

☐二　筭一事　訾　五　十　三三三〇

☐□𠳋嘉禾二年十月廿三日度丘烝都關邸閣董基付三州倉吏鄭黑受　三三三一

☐　右□家口食四人　訾　五　十　三三三二

☐□百卅八斛……　三三三三

☐𠳋嘉禾二年十月廿五日區丘□□關邸閣董基付三州倉吏鄭黑受　三三三四

☐□丘劉□關邸閣董基☐　三三三五

已入廿三斛一斗□升□　三三三六

☐嘉禾二年十月廿二日□困丘☐　三三三七

右諸鄉入私學限米二百八十九斛二斗四升　三三三八

【注】「右」上原有墨筆點記。

谷陽里户人公乘聶儀年五十六筭一　三三三九

☐受嘉禾二年粢租米一百廿斛四斗七升　十　三三四〇

【注】簡末「十」似為原編號。

☐……廣九……☐　三三四一

【注】「廣」上原有墨筆點記。

入西鄉嘉禾二年税米三斛胄畢𠳋嘉禾二年十月廿六日上俗丘男子朱
旻關邸閣董基付三州倉吏鄭黑受　三三四二

凡口三事二　筭二事一　中訾　五　十　三三四三

【注】簡中「中」為朱筆。

☐月卅日平支丘男子吴戰關邸閣董基付三州倉吏鄭黑受　三三四四

☐……月廿五日杷丘大男石侯關邸閣董基付三州倉吏鄭黑受　三三四五

子公乘生年廿三筭一　真吏復　三三四六

☐三匹三丈三尺　三三四七

☐……番鹵（？）關邸閣董基付三州倉吏鄭黑受　三三四八

☐嘿關邸閣董基付三州倉吏鄭黑受　三三四九

子小女㛹年十　三三五〇

☐□税米三斛二斗僦畢𠳋嘉禾二年十月十三日彈浭丘男子唐循關邸

閣董基付三州倉吏鄭黑受　三三五一
入樂鄉二年布十六匹□丈　中　三三五二
凡口三事　……　訾　五　田　三三五三
☑……關坚閣李嵩付倉吏黄☑　三三五四
妻大女妾年五十四筭一　三三五五
☑税米三斛五斗胄米畢旲嘉禾二年十月廿九日谷□丘□□關坚閣董
基☑　三三五六
☑　脩女弟姑年九歲　三三五七
☑租米四斛一斗旲嘉禾二年八月二日東扶丘男子☑　三三五八
入廣成鄉嘉禾二年税米一斛六斗胄米畢旲☑　三三五九
☑□□旲嘉禾二年□月十六日□丘□□關坚閣李嵩付倉吏黄諱受　三三六〇
入黄龍二年税米三斛　☑　三三六一
㝵姪子公乘秃年十五筭一　三三六二
子公乘兆年十一　三三六三
入桑鄉嘉禾二年税米十四斛胄畢☑　三三六四
☑董基付倉吏鄭黑受　三三六五
☑　付三州倉吏鄭黑受　三三六六
入□鄉嘉禾二年税米二斛胄畢旲嘉禾二年十月廿九日劉里丘殷格關
坚閣董基付三州倉吏鄭黑受　三三六七
其廿二斛一斗五升付州中倉關坚閣李嵩吏監賢受　三三六八
☑壬二百七十四匹一丈七尺　☑　三三六九
右區景妻田四町合廿六畝　三三七〇
【注】「右」上原有墨筆點記。
未畢二萬八千九百七十七斛□斗□升三合　☑　三三七一
富貴里户人公乘廖湛年卅六筭一刑左手復　三三七二
入平鄉嘉禾二年州吏謝壓限米五斛二斗胄畢旲嘉禾二年十月卅四日
漚丘☑　三三七三

☑嘉禾二年税米五斛胄畢旲嘉禾二年十月卅日於上丘惖☑　三三七四
入□鄉嘉禾二年税米□□就畢旲嘉禾二年十月十七日劉里丘大男李
椹關坚閣董基付三州倉吏鄭黑受　三三七五
☑年十月廿三日彈溲丘棋黟關坚閣董基☑　三三七六
入黄龍元年私學限米□☑　三三七七
☑二年十月廿日平支丘吴雁關坚閣董基付倉吏鄭黑受　三三七八
☑百九十廣廿八　三三七九
☑……石唐丘李道關坚閣董基付三州倉吏鄭黑受　三三八〇
富貴里户人公乘困□年五十一筭一　三三八一
子公乘道年十四　三三八二
☑□入布二千五百廿七匹八尺　三三八三
入廣成鄉嘉禾二年税米卅四斛胄畢旲嘉禾☑　三三八四
☑付三州倉吏鄭黑受　三三八五
右龍家口食三人　中訾　五　十　三三八六
【注】「右」上原有墨筆點記。簡中「中」為朱筆。
黄龍元年文入税吴平斛米四百九斛九斗五升料校不見前已列言更詭
責負者　三三八七
愁弟小女思年四歲　三三八八
凡口六事四　筭三事二　訾　五　☑　三三八九
☑□□□□年廿一筭一　三三九〇
夏子男軍年八歲　三三九一
入廣成鄉嘉禾二年税米十一斛胄畢旲嘉禾☑　三三九二
妻大女紀年卅七筭一　三三九三
妻大女姑年卅筭一　三三九四
☑廣成鄉嘉禾二年税米三斛胄畢旲嘉禾二年十月廿六日租伻丘郡吏
吴□關坚閣董基付三州倉吏鄭黑受　三三九五
凡口五事四　筭三事一　訾　五　十　三三九六
☑子女□年七歲刑兩手　三三九七

惕弟公乘□年……　三三九八

【注】「公乘」下□左半殘缺，右半為「生」。

□母大女湘年七十三　三三九九

☑二年十月十三日七丘男子□□關邸閣董基付三州倉吏鄭黑受　三四〇〇

凡口五事四　筭二事　訾　五　十　三四〇一

豪子公乘尾年廿三筭一　三四〇二

富貴里户人鄧賈年五十三筭一　三四〇三

☑田一日廉丘大男石理關邸閣董基付三州倉吏鄭黑受　三四〇四

☑里户人大女黄妾年六十一　☑　三四〇五

☑……税米五斛一斗胄畢𡘜嘉☑　三四〇六

入東鄉嘉禾二年税☑　三四〇七

☑畢𡘜嘉禾二年十月廿九日上俗丘蔡五關邸閣☑　三四〇八

☑基付三州倉吏鄭黑受　三四〇九

右米四千五百五十七斛一斗□升四合　三四一〇

【注】「右」上原有墨筆點記。

☑□百□十七斛九斗九升四合付三州倉關邸閣董基吏鄭黑受　中　三四一一

入平鄉二年布卅九匹三丈二尺☑　三四一二

入平鄉嘉禾二年税米七斛六斗胄米畢𡘜嘉禾二年十月☑　三四一三

入吏黄諱二年鹽米□斛五斗黄龍三年三月七日關邸閣郭據付倉吏監賢受　三四一四

右米一千八百□斛六斗四升……　三四一五

【注】「右」上原有墨筆點記。

☑十月廿三日廉丘士伍潘特關邸閣李嵩☑　三四一六

☑□關邸閣董基付倉吏鄭黑受　三四一七

☑胄畢𡘜嘉禾二年十月十七日☑　三四一八

☑田八日於上丘李張關邸閣董基☑　三四一九

□州吏陳放士伍胡□田九町合三畝卅步　三四二〇

☑董基付□☑　三四二一

☑丘□□關邸閣董基☑　三四二二

☑年十月廿六日上頃丘吴樂關邸閣董基☑　三四二三

☑丘宗莨關邸閣李嵩付倉吏黄諱☑　三四二四

☑年十月十六日東丘大男烝□關邸閣董基付三州倉吏鄭黑受　三四二五

☑基付三州倉吏鄭黑受　三四二六

其六十七斛四斗民□付州中倉關邸閣李嵩吏黄諱潘慮受　中　三四二七

其一百廿一斛七斗□□民□付州中倉關邸閣李嵩吏黄諱潘慮受　中　三四二八

☑七斛一斗　三四二九

☑關邸閣董基付三州倉☑　三四三〇

☑董基付三州倉吏鄭黑受　三四三一

右□鄉二千九百卌二錢□□□□☑　三四三二

☑二年十月廿六日平陽丘番司關邸閣董基付倉吏鄭黑受　三四三三

入都鄉嘉禾二年粢租米九斛𡘜嘉禾二年七月☑　三四三四

入樂鄉嘉禾二年租米四斛胄又畢𡘜嘉禾三年十月廿九日柚丘鄭☑　三四三五

☑□監賢鹽米廿斛𡘜黄龍三年十月十六日關邸閣郭據付倉吏□□□　三四三六

☑嘉禾二年十月廿一日區丘潘億關邸閣☑　三四三七

☑嘉禾二年粢租米五斗𡘜嘉☑　三四三八

入小武陵鄉嘉禾二年税米廿斛胄畢𡘜嘉禾☑　三四三九

☑月十一日租下丘李客關邸閣李嵩付倉☑　三四四〇

☑年七月廿日新唐丘張□關邸閣李嵩☑　三四四一

入廣成鄉嘉禾二年税米十九斛胄畢𡘜嘉禾二年十月廿五日☑　三四四二

☑□□丘終明關邸閣李嵩☑　三四四三

⧄嘉禾二年稅米四斛六斗冑米畢≡嘉禾二年十月田⧄　三四四四
入平鄉嘉禾二年租米五斛七斗冑畢≡嘉禾二年十月⧄　三四四五
⧄斛五斗冑畢≡嘉禾二年十月廿八日東丘因⧄　三四四六
入平鄉嘉禾二年稅米三斛冑畢≡嘉禾二年十月⧄　三四四七
入都鄉嘉禾二年粢租米三斛≡嘉禾二年⧄　三四四八
入西鄉嘉禾二年稅米八斛冑畢≡⧄　三四四九
入東鄉嘉禾二年口筭錢一萬……　三四五〇
⧄九日楊湮丘縣吏曹□關邸閣董基付三州倉吏⧄　三四五一
⧄冑米畢≡嘉禾二年十月廿五日於上丘烝恣關邸閣⧄　三四五二
⧄嘉禾二年粢租米二斛四斗≡嘉禾⧄　三四五三
⧄董基付三州倉吏鄭黑受　三四五四
⧄烝逐關邸閣董基付倉吏⧄　三四五五
⧄陳困關邸閣董基付三州⧄　三四五六
⧄□□關邸閣董基付三州倉吏鄭黑⧄　三四五七
⧄閣董基付倉吏鄭黑受　三四五八
⧄付三州倉吏鄭黑受　三四五九
⧄關邸閣董基付三州倉吏鄭黑⧄　三四六〇
入廣成鄉佃吏番弘嘉禾二年限⧄　三四六一
⧄……關邸閣董基付三州倉吏鄭黑受　三四六二
入西鄉嘉禾二年稅米五斛⧄　三四六三
⧄董基付三州倉⧄　三四六四
⧄付三州倉吏鄭黑受　三四六五
⧄三州倉吏鄭黑受　三四六六
入廣成鄉嘉禾二年縣吏鄧□限米……董基付三州倉吏鄭黑受　三四六七
入吏□□二年鹽米十四斛黃龍二年十二月五日關邸閣……　三四六八
【注】「二年」上□右半殘缺，左半從「亻」。
⧄子侯□關邸閣董基⧄　三四六九
⧄丘□□關邸閣董基⧄　三四七〇
⧄　廣□⧄　三四七一
⧄十一月十五日松下丘郡吏……董基付倉吏鄭黑受　三四七二
入廣成鄉嘉禾二年□⧄　三四七三
⧄　基付倉吏鄭黑受　三四七四
⧄閣董基付三州⧄　三四七五
⧄≡嘉禾二年十月十一日⧄　三四七六
⧄右五月旦起一日訖十五日承餘□⧄　三四七七
⧄□嘉禾二年粢租米一⧄　三四七八
⧄基付三州倉吏鄭黑受　三四七九
⧄斛≡嘉禾二年□⧄　三四八〇
⧄關邸閣董基　⧄　三四八一
右諸鄉入二年粢租米十一⧄　三四八二
【注】「右」上原有墨筆點記。
⧄冑畢≡嘉禾二年十月十五日⧄　三四八三
其三匹一尺五寸□付庫吏殷連領⧄　三四八四
右入鹽賈米八十二斛　三四八五
⧄閣李嵩付倉吏黃諱⧄　三四八六
⧄邸閣董基付三州倉吏鄭黑受　三四八七
右武陵鄉入⧄　三四八八
【注】「右」上原有墨筆點記。
⧄吏鄭易關邸⧄　三四八九
⧄租米十四斛一斗⧄　三四九〇
⧄嘉禾二年粢租米六斛≡嘉禾二⧄　三四九一
⧄□≡嘉禾二年……⧄　三四九二
⧄□租米四斛冑米畢≡嘉⧄　三四九三
入小武陵鄉嘉禾二年稅米五斛一斗冑畢≡嘉禾二年十月十九日⧄　三四九四
未畢一斗　三四九五

入平鄉嘉禾二年税米六斛胄米畢𡱝嘉禾二年十□☒ 三四九六
☒□□税米六斛胄畢𡱝嘉禾二年十月十二日□丘男子☒ 三四九七
入西鄉嘉禾二年税米十斛胄畢𡱝嘉禾二年十月☒ 三四九八
☒□限米三斛胄畢𡱝嘉禾二年九月☒ 三四九九
入桑鄉嘉禾二年租米十三斛胄米畢𡱝嘉禾二年十月五日東平丘郡吏
吴盧關邸閣董基付倉吏谷漢受 三五〇〇
入小武陵鄉嘉禾二年税米七斛三斗胄畢𡱝嘉禾二年□月廿九日
中落丘☒ 三五〇一
☒關邸閣董基付三州倉吏谷漢受 三五〇二
☒月廿七日橋丘縣吏誦迷關邸閣董基☒ 三五〇三
入西鄉嘉禾二年税米一斛六斗胄畢 𡱝嘉禾二年十月☒ 三五〇四
☒鄧頓關邸閣董基付三州倉吏鄭黑受 三五〇五
☒烝宛關邸閣董基付三州倉吏鄭黑☒ 三五〇六
☒禾二年粢租米一斛六斗𡱝嘉禾二年八月廿九日□田丘☒ 三五〇七
☒倉吏鄭黑受 三五〇八
睯妻大女湘年卅四筭一☒ 三五〇九
陵兄政年五十六筭一 ☒ 三五一〇
入小武陵鄉嘉禾二年縣吏□□鄧兒□□限米九斛五斗畢𡱝嘉禾二年
九月三日……關邸閣董基☒ 三五一一
入樂鄉嘉禾二年私學限米二斛一斗胄畢𡱝嘉禾二年☒ 三五一二
□妻□年卅筭一 ☒ 三五一三
☒董基付三州倉吏鄭黑受 三五一四
☒……年十月十六日彈浭丘番龍關邸閣董基☒ 三五一五
☒……烝𨛖關邸閣董基付三州倉吏鄭☒ 三五一六
入廣成鄉嘉禾二年税米三斛胄畢☒ 三五一七
入平鄉嘉禾二年税米三斛二斗胄畢𡱝嘉禾☒ 三五一八
☒ 十二斛胄畢𡱝嘉禾二年十月廿七日頃佃丘大男鄭□關邸☒ 三五一九
☒嘉禾二年十月廿三日□丘呂□關邸閣董基☒ 三五二〇
入小武陵鄉嘉禾二年税米一斛胄畢𡱝嘉禾二年十月□□☒ 三五二一
☒基付倉吏鄭黑受 三五二二
☒倉吏鄭黑受 三五二三
入西鄉鵠丘……☒ 三五二四
☒嘉禾二年十一月十八日柚丘劉頡關邸☒ 三五二五
☒石下丘男子李孟關邸閣董基☒ 三五二六
子小女異年十歲 三五二七
☒董基付三州倉吏鄭黑受 三五二八
右平鄉入私學限米☒ 三五二九
【注】「右」上原有墨筆點記。
☒……董基付三州倉吏谷漢受 三五三〇
入□鄉盡丘男子謝☒ 三五三一
☒基付倉吏鄭黑受 三五三二
☒函丘妻陲關邸閣董基☒ 三五三三
入廣成鄉嘉禾二年☒ 三五三四
入小武陵鄉嘉禾二年税米九斛五斗胄畢𡱝☒ 三五三五
☒禾二年税米五斛二斗胄畢𡱝嘉禾二年十月十七日□□□□☒ 三五三六
☒苦竹丘妻金關邸閣董基☒ 三五三七
入廣成鄉佃吏嘉禾二年☒ 三五三八
☒月廿七日下俗丘士伍胡元關邸閣李嵩付倉吏☒ 三五三九
☒董基付三州倉吏鄭黑受 三五四〇
☒年限米二斛六斗畢𡱝嘉禾二年十月二日漂丘潘慎關☒ 三五四一
入南鄉邑下男子周□☒ 三五四二
☒米八斛九斗就米畢𡱝嘉禾二年十月廿六☒ 三五四三
☒基付三州倉吏鄭黑受 三五四四
☒閣董基付倉吏鄭黑受 三五四五

☐米三斛六斗胄畢☐　三五四六
☐嘉禾二年十月廿七日唐下丘陳碓關邸☐　三五四七
☐閣董基付三州倉吏鄭黑受　三五四八
入平鄉嘉禾二年粢租米☐斛☐斗𠕋嘉禾二年七月☐　三五四九
☐關邸閣董基付三州☐　三五五〇
入平鄉嘉禾二年租米七斛七斗☐　三五五一
谷陽里户人☐☐　三五五二
☐☐子女☐年☐　三五五三
☐董基☐　三五五四
☐嘉禾二年粢租米一斛二斗𠕋嘉禾二年十月廿一日☐☐丘☐☐☐　三五五五
☐男弟帛年九歲☐　三五五六
☐年税米七斛三斗☐　三五五七
☐董基付三州倉吏鄭黑受　三五五八
☐殷連領☐☐　三五五九
☐付倉吏鄭黑受　三五六〇
入平鄉嘉禾二年粢租米十二斛九斗𠕋☐　三五六一
富貴里户人公乘廖☐年卅篤☐　三五六二
☐……關邸閣董基付三州倉吏☐　三五六三
入平鄉嘉禾二年税米二斛胄畢𠕋嘉禾二年十月廿七日下長丘☐☐☐　三五六四
入廣成鄉嘉禾二年税米十五斛五斗胄米畢𠕋嘉禾二年九月三日撈丘
州吏烝成關邸閣董基付三州倉吏谷漢受　三五六五
☐邸閣董基付三州倉吏谷漢受　三五六六
入廣成鄉嘉禾二年租米八斛胄畢𠕋嘉禾二年十月廿六日租伻丘郡吏
谷☐　三五六七
入平鄉嘉禾二年税米十斛六斗胄畢𠕋嘉禾二年十一月十五日杷丘吏
石彭關邸閣董基付三州倉吏鄭☐　三五六八

☐斛就畢𠕋嘉禾二年十月廿一日☐☐丘男子☐☐關邸閣董基付三州
倉吏鄭黑受　三五六九
入平鄉嘉禾二年税米☐☐三斛胄畢𠕋嘉禾二年十月五日☐
下丘……☐　三五七〇
☐☐倉吏谷漢出付……　三五七一
☐☐關邸閣董基☐　三五七二
☐關邸閣董基☐　三五七三
☐道關邸閣☐　三五七四
☐畢𠕋嘉禾二年十月廿八日三州丘郡吏☐☐☐　三五七五
☐吏鄭黑受　三五七六
☐年十月廿一日唐中丘☐☐　三五七七
☐前言絞促臨湘☐　三五七八
☐米五斛胄畢𠕋嘉禾二年☐　三五七九
☐墨付倉吏鄭黑受　三五八〇
☐☐關邸閣董基付倉☐　三五八一
☐倉吏鄭黑受　三五八二
☐禾二年十月十三日柚丘男子雷頭關邸閣董基付三州☐　三五八三
☐十月廿九日彈溲丘唐允關邸閣董基☐　三五八四
☐吏潘招子弟限米十六斛七斗僦畢𠕋嘉禾二年十一月十日夫丘☐☐
關☐　三五八五
☐男潘木關邸閣董基付倉吏鄭黑受　三五八六
☐基付三州倉吏鄭☐　三五八七
☐……付倉吏鄭黑受　三五八八
☐月十六日劉里丘大男☐☐關邸閣董基付倉吏鄭黑受　三五八九
☐嘉禾二年十月廿六日世丘男子謝☐關邸閣董基☐　三五九〇

【注】「謝」下☐右半殘缺，左半從「禾」。

☐付倉吏鄭黑受　三五九一
☐畢𠕋嘉禾二年十一月十日上和丘謝☐關邸閣董基付三州倉吏鄭黑

受　三五九二
⧄二年十一月十日柚丘吴盆關坠閣董基……⧄　三五九三
入平鄉嘉禾二年吏雷濟子弟限米五斛三斗冑畢旲⧄　三五九四
⧄丘大女田思關坠閣董⧄　三五九五
凡口四事三　筭二⧄　三五九六
⧄基付三州倉吏⧄　三五九七
⧄坠閣董基付倉吏鄭黑受　三五九八
⧄關坠閣董基付三州倉吏鄭⧄　三五九九
⧄子烝軍關坠閣董基　⧄　三六〇〇
⧄二斗冑畢旲嘉禾二年⧄　三六〇一
入西鄉嘉禾二年税米三斛⧄　三六〇二
⧄付三州倉吏鄭黑受　三六〇三
⧄月廿五日蕢丘烝解關坠閣董基付三州倉吏鄭黑受　三六〇四
⧄禾二年税米二斛六斗畢旲嘉禾二年⧄　三六〇五
⧄坠閣董基付三州倉吏鄭黑受　三六〇六
⧄基付三州倉吏鄭黑受　三六〇七
⧄關坠閣董基付三州倉⧄　三六〇八
⧄基付三州倉吏鄭黑受　三六〇九
⧄基付倉吏鄭黑受　中　三六一〇

【注】簡末「中」為朱筆。

⧄税米十一斛⧄　三六一一
入東鄉嘉禾二年租米⧄　三六一二
⧄基付三州倉吏⧄　三六一三
⧄倉吏□⧄　三六一四
⧄入小武陵鄉嘉禾⧄　三六一五
⧄關坠閣董基付三州倉吏⧄　三六一六
凡口六事⧄　三六一七
⧄　基付三⧄　三六一八
⧄基付三州倉吏鄭黑受　三六一九
⧄關坠閣董基付三州⧄　三六二〇
⧄基付三州倉吏黑⧄　三六二一

【注】「黑」上脱「鄭」字。

⧄基付三州倉吏黑受　三六二二

【注】「黑」上脱「鄭」字。

⧄禾二年十一月十一日撈丘陳錄關坠閣董基付三州倉吏鄭黑受　三六二三
⧄坠閣董基付三州倉吏鄭黑受　三六二四
⧄冑畢旲嘉禾二年十月廿九日⧄　三六二五
⧄税米四斛五斗冑畢旲嘉禾二年十一月廿四日⧄　三六二六
⧄廬佳關坠閣⧄　三六二七
⧄年税米八斛二斗冑⧄　三六二八
⧄嘉禾二年十一月一日淇丘縣吏由□⧄　三六二九
⧄東平丘大女李⧄　三六三〇
⧄日高林丘逢□⧄　三六三一
⧄　基付三州倉吏鄭黑受　三六三二
⧄坠閣董基……⧄　三六三三
⧄……畢旲嘉禾二年十月十五日寇丘⧄　三六三四
⧄坠閣董　基⧄　三六三五
⧄關坠閣⧄　三六三六
⧄一斗旲嘉禾二年八月十六日湛龍⧄　三六三七
⧄斛冑畢旲嘉禾二年□⧄　三六三八
⧄禾二年十月十日帝丘⧄　三六三九
⧄月廿八日平陽丘劉章關⧄　三六四〇
⧄覲關坠閣董基付⧄　三六四一
入平鄉嘉禾二年私學限米八斛冑畢旲嘉禾二年□□⧄　三六四二
⧄董　基付三州倉吏鄭　黑受　三六四三

⍁嘉禾二年税米□斛⍁　三六四四
⍁年租米二斛一斗就畢⍁　三六四五
⍁基付三州倉吏鄭黑受　三六四六
⍁基付三州倉吏⍁　三六四七
⍁連關邸閣董基⍁　三六四八
入廣成鄉⍁　三六四九
⍁胄畢𠬝嘉⍁　三六五〇
士區景妻苦□□□⍁　三六五一
⍁吏黃□子弟限米八斛⍁　三六五二
⍁關邸閣董基付⍁　三六五三
⍁□□十四斛胄畢𠬝嘉禾二年十月廿□日⍁　三六五四
⍁邸閣董基付三州倉吏鄭黑受　三六五五
入平鄉嘉禾二年⍁　三六五六
⍁關邸閣董基付倉吏⍁　三六五七
⍁禾二年十一月八日□⍁　三六五八
⍁董基付三州倉吏鄭黑受　三六五九
平□里户人公乘□□⍁　三六六〇
⍁關邸閣董⍁　三六六一
⍁年十一月一⍁　三六六二
⍁　黑受　三六六三
⍁吏谷漢受　三六六四
⍁關邸閣董基付⍁　三六六五
⍁九尺⍁　三六六六
⍁胄畢⍁　三六六七
⍁關邸閣董基付三州倉吏□⍁　三六六八
⍁董基付三州⍁　三六六九
⍁　黑受　三六七〇
⍁青米畢𠬝嘉禾二年⍁　三六七一

⍁董基付三州倉吏鄭黑受　三六七二
⍁基付倉吏鄭⍁　三六七三
入廣成鄉嘉禾二⍁　三六七四
⍁七日彈溲丘鄧陽關邸閣董基付三州倉吏鄭黑⍁　三六七五
⍁禾二年縣吏棋線（？）兒限米一斛胄畢𠬝嘉禾二年十一月十日
俗丘烝□關⍁　三六七六
凡口四事三　筭二事一　訾　五　十　三六七七
右諸鄉入吏帥客限米廿五斛五斗　□　三六七八
【注】「右」上原有墨筆點記。
入東鄉嘉禾二年□⍁　三六七九
⍁倉吏鄭黑受　三六八〇
⍁倉吏鄭黑受　三六八一
⍁吏鄭黑受　三六八二
⍁董基付三州倉⍁　三六八三
⍁嘉禾二年私學⍁　三六八四
⍁黑受　三六八五
⍁吏李珠到漚口市嘉禾元年布簿別列出□⍁　三六八六
⍁二年十月廿九日監沱侩侯關邸閣董基⍁　三六八七
【注】「監沱」下脱「丘」字。
已入六十斛三斗　中　三六八八
⍁嘉禾二年十月廿五日監⍁　三六八九
⍁畢𠬝嘉禾二年十月十七日⍁　三六九〇
⍁胄畢𠬝嘉⍁　三六九一
其六斛付三州倉關邸閣董基吏鄭黑受　中　三六九二
⍁年八月廿日盡丘□□關邸閣董基付倉吏⍁　三六九三
⍁倉吏鄭黑受　三六九四
⍁　右入新吏限吴平斛米二千五百卌斛五斗二升　⍁　三六九五
富貴里户人公乘謝嘉⍁　三六九六

其十四斛三斗民自入付州中倉關坙閣李嵩吏黃諱潘慮受　中　三六九七

【注】「其」上原有墨筆點記。

入西鄉嘉禾〼　三六九八

〼僦畢𡿨嘉禾二年九月五日□□丘□〼　三六九九

〼禾二年十月廿九日僕丘縣吏區稠關坙閣董基〼　三七〇〇

〼　私學限米一斛四斗〼　三七〇一

〼禾二年縣吏陳機子弟限米三斛胄米畢𡿨加禾二年十一月十日盡〼　三七〇二

【注】「加」為「嘉」之通假。

〼吏鄭黑受　三七〇三

〼上俗丘張禮關坙閣董基〼　三七〇四

〼　𡿨嘉禾二年十月廿五日下〼　三七〇五

其廿一斛民自入付州中倉關坙閣〼　三七〇六

〼□□關坙閣董基付倉吏鄭黑受　三七〇七

入廣成鄉嘉禾二年稅米十一斛七〼　三七〇八

〼二斛胄畢𡿨嘉禾二年十月廿六〼　三七〇九

〼□丘□□關坙閣董基付倉吏鄭黑受　三七一〇

〼禾二年十月十四日略丘男〼　三七一一

〼米二斛一斗胄畢𡿨嘉禾二年〼　三七一二

入廣成鄉嘉禾二年稅米三斛〼　三七一三

〼凡口四事二〼　三七一四

入平鄉嘉禾二年稅米二……〼　三七一五

〼付三州倉吏鄭黑受　三七一六

入平鄉嘉禾二年稅米五斛胄米畢𡿨〼　三七一七

〼大女吳汝租錢〼　三七一八

〼李堂關坙閣董基　〼　三七一九

〼百錢米□〼　三七二〇

〼斛胄畢𡿨嘉〼　三七二一

〼斛四斗胄畢〼　三七二二

〼付三州倉吏鄭黑受　三七二三

〼基付三州倉吏鄭黑受　三七二四

其十一斛……〼　三七二五

軀妻大女金年卅□〼　三七二六

〼吏鄭黑受　三七二七

入小武陵鄉嘉禾二年稅米十一斛□〼　三七二八

〼稅米三斛三斗胄畢𡿨嘉禾〼　三七二九

入樂鄉嘉禾二年稅米二斛三斗〼　三七三〇

〼□馬關坙閣董基　〼　三七三一

〼四匹一丈六尺匹直三千六百布付縣庫吏殷連領如解盡力絞促　三七三二

〼萬四千斛直一千八百付庫吏殷連當市二年調布　三七三三

〼□關坙閣董基……〼　三七三四

【注】「關」上□左半殘缺，右半從「隹」。

入廣成鄉嘉禾二年稅〼　三七三五

〼董基付倉吏鄭〼　三七三六

〼吏陳苗關坙閣董　〼　三七三七

〼關坙閣董基〼　三七三八

入桑鄉嘉禾二年〼　三七三九

入樂鄉嘉禾二年稅米十五斛□〼　三七四〇

〼嘉禾二年十月十四日□〼　三七四一

〼關坙閣董基〼　三七四二

〼□關坙閣董基〼　三七四三

〼□𡿨嘉禾二年九月五日東平丘男子殷□〼　三七四四

【注】「殷」下□右半殘缺，左半從「木」。

入廣成鄉嘉禾二年租米六斛〼　三七四五

☒付三州倉吏鄭黑受　三七四六
☒基付三州倉吏☒　三七四七
☒胄米畢⿱三乂嘉禾☒　三七四八
☒付三州倉吏鄭黑受　三七四九
入黃龍三年民還貸食黃武五年稅米卌四斛五斗一升☒　三七五〇
入中鄉嘉禾二年粢租米☒　三七五一
☒□日浸頃丘私學番桐關坚閣董基付倉吏谷漢受　三七五二
入小武陵鄉嘉禾二年稅米……☒　三七五三
☒佃卒限米七斛五☒　三七五四
☒……基……☒　三七五五
☒月廿八日□上丘縣吏□☒　三七五六
其二千四百七斛二斗二升☒　三七五七
☒子弟限米十斛胄畢⿱三乂嘉禾二年十一月八日□下丘男子☒　三七五八
　妻大女汝年廿筭一腫兩☒　三七五九
☒滀丘黃掎關☒　三七六〇
☒吏鄭黑受　三七六一
☒二年十月廿七日監頃丘谷樂關坚閣董基付三州倉吏☒　三七六二
☒禾二年九月廿八日☒　三七六三
☒……劉里丘大男周牛關坚閣☒　三七六四
☒關坚閣董基付三州倉吏鄭黑受　三七六五
☒□丘廖明關坚閣董基☒　三七六六
☒基付三州☒　三七六七
☒……基☒　三七六八
☒關坚閣董☒　三七六九
☒禾二年十月廿二☒　三七七〇
☒關坚閣董基☒　三七七一
入□鄉嘉禾二年稅米☒　三七七二
入桑鄉嘉禾二年稅米☒　三七七三
☒二年十一月十二日☒　三七七四
入小武陵鄉嘉禾二年租☒　三七七五
☒卅筭二腫兩足☒　三七七六
凡口八事□☒　三七七七
☒　黑受　三七七八
☒嘉禾二年☒　三七七九
☒□胄畢⿱三乂嘉禾☒　三七八〇
☒大男潘……☒　三七八一
☒嘉禾二年☒　三七八二
☒⿱三乂嘉禾二年十月☒　三七八三
入平鄉嘉禾二年稅米七斛☒　三七八四
☒鄭黑受　三七八五
☒⿱三乂嘉禾二年十一月廿二日☒　三七八六
☒三州倉吏鄭黑受　三七八七
入桑鄉二年布十二☒　三七八八
☒吏陳機子弟限米六斛胄畢⿱三乂嘉禾二年十一月一日上和丘烝□關坚
☒　三七八九
☒□度年卅筭腹心病復　三七九〇

【注】「筭」下脫「一」字。

☒右桑鄉入吏帥客限米三百九十七斛☒　三七九一
☒　黑受　三七九二
☒禾二年十月十七日松田丘男子黃□關坚閣董基☒　三七九三
☒稅□米三斛五斗六升　☒　三七九四
☒嘉禾二年☒　三七九五
☒陳文關坚閣董☒　三七九六
☒鄭黑受　三七九七
☒畢⿱三乂嘉禾二年十月十三日□□☒　三七九八
入□鄉嘉禾二年稅米□斛三斗☒　三七九九

☑□丘男子朱□關壆閣董☑　三八〇〇

【注】「朱」下□左半殘缺，右半從「卩」。

集凡中倉起八月一日訖卅☑　三八〇一

【注】「集」上原有墨筆點記。

☑□丘大男鄭□關壆☑　三八〇二

☑　訾☑　三八〇三

☑四斛胄畢旲嘉☑　三八〇四

☑窟丘大男□☑　三八〇五

☑胄畢旲嘉禾二年十☑　三八〇六

☑□都鄉□□☑　三八〇七

☑□年六十八　三八〇八

☑旲嘉禾二年十一月卅日窟丘子弟盧□關壆閣董基付三州倉☑　三八〇九

妻大女思☑　三八一〇

☑關壆閣董☑　三八一一

☑胄畢旲嘉禾二年☑　三八一二

☑斛胄畢旲嘉禾二年十一月八日☑　三八一三

☑月廿九日☑　三八一四

☑付倉吏鄭☑　三八一五

☑關壆閣董基付☑　三八一六

入小武陵鄉嘉禾二年佃帥限米五斛八斗胄畢旲嘉禾二年十月廿八日
□平丘米□關壆閣董基付三州倉吏鄭黑受　三八一七

入廣成鄉嘉禾二年縣吏□☑　三八一八

入平鄉嘉禾二年税米三斛三斗胄畢旲嘉禾二年十月廿五日潰丘謝平
關壆閣董基付三州倉吏☑　三八一九

入東鄉嘉禾二年税米四斛八斗胄畢旲嘉禾……董基……鄭黑受　三八二〇

其一百廿四斛付安成縣倉吏吴敦□☑　三八二一

☑□關壆閣董基☑　三八二二

入平鄉嘉禾二年子弟限米七斛五斗胄畢旲嘉禾二年十月廿七……☑　三八二三

☑日□丘大男廖馬關壆閣董基付三州倉吏鄭黑受　三八二四

入樂鄉嘉禾二年私學限米一斛□畢旲嘉禾二年……丘謝□關壆關
董基……鄭黑受　三八二五

☑禾二年佃帥限米八斛五斗胄米畢旲嘉禾二年十月廿九日姍元丘
謝兒關壆閣董基付三州倉吏鄭黑受　三八二六

☑關壆閣董基付三州倉鄭黑受　三八二七

【注】「倉」下脱「吏」字。

入平鄉嘉禾二年吏番有子弟限米十☑　三八二八

☑嘉禾二年十月廿六日上薄丘吴挺關壆閣董基付三州倉吏鄭黑受　三八二九

入樂鄉嘉禾二年税米一斛胄畢旲嘉禾二年十月廿九日柚丘吴官關☑　三八三〇

入桑鄉嘉禾二年税米七斛胄畢旲嘉禾二年十月廿三日□丘李□關壆
閣董基付三州倉吏鄭黑受　三八三一

☑付倉吏鄭黑受　三八三二

士區景妻苦□☑　三八三三

☑關壆閣董基☑　三八三四

☑三州倉吏鄭黑受　三八三五

☑關壆閣董　基☑　三八三六

中部督郵書掾治所☑　三八三七

☑禾元年十一月廿七日☑　三八三八

☑税米十四斛胄畢旲嘉禾二年十月廿□日彈溲丘大女鄧□關壆閣董
基付倉吏☑　三八三九

☑年十月廿七日寇丘□□☑　三八四〇

☑米三斛胄畢旲☑　三八四一

☑□吏限米廿斛☑　三八四二

☒嘉禾二年税米二☒　三八四三
☒墨付三州倉吏☒　三八四四
☒董基付三州倉☒　三八四五
☒年十月廿九日吴昌□☒　三八四六
入小武陵鄉嘉禾二年税米十斛六斗胄畢⿱三㐅嘉禾二年十月廿日石下丘烝呈關邸閣董基付三州倉吏鄭黑受　三八四七
子小女貞年四歲　三八四八
入平鄉嘉☒　三八四九
入小武陵鄉嘉禾二年税米五斛胄米畢⿱三㐅嘉禾二年十月廿九日英溲丘盧上關邸閣董基付三州倉鄭黑受　三八五〇
【注】「倉」下脱「吏」字。
☒……閣董基付三州倉吏鄭黑受　三八五一
☒五斛九斗胄畢☒　三八五二
☒墨付三州倉吏☒　三八五三
☒□□丘大男林興關邸閣董☒　三八五四
☒嘉禾二年税米十斛胄畢⿱三㐅☒　三八五五
☒□長平□☒　三八五六
☒董基付三州☒　三八五七
☒二年税米四斛☒　三八五八
☒税米□☒　三八五九
☒倉吏鄭黑受　三八六〇
未畢二千五百六十二斛五斗三升　三八六一
☒禾二年十一月廿四日□☒　三八六二
☒朱新關邸閣☒　三八六三
入平鄉嘉禾二年税米廿一斛二斗胄畢⿱三㐅嘉禾二年十月廿五日杷丘大男烝倬關邸閣董基☒　三八六四
☒錢四萬五千四☒　三八六五
☒年十月廿三日夫丘男子□□關邸閣董基付倉吏☒　三八六六
已入五十三斛六斗　三八六七
入東鄉二年布五匹☒　三八六八
入平鄉嘉禾二年私學限米六斛胄畢⿱三㐅嘉☒　三八六九
其一斛付三州倉關邸閣董基吏鄭黑受　三八七〇
☒關邸閣董基　☒　三八七一
入平鄉嘉禾二年☒　三八七二
入小武陵鄉☒　三八七三
☒□斛胄畢⿱三㐅嘉禾二年十月廿四日□☒　三八七四
☒二年税米☒　三八七五
☒⿱三㐅嘉禾二年十一☒　三八七六
入西鄉嘉禾二年税米四斛二斗胄畢⿱三㐅嘉禾二年十月廿六日旱丘男子謝奴關邸閣董基付三州倉吏鄭黑受　三八七七
入廣成鄉嘉禾二年税米十八斛胄畢⿱三㐅嘉禾二年十月廿三日彈溲丘烝何關邸閣董基付三州倉吏鄭黑受　三八七八
☒□斛胄畢⿱三㐅嘉禾☒　三八七九
☒斛八斗胄畢⿱三㐅嘉禾二年十一月□☒　三八八〇
☒年十月廿八日□☒　三八八一
……吏黄諱……☒　三八八二
入廣成鄉嘉禾二年税米☒　三八八三
☒丘大男□☒　三八八四
☒臨　湘　侯　相　□　☒
月　日　□　三八八五
入桑鄉嘉禾二年税米十八斛□畢⿱三㐅嘉禾二年十月廿日何丘殷達關邸閣董基付三州倉吏鄭黑受　三八八六
入廣成鄉嘉禾二年税米二斛三斗五升胄畢⿱三㐅嘉禾二年□月卅日柚丘烝關關邸閣董基付倉吏鄭黑受　三八八七
入廣成鄉嘉禾二年郡吏區頤客限米六斛五斗胄畢⿱三㐅嘉禾二年十月廿六日東扶丘雷襄關邸閣董基付倉吏鄭黑受　三八八八

☒嘉禾二年稅米四斛八斗胄畢旲嘉禾二年十月廿九日平丘謝州關坙
閣董基付三州倉吏鄭黑受　三八八九

☒關坙閣董基付倉吏鄭黑受　三八九〇

☒嘉禾二年稅米一斛☒　三八九一

☒年十月廿五日夫丘州吏何☐☒　三八九二

☒嘉禾二年十月八日☒　三八九三

☒☐吏鄭黑受　三八九四

☒倉吏鄭黑受　三八九五

☒董基付三☒　三八九六

☒鄭黑受　三八九七

☒基付☒　三八九八

☒月十九日略丘☒　三八九九

☒年五十六筭一刑右☒　三九〇〇

入桑鄉嘉禾二年稅米六斛胄畢旲嘉禾二年十月廿日何丘鄭定關坙
閣董基……　三九〇一

入中鄉嘉禾二年郡吏鄭☐子弟限米十五斛胄旲嘉禾二年十月廿七日
監沱丘☐☐關坙閣董基付三州倉吏鄭黑受　三九〇二

【注】「鄭」下☐右半殘缺，左半為「其」。又，「胄」下脱「畢」字。

☒月廿五日丗丘大女☐☒　三九〇三

☒坙閣董　☒　三九〇四

入平鄉嘉禾二年稅☒　三九〇五

☒子公乘鼠年十　☒　三九〇六

☒鄭黑受　三九〇七

☐三人書當更平☐且又☒　三九〇八

【注】「平」下☐左半殘缺，右半為「曾」。

☒關坙閣☒　三九〇九

☒嘉禾二年十月廿九日☒　三九一〇

入平鄉嘉禾二年稅米四斛五斗胄米畢旲嘉禾二年十月十三日略丘男

子巨沱關坙閣董基付倉吏鄭黑受　三九一一

禮弟小女要年七歲　三九一二

☒米九十八斛三斗　三九一三

子公乘府年八歲　三九一四

妻大女貞年卌筭一　三九一五

凡口五事四　筭二事一　訾　五　十　三九一六

入廣成鄉嘉禾二年稅米十四斛胄畢旲嘉禾二年十月廿九日彈溲丘☐
☐☐☒　三九一七

入廣成鄉嘉禾二年稅米☐斛胄畢旲嘉禾二年十月廿五日豪丘李☐關
坙閣董基付三州倉吏鄭黑受　三九一八

☒　☐二事一　訾　五　十　三九一九

高平里户人公乘張薩年卌七筭一　三九二〇

☒年十月廿二日旱丘☒　三九二一

入都鄉二年布☒　三九二二

其一萬九千九百廿☒　三九二三

☐姪子公乘陵年七歲　三九二四

【注】「姪子」上☐下半殘缺，上半從「麻」。

府弟小女移年三歲　三九二五

妻大女姑年六十四　三九二六

☒嘉禾二年稅米☐☒　三九二七

☐母☐☒　三九二八

【注】「母」下☐左半殘缺，右半為「其」。

☒☐畢旲嘉禾二年十☒　三九二九

妻大女亥年六十三　三九三〇

☒嘉禾二年十月廿九日☐☒　三九三一

入平鄉嘉禾二年稅☒　三九三二

☒租米四斛一斗☐☐☒　三九三三

☒禾二年十月廿七日略丘大男鄧里關☒　三九三四

☒斛一斗□□吴嘉禾☒ 三九三五
唐子公乘樂年八歲 三九三六
☒禾二年税米十☒ 三九三七
妻大女□年五十八筭一腫兩足復 三九三八
斗弟公乘床年廿八筭一更一 三九三九
☒大女萌年卅三筭一 ☒ 三九四〇
☒基付三州倉吏鄭黑受 三九四一
☒八斛胄米畢吴☒ 三九四二
開小妻大女思年卅三筭一 三九四三
□子男公乘□年四歲 三九四四
高平里户人公乘高郡年卅一筭一苦腹心病復 三九四五
唐姪子公乘□年七歲 三九四六
囷弟公乘禮年九歲 三九四七
子公乘侯年八歲 三九四八
子公乘山年☒ 三九四九
凡口三事二 筭一事 ☒ 三九五〇
……吴嘉禾二年十月廿五日□丘烝□關邸閣董基付三州倉吏鄭黑受 三九五一
☒付三州倉吏鄭黑受 三九五二
☒由關邸閣董基☒ 三九五三
☒倉吏谷漢☒ 三九五四
入平鄉嘉禾二年□☒ 三九五五
☒吴嘉禾二年十月廿八日□丘☒ 三九五六
入廣成鄉嘉禾二年火種租米二斛四斗就畢吴嘉禾二年十月廿五日彈
浭丘潘孟關邸閣董基付 ☒ 三九五七
凡口六事四 筭二 訾 五 ☒ 三九五八
□弟小女思年十 三九五九
☒月廿八日這（？）丘□☒ 三九六〇

☒年五十筭一 三九六一
豆子小女蔦年十五筭一 三九六二
入……一日……七月錢九月十一日市租錢……錢□……□☒ 三九六三
☒禾二年税米六斛☒ 三九六四
☒ 妻大女金年卅二筭一 三九六五
☒子小女糸年三歲 三九六六
常遷里户人公乘胡市年廿八筭一 三九六七
☒里户人公乘林金年五□☒ 三九六八
□□小女姑□☒ 三九六九
☒斛四斗六升胄畢吴☒ 三九七〇
☒付倉吏黄☒ 三九七一
☒付倉吏鄭黑☒ 三九七二
☒基付三州☒ 三九七三
☒月十三日盡丘李嵩關邸閣董基付三州倉吏鄭☒ 三九七四
祭弟小女汝年十 三九七五
凡口四事三 筭二事一 訾 五 十 三九七六
高平里户人公乘李開年六十五 三九七七
谷陽里户人公乘張豫年廿三筭一□□□□復 ☒ 三九七八
入桑鄉嘉禾二年租米☒ 三九七九
入……斛胄畢吴嘉二年十月廿八日□□丘男子李□關邸閣董基
付三州倉吏鄭黑受 三九八〇

【注】「嘉」下脱「禾」字。

☒大女貞年卅三筭一腫右足復 三九八一
妻大女𦙃年廿七筭一刑左手復 三九八二
薛寡姃大女豆年六十四 三九八三
□弟小女昭年十 ☒ 三九八四
京弟小男□年三歲 三九八五
子公乘覓年廿筭一 三九八六

▨鄮黑受　三九八七
入尭鄉▨　三九八八
▨月廿日上俗丘張□▨　三九八九
▨畢㚅嘉禾▨　三九九〇
……書到□絞促□□□詭負者入□▨　三九九一
【注】第三□右半殘缺，左半從「言」。又，「詭」下似脫「責」或「課」字。
祖弟小女□年六歲　三九九二
【注】「祖」上原有墨筆點記。又，「小女」下□上半殘缺，下半從「心」。
部鄉收責□□言□□□□▨　三九九三
▨嘉禾二年十月廿五日□▨　三九九四
入□鄉嘉禾二▨　三九九五
入廣成鄉嘉禾二年稅米二斛▨　三九九六
▨斛三斗胄畢▨　三九九七
▨……廿六日彈浭丘□□關▨　三九九八
▨嘉禾二年布三匹▨　三九九九
▨丘烝□▨　四〇〇〇
□□錢有人□言書　▨　四〇〇一
▨租米□□㚅嘉禾▨　四〇〇二
▨付倉吏鄭黑受　四〇〇三
入廣成鄉嘉禾二年稅米十斛▨　四〇〇四
▨倉吏鄭黑▨　四〇〇五
▨月十三日盡▨　四〇〇六
▨年五歲　▨　四〇〇七
▨監姑關坚▨　四〇〇八
▨日䌷丘男子雷漢關▨　四〇〇九
▨嘉禾二年十月卅日▨　四〇一〇
▨米十七斛六斗胄畢▨　四〇一一
▨鄮黑受　四〇一二
入小武陵鄉二年□▨　四〇一三
▨□稅米九斛四斗胄畢㚅▨　四〇一四
入廣成鄉嘉禾二年□▨　四〇一五
入平鄉嘉禾二年租米▨　四〇一六
▨私學限米▨　四〇一七
妻大女姿▨　四〇一八
▨畢㚅嘉禾二年十月廿九日龍□▨　四〇一九
▨畢㚅嘉禾三年四月▨　四〇二〇
▨米六斛五斗胄畢▨　四〇二一
▨嘉禾二年稅米廿▨　四〇二二
▨　□妻大▨　四〇二三
▨丘男子區升（？）關坚閣▨　四〇二四
入小武陵鄉嘉▨　四〇二五
▨㚅嘉禾二年十月▨　四〇二六
▨吏鄭黑受　四〇二七
▨十一月十日泊丘大男□▨　四〇二八
▨斛二斗胄畢㚅嘉禾二年▨　四〇二九
▨吏鄮黑受　四〇三〇
入中鄉嘉禾二年稅米▨　四〇三一
▨董基付倉吏鄭▨　四〇三二
▨嘉禾▨　四〇三三
▨　訾　五　▨　四〇三四
▨子公乘桂年八歲　▨　四〇三五
入東鄉嘉▨　四〇三六
▨嘉禾二▨　四〇三七
▨付倉吏鄭黑▨　四〇三八
入東鄉嘉禾二年稅米▨　四〇三九
入廣成鄉嘉禾▨　四〇四〇

入平鄉嘉禾二年⧄ 四〇四一

⧄□田領租錢一⧄ 四〇四二

⧄ 妻大女妾年⧄ 四〇四三

⧄武陵鄉嘉⧄ 四〇四四

⧄斛胄畢旲嘉禾二年⧄ 四〇四五

入東鄉嘉禾□⧄ 四〇四六

⧄壁閣⧄ 四〇四七

□旲嘉禾二年十月廿六日⧄ 四〇四八

⧄二年稅米⧄ 四〇四九

⧄ 將弟公乘⧄ 四〇五〇

【注】「將」上原有墨筆點記。

⧄□□筭一⧄ 四〇五一

⧄月廿二日□丘男子⧄ 四〇五二

⧄旲嘉禾⧄ 四〇五三

⧄黑受 四〇五四

⧄禾二年稅米四斛⧄ 四〇五五

⧄□□月廿日□□丘謝羊關⧄ 四〇五六

⧄□下丘大男谷□⧄ 四〇五七

⧄ 黑受 四〇五八

⧄倉吏鄭黑⧄ 四〇五九

⧄基付三州倉吏鄭黑⧄ 四〇六〇

⧄旲嘉禾二年十月廿三日□⧄ 四〇六一

⧄壁閣□⧄ 四〇六二

⧄年十月廿日⧄ 四〇六三

入□鄉嘉禾二年⧄ 四〇六四

入平鄉嘉禾二年⧄ 四〇六五

⧄□男弟早年七歲 四〇六六

入模鄉嘉禾二年佃卒限米四斛⧄ 四〇六七

高平里户人公乘魯禮⧄ 四〇六八

⧄□田丘謝贛關壁閣董⧄ 四〇六九

⧄斛五斗就畢旲⧄ 四〇七〇

⧄基付三州倉吏鄭黑受 四〇七一

入平鄉嘉禾二年稅米⧄ 四〇七二

⧄□關壁閣董⧄ 四〇七三

⧄稅米十一斛胄畢旲⧄ 四〇七四

⧄董基付三州⧄ 四〇七五

⧄石下丘縣吏□⧄ 四〇七六

⧄董基⧄ 四〇七七

貴月□□至□□⧄ 四〇七八

⧄年九月□⧄ 四〇七九

⧄壬有關壁閣董⧄ 四〇八〇

⧄年十月廿⧄ 四〇八一

⧄關壁閣董基⧄ 四〇八二

⧄四斛五斗胄⧄ 四〇八三

⧄女凡年十三⧄ 四〇八四

⧄五斛五斗⧄ 四〇八五

⧄略丘大男潘租⧄ 四〇八六

⧄旲嘉禾二年十月廿⧄ 四〇八七

⧄董基付三州倉吏鄭黑受 四〇八八

⧄壁閣董基⧄ 四〇八九

入廣成鄉嘉禾⧄ 四〇九〇

⧄三日郡吏潘□關⧄ 四〇九一

【注】「潘」下□左半殘缺，右半從「青」。

入平鄉嘉禾二年□⧄ 四〇九二

入廣成鄉嘉禾二年稅米三斛⧄ 四〇九三

⧄董基⧄ 四〇九四

☐……高年卌七　高妻汝年卌七　高從弟石年七歲　四〇九五
東陽里户人公乘樂蔦年十九　蔦男弟□年十二　四〇九六
其廿三户□□□□☐　四〇九七
其二☐　四〇九八
☐……十户口□☐　四〇九九
☐□男弟□年八歲　四一〇〇
☐……諸鄉入税米……☐　四一〇一
……界所正領□□□五十户口食二百☐　四一〇二
右薊家口食八人　☐　四一〇三
【注】「右」上原有墨筆點記。
其六户新□□口食☐　四一〇四
其三户□□☐　四一〇五
右訓家口食三人　☐　四一〇六
【注】「右」上原有墨筆點記。
☐□父張年七十一　□男弟□……☐　四一〇七
男弟□年□歲☐　四一〇八
☐　右顯家口食☐　四一〇九
【注】「右」上原有墨筆點記。
☐□年卅一　□母思年六十三　□□☐　四一一〇
□□里户人李困年五十四　困妻……☐　四一一一
☐　右紹家口食十一人　☐　四一一二
【注】「右」上原有墨筆點記。
☐年□歲　□外孫男奴年六歲　□☐　四一一三
□子女合年三歲　☐　四一一四
☐壓閣李嵩☐　四一一五
入□鄉嘉禾二年税米□☐　四一一六
☐斗八升　☐　四一一七
其二千一百□☐　四一一八
☐何策關壓閣李嵩☐　四一一九
☐　右□家口食☐　四一二〇
【注】「右」上原有墨筆點記。
高平里户人公乘吴□□☐　四一二一
右雙家口食五人　☐　四一二二
【注】「右」上原有墨筆點記。
☐□□五十户口食合二百六十七人　☐　四一二三
☐鄉嘉禾二年□☐　四一二四
☐入三百六十三斛一斗三升　四一二五
☐平里新□□□吏民合十三口□☐　四一二六
右□家口食四人　訾　五　十　四一二七
【注】「右」上原有墨筆點記。
☐　訾　五　十　四一二八
☐吴嘉禾元年五月☐　四一二九
陽男弟閣年五歲　☐　四一三〇
義成里户人陳市年卅一　妻□年廿三　子男兒年□歲☐　四一三一
□女弟宜年二歲　宜男弟☐　四一三二
☐私學限米……☐　四一三三
☐九日高讀丘男☐　四一三四
☐吴嘉禾二年十月☐　四一三五
☐家口食三人　☐　四一三六
平樂里户人李帛年□☐　四一三七
□妻大女董年卅四□□□　□小妻大女□年卅三　四一三八
【注】「妻」、「小妻」上□均右半殘缺，左半從「皮」。
右廉家口食□人　訾　五　十　四一三九
右市家口食□人□□　訾　五　十　四一四〇
孫子男□年六歲　孫户下奴土長六尺　四一四一
義成里户人李勉年五十　妻大女汝年卌五　勉□□□錢年十　四一四二

☑□□年□歲　……　□父公乘元年七十　四一四三
☑孫子女妻年八歲　妻女弟□年七歲　四一四四
☑□里户人公乘陳顔年五十八　顔妻妾年卅二　顔子男……　四一四五
☑□年八歲　□姪子□年□歲☑　四一四六
宜陽里户人公乘李……☑　四一四七
☑□户下婢泉長六尺　四一四八
☑嘉禾二年十二月十一日☑　四一四九
☑禾二年税米五☑　四一五〇
☑米三百六十二斛六合□☑　四一五一
☑嘉禾二年十二月□□☑　四一五二
☑嘉禾二年税米□☑　四一五三
☑□□七牛角二具枚□☑　四一五四
其廿畝□☑　四一五五
☑十二月廿五日安善丘男子☑　四一五六
☑吏黄諱史潘　☑　四一五七
☑黄諱史潘☑　四一五八
宜陽里户人公乘李□□☑　四一五九
☑　右顔家口食六人 ☑　四一六〇

【注】「右」上原有墨筆點記。

右令家口食四人　☑　四一六一

【注】「右」上原有墨筆點記。

☑嘉禾二年私學限米八斛☑　四一六二
☑關坚閣☑　四一六三
☑税米五斛胄畢☑　四一六四甲
☑……閣李嵩☑　四一六四乙
☑□丘郡吏廖□☑　四一六五
☑倉吏黄諱□　☑　四一六六
☑禾二年税米☑　四一六七
☑□㕦嘉禾二年十二月□八日☑　四一六八
☑□重二斤□重一斤烝□烝關㕦嘉禾☑　四一六九

【注】「烝」下□左半殘缺，右半為「重」。

☑□女弟□年三歲　☑　四一七〇
☑妻大女思年六十二　子男訊年廿四□☑　四一七一
☑大女金年廿五　□□□□□□☑　四一七二
☑合為吴☑　四一七三
☑鄉嘉禾二年□☑　四一七四
☑□女弟阿年十五　四一七五
☑□弟寡婦秨年廿二　□☑　四一七六
☑□□弟□年☑　四一七七
☑□㕦嘉禾二年十二月☑　四一七八
☑□家口食四人□☑　四一七九
☑人公乘郭政年五　☑　四一八〇
☑李嵩付三☑　四一八一
☑諱番慮受　四一八二
☑□弟所□☑　四一八三
☑□倉吏□☑　四一八四
☑□□還民貸食☑　四一八五
☑嵩付倉吏黄諱☑　四一八六
義成里户人唐孫年☑　四一八七
☑□佃九人租□□□☑　四一八八
入廣成鄉嘉禾二年子弟限米☑　四一八九
☑□關坚閣李嵩付倉吏☑　四一九〇
☑嘉禾二年十二月卅一日☑　四一九一
右□家口食六人　☑　四一九二

【注】「右」上原有墨筆點記。

☐禾二年税米□□☐　四一九三

☐□年十二月三日□□□☐　四一九四

☐客謝陶□七牛角二具☐　四一九五

☐□□關坣閣☐　四一九六

☐　□妻姑年□十八　……☐　四一九七

☐户下品之下新户　四一九八

☐□男弟客年十盲右目　客弟小女年五歲　四一九九

【注】「弟小女」下脱人名。

☐日萬世丘大男逢☐　四二〇〇

☐𫎟嘉禾☐　四二〇一

☐□𫎟嘉禾二年☐　四二〇二

☐二年十二月四日□☐　四二〇三

☐□□□紫年十　紫男弟□年九　四二〇四

【注】按體例，「年九」下似應有一「歲」字。

入西鄉嘉禾二☐　四二〇五

☐嘉禾二年☐　四二〇六

☐六日□元丘□☐　四二〇七

☐鄉□子弟☐　四二〇八

入南鄉嘉禾☐　四二〇九

☐吏黄☐　四二一〇

☐圉嵩付倉吏黄☐　四二一一

☐掾四百四斛□☐　四二一二

☐食五人☐　四二一三

☐大男□□年五十刑足　□妻姜年廿七　□□☐　四二一四

☐　女弟□年十□　□□□□□吳年四歲　四二一五

☐年□一　母妾年六十一　愁姪子男丁年二歲　四二一六

☐□□□年十三　四二一七

☐口食三人☐　四二一八

☐　□□□年廿九　……　四二一九

☐□十二　禾父侃年八十三　……☐　四二二〇

☐關坣閣☐　四二二一

☐妻頭年卌五盲兩目　☐　四二二二

☐禾二年税米二斛𫎟嘉☐　四二二三

☐禾二年火種租米四斛𫎟嘉禾二年十二月☐　四二二四

入西鄉嘉禾二年税米一斛七升☐　四二二五

☐□限米十六斛五斗𫎟嘉禾二年☐　四二二六

入小武陵鄉嘉禾二年税米□☐　四二二七

☐妻大女□年卅八　☐　四二二八

☐　象妻播年卅三　☐　四二二九

入中鄉嘉禾二年税米三斛☐　四二三〇

☐　曼弟小男駕年五歲　☐　四二三一

☐　□弟□年九歲　☐　四二三二

☐□女户下品之下不任調　☐　四二三三

☐詡弟垂年廿三　四二三四

☐□斛六斗𫎟嘉☐　四二三五

☐其九斛一斗五升□☐　四二三六

☐□民五十三☐　四二三七

☐斛六斗𫎟嘉禾二年十☐　四二三八

入模鄉嘉☐　四二三九

☐　誤子男侯年八歲　……☐　四二四〇

☐區男弟臺年十七　四二四一

☐侯弟小女倉年六歲　☐　四二四二

☐六百一十七斛九斗八升□☐　四二四三

☐嘉禾二年貸食□☐　四二四四

☐禾二年税米田二斛𫎟☐　四二四五

☒年私學限米一斛☒　四二四六
☒　其二百六十□☒　四二四七
【注】「其」上原有墨筆點記。
入西鄉二年稅米十斛☒　四二四八
☒李嵩付倉吏黃　☒　四二四九
☒　倉兄尾年十歲　四二五〇
☒楊浭丘區張關坚閣李嵩☒　四二五一
☒斛𠔉嘉禾二年十二月☒　四二五二
☒三斛二斗𠔉嘉☒　四二五三
其一百□☒　四二五四
☒□弟誼年十歲　□☒　四二五五
☒日鄧田丘大男□☒　四二五六
☒　其五户尫羸老□□☒　四二五七
【注】第一□左半殘缺，右半從「頁」。
☒子周從關坚閣李嵩☒　四二五八
☒二斛四斗𠔉嘉禾二年□☒　四二五九
☒　垂妻還年廿一　☒　四二六〇
☒嘉禾二年十二月□☒　四二六一
☒□米四千八百□☒　四二六二
入□鄉嘉禾二年子弟謝頤限米二斛四斗𠔉☒　四二六三
入中鄉嘉禾二年稅米五斗　𠔉☒　四二六四
☒　象子小女□年四歲　☒　四二六五
☒年稅米四斛□斗☒　四二六六
☒□妻鉅年卅六　四二六七
☒私學限米☒　四二六八
☒禾二年十二月十八日蔑丘佃卒董義關☒　四二六九
☒其一斛七斗□□□□☒　四二七〇
入模鄉嘉禾二年租米一斛𠔉☒　四二七一
☒嘉禾二年十一月□日☒　四二七二
☒　□男弟平年三歲　四二七三
☒□□一千九百☒　四二七四
☒雷宜關坚☒　四二七五
☒稅米二斛𠔉嘉☒　四二七六
☒□□卅二斛三斗五升☒　四二七七
☒嘉禾二年十二月廿八日畺丘☒　四二七八
☒百六十三斛四斗☒　四二七九
☒十二月五日□☒　四二八〇
☒關坚閣☒　四二八一
☒閣李嵩付倉吏黃諱□☒　四二八二
☒廿七斛三斗𠔉嘉禾☒　四二八三
入屯田司馬□☒　四二八四
入□鄉嘉禾二年租米卅五斛四斗☒　四二八五
☒□丘大男李困關☒　四二八六
☒□新吏限米　四二八七
右劉里領☒　四二八八
【注】「右」上原有墨筆點記。
☒□□私學限米　四二八九
☒□私學限米一斛□□☒　四二九〇
☒　妻大女筭年六☒　四二九一
入模鄉嘉禾二年☒　四二九二
☒□米一斛二斗𠔉嘉☒　四二九三
入西鄉嘉禾二年☒　四二九四
☒□關坚閣李☒　四二九五
☒年十二月七日下平支丘□☒　四二九六
☒勺褋僦米　四二九七
☒還所貸大倉吳平斛米一☒　四二九八

☒妓男弟石年十二　四二九九
☒嘉禾二年十二月☒　四三〇〇
☒大女何洦關邸閣李嵩☒　四三〇一
☒斛𠕇嘉☒　四三〇二
入都鄉嘉禾☒　四三〇三
☒男子烝租☒　四三〇四
☒倉吏黃□☒　四三〇五
☒𠕇嘉禾元年☒　四三〇六
☒碑母大女□☒　四三〇七
☒□千五百卌錢　☒　四三〇八
☒□過年領吏民部□☒　四三〇九
☒年七十三　四三一〇
☒禾二年稅米卅☒　四三一一
☒嘉禾二年十二月十九日□☒　四三一二
入平鄉嘉禾二年☒　四三一三
☒黃諱吏潘慮☒　四三一四
☒嵩付倉吏☒　四三一五
☒□男弟□年☒　四三一六

【注】「男弟」下□右半殘缺，左半從「言」。

☒　□子小男☒　四三一七
☒　番妻☒　四三一八
☒潘大關邸閣☒　四三一九
入都鄉嘉禾二年稅☒　四三二〇
☒年稅米十□☒　四三二一
☒年六歲　四三二二
☒禾二年租米　四三二三
☒卅四日□吏☒　四三二四
☒子男□年八歲　☒　四三二五

【注】「子男」下□左半殘缺，右半為「圭」。

☒□年八歲　☒　四三二六
☒嘉禾二年稅米☒　四三二七
☒年廿三雀右足　四三二八
☒十二月十九日□□☒　四三二九
□□□年五十二　□☒　四三三〇
☒年十月十五日中□丘謝□關邸閣☒　四三三一

【注】「中」、「丘」間□下半殘缺，上半從「艹」。

入都鄉☒　四三三二
☒年十二月□日☒　四三三三
☒黃諱□☒　四三三四
臨湘丞印　月日驛馬來　侍吏　白解　四三三五
臨湘謹列起七月訖九月卅日收米租錢如牒　四三三六

【注】「七月」下疑脱「一日」二字。

年所調布縣已□言書　……　四三三七
□□收責悉畢付庫吏……　四三三八
死罪敢言之　四三三九
百收除龍錢一萬二千四百卌一合一萬二千九百卅一□☒　四三四〇
□□及禁絶□租具錢一萬五千八百無所詭課應　四三四一

【注】「禁絶」下□右半殘缺，左半從「金」。

合為租具錢九千無所收責　……　四三四二
……事　四三四三
□□□年□□□旦……中部督郵……　四三四四
臨湘言部吏潘羜收責食地僦錢起正月一日訖三月卅日□有人悉畢□
☒　四三四五
大男張順僦錢月五百　大男樂□僦錢月五百　大男冀士僦錢月五百　四三四六

☐……月地僦錢……　四三四七
得☐☐收責☐☐僦錢宜☐屬領所部吏　四三四八
☐當盡力絞促縣部吏收責……　四三四九
領九月地僦錢二萬三千五　百　四三五〇
領四月地僦錢二萬三千五百　四三五一
臨湘謹列起四月一日訖六月卅日地僦錢☐簿　四三五二
☐……布付庫吏殷連領謹列人名如牒狞有代　四三五三
☐中部督郵書掾傳氾☐臨湘部吏收責☐☐☐　四三五四
斛詭課負者簿入錢卅三萬八千一百米八十斛錢付縣吏　四三五五
領正月租米卅斛　四三五六
臨湘謹列邑下居民收地僦錢人名為簿　四三五七
☐☐云部中☐☐書者問由録事主☐寬解不以為實　四三五八
☐中部督郵書掾☐☐臨湘……責地就錢☐月五　四三五九
領☐☐租錢十一萬二千七百☐租米卅斛　四三六〇
惶誠恐叩頭死罪……　四三六一
大男趙☐僦錢月五百　大男楊樊僦錢月五百　大男王而僦錢月五百　四三六二
嘉禾元年五月丙寅朔日兼中部督郵書掾傳氾叩頭死罪敢言之　四三六三
九十四錢就留☐所市……　四三六四
田部督郵☐☐☐☐☐靖惶恐叩頭死罪死罪敢言之　四三六五
臨湘謹列起七月一日訖九月卅日……收錢畝如牒　四三六六
☐列收責起正月一日訖三月卅日合領錢四萬四千　四三六七
☐千六百……☐　四三六八
領☐田地僦錢二萬三千五百　四三六九
☐八萬二千九百卅七錢其☐☐就留☐今年所調布廿三匹☐丈一尺
匹直錢三千六百☐☐　四三七〇
嘉禾元年五月丙寅朔十一日丙子臨湘侯相☐叩頭死罪敢言之　四三七一正

掾　石　彭　四三七一背
☐百廿就留付☐市今年所市布☐十四匹一丈六尺付庫吏殷連☐　四三七二
謹☐中部督郵書掾☐☐☐☐☐列起七月一日訖九　四三七三
☐☐☐今狞書言起正月一日訖六月卅日合領具錢☐☐☐四千一百
收除☐☐　四三七四
大男☐☐僦錢月五百　大男潘☐僦錢月五百　大男☐求僦錢月五百　四三七五
齎　付中部督郵書掾傳氾臨湘縣☐☐　四三七六
若　☐☐☐掾史周☐白草五月十四日己卯白　四三七七

【注】按：此處之「若」，應即「畫諾」之「諾」。又，據陳垣《魏蜀吴朔閏異同表》，嘉禾元年五月朔為丙寅，十四日為己卯。下二簡同，不再注明。

若　☐貸☐掾史周☐白草五月十四日己卯白　四三七八
二月領酒租錢一萬四千七百　四三七九
……縣部狞收責錢有人☐後已復言☐　四三八〇
☐若　☐☐萬☐田户曹五月十四日白　四三八一
卅七☐☐☐今狞書言起正月一日訖三月卅日月收錢十萬☐千七百
米卅斛錢合卅五萬八千　四三八二
☐叩頭死罪死罪案文書☐　四三八三

【注】「文書」下☐左半殘缺，右半從「頁」。

☐關坠閣董基付三州倉吏鄭黑☐　四三八四
☐胄米畢☓嘉禾二年十月十六日略丘大男潘省關坠閣董基付三州倉
☐　四三八五
☐二年十月十五日☐☐丘大男朱☐關坠閣董基付三州倉吏鄭黑受　四三八六
大男王錢僦錢月五百　大男周德僦錢月五百　大男丁終僦錢月五百　四三八七
入平鄉嘉禾二年郵卒限米六斛胄畢☓嘉禾二年十月十七日桐丘監通

關坚閣董☑　四三八八
□□今狞書言起四月一日訖六月卅日領具錢七萬五百收除　□錢一
萬二千四百卅一錢合為行　四三八九
郡士馬伯僦錢月五百　郡士朱主僦錢月五百　郡士王徹僦錢月五百　四三九〇
☑七斗冑畢𰻞嘉禾二年十月廿二日伍社丘石芮關坚閣董基付三州
倉吏鄭黑受　四三九一
☑禾元年五月丙寅朔十二日□□臨湘侯相□丞祁叩頭死罪敢言之　四三九二正
☑　掾　石　彭　四三九二背
惶誠恐叩頭死罪死罪敢言之　四三九三
☑坚閣董基付三州倉吏鄭☑　四三九四
入中鄉二年布一匹𰻞嘉禾二年十一月十八日下赤丘大男☑　四三九五
☑禾元年九月乙丑朔廿日甲戌臨湘侯相靖丞祁叩頭死罪敢言之　四三九六正
【注】據陳垣《魏蜀吳朔閏異同表》，嘉禾元年九月朔為甲子，廿日為癸未，十一日為甲戌。
☑　掾　石　彭　四三九六背
府前言絞促市吏□書收責地僦錢有人言靖叩頭死罪死罪案文書
輒絞促□　四三九七
絞促後吏李珠隨月收責有人復言靖誠惶誠恐叩頭死罪死罪敢言□　四三九八
□租錢米布畢縣已……金曹　四三九九
入桑鄉嘉禾二年税米五十四斛二斗冑畢𰻞嘉禾二年十月廿八日□□
丘郡吏□□關☑　四四〇〇
大男榮闕僦錢月五百　大男史侯僦錢月五百　大男趙阿僦錢月五百　四四〇一
☑畢𰻞嘉禾二年十月廿六日淇丘縣吏劉恒關坚閣董基付三州倉吏鄭
黑受　四四〇二
☑□頭叩頭死罪死罪案文書今□□□□靖副言部吏　四四〇三
入都鄉邑下黃樵二年布一☑　四四〇四
☑□□市得布一百四匹五尺五寸布匹直三千六百錢為米百廿斛悉
畢謹列市得布匹　四四〇五
☑□收責應□□□定領□錢卅□萬七千□百為臨龍行錢卅七萬七
千二　四四〇六
臨湘謹列起四月訖六月卅日收市租米二斛　四四〇七
【注】「四月」下疑脱「一日」二字。
☑米十八斛𰻞嘉禾二年十月廿七日舞丘謝雙關☑　四四〇八
入平鄉嘉禾二年郡佃卒限米十二斛冑米畢𰻞嘉☑　四四〇九
十一月十一日甲戌臨湘侯相靖丞祁叩頭死罪敢言之　四四一〇
【注】據陳垣《魏蜀吳朔閏異同表》，嘉禾元年十一月朔為癸亥，十一日為癸酉，十二日為甲戌。
月廿日收責□地僦錢悉畢就留……　四四一一
☑□□□關坚閣董基付三州倉吏鄭黑受　四四一二
☑畺基付三州倉吏鄭黑受　四四一三
☑二斛冑畢𰻞嘉禾元年十月廿七日上利丘烝棠關坚閣董基☑　四四一四
吏殷連米付郡倉□田□劉賈錢……重絞促□　四四一五
若　□掾區稠梅史周□□九月十五日白　四四一六
【注】按：此處之「若」，應即「畫諾」之「諾」。
吏殷連領驟促收責月□錢一百……戍直　四四一七
右領酒租錢四萬四千一百　四四一八
【注】「右」上原有墨筆點記。
☑布廿三匹一丈𰻞嘉禾元年☑　四四一九
□□今狞書言錢□□□□孫賢等□核□□大屯及禁□銖租具錢一
萬五千　四四二〇
……卅三萬□千一百米□□斛錢付縣庫吏□□　四四二一

……死罪死罪案文書起四月一日訖 四四二二

入平鄉嘉禾二年故䣾丞萬客限米廿一斛□〼 四四二三

〼 錢一百十〼 四四二四

□□□庫吏監收□□□□未畢卌斛重絞促□收責負者次有人 四四二五

右平鄉入所貸米一千七十五斛四斗三升 四四二六

【注】「右」上原有墨筆點記。

□□□下列□□□錢□備……已病物故 四四二七

〼關邸閣董基付三州倉吏鄭黑受 四四二八

〼□□領卌一萬七百□錢……七千三百 四四二九

二月領地僦錢二萬三千五百〼 四四三〇

〼□地僦錢人名錢數□□ 四四三一

〼□三月纏領地僦錢合七萬五百 四四三二

庫吏番□〼 四四三三

〼所收錢詭貸□□傅氾得□□ 四四三四

〼□□合租具錢七萬五百收□□□□萬三千四百卌〼 四四三五

其三百卌四人小口々收錢五合一千六百七十 四四三六

入樂鄉嘉禾二年税米十一斛六斗胄畢𡹶嘉禾二年十月廿六日下象丘
男子李□關邸閣董基付三州倉吏鄭黑受 四四三七

十四日收錢十一萬一千七百米卌斛錢□□二萬□千一百米一百□ 四四三八

〼□侯相趙□副言部都□□□□部收責起四月一日訖 四四三九

〼䣾限米四斛胄畢𡹶嘉禾二年十月廿五日□□丘□□關邸閣董基付
□□〼 四四四〇

〼米三斛五斗胄畢𡹶嘉禾二年十月廿七日吉丘男子黃束關邸閣董
基付倉吏鄭黑受 四四四一

入桑鄉嘉禾二年税米三斛五斗胄畢𡹶嘉〼 四四四二

入平鄉嘉禾二年佃卒限米□□斛胄畢𡹶嘉禾二年十月十八日雷丘潘
□關邸閣〼 四四四三

入平鄉車丘嘉禾二年布一匹𡹶嘉禾□年□月□□□〼 四四四四

□姪子男錢鈞年五歲 …… 四四四五

入平鄉嘉禾二年吏石誌子弟限米十二斛胄畢𡹶嘉禾二年十月廿五
日伍社丘□□關邸閣董〼 四四四六

凡口四事三 筭一事 訾 五 十 四四四七

□□□中絞促□收責今狞書言起正月一日訖三月卅日合領錢七萬
五千收□□ 四四四八

大男陳□僦錢月五百 大男□□僦錢月五百 大男董厚僦錢月五百 四四四九

〼僦錢月五百 大女黃□僦錢月五百 大女□□僦錢月五百 四四五〇

出南鄉□丘男子廖酉二年賜布一匹𡹶嘉禾二年〼 四四五一

出南鄉嘉禾二年□□□斛三斗胄畢𡹶嘉禾二年□月廿□日郡吏□□
關邸閣〼 四四五二

□□里户人公乘□□年五十四筭一 四四五三

入西鄉嘉禾二年税米三斛三斗胄畢𡹶嘉禾二年十月廿七日□丘男子
□□關邸閣〼 四四五四

右入税□米二百三斛三斗 四四五五

〼邸閣董基付三〼 四四五六

入樂鄉嘉禾二年税米四斛胄畢𡹶嘉禾二年十月廿七日〼 四四五七

入小武陵鄉嘉禾二年䣾客棋生限米五斛胄畢𡹶嘉禾二年十月廿五日
楮下丘棋生關邸閣董基付三州倉吏鄭黑受 四四五八

〼□日町長沙大田中部督郵書掾…… 四四五九

入桑鄉嘉禾二年税米……〼 四四六〇

大男張用僦錢月五百 大男趙馬僦錢月五百 □部司馬鄭陵僦錢月
五百 四四六一

右卌五户月收僦錢合二萬二千五百 四四六二

入東鄉嘉禾二年税米五斛胄米畢𡹶嘉禾二年十月廿□〼 四四六三

其六百八人大口々收錢廿八合一萬七千廿四錢 四四六四

☑□馬僦錢月五百　大女黄石僦錢月五百　大女尹汝僦錢月五百　四四六五
通母大女妾年六十二　四四六六
☑閣董基付三州倉吏鄭黑受　四四六七
☑□□𦈢嘉禾二年十月十三日高姿丘烝兒關邸閣□□☑　四四六八
☑胄畢𦈢嘉禾二年十月廿二日上和丘謝狗關邸閣☑　四四六九
☑一斗胄畢𦈢嘉禾二年十月十七日浸頃丘番桐關邸閣□□☑　四四七〇
登姪子男由龍年十一　龍女弟□客年十　四四七一
入東鄉嘉禾二年税米十斛四斗胄畢𦈢嘉禾二年十月廿七日石下丘男
子□☑　四四七二
☑□𦈢嘉禾二年十月廿七日租下丘縣吏區□關邸閣☑　四四七三
☑……僦錢月五百　大女李汝僦錢月五百　四四七四
入樂鄉嘉禾二年税米七斛三斗胄畢𦈢嘉禾二年十月廿☑　四四七五
入桑鄉嘉禾二年税米六斛五斗胄米畢𦈢嘉禾二年十月廿八日露丘謝
奴關邸閣董基付三州倉吏鄭黑受　四四七六
□𨛬里户人公乘□□年卅二筭一苦風病　四四七七
☑……𨛬胄畢𦈢嘉禾二年十月廿八日淦丘男子孫誌關邸閣董基付倉
吏鄭黑受　四四七八
入樂鄉嘉禾二年税米三斛二斗胄畢𦈢嘉禾二年十月廿七日𦊆☑　四四七九
☑閣董基付三州倉吏鄭黑受　四四八〇
入東鄉嘉禾二年税米四斛胄畢𦈢嘉禾二年十月廿七日□☑　四四八一
入□鄉嘉禾二年税米三斛胄畢𦈢嘉禾二年十月□☑　四四八二
☑卅日盡丘鄧取關邸閣□□☑　四四八三
☑　基付倉吏鄭黑受　四四八四
☑禾二年税米四斛一斗五升胄畢𦈢嘉禾二年十月廿六日柚丘劉項關
邸閣董基☑　四四八五
□前言絞促臨湘□□所領地僦錢三月一日　四四八六

□留市今年所領布重絞促□部吏收責到　四四八七
為□錢一萬二千□□□留付物故……　四四八八
□□布領□今年□□□言□□記□□　四四八九
☑□谷僦錢月五百　大男張□僦錢月五百　郡士杜黑僦錢月五百　四四九〇
右七户月收僦錢五百合三千五百右前復被□□　四四九一
【注】「右」上原有墨筆點記。
☑言之　四四九二
☑三州倉吏鄭黑受　四四九三
☑……𦈢嘉禾二年十一月廿九日中俗西丘吴□關邸閣董基付三州
倉吏鄭黑受　四四九四
【注】「吴」下□下半殘缺，上半從「宀」。
☑□私學限米四斛八斗胄米畢𦈢嘉禾二年十月廿日上□丘私學☑　四四九五
凡口三事二　筭二事　訾　一　百　四四九六
入平鄉嘉禾二年郡吏監訓子弟限米四斛胄畢𦈢嘉禾二年□月十六日
浸頃丘監□關邸閣董☑　四四九七
入中鄉渚山丘男子杜表二年布三丈九尺𦈢嘉禾二年☑　四四九八
☑基付三州倉吏鄭黑受　四四九九
☑𦈢嘉禾二年十月十六日東丘私學鄧棟關邸閣董基付三州☑　四五〇〇
☑□監□關邸閣董基付倉吏鄭黑受　四五〇一
☑□下丘梅生關邸閣董基付三州倉吏鄭黑受　四五〇二
入樂鄉嘉禾二年税米七斛胄畢𦈢嘉禾二年十月廿七日□丘朱饒關邸
閣董☑　四五〇三
入樂鄉嘉禾二年税米……☑　四五〇四
𦊆妻大女姑年五十一筭一　四五〇五
凡口四事二　筭二事　訾　五　十　四五〇六
【注】簡中有朱筆塗痕。

宜都里户人公乘烝苿年五十八　四五〇七
入平鄉嘉禾二年私學限米十二斛冑☐　四五〇八
入平鄉嘉禾二年税米一斛☐　四五〇九
☐年卅二筭一　四五一〇
☐米卅四斛六斗　四五一一
☐吏曹卿子弟限米十一斛𦤎嘉禾二年十月十八日東丘□陽關邸閣☐　四五一二
☐冑畢𦤎嘉禾二年十月廿七日枯于丘烝碩關邸閣董基☐　四五一三
入東鄉嘉禾二年税米十五斛七斗冑畢𦤎嘉禾二年十月廿七日新成丘州吏陳顔關☐　四五一四
☐月廿八日變中丘吳蓮付庫吏殷連☐　四五一五
☐基付三州倉吏鄭黑受　四五一六
☐□□付庫吏殷連☐　四五一七
入平鄉嘉禾二年子弟限米十斛☐　四五一八
☐禾二年十月十五日浸須丘菱眼關☐　四五一九
☐妻男弟國年廿筭一　四五二〇
侯狞收□錢有人復言……☐　四五二一
☐丘大男□碓關邸閣董基付三州倉吏鄭黑受　四五二二
☐斛五斗冑畢𦤎嘉禾☐　四五二三
入平鄉嘉禾二年税米廿四斛冑畢𦤎嘉禾……☐　四五二四
☐董基付三州倉吏鄭☐　四五二五
☐　右廣成鄉入佃卒限米五十一斛　四五二六
☐嘉禾二年租米五斛冑畢𦤎嘉禾二年十月十六日温丘潘崇關邸閣☐　四五二七
☐斗冑畢𦤎嘉禾二年十月廿八日何丘許息關邸閣董基☐　四五二八
入桑鄉嘉禾税米一斛二斗☐　四五二九
☐平鄉桐唐丘□□潘廣二年調布二匹𦤎嘉禾二年□□☐　四五三〇
☐□叩頭死罪死罪敢言之　四五三一
所領地僦錢三□□□□□言□叩頭叩頭死罪　四五三二
☐……所領……　四五三三
萇姪子男□☐　四五三四
☐冑米畢𦤎嘉禾二年十月十四日上和丘謝賢關邸閣董基付三州倉吏鄭黑受　四五三五
入平鄉嘉禾二年税米三斛☐　四五三六
☐□留三月一時卒吏　四五三七
☐□□受嘉禾二年租税襍米一萬八千二百七十一斛五斗　四五三八
入平鄉嘉禾二年郵卒即米八斛冑米畢𦤎☐　四五三九
□□里户人公乘□萑年卅腹心病　萑妻大女鼠年卅六　萑母☐　四五四〇
入樂鄉嘉禾二年税米四斛五斗冑畢𦤎嘉禾二年十月廿八日汨湮丘潘亨關邸閣董基☐　四五四一
☐□四斛冑畢𦤎嘉禾二年十月廿三日敷丘妻☐　四五四二
☐謝□付庫吏殷連☐　四五四三
☐和丘烝開關邸閣董基付三州倉吏鄭黑受　四五四四
入平鄉嘉禾二年郵卒限米十一斛四斗冑畢𦤎嘉禾二年十月十五日柚丘☐　四五四五
入平鄉嘉禾二年縣吏黄原子弟限米七斛冑畢𦤎嘉禾二年十月廿☐　四五四六
☐斛五斗冑畢𦤎嘉禾二年十月廿七☐　四五四七
☐日廉丘烝漂關邸閣董基付倉吏鄭黑受　四五四八
郡士劉岑僦錢月五百　郡士韓主僦錢月五百　大女黄汝僦錢月☐　四五四九
右□□□□僦錢□二萬三千五百　四五五〇
【注】「右」上原有墨筆點記。
入桑鄉嘉禾二年税米四斛三斗冑畢𦤎嘉禾二年十月十七日惕丘縣吏潘澋關邸閣董基付三州倉吏☐　四五五一

☑壘𡘞嘉禾二年十月廿六日桐丘監通關坚閣董基☑　四五五二

入桑鄉嘉禾二年税米廿四斛七斗胄畢𡘞嘉禾二年十月廿八日露丘
烝□☑　四五五三

☑冐畢𡘞嘉禾二年十月廿四日常略丘謝有關坚閣☑　四五五四

宜都里户人公乘聶□☑　四五五五

☑□叩頭死罪敢言之　四五五六

入□鄉嘉禾二年税米一斛胄☑　四五五七

☑□□□丘縣吏烝□關坚閣董基☑　四五五八

☑妻大女汝年卅筭一　四五五九

☑八斗胄畢𡘞嘉禾二年十月廿五日吴丘大男……☑　四五六〇

☑□□謝阜關坚閣董基付三州倉吏鄭黑受　四五六一

☑私學限米三斛𡘞嘉禾☑　四五六二

☑男朱典二年布二匹𡘞嘉禾二年☑　四五六三

入平鄉嘉禾二年私學限米十七斛三斗胄畢𡘞嘉禾二年十月十四日
上和丘☑　四五六四

入桑鄉嘉禾二年税米一斛胄畢𡘞嘉禾二年十月廿二日上何丘曹思關
☑　四五六五

☑閏六月卅日□□□□□☑　四五六六

凡口□事☑　四五六七

☑墨付倉吏鄭黑受　四五六八

其六口□☑　四五六九

☑……各得□□□四千匹☑　四五七〇

☑□關坚閣董基☑　四五七一

☑□米四斛胄畢𡘞嘉禾二年十月廿☑　四五七二

☑斛胄畢𡘞嘉禾二年☑　四五七三

☑五斛胄畢𡘞嘉☑　四五七四

入□鄉嘉禾☑　四五七五

入平鄉嘉禾二年布二匹 ☑　四五七六

入平鄉嘉禾二年税米四斛四斗胄☑　四五七七

☑梱丘雷樵關坚☑　四五七八

☑斛胄畢𡘞嘉禾二年十月☑　四五七九

☑……日龍穴丘董□關坚閣董基☑　四五八〇

☑正月十九日☑　四五八一

☑倉吏鄭黑受　四五八二

入廣成鄉嘉禾二年税米二☑　四五八三

☑𡘞嘉禾二年十月卅日周陵丘□☑　四五八四

☑□誠惶誠恐叩頭☑　四五八五

☑墨付三州倉吏鄭　☑　四五八六

☑嘉禾二年十月廿五日盡丘潘□關☑　四五八七

☑　吏帥客限米四百廿八斛□☑　四五八八

入平鄉嘉禾二年税☑　四五八九

右西鄉入私學限☑　四五九〇

【注】「右」上原有墨筆點記。

畢付庫吏殷連□留布合□年所調布錢□月有人復言詣☑　四五九一

☑□樸丘大男鄧□付庫吏殷☑　四五九二

☑丘黄□關坚閣董基☑　四五九三

☑董基付三州☑　四五九四

☑胄畢𡘞嘉禾二年十月廿七日舞丘黄動關坚閣董基☑　四五九五

☑壘基付三州倉吏鄭黑受　四五九六

☑基付三州倉☑　四五九七

入桑鄉嘉禾二年☑　四五九八

☑□□嘉禾三年☑　四五九九

入廣成鄉□丘□□□二年布三匹三丈三尺𡘞嘉禾二年☑　四六〇〇

郡士張□僦錢月五百　大女王汝僦錢月五百　大女鄭汝僦錢
月五百　四六〇一

一日部入縣事書到復言氾誠惶誠恐叩頭死　四六〇二

大男張士僦錢月五百　大男李自僦錢月五百　大男衛朱僦錢
月五百　四六〇三
☐☐男子鄭調付庫吏殷連受　四六〇四
☐☐吏黑受　四六〇五
【注】「黑」上脱「鄭」字。
入平鄉嘉禾二年税米☐　四六〇六
出平鄉嘉禾二年☐　四六〇七
右六十人僦錢月三千……錢起七月一日訖九月卅日　四六〇八
☐𡿨嘉禾二☐　四六〇九
☐畢𡿨嘉禾二年☐　四六一〇
☐復　四六一一
☐關坚閣董基付三州倉吏鄭黑受　四六一二
入廣成鄉嘉禾二年税……☐　四六一三
☐☐月收十二☐　四六一四
☐日桐佃丘大男唐☐關☐　四六一五
右董家口食四人☐　四六一六
【注】「右」上原有墨筆點記。
☐☐五百☐　四六一七
☐義男弟自年十一　四六一八
☐　☐☐子男頭年九歲……　四六一九
☐廿四日頃丘☐坚☐　四六二〇
入東鄉嘉禾二年税米八斛☐　四六二一
☐匠謝珠關坚閣董基付三州倉吏鄭☐　四六二二
☐就昌僦錢月五百　大男董直僦錢月五百　四六二三
入平鄉嘉禾二年税米五斛五斗冑畢𡿨嘉禾……☐　四六二四
☐斛冑畢𡿨嘉禾二年十月廿三日☐　四六二五
入平鄉嘉禾二年佃卒限米五斛就畢𡿨嘉禾二年十月廿一日平陽丘
男子劉☐☐　四六二六
☐☐𡿨嘉禾二年八月十六日桃佃☐　四六二七
☐二年十月廿四日温☐丘潘☐關坚閣☐　四六二八
☐☐嘉禾二年税米十五斛冑畢𡿨嘉禾二年十一月☐　四六二九
入平鄉嘉禾二年税米三斛冑畢𡿨嘉禾二年☐☐☐　四六三〇
☐☐付庫吏殷連受　四六三一
☐畢𡿨嘉禾二年十月十四日☐☐　四六三二
入小武陵鄉嘉禾二年私學限米十☐　四六三三
☐嘉禾二年十月廿八日常略丘趙當☐　四六三四
☐關坚閣董基付倉吏鄭黑受　四六三五
凡口十一事十　筭三事☐　☐　四六三六
入平鄉嘉禾二年税米三斛冑畢𡿨嘉禾☐　四六三七
☐廿二日度丘黄皮關坚閣董基☐　四六三八
☐𡿨嘉禾二年十月廿六日惕丘縣吏潘起關坚閣董基☐　四六三九
入小武陵鄉嘉禾二年故帥子弟限米十二斛冑畢𡿨嘉禾二年☐☐月☐　四六四〇
☐坚閣董基付三州倉吏鄭黑受　四六四一
☐　大女黄汝僦錢月五百　四六四二
☐日桐丘廖他關坚閣董基☐　四六四三
右入税米一百卅六斛二斗　四六四四
☐斛五斗冑米畢𡿨嘉禾二年十月十六日下☐丘☐☐關坚閣☐　四六四五
入東鄉嘉禾二年税米五斛五升☐　四六四六
☐𡿨嘉禾三年正月六日上庫丘區㑖☐☐　四六四七
☐☐絞促狩☐　四六四八
☐☐子女誼年十五　☐　四六四九
☐斛七斗就畢𡿨嘉禾二年十月廿八日☐　四六五〇
☐子男☐☐☐　四六五一
☐董基付三州倉吏鄭黑受　四六五二
☐𡿨嘉禾二年十一月三日☐　四六五三

☑鄉嘉禾二年税米三斛胄畢𡕒嘉禾二年十月廿五日□☑ 四六五四
入平鄉嘉禾二年税米□☑ 四六五五
☑□何虎陳成張直□☑ 四六五六
入平鄉嘉禾二年税米四斛三斗胄☑ 四六五七
☑丘黄曼關邸閣董基☑ 四六五八
入平鄉嘉禾二年税米六☑ 四六五九
入桑鄉嘉禾二年税米四斛四斗胄畢𡕒☑ 四六六〇
入廣成鄉夢丘男子蔡晞入二年調布一匹𡕒☑ 四六六一
☑米七斛就畢𡕒嘉禾二年十月廿七日寇丘呂起關邸閣☑ 四六六二
☑付庫吏殷連受 四六六三
☑房亜付主庫吏殷連受 四六六四
入平鄉嘉禾☑ 四六六五
入廣成鄉嘉禾二☑ 四六六六
☑……調布二匹𡕒嘉禾二年☑ 四六六七
☑……𡕒嘉禾二年十月六☑ 四六六八
入樂鄉嘉禾二年縣吏限米十三斛☑ 四六六九
☑□□胄畢𡕒嘉禾二年十月廿五日浸□丘男☑ 四六七〇

【注】「浸」、「丘」間□左半殘缺，右半從「頁」。

入□鄉嘉禾二年税米二斛胄米畢𡕒嘉禾二年十月廿七日石☑ 四六七一
☑廿八日林浭丘大男文洛付庫吏殷☑ 四六七二
☑ □□□副□☑ 四六七三
☑嘉禾二年税米二斛胄畢𡕒嘉禾二年十月廿□☑ 四六七四
☑□□𡕒嘉禾二年十月卅日☑ 四六七五
☑……丘周萬關邸閣董基付三州倉吏鄭黑☑ 四六七六
☑□逋粢租米☑ 四六七七
☑……閣董基……☑ 四六七八
☑千五百合七萬五千☑ 四六七九
入平鄉嘉禾二年税米三斛六斗胄畢𡕒嘉☑ 四六八〇
☑ 訾 五 十 四六八一
☑𡕒嘉禾二年十一月十八☑ 四六八二
☑……領卅五□□ 四六八三
☑關邸閣董基付倉吏鄭黑受 四六八四
□七月卅日書付☑ 四六八五
入模鄉嘉禾二年税米九☑ 四六八六
☑千六百……☑ 四六八七
入模鄉嘉禾二年税米十☑ 四六八八
☑四斗胄畢𡕒嘉禾二年十月卅日上和丘何馬關邸閣☑ 四六八九
☑胄米畢𡕒嘉禾二年☑ 四六九〇
☑十月廿五日倉丘郡吏張桔關邸閣☑ 四六九一
☑□□關邸閣董基☑ 四六九二
右小武陵鄉入吏帥客限☑ 四六九三

【注】「右」上原有墨筆點記。

☑□□主關邸閣董☑ 四六九四
☑佃卒限米十三斛胄畢𡕒嘉禾二☑ 四六九五
入廣成鄉嘉禾二年調布☑ 四六九六
☑付庫吏殷☑ 四六九七
入模鄉嘉禾二年税米☑ 四六九八
☑米畢𡕒嘉禾二年十月廿七日略丘軍吏張□關邸閣董基付倉吏☑ 四六九九
☑税米一斛五斗胄畢𡕒嘉禾二年十月廿七日下□丘□☑ 四七〇〇
☑嘉禾二年税米三斛三斗胄畢𡕒嘉禾☑ 四七〇一
☑二年郡吏子弟限米六斛☑ 四七〇二
☑五斛胄米畢𡕒嘉禾☑ 四七〇三
☑畢𡕒嘉禾二☑ 四七〇四
凡口七事三 筭☑ 四七〇五
☑大男李□二年布一匹三☑ 四七〇六

⧄租錢二百一□⧄　四七〇七

入平鄉嘉禾二年税米六斛冑⧄　四七〇八

⧄禾二年十月廿八日唐下丘男子黄角關坠閣董基付三州⧄　四七〇九

右模鄉入税⧄　四七一〇

【注】「右」上原有墨筆點記。

⧄□烜子男兵年五歲　四七一一

⧄……乂嘉禾二年十月十四日常略丘⧄　四七一二

⧄□付庫吏殷　⧄　四七一三

⧄嘉禾二年⧄　四七一四

入東鄉嘉⧄　四七一五

⧄斛僦畢乂嘉禾二年十月⧄　四七一六

⧄一斛畢乂嘉禾二年十月卅日⧄　四七一七

⧄男子李陵關坠閣董　⧄　四七一八

⧄嘉禾二年九月廿九日□□⧄　四七一九

⧄斗冑畢乂嘉禾二年十月廿九日□⧄　四七二〇

⧄乂嘉禾二年十月十四日盡丘□□□⧄　四七二一

⧄庫吏殷連受　四七二二

⧄年邵吏潘明子弟限米七斛冑米畢乂嘉禾⧄　四七二三

⧄乂嘉禾二年十月廿七日音湎丘州吏何息關坠閣董基付三州倉吏
鄭黑受　四七二四

入模鄉嘉禾二年税米六斛冑米畢乂嘉禾二年十月廿一日⧄　四七二五

入東鄉嘉禾二年税米十五斛乇⧄　四七二六

大男陳頓僦錢月五百　大男⧄　四七二七

大男□虎僦錢月五百　邵工⧄　四七二八

⧄鄉嘉禾二年税米□⧄　四七二九

入樂鄉嘉禾二年税米九⧄　四七三〇

入平鄉嘉禾二年税米十二斛冑米畢乂嘉禾二年十月廿四日下唐丘
男子周廖關坠閣基⧄　四七三一

【注】「基」上脱「董」字。

⧄……米起四月一日訖六月卅日□□入錢米……　四七三二

⧄米四斛冑畢乂嘉禾二年十月廿三日盡丘番典關坠閣董基付⧄　四七三三

⧄基付倉吏鄭黑受　四七三四

⧄丘大女謝枉關坠閣⧄　四七三五

入吉陽鄉二年税米十一斛□畢乂嘉禾二年□月⧄　四七三六

⧄□□嘉禾二年税米六斛九斗冑畢乂嘉禾二年十月廿七日龍□丘
庾關坠閣董基⧄　四七三七

⧄□李户人公乘□殷年六十一腫兩足　殷子男當年四歲　⧄　四七三八

【注】「李」為「里」之誤。

入平鄉嘉禾二年軍吏陳建税米三斛五斗冑畢乂嘉禾⧄　四七三九

⧄僦錢月五百　大男冀才僦錢月五百　四七四〇

⧄□三斛乂嘉禾二年十月十三日上□丘□勇關坠閣董基付三州倉
吏⧄　四七四一

⧄倉吏鄭黑受　四七四二

⧄……□關坠閣董基付倉吏鄭黑受　四七四三

⧄□□月廿九日□下丘李□關坠閣董基付倉吏鄭黑□　四七四四

【注】「關坠閣」上□左半殘缺，右半從「頁」。

【注】「下丘」上□右半殘缺，左半為「令」。

⧄□□□□倉吏⧄　四七四五

入模鄉嘉禾二年税米四斛⧄　四七四六

⧄冑米畢乂嘉禾二年七月廿⧄　四七四七

⧄兵師士限米卅□□⧄　四七四八

⧄　訾　五　十　⧄　四七四九

⧄冑畢乂嘉禾二年十月廿七日□弘丘李□關坠閣董基付三州倉⧄　四七五〇

⧄坠閣董基付三州倉吏鄭黑⧄　四七五一

☒關坚閣董基付☒　四七五二
入平鄉嘉禾二年税米十三斛僦畢𦈡嘉☒　四七五三
……一匹起□月一日訖十一月□□嘉禾二年税布□□　四七五四
☒　其八人吏人收錢三百合二千四百　四七五五
☒基付三州倉吏鄭黑受　四七五六
入平鄉嘉禾二年税米六斛胄畢𦈡嘉禾二年☒　四七五七
□□鄉□下丘男子逢□□布四匹𦈡嘉禾二年☒　四七五八
【注】「下丘」上□下半殘缺，上半從「宀」。
入平鄉二年布一匹𦈡嘉禾☒　四七五九
☒斛五斗胄畢𦈡嘉禾二年十月☒　四七六〇
……八百布付庫吏……米百廿□斛付州中郡倉吏監賢　四七六一
☒郵卒限米三斛五斗胄畢𦈡嘉禾二年十月廿七日□□丘□☒　四七六二
入東鄉嘉禾二年税米一斛☒　四七六三
入平鄉嘉禾二年税米三斛三斗胄畢𦈡嘉禾二年十月廿七日坚下丘
大男廖郅關坚閣董基付三州倉吏鄭黑受　四七六四
☒　貲　五　十　四七六五
☒斛胄畢𦈡嘉禾二年十月廿七日上和丘男子☒　四七六六
☒廿七日杷丘男子石錫關☒　四七六七
入小武陵鄉嘉禾二年帥客黄☒　四七六八
☒𦈡嘉禾二年☒　四七六九
☒侄子弟限米三斛七斗八升胄畢𦈡嘉禾□□☒　四七七〇
☒羊□□上□□□☒　四七七一
入□鄉嘉禾二年税米七斛☒　四七七二
☒毛金僦錢月五百　☒　四七七三
☒□除米畢重絞促□□□□有人……☒　四七七四
入廣成鄉嘉禾二年☒　四七七五
入平鄉嘉禾二年郡吏潘朋子弟☒　四七七六
☒嘉禾二年十二月十五日烝弁付庫☒　四七七七

☒閣董基付倉吏鄭☒　四七七八
入平鄉嘉禾二年税米二斛𦈡嘉☒　四七七九
入中鄉嘉禾二年税米二☒　四七八〇
☒二年十月廿日□中丘鄧□關坚☒　四七八一
【注】「中丘」上□下半殘缺，上半從「宀」。
☒□□關坚閣董基付三州倉吏鄭☒　四七八二
☒□丘潘注□☒　四七八三
☒嘉禾二年税米二☒　四七八四
☒關坚閣董基付三州倉吏☒　四七八五
☒□□□三州丘男子烝開關☒　四七八六
☒關坚閣董基付倉吏☒　四七八七
☒董基☒　四七八八
☒基付三州倉吏鄭☒　四七八九
☒二斛胄畢𦈡嘉☒　四七九〇
入平鄉縣吏限米二☒　四七九一
☒禾二年税米二斛胄☒　四七九二
☒□□三斛六斗九升𦈡嘉禾二年十月廿一日□☒　四七九三
☒鄭黑受　四七九四
☒□夫丘鄧流☒　四七九五
☒付庫吏殷☒　四七九六
☒倉吏鄭黑受　四七九七
☒和付庫吏殷☒　四七九八
☒盡□丘男子□☒　四七九九
☒基付三州倉吏鄭☒　四八〇〇
右廣成鄉領吏民二百一十六☒　四八〇一
入樂鄉嘉禾二年税☒　四八〇二
☒關坚閣董基☒　四八〇三
入平鄉嘉禾二年布二匹𦈡嘉禾☒　四八〇四

⧄鄉嘉禾二年税米二斛⧄　四八〇五

凡廿三□⧄　四八〇六

【注】「凡」上原有墨筆點記。

⧄□□冑畢旲⧄　四八〇七

⧄嘉禾二年十月十五日□⧄　四八〇八

⧄十月十三日⧄　四八〇九

⧄吏殷⧄　四八一〇

入都鄉壬丘男子烝平……⧄　四八一一

⧄□貸□□伍周宜□□□⧄　四八一二

入廣成鄉郡吏□□□布二匹⧄　四八一三

⧄嘉禾二年十月卅⧄　四八一四

宜都里户人公乘□□年五十一　筭二⧄　四八一五

⧄十月廿三日頃⧄　四八一六

⧄唐丘大男⧄　四八一七

⧄□□丘大男⧄　四八一八

⧄布帛三□⧄　四八一九

入樂鄉嘉禾二年税米三斛冑畢旲嘉禾二年十月廿七日

周陵丘殷□關邸閣董基付三州⧄　四八二〇

⧄邸閣董基付三州⧄

支丘縣吏烝□關邸閣董基　四八二一

⧄

支丘縣吏烝□關邸閣董基　⧄　四八二二

【注】本簡左右二行文字全同，且均僅存一半，應為剖「莂」為「別」方位不正所致。此類情況甚多，不再注明。又，「烝」下□左半殘缺，右半從「卩」。

郡士錢曼僦錢月五百　⧄　四八二三

⧄四三丈四尺旲嘉禾⧄　四八二四

⧄付三州倉吏鄭黑受　四八二五

入□□□□⧄　四八二六

右平鄉入私學限米⧄　四八二七

【注】「右」上原有墨筆點記。

入平鄉吏限米二⧄　四八二八

右桑鄉⧄　四八二九

【注】「右」上原有墨筆點記。

宜都里户人公乘文連⧄　四八三〇

入□□□……⧄　四八三一

若　烝口倉何□⧄　四八三二

【注】按：此處之「若」，應即「畫諾」之「諾」。

⧄米七斛⧄　四八三三

入小樂鄉税布……□　□……⧄　四八三四

入樂鄉嘉禾二年税米五斛冑畢旲嘉禾二年十月廿四日下□丘大男

毛章關邸閣董基付三州倉吏鄭黑受　四八三五

⧄嘉禾二年十月廿七日□于丘陳建關邸閣董基付三州倉吏⧄　四八三六

入平鄉嘉禾二年郡卒限米五斛斛冑畢旲嘉禾二年十月廿五日常略

丘謝⧄　四八三七

【注】第二「斛」應為衍字。

入平鄉嘉禾二年故帥鄧盡限米五斛五斗冑畢旲嘉⧄　四八三八

入廣成鄉嘉禾二年縣吏錢巾子弟限米三斛冑畢旲嘉禾二年十月卅

七　日……⧄　四八三九

【注】「冑畢」為横寫小字

入平鄉嘉禾二年縣故吏周秩子弟限米四斛冑畢旲嘉禾二⧄　四八四〇

⧄事三　筭一事　訾　五　十　四八四一

免妻大女沙年卅二筭一　四八四二

□男弟□年廿一筭一雀兩足　⧄　四八四三

兒子男白年七歲　四八四四

□子女□年四歲　四八四五

入桑鄉嘉禾二年税米卅七斛八斗九升冑畢旲嘉禾二年十月廿八日

夫與丘男子李狗關邸閣董基付⧄　四八四六

宜都里户人公乘陳宜年六十一　四八四七
☑右宜都里領吏民户□□口一百七人　四八四八
☑關坚閣董基☑　四八四九
入平鄉嘉禾二年郡卒限米九斛三斗胄畢𡊄嘉禾……☑　四八五〇
軍吏謝近父春☑　四八五一
☑……董基付三州倉吏鄭黑受　四八五二
縣吏廖慮弟☑　四八五三
☑□二斛胄畢𡊄☑　四八五四
□子男橋年五歲　四八五五
凡口四事三　筭二事　訾　五　十　四八五六
☑三年十月廿六日栗丘周客關坚閣董☑　四八五七
☑米三斛七斗五升胄畢𡊄嘉禾☑　四八五八
【注】「胄畢」為横寫小字。
入平鄉嘉禾二年故帥烝逊子弟限米三斛胄畢𡊄嘉禾二年十月廿六
日杷丘男子石逊關坚閣董☑　四八五九
石子男義年二歲　四八六〇
入樂鄉嘉禾二年税米十六斛胄畢𡊄嘉禾二年十月廿四日窟丘大男
毛表關坚閣董基付三州倉吏鄭黑受　四八六一
入東鄉嘉禾二年税米七斛三斗胄米畢𡊄嘉禾二年十月廿六日蔦丘
大男烝詩關坚閣董基付三州倉吏鄭黑受　四八六二
東陽里户人公乘文威年卅五筭一　四八六三
平陽里户人公乘烝金年卅七筭一　四八六四
興姪子男傾年五歲　四八六五
入平鄉嘉禾二年縣吏廖思子弟限米□斛胄畢𡊄嘉禾二年十月十六
日□□丘廖□關坚閣董基付三州倉吏鄭黑受　四八六六
【注】「廖」下□右半殘缺，左半從「月」。
☑基付三州倉吏鄭黑受　四八六七
☑鄧春付□☑　四八六八

□妻大女殷年卅六筭一　四八六九
【注】「妻」上□左半殘缺，右半從「卩」。
入桑鄉嘉禾二年税米三斛胄畢𡊄嘉禾二年十月十七日何丘縣吏謝
芀關坚閣董基付三州倉吏鄭黑受　四八七〇
入桑鄉嘉禾二年税米一斛胄畢𡊄嘉禾二年十月十七日俱丘大女毛
妾關坚閣董基付三☑　四八七一
□妻大女衣年六十二　四八七二
金子男除年八歲　四八七三
□子女米年五歲　四八七四
【注】「子女」上□右半殘缺，左半從「金」。
船男弟難年十三　四八七五
子男民年廿一筭一　□☑　四八七六
將子女□年十五筭一　☑　四八七七
入桑鄉嘉禾二年税米廿四斛胄畢𡊄嘉禾二年十月廿六日東平丘男
子謝□關坚閣☑　四八七八
凡口四事三　筭三事　訾　五　十　四八七九
凡口□事□　筭三□□　訾　一　百　四八八〇
☑□月廿七日□□丘大男吳百關坚閣董基付三州倉吏☑　四八八一
凡口四事三　筭二□□　訾　五　十　四八八二
☑　□男弟仰年十一　四八八三
□妻因安朱年卅一筭一　四八八四
妻大女思年卌五筭一　四八八五
彊妻男弟平年十三　四八八六
東陽里户人公乘潘□年五十六筭一刑左足　四八八七
□妻大女了年廿一筭一　四八八八
入桑鄉嘉禾二年私學限米六斛五斗胄畢☑　四八八九
隅妻大女思年廿二筭一　四八九〇
☑胄畢𡊄嘉禾二年十月廿八日新成丘州吏陳顔關坚閣董基付倉吏

四八九一　鄭□□

四八九二　佳妻大女□年□二筭一

入桑鄉嘉禾二年私學米十七斛五斗胄畢𡘋嘉禾二年十月廿八日區
四八九三　丘大男黃□☐

【注】「米」上應脱「限」字。

四八九四　平陽里户人公乘黃曼年七十八

四八九五　山男弟肥年八歲

四八九六　得子男山年十三

四八九七　☐　磨妻大女□年廿三筭一

四八九八　□妻大女侏年卌二筭一

四八九九　銀妻大女增年廿二筭一

四九〇〇　入東鄉嘉禾二年税米五斛胄畢𡘋嘉禾☐

四九〇一　□□□年卅九筭一刑右手

四九〇二　☐□年卅三踵兩足

四九〇三　☐米十二斛胄畢𡘋嘉禾二年十月十四日□丘番非關坒閣董基☐

四九〇四　開男弟□年五歲

入廣成鄉嘉禾二年郡吏華賢子弟限米八斛胄畢𡘋嘉禾二年十月廿七
四九〇五　日龍丘□□☐

四九〇六　入桑鄉嘉禾二年税米廿四斛五斗胄☐

四九〇七　凡口三事　筭二事　訾　五　十

四九〇八　凡口四事　筭三事　中訾　五　十

【注】簡中「中」為朱筆。

四九〇九　☐……八日柚丘男子雷虞關坒閣董基付三州☐

四九一〇　半子女麦年四歲

四九一一　平弟開年七歲

四九一二　桑妻大女在年廿二筭一

入平鄉嘉禾二年税米一斛□斗五升胄畢𡘋嘉禾二年□月□日□丘番
四九一三　☐

四九一四　右條家口食三人　筭二　☐

四九一五　☐□年税米六☐

四九一六　☐僦錢月五百　大男吴而僦錢月五百

四九一七　入模鄉嘉禾二年税米四斛胄☐

四九一八　春妻思年卅筭一

四九一九　挑妻大女思年廿八筭一

四九二〇　凡口三事　筭二事　訾　五　十

四九二一　宜妻大女處年卅五筭一

四九二二　☐胄畢𡘋嘉禾☐

四九二三　入平鄉嘉禾二年税米二斛☐

四九二四　寒妻思年卅筭一

四九二五　曼妻大女□☐

四九二六　☐嘉禾二年十月卅日常略丘大男謝有關坒閣董基付三州倉☐

四九二七　☐日東丘番□關坒閣☐

【注】「番」下□左半殘缺，右半為「魚」。

四九二八　入平鄉嘉禾二年故帥烝迷子弟☐

四九二九　☐倉吏鄭黑受

四九三〇　☐畢𡘋嘉禾二年十二月廿日☐

四九三一　☐春年卌筭一

四九三二　☐二年十月十七日東薄丘□□□☐

四九三三　☐税米十三斛胄畢𡘋嘉禾二年☐

四九三四　☐閣董基付☐

四九三五　☐嘉禾二年郡吏區順客限米十一斛☐

四九三六　右廣☐

四九三七　入廣成鄉嘉禾二年税米十斛胄畢𡘋嘉禾二年十月☐

四九三八　☐丘男子周唐付庫☐

四九三九　入平鄉嘉禾二年税☐

⧄關坖閣董基⧄　四九四〇
⧄中部督郵書掾傅汜叩頭死罪敢言之　四九四一
⧄畢㚸嘉禾二年十月廿八日□□⧄　四九四二
⧄□□三斛胄畢㚸嘉禾二年□□⧄　四九四三
入中鄉嘉禾二年調布一匹⧄　四九四四
⧄六斛胄畢㚸嘉禾二年十月廿六日杷丘男子石臭關坖閣⧄　四九四五
凡口二事　訾　五　十　四九四六
凡口五事三　筭一事　訾　五　十　四九四七
入廣成鄉嘉禾二年稅米⧄　四九四八
楊兄善年卅六筭一　四九四九
凡口八事七　筭五事四　訾　一　百　四九五〇
⧄胄畢㚸□□□年□月□七日平□丘李□關坖閣董基付三州倉⧄　四九五一
⧄廿三日齊丘師陵寧潘關坖閣董基付三州倉吏鄭黑受　四九五二
⧄胄畢㚸嘉禾二年十月廿八日東丘番該關坖閣董基⧄　四九五三
⧄□□□得吏□□□□□□　四九五四
䇲録事□馮曹□錢月□□⧄　四九五五
⧄胄畢㚸嘉禾二年十月□⧄　四九五六
入平鄉嘉禾二年⧄　四九五七
⧄關坖閣董基⧄　四九五八
⧄□潘複子弟⧄　四九五九
⧄基付倉吏黄⧄　四九六〇
入平鄉嘉禾二年稅布⧄　四九六一
⧄壬斛胄畢㚸嘉⧄　四九六二
⧄庫吏番　四九六三
⧄斛胄畢㚸嘉禾二年十月廿六⧄　四九六四
⧄郵卒限米五斛胄畢㚸⧄　四九六五
入廣成鄉嘉禾二年郡吏限米……㚸⧄　四九六六

⧄稅米五斛五斗胄畢㚸⧄　四九六七
⧄米二斛⧄　四九六八
⧄年十一月廿一日付庫吏⧄　四九六九
⧄嘉禾二年稅米⧄　四九七〇
善子男國（？）年八歲　四九七一
善妻大女榮年廿八筭一　四九七二
⧄　條子男誠年十歲　四九七三
入桑鄉嘉禾二年梳米六斛胄畢㚸嘉禾二年十月廿七日惕丘鄧馬關坖閣董基付□□鄭黑受　四九七四
凡口九事七　筭六事四　訾　一⧄　四九七五
平陽里户人公乘謝□年卅二筭一聾兩耳　四九七六
□子男經年三歲　四九七七
窪姪子女□年卅四筭一　四九七八
彊外姪子男丑年八歲腫兩足　四九七九
其二百五十二人筭人收錢一百廿合三萬二百卅　四九八〇
兒女弟主年三歲　四九八一
金妻大女姑年廿三筭一　四九八二
日女弟兒年五歲　四九八三
困姪子男懸年七歲　四九八四
⧄右小武陵鄉領四年吏民一百九十四□民口九百五十一人吏口□□筭一千三百卅四錢　四九八五
□姪子男□年廿筭一刑左手　四九八六
□子女牛年十五筭一　四九八七
宜陽里户人公乘□□年□八刑右手……　四九八八
入廣成鄉嘉禾二年郵卒限米廿五斛胄畢㚸嘉禾二年十月廿七日□山丘男子⧄　四九八九
【注】「山丘」上□左半殘缺，右半從「頁」。
僕子男□年七歲　四九九〇

□男弟□年五歲　四九九一
□子男□年七歲　四九九二
□陽里户人公乘烝單年五十一筭一　四九九三
凡口九事七　筭四事三　中訾　一　百　四九九四
入桑鄉嘉禾二年税米三斛七☒　四九九五
【注】簡中「中」為朱筆。
昜女弟曼年六歲　四九九六
□子男彭年十五筭一　四九九七
平陽里户人公乘潘桑年廿九筭一　四九九八
□子男譙年廿七筭一　四九九九
入樂鄉嘉禾二年税米五斛四斗胄畢≡嘉禾二年十月廿八日頃丘謝　五〇〇〇
陷關邸閣董基☒　五〇〇一
☒□□丘李非關邸☒　五〇〇二
入平鄉嘉禾二年税米一斛☒　五〇〇三
入廣成鄉☒　五〇〇四
☒胄畢≡嘉禾二年☒　五〇〇五
府前言部吏潘羜收□☒　五〇〇六
☒≡嘉禾二年十一月四日□☒　五〇〇七
☒調布一匹≡☒　五〇〇八
☒税米四斛胄☒　五〇〇九
入平鄉嘉禾二年税米☒　五〇一〇
入平鄉嘉禾二年☒　五〇一一
入平鄉嘉禾二年税米十斛二斗胄☒　五〇一二
入東鄉嘉禾二年税☒　五〇一三
☒日□下丘□湛關邸☒　五〇一四
入平鄉嘉禾二年税米五斛六☒　五〇一五
入都鄉横溪丘男☒　五〇一六
入東鄉嘉禾二年税米五☒　五〇一七
入平鄉二年布一匹≡☒　五〇一七
☒庫吏潘　☒　五〇一八
☒□丘男子朱米關☒　五〇一九
☒年十月廿七日洽丘區☒　五〇二〇
宜都里户人大女吴□年六十五□□☒　五〇二一
☒□大男□吴邑四☒　五〇二二
☒邸閣董基☒　五〇二三
入廣成鄉☒　五〇二四
☒□董基□☒　五〇二五
入平鄉嘉禾二年□□☒　五〇二六
☒≡嘉禾二年十月廿五日寇丘☒　五〇二七
入紀（？）鄉嘉禾二年□吏□☒　五〇二八
入平鄉嘉禾二年郵卒限米三斛四斗胄☒　五〇二九
☒邸閣董基☒　五〇三〇
☒九日略丘潘和關☒　五〇三一
☒畢≡嘉禾二年十月廿三日姉丘☒　五〇三二
入西鄉嘉禾二☒　五〇三三
☒≡嘉禾二年田☒　五〇三四
☒年廿三筭一☒　五〇三五
☒基付倉吏鄭黑受　五〇三六
☒斛胄畢≡嘉禾二☒　五〇三七
☒楊丘陳□關邸閣董☒　五〇三八
☒男牛年六歲　五〇三九
☒畢≡嘉禾二年十月廿四日☒　五〇四〇
☒禾二年十月廿九日☒　五〇四一
入廣成鄉嘉禾二年私學☒　五〇四二
☒税米三斛≡☒　五〇四三
☒□關邸閣董基☒　五〇四四

☒嘉禾二年☒　五〇四五
入小武陵鄉嘉禾☒　五〇四六
☒李□關邸閣☒　五〇四七
☒閣董基付☒　五〇四八
☒鄉二年☒　五〇四九
右廣成鄉入☒　五〇五〇

【注】「右」上原有墨筆點記。

☒二年調布一匹☒　五〇五一
☒二年私學限米十斛☒　五〇五二
入桑鄉嘉禾二年稅☒　五〇五三
☒嘉禾二年稅米四斛六斗☒　五〇五四
領餘力☒　五〇五五
☒□二斛胄畢旲嘉禾☒　五〇五六
☒男子張□☒　五〇五七
入□鄉嘉禾二年稅米卌斛僦☒　五〇五八
入西鄉二年☒　五〇五九
入平鄉盡丘☒　五〇六〇
☒嘉禾二年稅米五斛☒　五〇六一
☒……　主弟士……☒　五〇六二
☒米五斛五斗胄畢旲☒　五〇六三
☒吏殷　☒　五〇六四
☒閣董基付三州☒　五〇六五
☒禾二年十月廿九日☒　五〇六六
☒詔案□□☒　五〇六七
入樂鄉嘉禾☒　五〇六八
☒六斗胄畢旲嘉禾☒　五〇六九
入小武陵鄉嘉禾二年□☒　五〇七〇
☒胄畢旲嘉禾☒　五〇七一
入廣成鄉嘉禾二年稅米☒　五〇七二
☒嘉禾二年稅米三斛☒　五〇七三
☒四斛胄畢☒　五〇七四
☒畢旲嘉禾二年☒　五〇七五
☒二斛四斗胄畢☒　五〇七六
☒禾二年十月十八日盡丘☒　五〇七七
☒倚吏☒　五〇七八
☒嘉禾二年郡吏谷昌子弟限米☒　五〇七九
☒一斛胄畢旲嘉禾☒　五〇八〇
☒二年郡佃吏限☒　五〇八一
☒關邸閣☒　五〇八二
☒限米九斛☒　五〇八三
☒嘉禾二年☒　五〇八四
☒嘉禾二年稅米☒　五〇八五
☒年十月十☒　五〇八六
入樂鄉嘉☒　五〇八七
☒年十一月廿□☒　五〇八八
☒米卅斛胄畢☒　五〇八九
☒禾二年十一月廿七日盡丘□☒　五〇九〇
☒稅米十六斛☒　五〇九一
☒月廿六日楊丘男子☒　五〇九二
☒關邸閣董基☒　五〇九三
入小武陵鄉嘉禾☒　五〇九四
☒旲嘉禾二年十月十☒　五〇九五
☒關邸閣董基　☒　五〇九六
入□鄉嘉禾二年稅☒　五〇九七
☒付倉吏鄭黑受　五〇九八
☒　筭二☒　五〇九九

五一〇〇 ⧄七日□丘⧄
五一〇一 ⧄□□□日盡謝究關⧄
【注】「盡」下脱「丘」字。
五一〇二 ⧄十一日毛丘□⧄
五一〇三 ⧄吏鄭黑受
五一〇四 ⧄十六日漚丘男⧄
五一〇五 ⧄通丘郡吏萬合關邸閣董基⧄
五一〇六 ⧄□□□稅池□□□⧄
五一〇七 ⧄丘男子黃□關邸閣⧄
五一〇八 ⧄□　左金曹⧄
五一〇九 ⧄……吴嘉禾二年十月廿□日盡丘□□□□□⧄
五一一〇 ⧄□日唐中丘男子□□⧄
五一一一 入平鄉嘉禾二年稅米三斛⧄
五一一二 ⧄……董基付三州倉吏⧄
五一一三 ⧄□丘謝區關邸閣董⧄
五一一四 入平鄉嘉禾二年稅米三斛⧄
五一一五 ⧄□錢二百⧄
五一一六 ⧄訾　二　百
五一一七 ⧄殷連受
五一一八 ⧄第二事　訾　五　十
五一一九 ⧄□書給□簡示⧄
五一二〇 入西鄉□□鄉吏光肫二年調布一匹三丈□□吴嘉⧄
五一二一 ⧄男□年七歲　□□□⧄
五一二二 三月領酒租錢一萬四千二百　⧄
五一二三 ⧄……□□言□□
五一二四 □□□□有書文負□屯黑米……
五一二五 ……叩頭死罪
五一二六 ⧄死罪……
五一二七 ⧄□□□□□□□□物故□□□□□□
五一二八 ⧄……八月一日□□⧄
五一二九 ⧄……書到⧄
五一三〇 ⧄年限米二斛□⧄
五一三一 ⧄……丘黃□關邸閣⧄
五一三二 ⧄……關邸閣董基⧄
五一三三 ⧄四日溫丘鄭丞關邸⧄
五一三四 右平鄉入郵卒⧄
【注】「右」上原有墨筆點記。
五一三五 ⧄胄畢吴嘉禾二年十⧄
五一三六 妾子男淬年十三盲目雀兩足
五一三七 右續家口食二人
【注】「右」上原有墨筆點記。
五一三八 □妻汝年卅四
五一三九 研子女陵年十歲
五一四〇 大女唐妾年五十
五一四一 ⧄中
五一四二 右□家口食三人
【注】「右」上原有墨筆點記。
五一四三 右桑鄉人民所貸黃龍二年租米六斛二斗
【注】「人」應為「入」之誤。
五一四四 入中鄉謝慮稅布六……
五一四五 老男殷□年七十二
五一四六 妻桑年六十
五一四七 妾子男蕘年七歲
五一四八 水姪子男史年十五
五一四九 右岐家口食三人
【注】「右」上原有墨筆點記。

……□復民二年租錢……　五一五〇
☑三斛　大男呂畫二斛　大男趙加二斛　五一五一
老男謝堅年□□　單身　五一五二
☑□郡吏□□所貸二年□□□米三斛冑畢☒嘉禾二年十月卅日
周陵丘監有關坣閣董基付☑　五一五三
入樂鄉嘉禾二年還所貸食黃龍二年私學限米四斛冑畢☒嘉禾二年
十二月十日田湹丘張行關坣閣董☑　五一五四
□外男孫青年十歲　五一五五
右妾家口食三人　☑　五一五六
【注】「右」上原有墨筆點記。
☑　三月十一日北鄉市掾潘邦白　五一五七
□男弟儸年卅刑右手　☑　五一五八
妾子男苜年七歲　五一五九
☑右□鄉入民所貸三年稅米五斛五斗　五一六〇
【注】「斗」原作「升」，後改為「斗」。
右樂鄉入民所貸三年租米一斛五斗　五一六一
老男胡公年六十一踵兩足　五一六二
☑家口食二人　五一六三
右乘家口食四人　五一六四
【注】「右」上原有墨筆點記。
☑　柳□母妾年卅　☑　五一六五
堂妻派年卅七　五一六六
右三月旦承餘新襍錢一百七十一萬四千七百六十　五一六七
【注】「右」上原有墨筆點記。又，「新」下似脱「入」字。
右□家口食三人　五一六八
【注】「右」上原有墨筆點記。
右碩家口食二人　☑　五一六九
【注】「右」上原有墨筆點記。

妾小父鄧得年五十七雀左足　五一七〇
右妾家口食二人　五一七一
【注】「右」上原有墨筆點記。
生妻思年卅九　五一七二
入平鄉嘉禾二年還所貸員口嘉禾元年漬米十斛六斗冑畢☒嘉禾二
年十月十七日□□丘石門關☑　五一七三
貧母待年卅五　五一七四
老男黃碩年八十……　五一七五
□妻汝年卅五　五一七六
乘外姪子李堂年卅五　五一七七
大男周生年五十二踵兩足　五一七八
公妻妾年五十四　五一七九
……二千復民三年租錢　五一八〇
大男劉水年卅七踵兩足　五一八一
☑所貸黃龍三年□□米三斛冑畢☒嘉禾二年四月五日□□丘☑　五一八二
大女婁妾年卅五　五一八三
入都鄉嘉禾二年財用錢二千　五一八四
集凡……月口食九十六人　五一八五
□子男客年十五　五一八六
入樂鄉嘉禾二年口筭錢七千　五一八七
入模鄉嘉禾二年□□□□□四斛三斗二升冑畢☒嘉禾二年十一
月十三日☑　五一八八
集凡三州倉起□月一日訖卅日受嘉禾二年民所貸☑　五一八九
入樂鄉民還所貸三年私學限禾准米四斛冑畢☒嘉禾二年九月廿九
日領山丘謝☑　五一九〇
□妻汝年六十　五一九一
右桑鄉入民所貸元年新吏限米三斛五斗　☑　五一九二

【注】「右」上原有墨筆點記。

右竦家口食三人　五一九三

【注】「右」上原有墨筆點記。

右承餘新入口筭錢四千　已　五一九四

待子女汝年十七　五一九五

其五萬七千四百五十二年口筭錢　五一九六

右水家口食二人　五一九七

入廣成鄉嘉禾二年口筭錢四百　五一九八

老男□□年七十二踵兩足　五一九九

右承餘新入口筭錢……五十　已　五二〇〇

□□□郡吏谷弘□谷異年廿一　五二〇一

右持家口食四人　五二〇二

仁妻□□年五十二　五二〇三

右能家口食三人　五二〇四

□子男踆年十　五二〇五

⊠……二月廿五日庫吏□□□　五二〇六

右妾家口食二人　五二〇七

右新入褋錢一萬九千　五二〇八

入模鄉嘉禾二年財用錢二千八百　五二〇九

右二月旦承餘新入褋錢四萬三千七百九十　五二一〇

【注】「右」上原有墨筆點記。

老男趙友年六十五　五二一一

入模鄉嘉禾二年口筭錢四千四百　五二一二

入中鄉嘉禾二年財用錢二萬二千　五二一三

入廣成鄉嘉禾二年口筭錢四千　五二一四

入……一萬四千二年陶租錢　五二一五

右□月旦承餘新入財用錢七萬□千三百　五二一六

【注】「右」上原有墨筆點記。

集凡三州倉起十二月一日訖卅日受嘉禾二年民所貸元二年　⊠　五二一七

右諸鄉入民所貸三年税米卅八斛二斗五升　⊠　五二一八

能子小女㩁年七歲　五二一九

右樂鄉人民所貸黄龍二年私學限米⊠　五二二〇

【注】「人」應為「入」之誤。

右□家口食四人　⊠　五二二一

⊠　乘妻取年五十一　五二二二

入……一千八百二年絢租錢　五二二三

□男弟□年十五前給發傳子名　五二二四

右樹家口食三人　五二二五

入西鄉嘉禾二年財用錢一千　五二二六

右承餘新入財用錢一萬□千八百　已　五二二七

⊠……𠭯嘉禾二年十月□□日□□丘□□關邸閣董⊠　五二二八

入南鄉嘉禾二年口筭錢一千三百五十　五二二九

……五月十五日……　五二三〇

□女弟汝年十六　五二三一

⊠鄉嘉禾二年還貸食黄龍三年税米三斛𠭯嘉禾二年十月廿二日□⊠　五二三二

西陽里户人公乘英會年六十九　五二三三

宜陽里户人公乘陳嵩年廿四踵兩足　五二三四

右桑鄉新入所貸三年租米十二斛　⊠　五二三五

右平鄉入民所貸員口漬米⊠　五二三六

九千廿七萬七百廿……　五二三七

入樂鄉嘉禾二年所貸食黄龍三年税米一百十一斛五斗胄畢𠭯嘉禾二年三月廿二日下□丘□□⊠　五二三八

⊠貸黄龍三年粢税米一斛⊠　五二三九

□□錢一萬四千為行錢廿二萬□千三百……　五二四〇

右平鄉入民所貸三年税米四斛☐ 五二四一
承十二月旦簿餘嘉禾二年市租錢十萬七千二百 五二四二
右新入褋錢七萬九百七十 五二四三
入廣成鄉嘉禾二年口筭錢一千 五二四四
其九千二年筭錢 五二四五
【注】「筭」上應脱「口」字。
其七千八百二年財用錢 五二四六
入東鄉嘉禾二年還所貸食嘉禾元年吏□□□□□米三斛胄畢𥝊嘉
禾二年十一月廿七日……☐ 五二四七
☐……𥝊嘉禾二年九月……☐ 五二四八
□□里户人大女劉妾年六十二 五二四九
入□鄉嘉禾二年所貸…… 五二五〇
承三月旦簿餘嘉禾二年租蓋錢三萬四千七百九十 五二五一
出用 無 五二五二
出用 無 五二五三
今餘錢二萬四千二百九十 已 五二五四
【注】「今」上原有墨筆點記。
其二萬四千四百☐ 五二五五
右領所貸錢三萬七千四百…… 五二五六
□□□七百□□□…… 五二五七
☐ 其餘錢三千二百 五二五八
☐ 其六十一斛正領 中 五二五九
右□食錢二千 五二六〇
承二月旦簿餘嘉禾二年口筭錢四千 已 五二六一
識男弟收年十歲 五二六二
☐西鄉入民所貸黃龍三年税米三斛 五二六三
□□鄉嘉禾三年税米三斛五升胄畢𥝊嘉禾三年五月十一日旱□
丘□□關坚閣董基付倉吏鄭黑受 五二六四

入僕鄉嘉禾二年口筭錢九千三百 ☐ 五二六五
☐□二年財用錢 五二六六
右樂鄉入民所貸三年吏帥客限米□☐ 五二六七
☐入民所貸黃龍三年税米十八斛五斗 五二六八
承三月旦簿餘嘉禾二年筭錢九千九百一十 五二六九
【注】「筭」上應脱「口」字。
入東鄉嘉禾二年口筭錢八千 ☐ 五二七〇
☐□市租錢三千二百 五二七一
入西鄉嘉禾二年口筭錢一千二百 五二七二
鄞子男狗年四歲 五二七三
☐貸食中鄉區起三年税米今還米三斛𩾃畢𥝊嘉禾二年十一月廿日
曰浭丘謝琟關坚閣董基付☐ 五二七四
☐貸黃龍三年子弟限禾准米三斛僦畢𥝊嘉禾二年九月卅日柚丘男
子朱監☐ 五二七五
……事 訾 五 十 五二七六
☐□貸食黃龍三年税禾准米三斛僦畢𥝊嘉禾二年十一月廿一日下
象丘烝薦關坚閣董基付☐ 五二七七
☐……月廿二日烝弁☐ 五二七八
☐□□貸唐中鄉黃龍三年區□税米三斛𥝊嘉禾二年十二月七日頃
丘周誤關坚閣董基☐ 五二七九
其八百二年絢租錢 五二八〇
入樂鄉所貸黃龍三年私學限禾准米四斛二斗僦畢𥝊嘉禾二年九月
卅日柚丘男子烝□關坚 ☐ 五二八一
入平鄉民所貸黃龍三年税米四斛五斗胄畢𥝊嘉禾二年十月廿二日□
☐ 五二八二
右樂鄉入民所貸☐ 五二八三
【注】「右」上原有墨筆點記。
入平鄉嘉禾二年民所貸食黃龍元年私學限米三斛☐ 五二八四

右樂鄉入民所貸三年稅米十二斛 ☐ 五二八五
右承餘新入財用錢二萬四千四百 五二八六
其二千三年復民租錢 五二八七
集凡三州倉起九月一日訖卅日受嘉禾二年民所貸二三年□☐ 五二八八
【注】「集」上原有墨筆點記。
出用 無 五二八九
……九千九百□□旦簿…… 五二九〇
入西鄉嘉禾二年財用錢二千 五二九一
☐□鄉嘉禾二年財用錢三千 五二九二
☐能妻姑年卅九 五二九三
入中鄉嘉禾二年財用錢三千□百 五二九四
☐年九月六日□□☐ 五二九五
入東鄉嘉禾二年財用錢六千 五二九六
其一萬四千二年絢租錢 五二九七
右桓家口食六人 訾 五 十 五二九八
【注】「右」上原有墨筆點記。
豫母大女妾年六十五刑右手 五二九九
☐租米七十一斛㕛嘉禾□年十一月□日□□丘☐ 五三〇〇
出用 無 五三〇一
右承餘錢三千二百 五三〇二
右霸家口食六人 訾 五 ☐ 五三〇三
戶曹史白右倉曹……曹史史白王庫吏☐ 五三〇四
承四月旦簿餘嘉禾二年口筭錢七萬二百五十 五三〇五
右承餘錢一千八百 五三〇六
尊戶下婢□年田七 五三〇七
……錢一千八百 五三〇八
入平鄉嘉禾二年還所貸食☐ 五三〇九
大男黃續年十七 ☐ 五三一〇
若 九月卅日主庫史番有白 五三一一
【注】按：此處之「若」，應即「畫諾」之「諾」。
老男陳州年六十一 五三一二
☐㕛嘉禾二年八月廿四日東山丘陳車付庫吏殷 ☐ 五三一三
☐貸食元年新吏限米三斛五斗胄㕛嘉禾二年十月廿一日租下丘□
吏□□關堅閣董基☐ 五三一四
集凡起八月一日訖卅日受嘉禾☐ 五三一五
【注】「集」上原有墨筆點記。
右承餘錢一千八百 已 五三一六
其七萬一千三百二年市租錢 五三一七
右廣成鄉入民所貸三年稅米卅六斛四斗□☐ 五三一八
☐ 其八十四戶下品之下 五三一九
妻大女妾年六十八 五三二〇
右樂鄉☐ 五三二一
入平鄉嘉禾二年財用錢四千四百 五三二二
入西鄉嘉禾二年財用錢一千 五三二三
其二戶上品 五三二四
右領承餘新入財用錢八萬八千八百 五三二五
右馬家口食六人 訾 五 十 五三二六
其一戶給度卒下品 五三二七
入邑下復民楊樊租錢四千 五三二八
入南鄉嘉禾二年口筭錢一萬九千 五三二九
其□□百二年酒租錢 五三三〇
右承餘錢一千八百 已 五三三一
承二月旦簿餘嘉禾二年市租錢一千八百 五三三二
承十二月旦簿餘…… 五三三三
入東鄉嘉禾二年財用錢八百六田 五三三四

入模鄉嘉禾二年財用錢六千二百　五三三五

東陽里户人公乘樂龍年十八素苦腹心疾病　五三三六

右卓家口食二人　中訾　五　十　五三三七

【注】簡中「中」為朱筆。

中樂里户人公乘李□年廿四刑右手　五三三八

……年正月廿一日付吏李珠受　五三三九

憎妻大女姑年卅五　五三四〇

入廣成鄉嘉禾二年財用錢二千　五三四一

其一萬二千四百……　五三四二

……日付吏李珠受　五三四三

入樂鄉嘉禾二年財用錢八百十八　五三四四

☑□口筭錢二千　五三四五

承正月旦簿餘嘉禾二年酒租錢一千八百　五三四六

承十二月旦簿餘嘉禾二年□□錢二萬四千……　五三四七

右張家口食三人　訾　五　十　五三四八

右生家口食三人　訾　五　十　五三四九

☑　妻大女汝年卅　五三五〇

入小武陵鄉嘉禾二年口筭錢二萬　五三五一

入西鄉嘉禾二年口筭錢一千　五三五二

□樂里户人公乘陳其年卅二　五三五三

出用　無　五三五四

右承餘錢貸口筭錢三萬五千九百　五三五五

右龍家口食六人　中訾　五　十　五三五六

【注】簡中「中」為朱筆。

右正月旦簿承餘新入襍錢卅九萬五千三百廿　五三五七

□□錢七千二百　五三五八

出具錢八萬一千為行錢八萬五千二百九十五錢市
嘉禾二年調布嘉禾三年正月卅　五三五九

義成里户人公乘番能年五十七刑左手　五三六〇

☑□□□斛為故米□□□□　五三六一

民男弟平年十五　☑　五三六二

樵女弟宜年九歲　五三六三

老女陳妾年八十五　☑　五三六四

右新入襍錢五萬九千四百　五三六五

一萬四千二年柚租錢　五三六六

莫女弟貸年十二　五三六七

枉男弟陽年廿一　五三六八

□妻婢年卅八　☑　五三六九

入廣成鄉嘉禾二年財用錢二千　五三七〇

妻大女汝年廿八　五三七一

今餘錢二千　已　五三七二

☑□□家口食六人　中訾　五　十　五三七三

【注】簡中「中」為朱筆。

子男禿年十六　五三七四

州子男陳年七歲　☑　五三七五

承正月旦簿餘嘉禾二年市租錢三千二百　五三七六

右領新入復民租錢四百　已　五三七七

入西鄉嘉禾二年財用錢六千　五三七八

出具錢三萬為行錢三萬一千一百九十四錢市嘉禾二年調布嘉禾三年
正月卅　五三七九

入中鄉嘉禾二年財用錢四千　五三八〇

妾子男備年十□☑　五三八一

右銅家口食四人　☑　五三八二

右浦家口食二人☑　五三八三

散妻大女婢年廿一　五三八四

右□家口食二人　……　☑　五三八五

散子男吉年六歲　五三八六
宜陽里户人公乘利豫年卅四真吏　五三八七
承正月旦簿餘嘉禾二年口筭錢二千　五三八八
☑……事　……　五三八九
右□口筭錢□……　五三九〇
廿一日□吏帥客新入……　五三九一
【注】本簡背面有反文「嘉禾二年□月□□日」等，係另簡所留印痕。
☑……年□七踵兩足　五三九二
右出行錢十八萬□千三百……　五三九三
☑　倉男弟𨄅年十五　五三九四
☑□大女□年廿踵兩足　五三九五
右曾家口食三人　中訾　五　十　五三九六
【注】簡中「中」為朱筆。
承□月旦簿餘嘉禾二年口筭錢……　五三九七
☑□男弟囲年十歲　五三九八
裛男弟旱年八歲　五三九九
☑民二百五十户合一千三百廿六人　五四〇〇
☑　香男弟賞年田五　五四〇一
義成里户人公乘李□年卅八……　五四〇二
宜女弟阿年七歲　五四〇三
右酒家口食三人　五四〇四
入□鄉嘉禾二年財用錢二千　五四〇五
承三月旦簿餘嘉禾二年口筭錢十二萬四千四百　五四〇六
右難家口食四人　中訾　五　十　五四〇七
【注】簡中「中」為朱筆。
裹（?）子男度年四歲　五四〇八
入平鄉嘉禾二年財用錢三千　五四〇九
☑……□年卅一踵兩足　五四一〇
入小模鄉嘉禾二年口筭錢七千二百　五四一一
☑　□男弟錢年六歲　五四一二
出用　無　五四一三
入平鄉嘉禾二年財用錢二千　五四一四
☑□　訾　五　十　五四一五
承四月旦簿餘嘉禾二年口筭錢一萬四☑　五四一六
平樂里户人公乘龍□年□十六……　五四一七
☑　右承餘……　五四一八
□男弟香年廿二苦腹心病　五四一九
☑　右會家口食五人　訾　五　十　五四二〇
頡女弟佪年九歲　五四二一
□妻大女□年卅二　五四二二
【注】「妻」上□左半殘缺，右半為「合」。
右拾家口食七人　訾　五　十　五四二三
劉男弟莨年十歲　五四二四
□妻大女汝年卅五　五四二五
其六户中品　五四二六
母大女姑年七十三　五四二七
☑　右諸鄉入民所貸黃龍元年私學限米六斛　五四二八
其一户給鍛佐下品之下　五四二九
曾子女□年十歲☑　五四三〇
【注】「子女」下□右半殘缺，左半從「女」。
子女埤年十七　五四三一
☑……下品　五四三二
其九户中品　五四三三
☑□□黃龍三年税米一斛𥝢嘉禾三年五月三日頃丘潘噌關邸閣董基
付倉吏鄭☑　五四三四
其一户給三州倉父下品之下　五四三五

□妻大女汝年廿三　五四三六
右童家口食三人　中訾　五　十　五四三七
【注】簡中「中」為朱筆。
□妻大女賣年卅　五四三八
入吏谷能二年鹽米七斛〼黄龍三年二月十九日關坔閣郭據付倉吏監〼　五四三九
其一户給鍛佐下品之下　五四四〇
章男弟秋年四歲盲右目　五四四一
右□家口食二人　訾　二　十　五四四二
〼里户人公乘逢繒年卅五苦腹心病　五四四三
右□家口食□人　訾　五　十　五四四四
〼五十户下品之下　五四四五
右郡家口食五人　中訾　五　十　五四四六
【注】簡中「中」為朱筆。
其七户給郡吏下品　五四四七
右碩家口食三人　中訾　五　十　五四四八
【注】簡中「中」為朱筆。
右新入柚租錢一萬四千　五四四九
【注】「右」上原有墨筆點記。
今餘錢三千二百　已　五四五〇
【注】「今」上原有墨筆點記。
……千二百六十市租租錢　五四五一
【注】衍一「租」字。
〼　其一户給州吏下品　五四五二
……財用錢四萬二千五百　五四五三
〼龍三年税米二斛胄畢〼嘉禾三年三月八日頃丘潘□關坔閣董基〼　五四五四
□子男當年十一　五四五五

〼里户人公乘秦頡年廿三□右足　五四五六
靖母大女婢年五十四　五四五七
東陽里户人公乘□□年五十九盲左目　五四五八
右□家口食三人　……　五四五九
平樂里户人公乘鄭張年五十一　五四六〇
妻大女笄年卅三　五四六一
右出行錢九萬五千二百九十五錢　五四六二
【注】「右」上原有墨筆點記。
右承餘新入口筭錢十五萬七千七百卅　五四六三
【注】「右」上原有墨筆點記。
出用　無　五四六四
一日付吏□□□……　五四六五
策妻大女□年卅三　五四六六
其十二户給縣吏下品　五四六七
東陽里户人公乘魯開年□五　五四六八
右□家口食五人　中訾　五　十　五四六九
【注】簡中「中」為朱筆。
〼　子男政年廿四　五四七〇
東陽里户人公乘扶侈年十四　五四七一
〼　其二户給庫吏中品　五四七二
棟妻大女姑年廿四　五四七三
其一户給縣卒下品　五四七四
□興里户人公乘區拾年五十六　五四七五
右羆家口食五人　訾　五　十　五四七六
右□家口食二人　訾　五　十　五四七七
子男校年十歲　五四七八
唐女弟阿年三歲　五四七九
張妻大女姑年卌八踵兩足復　五四八〇

右□家口食二人　中訾　五　十　五四八一
【注】簡中「中」為朱筆。
宜陽里户人公乘烝靖年廿九　五四八二
妻大女姑年卅五　五四八三
□妻大女盡年廿九　五四八四
□男弟芝年九歲　五四八五
□庫吏番有謹列正月旦……　五四八六
生妻大女汝年卌　五四八七
脂小妻大女汝年廿八　五四八八
⧄　□男弟成年十三　五四八九
⧄　其一户給度卒下品之下　五四九〇
右樂鄉民還所貸食黄龍三年私學限米五斛四斗　⧄　五四九一
其二户上品　五四九二
右樂鄉入民所貸黄龍三年私學限米五斛……　五四九三
⧄□□男周□年四歲　……年□歲　五四九四
⧄□妻大女姑年廿四　五四九五
⧄□男弟遽年四歲　五四九六
右□家口食二人　訾　五　十　五四九七
【注】「右」下□下半殘缺，上半從「艹」。
子男侯年廿五苦腹心病　五四九八
其卅二户下品　五四九九
子男望年廿□　五五〇〇
【注】按：本簡下部扭卷，是否有字不詳。
右平鄉人民所貸黄龍元年私學限米□二斛　⧄　五五〇一
【注】「右」上原有墨筆點記。又，「人」應為「入」之誤。
⧄安□年八歲　五五〇二
右品家口食五人　訾　五　十　五五〇三
右佟家口食二人　訾　五　十　五五〇四

其四萬二千三百二年財用錢　五五〇五
領妻大女絮年廿九　五五〇六
⧄□年四歲　五五〇七甲
⧄　其廿二户□⧄　五五〇七乙
宜陽里户人大女梁妾年六十八　五五〇八
右直家口食三人　訾　五　十　五五〇九
泠男弟武年六歲　五五一〇
⧄　□子女汝年五歲　五五一一
義成里户人公乘李□年卅九苦腹心病　五五一二
【注】「李」下□右半殘缺，左半從「氵」。
□□弟汝年六歲　五五一三
⧄□金曹史李珠白縣領⧄　五五一四
⧄庫吏殷連受　五五一五
⧄□□百户□□□⧄　五五一六
⧄　苦悥病　五五一七
【注】「悥」，《集韻》：「同諠，怒。」又，《篇海》：「称人切，音嗔，恚也。」下同，不再注明。
□庫吏潘有謹列正月旦起□月一日訖十二⧄　五五一八
□妻大女□年廿八　五五一九
⧄家口食三人　中訾　五　十　五五二〇
【注】簡中「中」為朱筆。
⧄男石□年卌一　五五二一
⧄　右□家口食五人　訾　五　十　五五二二
□妻大女□年卅三　五五二三
大男□□二斛　大男□□二斛　大男□□一斛　五五二四
右□家口食三人　⧄　五五二五
【注】「右」上原有墨筆點記。
老女黄□年九十三　……⧄　五五二六

右胤家口食四人　訾　五　十　五五二七

客女弟阿年七歲　五五二八

入□鄉黃龍三年税米一斛　☒　五五二九

張妻大女姑年廿五
圂男弟圂（？）年七歲　五五三〇

張子男仨年十三　五五三一

桑鄉謹列所領後（？）判占二人名年紀簿　☒　五五三二

子女婢年八歲　五五三三

□母大女妾年九十　五五三四

平樂里户人公乘米仵年卌九刑右手肓　五五三五

【注】「肓」，《龍龕手鑑》：「音賓。」又，《字彙補》：「卑欣切。義闕。」下同，不再注明。

秉妻大女紫年廿六　五五三六

望女弟進年十四苦悳狂病　五五三七

☒　□母大女□年七十三　五五三八

☒□□子女葉年七歲　五五三九

唐母大女銀年七十六　五五四〇

☒　吉女弟匹年三歲　五五四一

妻大女□年五十九刑左手□□　五五四二

☒一人　訾　五　十　五五四三

郡妻大女□☒　五五四四

☒□食七人　訾　五　十　五五四五

☒秉程殷年廿二　五五四六

右承餘錢……　五五四七

【注】「右」上原有墨筆點記。

☒　□家口三人　五五四八

☒□妻大女□年卌三　五五四九

☒……胄畢旲嘉禾二年十二月四日……☒　五五五〇

☒□苦□病　五五五一

【注】「病」上□右半殘缺，左半從「食」。

右□家口食三人　訾　五　十　五五五二

□子男□年十二　五五五三

萬三千玉書言為桓王☒　五五五四

☒□□承餘新入襍錢莂簿　五五五五

彭卒貢衣未售彭有代□☒　五五五六

【注】「代」下□右半殘缺，左半從「車」。

☒　右平鄉入民所貸二年税米十五斛　五五五七

【注】「右」上原有墨筆點記。

☒□年廿五苦腹心病　五五五八

☒食黃龍三年税米一斛胄畢旲嘉禾二年十一月十二日下象丘烝平關
堅閣董基付三州倉☒　五五五九

【注】「胄」下似脱「畢」字。

□子男理年十☒　五五六〇

【注】「子男」上□左半殘缺，右半為「東」。

承三月旦簿餘嘉禾二年□□錢五萬七千四百五十七　五五六一

□男弟□年十一　☒　五五六二

子男唐年廿八　五五六三

平樂里户人公乘郭忠年廿一苦腹心病　五五六四

□妻大女言年廿一　五五六五

大男唐能年卌六　五五六六

☒五日承餘新入財用錢簿　五五六七

理女弟婢年六歲　☒　五五六八

侯男弟野年七歲　五五六九

□女弟□年廿三　☒　五五七〇

生子男陽年九歲　五五七一

右□家口食三人　訾　五　十　五五七二

入樂鄉嘉禾二年還所貸食黃龍三年税米四斛□畢旲嘉禾二年十二

右□家口食二人　中訾　五　十　五四八一

【注】簡中「中」為朱筆。

宜陽里户人公乘烝靖年廿九　五四八二

妻大女姑年卅五　五四八三

□妻大女盡年廿九　五四八四

□男弟芝年九歲　五四八五

□庫吏番有謹列正月旦……　五四八六

生妻大女汝年卅　五四八七

脂小妻大女汝年廿八　五四八八

▨　□男弟成年十三　五四八九

▨　其一户給度卒下品之下　五四九〇

右樂鄉民還所貸食黃龍三年私學限米五斛四斗　▨　五四九一

其二户上品　五四九二

右樂鄉入民所貸黃龍三年私學限米五斛……　五四九三

▨□□男周□年四歲　……年□歲　五四九四

▨□妻大女姑年卅四　五四九五

▨□男弟遷年四歲　五四九六

右□家口食二人　訾　五　十　五四九七

【注】「右」下□下半殘缺，上半從「艹」。

子男侯年卅五苦腹心病　五四九八

其卅二户下品　五四九九

子男望年廿□　五五〇〇

【注】按：本簡下部扭卷，是否有字不詳。

右平鄉人民所貸黃龍元年私學限米□二斛　▨　五五〇一

【注】「右」上原有墨筆點記。又，「人」應為「入」之誤。

▨安□年八歲　五五〇二

右品家口食五人　訾　五　田　五五〇三

右侈家口食二人　訾　五　十　五五〇四

其四萬二千三百二年財用錢　五五〇五

頷妻大女絮年廿九　五五〇六

▨□年四歲　五五〇七甲

▨　其廿二户□▨　五五〇七乙

宜陽里户人大女梁妾年六十八　五五〇八

右直家口食三人　訾　五　十　五五〇九

泠男弟武年六歲　五五一〇

▨　□子女汝年五歲　五五一一

義成里户人公乘李□年卅九苦腹心病　五五一二

【注】「李」下□右半殘缺，左半從「氵」。

□□弟汝年六歲　五五一三

▨□金曹史李珠白縣領▨　五五一四

▨庫吏殷連受　五五一五

▨□□百户□□□▨　五五一六

▨　苦悳病　五五一七

【注】「悳」，《集韻》：「同讀，怒。」又，《篇海》：「称人切，音嗔，恚也。」下同，不再注明。

□庫吏潘有謹列正月旦起□月一日訖十二▨　五五一八

□妻大女□年廿八　五五一九

▨家口食三人　中訾　五　十　五五二〇

【注】簡中「中」為朱筆。

▨男石□年卌一　五五二一

▨　右□家口食五人　訾　五　十　五五二二

□妻大女□年田三　五五二三

大男□□二斛　大男□□二斛　大男□□一斛　五五二四

右□家口食三人　▨　五五二五

【注】「右」上原有墨筆點記。

老女黃□年九十三　……▨　五五二六

右胤家口食四人　訾　五　田　五五二七
客女弟阿年七歲　五五二八
入□鄉黃龍三年稅米一斛　☐　五五二九
張妻大女姑年廿五
𦡱男弟𡨥（?）年七歲　五五三〇
張子男仨年十三　五五三一
桑鄉謹列所領後（?）判占二人名年紀簿　☐　五五三二
子女婢年八歲　五五三三
□母大女妾年九十　五五三四
平樂里戶人公乘米仵年卌九刑右手盲　五五三五
【注】「盲」，《龍龕手鑑》：「音賓。」又，《字彙補》：「卑欣切。義闕。」下同，不再注明。
秉妻大女紫年廿六　五五三六
望女弟進年十四苦㥶狂病　五五三七
☐　□母大女□年七十三　五五三八
☐□□子女葉年七歲　五五三九
唐母大女銀年七十六　五五四〇
☐　吉妄弟𡦹年三歲　五五四一
妻大妾□年五十九刑左手□□　五五四二
☐一人　訾　五　十　五五四三
郡妻大女□☐　五五四四
☐□食七人　訾　五　十　五五四五
☐秉程段年廿二　五五四六
右承餘錢……　五五四七
【注】「右」上原有墨筆點記。
☐　□家合三人　五五四八
☐□妻大女□年卌三　五五四九
☐……胄畢𡗕嘉禾二年十二月四日……☐　五五五〇
☐□苦□病　五五五一
【注】「病」上□右半殘缺，左半從「食」。
右□家口食三人　訾　五　十　五五五二
□子男□年十二　五五五三
萬三千玉書言為桓王☐　五五五四
☐□□承餘新入褋錢莂簿　五五五五
彭卒貰衣未售彭有代□☐　五五五六
【注】「代」下□右半殘缺，左半從「車」。
☐　右平鄉入民所貸二年稅米十五斛　五五五七
【注】「右」上原有墨筆點記。
☐□年廿五苦腹心病　五五五八
☐食黃龍三年稅米一斛胄𡗕嘉禾二年十一月十二日下象丘烝平關
堅閣董基付三州倉☐　五五五九
【注】「胄」下似脫「畢」字。
□子男理年十☐　五五六〇
【注】「子男」上□左半殘缺，右半為「束」。
承三月旦簿餘嘉禾二年□□錢五萬七千四百五十七　五五六一
□男弟□年十一　☐　五五六二
子男唐年廿八　五五六三
平樂里戶人公乘郭忠年廿一苦腹心病　五五六四
□妻大女言年廿一　五五六五
大男唐能年卌六　五五六六
☐五日承餘新入財用錢簿　五五六七
理女弟婢年六歲　☐　五五六八
侯男弟野年七歲　五五六九
□妾弟□年廿三　☐　五五七〇
生子男陽年九歲　五五七一
右□家口食三人　訾　五　十　五五七二
入樂鄉嘉禾二年還所貸食黃龍三年稅米四斛□畢𡗕嘉禾二年十二

月廿一日□丘鄭□關坒閣董基▨　五五七三
▨□市租錢一萬四千　▨　五五七四
入西鄉嘉禾二年新調布▨　五五七五
▨□□陽里領吏民合五十八户口食三百▨　五五七六
鵬子男軍年三▨　五五七七
子女□年八歲　五五七八
子男樊年廿五　五五七九
▨　右□家口食三人　▨　五五八〇
出用　無　▨　五五八一
▨　□妻大女▨　五五八二
承二月旦簿餘嘉禾二年▨　五五八三
▨　□男弟□年十一　五五八四
【注】「男弟」上□左半殘缺，右半為「艮」。
▨□三人　五五八五
宜陽里户人公乘文碩年卅七　▨　五五八六
妻大女汝年卌六　五五八七
右承餘新入財用錢……▨　五五八八
六月廿七日典田掾五陵□▨　五五八九
▨□四百五十　五五九〇
▨　付三州倉吏鄭黑受　五五九一
▨米□□斛三斗七升▨　五五九二
▨……新調布十匹▨　五五九三
宜陽里户人公乘張乇年七十四　▨　五五九四
▨　□二千二年領民□租錢……　五五九五
▨□財用錢一萬八百　五五九六
▨□□□年十一　五五九七
▨……五筭一　五五九八
□□里户人公乘番□年□▨　五五九九
右出行錢卌二萬□□□▨　五六〇〇
▨王督責已入畢案文書□▨　五六〇一
▨其一户給□吏下品之下　五六〇二
▨□本事到□▨　五六〇三
子男面年十八　五六〇四
▨□付倉吏□▨　五六〇五
▨□□丘男子鄭租關坒閣▨　五六〇六
▨年租米六斛二斗㕦嘉禾二年十二月十六日平樂丘謝春（？）關
坒閣董基▨　五六〇七
▨六斛……▨　五六〇八
右父家口食▨　五六〇九
大男李贛年十七　▨　五六一〇
▨三萬一千三百五十斛二斗▨　五六一一
右生家▨　五六一二
入廣成鄉□□□▨　五六一三
大男張□二斛　▨　五六一四
入平鄉嘉二年還吏潘□所□▨　五六一五
【注】「嘉」下脱「禾」字。
▨嘉禾二年所調布一匹　▨　五六一六
▨户人公乘□□年五十一　▨　五六一七
▨　□母大女妾年五十九　▨　五六一八
▨……復民租▨　五六一九
▨　訾　五　□　五六二〇
▨倉吏鄭▨　五六二一
入桑鄉嘉禾二年還□□□□▨　五六二二
▨□年三歲　▨　五六二三
▨民所貸三年▨　五六二四
承正月旦簿餘嘉禾二年復民租錢一千　五六二五

⧄　□□□父□年七十四　⧄　五六二六
⧄二年貸食黄龍三年私學限米三斛就畢𠔃嘉禾三年五月十三日頃　五六二七
丘□□關坠閣⧄　五六二八
入廣成鄉嘉禾二年財用錢二千　五六二九
出用　無　五六三〇
承二月旦簿餘嘉禾二年復民租錢四千　⧄　五六三一
入平鄉嘉禾二年財用錢三千六百　⧄　五六三二
二月卅日主簿⧄　五六三三
承四月旦簿嘉禾二年口筭錢一萬二千□百□　五六三四
⧄……年廿二　五六三五
□□□□年九歲　□□□男□⧄　五六三六
入平鄉嘉禾二年口筭錢一千二百　五六三七
右出行錢三萬五千二百九十四錢　五六三八
右新入襍錢卅二萬六千……　五六三九
承三月旦簿餘嘉禾二年復民租錢四千　五六四〇
大男黄星年卅三　□□從年□□⧄　五六四一
湘簿起嘉禾三年四月一日承三月簿餘錢訖五月十□⧄　五六四二
入西鄉嘉禾二年蓋錢一千一百廿　五六四三
⧄□□一百二□□租錢　⧄　五六四四
大男黄塹年五十　□□□□年卌七……　五六四五
賞弟□年三歲⧄　五六四六
……入□錢□千□百……⧄　五六四七
承四月旦簿餘嘉禾二年復民租錢六千　五六四八
⧄　其十三戶給縣吏下品　五六四九
⧄　右承餘錢一萬四千　⧄　五六五〇
入中鄉嘉禾二年蓋錢二千四百　五六五一
⧄　生妻汝年卅六在本縣　五六五二
⧄給軍吏下品　五六五三
吏雷贊二年鹽米六斛黄龍三年四月六日關坠閣□□⧄　五六五四
⧄給度卒下品之下　五六五五
⧄妻□年卅四在本縣　五六五六
⧄補叛兵　五六五七
出用　無　五六五八
糜妻大女□年五十□⧄　五六五九
……調布嘉禾三年正月廿一　五六六〇
其一萬□⧄　五六六一
⧄一人　五六六二
⧄女弟惡年十　五六六三
⧄□妻營年九十一　五六六四
⧄起二月一日訖十五日受嘉禾二年民所貸元二⧄　五六六五
⧄□□二斛　大男胡復二斛　大男陳頡二斛　五六六六
⧄陽妻汝年六十七

【注】簡中有朱筆塗痕。

⧄□妻矢年卅五　見　五六六七
⧄□孥子男徲年卅七在本縣　五六六八
右廣成鄉入民所貸黄龍元年⧄　五六六九
⧄願妻□年廿七　⧄　五六七〇
汝嚢（？）弟□年□□⧄　五六七一
右四月旦承餘新入蓋錢廿七萬七百八十　五六七二

【注】「右」上原有墨筆點記。

恵以經民物不□⧄　五六七三
⧄新入吴平斛米三萬⧄　五六七四
⧄□復民一斛　五六七五
出用　無　五六七六
⧄　其十二戶給郡吏下品　五六七七
⧄　無　五六七八

☒孳妻汝年廿二　五六七九
☒……平鄉……☒　五六八〇
除妻珠年五十九　☒　五六八一
☒女養年十二在本縣　留　五六八二
入平鄉嘉禾二年還所貸食黃龍元年私學限米四斛㕛嘉禾二年十二月
四日柚丘謝六關坒閣董☒　五六八三
☒年二月七日關坒閣郭據付倉☒　五六八四
入東鄉嘉禾二年還所貸食嘉禾元年……☒　五六八五
☒□年卅六在本縣　五六八六
☒年廿九　見　五六八七
大女鄧□……☒　五六八八
右承餘新入貸民租錢六千　五六八九
☒□二年盡錢……　五六九〇
☒　番□弟□年廿九　☒　五六九一
☒閣郭據付倉吏監賢受　五六九二
右一家合□☒　五六九三
☒□□□曹史□☒　五六九四
☒　户下奴買　☒　五六九五
☒□得妻古年卅　見　五六九六
☒□兄士年五十九在本縣　士以過三年二月十日被病物故　五六九七
☒三人　訾　五　十　五六九八
☒布一匹㕛嘉禾二年十一月□日庫吏殷　☒　五六九九
☒日溫丘男子廖□付庫吏殷連受　五七〇〇
嘉禾四年二月庚戌朔一日臨湘侯相君丞叩頭死☒　五七〇一
☒年十一月廿二日柚丘烝閣付庫吏殷　☒　五七〇二
☒□子女汝年十□☒　五七〇三
☒禾二年稅米四斛五斗胄畢㕛嘉☒　五七〇四
☒□㕛嘉禾二年十月廿一日烝弁付庫吏殷連受　五七〇五
入東鄉嘉禾二年稅米十二斛☒　五七〇六
死罪案文書縣三年領　☒　五七〇七
右莂廿九枚布……☒　五七〇八
☒丘大男呂□付庫吏　☒　五七〇九
☒枚布合七十九匹二丈八尺☒　五七一〇
☒□關坒閣董基付☒　五七一一
☒㕛嘉禾二年十月廿六日烝弁☒　五七一二
入桑鄉八會布一匹☒　五七一三
張英支明安明□☒　五七一四
☒禾二年九月十七日烝弁付庫吏殷連受　五七一五
☒嘉禾二年九月十八日烝弁付庫☒　五七一六
臨湘言案吏唐王區平殷□□□錢准入四萬三千□☒　五七一七
入平鄉嘉禾二年還所貸食☒　五七一八
☒三日暢丘潘□關坒閣董基　☒　五七一九
☒□布二匹㕛嘉禾二年十月十二日☒　五七二〇
☒□所貸□□一萬三☒　五七二一
☒……祭遅付庫吏☒　五七二二
☒黃龍三年稅米一斛胄畢☒　五七二三
☒四斗胄畢㕛嘉禾二年十二☒　五七二四
☒畢㕛嘉禾二年十一月□日□丘□☒　五七二五
☒所差給市吏典主□☒　五七二六
☒禾二年八月廿八日巾竹丘大男☒　五七二七
☒□□□年民還貸食文區米□☒　五七二八
入平鄉於上丘番葉二年□☒　五七二九
☒黑子女娃年十二☒　五七三〇
☒……匹㕛嘉禾二年十二月十八日烝弁☒　五七三一
入錢五萬六千八百其二萬三千□百付庫□☒　五七三二
☒閣董基付三州倉吏鄭黑☒　五七三三

▨年七月廿九日烝弁付庫吏殷連受　五七三四
▨……田□日烝弁付庫吏殷▨　五七三五
▨吏鄭黑受　五七三六
▨二年八月廿二日於上番牒付庫▨　五七三七
【注】「於上」下脱「丘」字。
▨錢月六　百▨　五七三八
▨匹▨嘉禾二年九月四日新唐丘男子謝調付庫吏殷▨　五七三九
▨禾二年九月八日周陵丘大男番武付庫吏　▨　五七四〇
▨嘉禾二年十一月七日敷丘故帥番尾關邸閣董▨　五七四一
▨嘉禾二年十二月一日訖卅日一時鐘　▨　五七四二
▨田萬六千八百已賣▨　五七四三
【注】簡中有朱筆涂痕。
入東鄉嘉禾二年税米五十一斛▨　五七四四
▨一日□下丘烝囷關邸閣董▨　五七四五
▨……▨嘉禾六年正月十▨　五七四六正
▨□□□□故帥　▨　五七四六背
▨□□□□五十斛□□▨　五七四七
▨限米卅七斛二斗▨　五七四八
▨□租錢五▨　五七四九
▨……織（？）作桓王□▨　五七五〇
▨邸閣董基付三州倉▨　五七五一
▨賈畢▨嘉禾二年十一月卅日常略丘五▨　五七五二
▨男李延付庫吏殷　▨　五七五三
▨烝弁付庫吏殷連受　五七五四
入南鄉二年所調織作布一▨　五七五五
▨……嘉禾二年十二月四日下□丘□▨　五七五六
【注】「下」、「丘」間□右半殘缺，左半從「亻」。
▨□付主▨　五七五七

臨湘言案吏唐王區平□□▨　五七五八
▨□勑彭□下▨　五七五九
入平鄉嘉禾二年還所貸食黃龍▨　五七六〇
▨……貸食黃龍二年鹽米二百斛▨　五七六一
▨……一百一十□……▨　五七六二
入中鄉還▨　五七六三
入廣成鄉嘉禾二年所調□布一匹▨　五七六四
▨……筭四萬三千▨　五七六五
▨▨嘉禾三年四▨　五七六六
▨烝弁付庫吏殷連受　五七六七
入東鄉嘉禾二年所調布三匹▨嘉禾二年□▨　五七六八
大男吳㑊年卅　▨　五七六九
▨□丘盧文付庫▨　五七七〇
▨倉吏黃諱潘慮受　五七七一
【注】「受」為補寫小字。
▨　□妻姑年廿　▨　五七七二
【注】簡中有朱筆塗痕。
▨匹三丈九尺▨嘉禾▨　五七七三
▨年十二月十四日□上伍丘□□▨　五七七四
▨吏殷連受　五七七五
▨番宜付庫吏番　▨　五七七六
嘉禾四年六月戊申朔二日臨湘侯相君□叩頭死罪敢言之　五七七七
▨據付倉吏監賢受　五七七八
▨卅一日關邸閣郭據付倉吏監賢受　五七七九
右一戶給……　五七八〇
闔妻大女賣年卅七　▨　五七八一
……應言運（？）▨　五七八二
▨書言郡吏□▨　五七八三

☐十月廿一日烝弁☐　五七八四

入西鄉嘉禾二年布一匹三☐　五七八五

☐□□從兄妻能□☐　五七八六

☐限米卌六斛四斗☐　五七八七

☐殿連受　五七八八

☐……〓嘉禾二年二月十二日□☐　五七八九正

☐□還鄉典田吏及師☐　五七八九背

☐斛四斗胄畢〓嘉禾☐　五七九〇

入桑鄉嘉禾三年民還☐　五七九一

☐據付倉吏監賢受　五七九二

☐庫吏潘有受　五七九三

☐堅閣董基☐　五七九四

☐……吏番☐　五七九五

☐禾二年稅米廿二斛□□☐　五七九六

☐付倉吏監賢受　五七九七

☐布一匹〓嘉禾二年八月☐　五七九八

☐調布一匹〓嘉禾二年六月☐　五七九九

☐□□□五斛四斗　☐　五八〇〇

☐堅閣董基☐　五八〇一

☐……丘□吏謝□關☐　五八〇二

☐□黃龍三年稅米三斛〓嘉☐　五八〇三

☐殿連受　五八〇四

☐〓嘉禾二年十一月十一日上利丘烝彭關☐　五八〇五

☐　閣郭據　☐　五八〇六

☐□師限米七十七斛二斗　☐　五八〇七

☐家口食四人　☐　五八〇八

☐□　益弟曹年☐　五八〇九

☐倉吏監賢受　五八一〇

☐……關堅閣董　☐　五八一一

☐賣☐　五八一二

乾鍛師臨湘□□年廿一　見　五八一三

☐□卌九人妻子廿八人　五八一四

囊妻汝年廿九　見　五八一五

審子男□年二歲　見　審女轉年一歲　見　五八一六

鎌（？）佐武陵梁審年卌　□□□　見　五八一七

客子女張年二歲　見　五八一八

鑢師臨湘彭鄧年卌　見　五八一九

相母聿年卌二在本縣　留　五八二〇

☐□平年卌五　☐　五八二一

鄧妻姑年廿九　見　五八二二

□師臨湘殷汗年卌□　見　五八二三

其子二人在本縣　五八二四

里子女一人見今送　五八二五

棹子男節年六歲　見　五八二六

衆妻汝年廿七　見　五八二七

觚慰師臨湘謝恩年卌一　見　五八二八

睾子男儘年三歲　見　五八二九

章男弟棹年十五在本縣章姪子男□年廿七在本縣　五八三〇

信妻思年卌三　見　五八三一

□□師臨湘益買兄並年五十六在本縣　五八三二

□妻延年卌六　見　五八三三

□□臨湘米富年卌二　見　五八三四

右一家合二人　☐　五八三五

【注】「右」上原有墨筆點記。

□子男□年十五在本縣　☐　五八三六

鎌師臨湘□□年卌九……　五八三七

章姪子男世年十歲　見 五八三八

□妻番年卅八在本縣　☐ 五八三九

買妻姑年卌三　見 五八四〇

□妻見年卅　見 五八四一

【注】「妻」上□上半殘缺，下半從「心」。

☐　右物故師佐七人妻子七人 五八四二

☐　□子女婢年三歲　見 五八四三

☐……□姑年五歲　見 五八四四

□子男□年□歲　☐ 五八四五

□二月旦簿餘嘉禾二年　☐ 五八四六

☐□㚇嘉禾二年□月…… 五八四七

☐禾二年十一月四日㚵丘大男烝□☐ 五八四八

☐調布一匹㚇嘉禾二年九月廿日烝弁付庫吏☐ 五八四九

☐俗姪子怒年六十二　☐ 五八五〇

入平鄉嘉禾二年故吏子弟☐ 五八五一

☐表小妻姑年卅一　見 五八五二

☐已列言更☐ 五八五三

☐倉吏鄭黑受 五八五四

☐廣興黄□年□七☐ 五八五五

☐　珣受 五八五六

☐關坒閣董基付☐ 五八五七

☐董基付☐ 五八五八

☐□□付庫吏殷　☐ 五八五九

☐付倉吏鄭黑受 五八六〇

☐㚇嘉禾二年十一月四日□下丘縣吏☐ 五八六一

☐十一月廿三日租下☐ 五八六二

☐鄧據付倉吏監賢受 五八六三

入南鄉嘉禾二年所調布☐ 五八六四

右緡廿一段布☐ 五八六五

入桑鄉嘉禾二年☐ 五八六六

☐黄龍三年民貸食□□☐ 五八六七

☐□吏……税米一斛㚇嘉禾☐ 五八六八

☐　其一千五☐ 五八六九

☐　柳惠☐ 五八七〇

☐其錢卅八萬□壬☐ 五八七一

☐一日常樂丘烝開關坒閣董☐ 五八七二

☐黑受 五八七三

☐月四日吏㴐丘黄能付□吏☐ 五八七四

☐董基付三州倉吏☐ 五八七五

☐基付三州倉吏鄭黑受 五八七六

☐付孫☐ 五八七七

入桑鄉嘉禾二年税米廿六斛四斗胄米☐ 五八七八

☐三州倉吏鄭黑☐ 五八七九

☐□下丘□☐ 五八八〇

☐八旦夢丘區鄧關坒閣董☐ 五八八一

☐　黑受 五八八二

☐嘉禾三年正月廿□☐ 五八八三

☐倉吏鄭☐ 五八八四

☐旦簿☐ 五八八五

劉里户人公乘殷猬年五十九☐ 五八八六

陽子男山年廿一在本縣嘉禾三年六月十一日物故 五八八七

新子女鼠年二歲在本縣　留 五八八八

□皮師醴陵韋牛年五十五　☐ 五八八九

新子女姑年六歲在本縣　留 五八九〇

碭子男甲年廿七在本縣　留 五八九一

乾鍛佐羅劉巴年廿一　見 五八九二

五八九三 胳子男長年十歲在本縣　留
五八九四 ☒年五十九在本縣　☒
五八九五 ☒□區表年卅七　見
五八九六 表妻汝年卌在本縣　留
五八九七 □佐劉陽彭願年廿九　見
五八九八 樵母思年五十七　見
五八九九 其師佐廿九人妻子五十五人今見送
五九〇〇 孥子女隄年八歲　見
五九〇一 困子女逢年十三在本縣　留
五九〇二 ……見今送
五九〇三 □子女金年三歲　見
五九〇四 ☒□年十八　見
【注】「年」上□左半殘缺，右半從「頁」。
五九〇五 □奴客年卅三　見
五九〇六 □子女客年二歲　見
五九〇七 其十四人師佐弟妻子廿一人見今送
五九〇八 凡吴昌領師佐十四人弟妻子卅七人合五十一人
【注】「凡」疑為「右」之誤。
五九〇九 右領物故師佐兄弟妻子十八人
五九一〇 爽妻易年廿八　見
五九一一 ☒　卒子男進年二歲　見
五九一二 □妻汝年廿三　見
五九一三 客妻兆年廿五　見
五九一四 物故緢白佐臨湘朱異妻端年五十在本縣　留
五九一五 右永新領師佐五人妻子七人合十二人
五九一六 其一人別使
五九一七 ☒□師醴陵逢韓年卅四　見
五九一八 ☒□□年卌五　見
五九一九 壬妻從年廿四　見
五九二〇 其妻子四人見今送
五九二一 □子女姑年六歲　見
五九二二 □子女乃年七歲　見
五九二三 壐妻姑年廿七　見
五九二四 □子男生年九歲在本縣　屯將行
五九二五 ☒□□□□一人單身　見
五九二六 右師佐四人母妻子十二人合十六人
【注】「右」上原有墨筆點記。
五九二七 □佐下雋詩梅年卅二　見
五九二八 ☒師臨湘仇小年卅七　見
五九二九 客妻鼠年卌二　見
五九三〇 ☒年廿七　見
五九三一 其兄弟妻子十六人在本縣
五九三二 鑢佐下雋崇客年卅八　見
五九三三 義子男郡年五歲　見
五九三四 軍妻青年廿　見
五九三五 易妻茱年十一　見
五九三六 啟男弟敦年廿二在本縣□□過三年正月十二日物故
五九三七 □子男□年五歲　見
五九三八 禿妻汝年卅二　見
五九三九 卒妻兆年卅七　見
五九四〇 ☒□佐醴陵張雷妻充年卅三在本縣　☒
五九四一 乾鍛佐臨湘烝囊年卅一　見
五九四二 右羅縣
五九四三 隆子男芊年七歲　見
五九四四 鐮佐臨湘黄仕年廿八　見
五九四五 綃白佐臨湘謝學年卌六　見

☐□□□□彭名侄卌七　☐　五九四六
鑪佐吴昌五碯年五十六　見　五九四七
鑪師□師□師錦師母妻子人名年紀為簿如牒　見　五九四八
【注】第一□右半殘缺，左半從「韋」。
□妻思年卌四　見　五九四九
右妻止年十七　見　五九五〇
巴妻仙年十八　見　五九五一
☐□年十六　妻笲年十八　見　五九五二
叟妻急年十七　見　五九五三正
已書　五九五三背
端妻多年廿七　見　五九五四
物故剛佐醴陵文孫子男迷年十一在本縣　五九五五
物故乾鍛佐醴陵文理妻婢年卅四在本縣　五九五六
【注】「乾鍛」下脱「師」或「佐」字。
□□□□張𣴎年卅一　見　五九五七
☐區植年廿二　見　五九五八
☐安成黄衛年廿　☐　五九五九
廣妻姑年卅六　見　五九六〇
榠妻巨年卌五　見　五九六一
乾鍛師醴陵隨藍年卅六　見　五九六二
㲉鍛佐建寧黄□年卅四　單身　見　五九六三
汥佐下雋杜隆年卅五　見　五九六四
☐　□妻□年卅二　見　五九六五
榠子男經年十六　見　五九六六
☐　見　五九六七
□妻汝年卅五　見　五九六八
□子男甚年四歲　見　五九六九
□䆄𡛼年廿五　見　五九七〇
泥妻婢年卅六　見　五九七一
☐□　鄧囷子男多年十一在本縣　五九七二
瑒子男俗年四歲　見　五九七三
其師佐五人妻子五人見今　送　五九七四
□母汝年五十六在本縣　留　五九七五
鑪佐下雋☐　五九七六
其十六人弟妻子在本縣　五九七七
剛匠劉陽區文年卅　見　五九七八
□妻姑年廿六　見　五九七九
☐　□子男伯年三歲　見　五九八〇
物故鐮師醴陵谷□子男阿年十歲　見　五九八一
其五百卅八斛六斗二升黄武六年涓口漬☐　五九八二
陽妻汝年卅六　見　五九八三
☐侄十六　☐　五九八四
☐張妻客年十五　見　五九八五
正子男奇年十三在本縣　留　五九八六
□妻旻年卅六　見　五九八七
☐石富二年鹽米十八斛𠄡黄龍二年十一月廿三日關邸閣郭據付倉吏　五九八八
監賢☐
綄師下雋魯奚年卅□　見　五九八九
其五百廿七斛四斗八升九合黄龍元年□□☐　五九九〇
☐所貸黄龍三年税米十四斛五斗　五九九一
☐侄二歲　見　五九九二
已列言詭責負者未有入　☐　五九九三
右下雋☐　五九九四
☐□三丈四尺𠄡嘉禾二年十二月田日□☐　五九九五
☐　其一百廿九斛五升嘉禾元年貧民所貸米　五九九六
入廣成鄉嘉禾二年還所貸食黄龍元年帥子弟限米五斛二斗胄畢𠄡嘉

禾二年十二月廿七日□☒ 五九九七

買子女青年三歲 五九九八

☒□□倉吏黄諱番慮 五九九九

☒□所貸黄龍三年新吏限禾准米十二斛僦畢𦕈嘉禾二年九月卅日
柚丘丞開關坒閣董基☒ 六〇〇〇

☒ 其四百三斛九斗三升連年□□□□□稅米 六〇〇一

☒右西鄉入民所貸三年吏帥客限米三斛四斗 六〇〇二

☒ □妻汝年六十三 見 六〇〇三

☒□□二年民還貸食黄龍元年吏帥客限米一斛五斗 六〇〇四

右桑鄉入民所貸食…… 六〇〇五

【注】「右」上原有墨筆點記。

剛師臨湘楊棹年□三 見 六〇〇六

☒ □妻綺年十八 見 □子男郡年一歲 見 六〇〇七

入廣成鄉嘉禾二年還所貸食黄龍三年稅米九斛五斗就畢𦕈嘉禾二
年十一月七日彈溏丘廖□關坒閣董基☒ 六〇〇八

入男子毛禮二年稅米六斛黄龍二年三月廿三日□□關坒閣郭據付
倉吏監賢受 六〇〇九

☒ 社子女思年十歲 見 社子男聿年一歲 見 六〇一〇

表子女小年十三在本縣 留 六〇一一

乾鍛師臨湘張仙年□六 見 六〇一二

☒…… 見 六〇一三

其妻子六人在本縣 六〇一四

其三百卅九斛五斗三升民自入付州中倉關坒閣李嵩☒ 六〇一五

剛師臨湘鄧社年□六 見 六〇一六

俄子男貴年十歲 見 六〇一七

張妻來年卅六 見 六〇一八

其兄弟妻子十四人在本縣 六〇一九

☒……子男孫□年卅七在本縣 留 六〇二〇

倚姪子女羅年十五 見 六〇二一

鎗佐臨湘董□年卅四 更行 見 六〇二二

冉姪子男取年廿四在本縣嘉禾元年十一月十日物故 六〇二三

藍妻女年卅三 見 六〇二四

☒鄉還所貸食黄龍三年稅禾准米三斛□斗就畢𦕈嘉禾二年十一月
廿二日廣丘烝利關坒閣董基付三州倉吏□☒ 六〇二五

大男蒯動年廿踵兩足 ☒ 六〇二六

大常部曲大女劉汝七百租錢☒ 六〇二七

已入一百一十七斛五斗五升 ☒ 六〇二八

☒□關坒閣董基付倉吏鄭黑受 六〇二九

廿四萬四千八百二年市具錢 ☒ 六〇三〇

☒坒閣董基付三州倉吏鄭黑受 六〇三一

☒三人母弟妻子在本縣 六〇三二

☒斛二斗五升𦕈嘉禾二年十一月廿日周陵丘□容關坒閣董基付三
州倉吏☒ 六〇三三

☒□曰□□丘男子陳覓付庫吏殷☒ 六〇三四

☒□年十四在本縣 留 六〇三五

右樂鄉入民所貸三年私學限米八斛五☒ 六〇三六

出三年酒租錢四萬三千雇桓王☒ 六〇三七

☒屈弟□年九歲 六〇三八

【注】「弟」下□右半殘缺，左半從「氵」。

☒……酒租具錢☒ 六〇三九

已入四☒ 六〇四〇

☒ 𦕈嘉禾二年八月廿五日𢖍丘男子謝茹☒ 六〇四一

☒絲年十四 見 六〇四二

☒郡吏下品 六〇四三

☒基付三州倉吏鄭黑受 六〇四四

☒□人合十四人 六〇四五

乾鍛師下雋□□子男□年卅二在本縣　留　六〇四六

☒□關坚閣董基付三州倉吏鄭黑受　六〇四七

☒□監關坚閣董基付三州倉吏鄭☒　六〇四八

☒卅七　見　六〇四九

☒董基付三州倉吏鄭黑受　六〇五〇

☒□汝年卅二在本縣　留　六〇五一

☒　見　六〇五二

☒……□旦　六〇五三

入平鄉嘉禾二年布二匹𠀤嘉禾二年八月廿日……☒　六〇五四

☒□米三百九十六斛七斗　六〇五五

右樂鄉入民所貸三年稅米三斛　☒　六〇五六

☒□吏帥客限吳平斛米三千四百卅五斛二斗一升☒　六〇五七

☒鄧練關坚閣董基付倉吏鄭黑受　六〇五八

☒　見　六〇五九

☒合五十二匹二丈五尺　六〇六〇

梅子男載年☒　六〇六一

☒稅米卅三斛八斗七升　六〇六二

☒還所貸三年稅禾准米三斛冑畢𠀤嘉禾二年九月廿九日頃丘假客
關坚閣董☒　六〇六三

☒基付三州倉吏鄭黑受　六〇六四

☒□稅米一斛　六〇六五

☒□言郡吏番□□☒　六〇六六

☒□烝勉關坚閣董基付三州倉吏鄭黑☒　六〇六七

入廣成鄉嘉禾二年貸食黃龍三年稅禾□□米四斛冑☒　六〇六八

【注】前□下半殘缺，上半為「入」；後□右半殘缺，左半從「阝」。

十萬二千付掾姑汝二人☒　六〇六九

【注】簡上有朱筆塗痕。

碩妻汝年五十五在本縣嘉禾二年十二月五日物故　六〇七〇

☒□年卅八在本縣　留　六〇七一

☒　見　六〇七二

☒□稅鹽米廿二斛黃龍三年十二月十九日關☒　六〇七三

☒客年廿七　見　六〇七四

其七萬三百二年財用錢　六〇七五

☒□年七歲　見　六〇七六

☒愁年四歲　六〇七七

入□鄉嘉禾二年稅米六斛一斗□升冑畢𠀤嘉禾二年□□☒　六〇七八

☒基付三州倉吏鄭黑受　六〇七九

右樂鄉入民所貸二☒　六〇八〇

【注】「右」上原有墨筆點記。

☒基付三州倉吏鄭黑受　六〇八一

入□鄉嘉禾二年稅□☒　六〇八二

☒二年還貸食黃龍三年稅禾准米……☒　六〇八三

☒□斛黃龍三年三月三日□□□☒　六〇八四

☒　其十五斛三斗七升付倉吏□黑　☒　六〇八五

☒……番有□☒　六〇八六

入樂鄉嘉禾二年稅米四斛☒　六〇八七

☒□子男毛年三歲　六〇八八

右廣成鄉民還所貸□□□☒　六〇八九

【注】「右」上原有墨筆點記。

☒鄉嘉禾二年還所貸食黃龍三年稅禾准米二斛□□□□𠀤嘉禾☒　六〇九〇

☒董基付倉吏鄭黑受　六〇九一

☒米十六斛三斗二升　六〇九二

俗子男讓年卅踵□☒　六〇九三

☒女姑年卅六☒　六〇九四

丞丁琰□☒　六〇九五

☐廬囊證知　☐　六〇九六

入廣成鄉嘉禾二年所貸吏𣓾線所貸黃龍三年縣吏☐　六〇九七

右樂鄉入民所貸三年新吏限米十二斛☐☐☐　六〇九八

【注】「右」上原有墨筆點記。

☐□丘監□關坒閣董基付三州倉吏鄭黑受　六〇九九

成妻苦年廿八　見　六一〇〇

其六斗……番慮　中　六一〇一

☐□丘鄭□關坒閣董☐　六一〇二

☐民貸食連年米☐　六一〇三

☐年□月廿三日□丘大男□□付庫吏殷☐　六一〇四

☐　見　六一〇五

☐□從弟彊年卌五　彊妻妾年卌一　六一〇六

入廣成鄉嘉禾二年縣吏□☐　六一〇七

☐縣吏下品　六一〇八

黃龍元年貸食□□☐　六一〇九

☐基付三州倉吏鄭黑受　六一一〇

☐□二人　☐　六一一一

入錢畢民直送牒還縣不☐　六一一二背

【注】本簡正面有字，殘不可識。下簡同，不再注明。

入錢畢民直送牒還縣不得☐　六一一三背

☐畢𡖃嘉禾二年二月十四日□丘☐　六一一四

【注】「日」字原脱，補寫在「四」字右下。

☐　直從弟仙年十七　六一一五

□文入黃武元年□□□吴平斛米一百卌四斛□☐　六一一六

☐關坒閣董基付三州☐　六一一七

☐□□□關坒閣董基付三州倉吏鄭黑受　六一一八

☐錢七十二萬五千一百　☐　六一一九

☐送牒還縣不☐　六一二〇背

【注】本簡正面有字，殘不可識。

☐二日里中丘監□關坒閣董基付三州倉吏☐　六一二一

☐□所備黃龍三年税米七斛五斗　☐　六一二二

☐董基付三州倉吏鄭黑受　六一二三

☐□吴喜證知　六一二四

☐□□日區母丘男子唐載關坒閣☐　六一二五

☐□□□□河丘殿跂關坒閣☐　六一二六

☐户人公乘朱碓年卌一☐　六一二七

☐郭據付倉吏監賢受　六一二八

☐閣董基付三州倉吏鄭黑受　六一二九

☐基付倉吏鄭黑受　六一三〇

☐州倉吏鄭黑受　六一三一

☐月十日主庫吏潘有受　六一三二

☐□□關坒閣董基☐　六一三三

☐□由□□證知　六一三四

入平鄉嘉禾二年税米八斛二斗□□☐　六一三五

☐基付倉吏鄭黑受　六一三六

☐□黃□關坒閣董基付倉吏鄭☐　六一三七

☐□妻汝年卅二　☐　六一三八

☐還米七斛五斗胄畢𡖃嘉禾三年四月十六日周陵丘□□□☐　六一三九

□□□□文□☐　六一四〇

☐　入錢畢民☐　六一四一背

【注】本簡正面有字，殘不可識。

☐元年私學限米十二斛☐　六一四二

☐付三州倉吏鄭黑受　六一四三

☐州倉吏鄭黑受　六一四四

☐百卌二斛四斗一升料校不見前已列言更詭責☐　六一四五

老男囯鐵年七十四☐　六一四六

右一人起今☒　六一四七
【注】「右」上原有墨筆點記。
入桑鄉半丘男子這官二年布三丈七尺𠬸嘉禾二年☒　六一四八
入模鄉□丘男子□□二年調布□□□□𠬸☒　六一四九
☒一匹𠬸嘉禾二年九月十七日烝弁☒　六一五〇
☒……黄諱潘慮受　六一五一
其二人為□☒　六一五二
【注】「為」下□左半殘缺，右半從「目」。
☒妻□年廿□　見　六一五三
☒子女囊年八歲在本縣　留　六一五四
乾鍛師攸匱□☒　六一五五
☒……一百一十六☒　六一五六
其八斛九斗□升……☒　六一五七
姪子野年廿聾耳　六一五八
☒　□□□萇年八歲　六一五九
☒單身☒　六一六〇
☒嘉禾二年八月十九日男子謝紐付庫吏☒　六一六一
☒□□□□限米五百五十二斛……☒　六一六二
入平鄉嘉禾二年布一匹𠬸嘉禾☒　六一六三
☒□　訾　五　十☒　六一六四
☒　吏黄諱潘慮受　中　六一六五
☒毛□關坚閣董基☒　六一六六
☒關坚閣董基☒　六一六七
☒尺𠬸嘉禾二年八月十四日☒　六一六八
☒斛六斗青米畢𠬸嘉禾二年☒　六一六九
☒付倉吏鄭黑☒　六一七〇
☒閣董基付☒　六一七一
☒嘉禾二年九月三日何浭丘大男□□☒　六一七二
☒閣郭據付倉吏監賢　六一七三
☒董基付三州倉吏☒　六一七四
☒三年税米七斛八斗二升　☒　六一七五
☒布一匹𠬸嘉禾二年八月廿三日新眺丘男子謝客付庫☒　六一七六
☒□關坚閣董基☒　六一七七
入東鄉二年布一匹𠬸嘉☒　六一七八
☒二年十一月廿六日上利丘烝□關☒　六一七九
大男黄羽年十七　☒　六一八〇
入□嘉禾二年貸食黄龍元年私學……☒　六一八一
入□東流丘大男毛常二年☒　六一八二
☒男子張付二年鹽米卌六斛黄龍三年三月十三日關坚☒　六一八三
☒……𠬸嘉禾二年八月☒　六一八四
☒□□三千八百□□　六一八五
入□鄉□□□二年布□匹𠬸嘉禾☒　六一八六
☒在　滈　丘　六一八七
☒□丘大男□□二年布三丈九尺☒　六一八八
☒　□妻汝年卅四☒　六一八九
☒日細丘烝開關坚閣董基付三州倉吏鄭黑受　六一九〇
☒大女汝年七十三　☒　六一九一
入小□□鄉二年布一匹三丈□尺𠬸嘉☒　六一九二
☒　訾　五　十　六一九三
右模鄉入布六十四匹三☒　六一九四
【注】「右」上原有墨筆點記。
老男殷□年八十　☒　六一九五
☒受嘉禾二年□税粢米☒　六一九六
☒……𠬸嘉禾二年八月三日烝弁☒　六一九七
☒鄉二年布三丈八尺𠬸嘉禾二年十一月廿□日……☒　六一九八
☒番慮　六一九九

☐寒妻柰年卌　☐　六二〇〇
米豆（？）二千六百六斛六斗七升　六二〇一
其廿七斛六斗付大男毛玉　六二〇二
☐□限米七十□斛三斗　中　六二〇三
☐付税米九百卅一斛九斗六升未有入　六二〇四
□吏殷連掾□□黄武六年領吴平斛米七十五斛料校不見前☐　六二〇五
入黄龍二年粢租米廿二斛四斗……受　六二〇六
☐吏鄭黑受　六二〇七
☐嘉禾二年七月廿六日劉里丘男子烝☐　六二〇八
入西鄉嘉禾二年所調布二匹　☐　六二〇九
☐二盲目　☐　六二一〇
☐付三州倉吏鄭黑☐　六二一一
☐董基☐　六二一二
黄龍元年☐　六二一三
☐畢三乂嘉禾二年十月卅八日捞丘民□☐　六二一四
☐倉吏監賢受　六二一五
入平鄉嘉禾二年……☐　六二一六
☐□吏☐　六二一七
入中鄉中唐丘男子胡□三年布六匹三丈☐　六二一八
☐郡吏劉平□□□☐　六二一九
☐付倉吏鄭黑受　六二二〇
☐基付三州倉吏鄭黑☐　六二二一
☐吏黄諱番☐　六二二二
☐□合□□☐　六二二三
☐二年貿（？）布☐　六二二四
☐吏鄭黑受　六二二五
☐基付倉吏☐　六二二六
黄龍元年文入郡屯田民□吴平斛米一百六斛二斗料校不見前已列言

詭責負者　六二二七
右承餘新入蓋錢一萬☐　六二二八
【注】「右」上原有墨筆點記。
☐十八斛五斗給貸嘉禾二年☐　六二二九
☐二年布一匹三乂嘉禾二年十月廿八日烝弁付庫吏殷連受　六二三〇
☐□付庫吏……　六二三一
右西鄉入布卌七☐　六二三二
☐嘉禾二年十月廿五日☐　六二三三
其十三斛黄龍二年□□限米　六二三四
□□領廿五□□□☐　六二三五
☐卅五斛付州中倉關坠閣李☐　六二三六
入桑鄉囊丘男子丁□二年布一匹三乂嘉禾二年十月☐　六二三七
☐□關坠閣李嵩付吏黄諱潘慮受　六二三八
其七畝卅八步郡□☐　六二三九
入小武陵鄉平陽丘潘☐　六二四〇
入小武陵鄉嘉禾二年布二匹三乂嘉禾☐　六二四一
☐布三丈三乂嘉禾二年八月☐　六二四二
☐一匹三丈九尺三乂嘉禾二年十月廿□日烝弁付庫☐　六二四三
☐付庫吏殷連受　六二四四
☐□□□□□斛□斗七升黄龍三年限米　六二四五
右租税□□米七千九百七十二斛二斗二升　六二四六
【注】「右」上原有墨筆點記。簡中又有朱筆塗痕。
☐　嘉禾三年五月十二日白庫□□錢受☐　六二四七
入吏程願二年鹽米□□☐　六二四八
☐　其十六斛七斗監池司馬鄧邵黄龍三年池賈米　六二四九
☐丘男子蔡禱二年布一匹☐　六二五〇
☐平斛米九十七斛九斗二升為稟斛米九十二斛被督　六二五一
☐龍三年□□税米五斛胄畢三乂嘉禾二年十一月廿四日盡丘潘□☐

六二五二
入西鄉嘉禾二年布一匹㒳嘉禾☑　六二五三
已入米四百九斛二斗四☑　六二五四
☑□□㒳嘉禾二年十月十五日烝弁付庫☑　六二五五
右南鄉入嘉禾二年布廿五匹三丈七尺　六二五六
【注】「右」上原有墨筆點記。
☑布一匹㒳嘉禾二年八月七日□□丘大男李力付☑　六二五七
入平鄉□丘男子謝畜☑　六二五八
☑付庫吏殷連受　六二五九
☑八日淦丘男子□☑　六二六〇
☑㒳嘉禾二年八月廿四日□丘男☑　六二六一
☑□嘉禾二年布一匹三丈七尺㒳嘉☑　六二六二
入中鄉緒中丘□□布四匹☑　六二六三
□文入射吏秦琰等所貸武昌黃武六年粢准吴平斛米……☑　六二六四
【注】「文」上□上半殘缺，下半從「辶」。
☑日寅丘謝三關邸閣董基☑　六二六五
☑三丈七尺　☑　六二六六
☑嘉禾二年十一月卅日☑　六二六七
入模鄉利州丘大女吕妾布☑　六二六八
入平鄉嘉禾二年布二匹㒳嘉禾二年八月廿☑　六二六九
入平鄉嘉禾二年調布一匹㒳嘉禾二年八月☑　六二七〇
入南鄉讓何丘雷宜二年一匹三丈七☑　六二七一
【注】「一匹」上脱「布」字。
☑付庫吏殷連受　六二七二
入男子毛表二年□米卅三斛㒳嘉禾元年五月十四日關邸閣郭據付倉
☑　六二七三
☑……其年十月廿九日付吏番禮　六二七四
入南鄉二年布一匹㒳嘉☑　六二七五

☑烝弁付庫吏殷連受　六二七六
☑庫吏殷　☑　六二七七
☑董基付三州☑　六二七八
入廣成鄉楊丘陳曠二年布一匹☑　六二七九
☑日廣成里大男□☑　六二八〇
【注】「大男」下□右半殘缺，左半從「木」。
☑□黃龍元年限米　六二八一
☑帛嘉禾二年布一匹㒳嘉禾☑　六二八二
其一百☑　六二八三
右南鄉入布☑　六二八四
☑㒳嘉禾二年九月一日唐還丘胡□付☑　六二八五
☑鄉調布七匹㒳嘉禾☑　六二八六
☑□三年布一匹㒳嘉☑　六二八七
☑三匹㒳嘉禾二年☑　六二八八
入小武陵鄉二年調布☑　六二八九
☑五十畝私學常盡□□☑　六二九〇
☑年貧民貸食連年吴平斛米一斛☑　六二九一
入模鄉□丘男子馮疋二年布一匹㒳☑　六二九二
☑二丈二尺㒳嘉禾二年☑　六二九三
☑鄉嘉禾二年冬賜布☑　六二九四
☑三升黃龍三年盈湎米　已　六二九五
【注】「盈」似為「盈」之別體。
入廣成鄉□丘男子烝龍☑　六二九六
☑日異丘烝終關邸閣董基☑　六二九七
☑男石岑☑　六二九八
☑男番明二年布五丈付☑　六二九九
入廣成鄉三州丘男子番難二年布一匹☑　六三〇〇
☑年布一匹㒳嘉禾二年九月☑　六三〇一

〼董基付倉吏鄭黑受　六三〇二
〼米嘉禾〼　六三〇三
〼□付庫吏殷　〼　六三〇四
入桑鄉二年布三丈九尺米〼　六三〇五
〼四日倉丘新民關邸閣董基〼　六三〇六
〼邸閣董基〼　六三〇七
〼　嘉禾元年税吴〼　六三〇八
〼禾四年八月一日下髪丘大男鄧〼　六三〇九
〼嘉禾二年六月□二日□〼　六三一〇
〼二匹米嘉禾二年八月卅日□□〼　六三一一
〼　連受　六三一二
入□鄉嘉禾二年布二匹三丈九尺米〼　六三一三
〼□□□布一匹米嘉禾二年九月十□日□□〼　六三一四
入中鄉嘉禾二年布三丈九尺米嘉禾二年〼　六三一五
〼匹米嘉禾二年八月十〼　六三一六
入廣成鄉平樂丘民監仙二年布四〼　六三一七
〼日烝弁付庫吏殷　〼　六三一八
入西鄉二年布三丈五尺米嘉禾二年〼　六三一九
〼關邸閣董基付三州倉吏鄭黑受　六三二〇
〼董基付三州倉吏鄭黑受　六三二一
〼廿二日黄丘男子〼　六三二二
〼嘉禾二年十月廿七日烝弁……〼　六三二三
入中鄉湛龍丘嘉禾二〼　六三二四
入廣成鄉空洭丘男烝□二年〼　六三二五
【注】「男」上脱「大」字或下脱「子」字。
〼斛二斗胄畢米嘉禾二年十一月廿三日下□丘□□關邸〼　六三二六
入中鄉同畀丘董□〼　六三二七
〼董基付倉吏〼　六三二八
〼□日烝弁付庫吏殷　〼　六三二九
己入□□□斛□斗三升　〼　六三三〇
【注】「己」上原有墨筆點記。
〼　嘉禾二年布莂十四枚合卅七匹〼　六三三一
〼　黄龍四年二月五日關邸閣　〼　六三三二
〼故□掾文囷所領吏士五十一〼　六三三三
〼□鄉二年□〼　六三三四
〼基付三州倉吏鄭黑受　六三三五
入□鄉嘉禾二年布三丈□〼　六三三六
〼嘉禾二年八月十九日□〼　六三三七
〼付三州倉吏鄭黑受　六三三八
〼禾二年八月□□日僕丘廖□〼　六三三九
入模鄉嘉禾二年所調布七匹米〼　六三四〇
入中鄉嘉禾□年布□匹米〼　六三四一
〼　其五十斛七斗〼　六三四二
〼　其卅三〼　六三四三
〼米嘉禾二年十月卅日烝弁付庫吏殷〼　六三四四
入西鄉二年布〼　六三四五
〼鄉二年新調布一匹米嘉禾〼　六三四六
入平鄉嘉禾二年布□□米〼　六三四七
〼鄉二年新調布□匹米〼　六三四八
〼□□付庫吏殷　〼　六三四九
〼　其□□二□〼　六三五〇
〼卅日彈吏丘〼　六三五一
〼□付庫吏殷　〼　六三五二
〼鄉嘉禾二年□布□〼　六三五三
〼嘉禾二年布一匹米嘉禾〼　六三五四
〼□年□月廿五日□〼　六三五五

⧄其卌斛□⧄　六三五六
⧄鄭黑受　六三五七
⧄布三丈九尺≡嘉禾二年八月十五日⧄　六三五八
⧄付庫吏殷連受　六三五九
⧄二年布二匹≡⧄　六三六〇
⧄匹≡嘉禾二年⧄　六三六一
入大女陳妾二年鹽米五斛黄龍二年十一月十四日關邸閣⧄　六三六二
其卅斛三斗黄龍三年⧄　六三六三
⧄年廿三　見　六三六四
凡四家一歲領酒租具錢十萬二千⧄　六三六五
【注】「凡」上原有墨筆點記。
其卌六斛三斗嘉禾元年已⧄　六三六六
□子男端年十二　⧄　六三六七
未畢一萬三千八百　六三六八
【注】「未」上原有墨筆點記。
武昌及西部為口無所收責毛瑣除租⧄　六三六九
酉人復言君誠惶誠恐叩頭死罪死罪⧄　六三七〇
千八百謹列人名錢數（？）已入未畢為簿□□⧄　六三七一
入西鄉下俗丘男子胡端二年布⧄　六三七二
右三年入鹽賈米一千一百二斛一斗四⧄　六三七三
⧄家口食三人　六三七四
未畢二萬三千八百　⧄　六三七五
【注】「未」上原有墨筆點記。
□□言部吏唐王□□□收責酒租錢者入⧄　六三七六
⧄　≡嘉禾二年八月廿一日大男黄動付庫吏殷　⧄　六三七七
入黄武六年州佃吏鄭脩限米廿斛　⧄　六三七八
入黄龍二年豆租准米卅三斛六斗　⧄　六三七九
入黄龍二年粢租米六十七斛四斗　⧄　六三八〇
其五十九斛七斗黄龍⧄　六三八一
入廣成鄉嘉禾二年所調新布⧄　六三八二
入都鄉嘉禾二年布三丈九尺⧄　六三八三
⧄□黄龍三年税禾准米二斛九斗僦畢≡嘉禾二年十月十八日秩丘　六三八四
男子黄升關⧄　六三八四
⧄鄉嘉禾二年所調布□□□□≡嘉禾二年八月廿二日唐下　六三八五
丘男子盧常付庫吏殷⧄　六三八五
已入四萬三千一百□龍□廟所市絹絳布賈⧄　六三八六
入西鄉嘉禾二年布一匹≡嘉⧄　六三八七
⧄□□黄龍元年私學限米□百九十二斛□斗四升　⧄　六三八八
⧄　張剈一斛二斗九升　六三八九
右孝領襍米合五百二⧄　六三九〇
【注】「右」上原有墨筆點記。
⧄布一匹≡嘉禾二年十一月卅日⧄　六三九一
……≡嘉禾二年九月十九日區⧄　六三九二
入□吏黄龍二年限米□斛五斗黄龍二年十一月廿二日⧄　六三九三
張剈二斛□斗□升□□七十四斛八升□□⧄　六三九四
入小武陵鄉唫丘大男⧄　六三九五
入平鄉嘉禾三年所貸池賈⧄　六三九六
右平鄉民還貸黄龍元⧄　六三九七
【注】「右」上原有墨筆點記。
⧄布一匹≡嘉禾二年十月廿一日⧄　六三九八
其二斛□□□付倉……⧄　六三九九
右連年襍米三百九十九斛三升四合　⧄　六四〇〇
【注】「右」上原有墨筆點記。
⧄□淦丘大男黄謙二年布三丈九尺≡嘉禾⧄　六四〇一
⧄□鄉二年□米二斛黄龍⧄　六四〇二
⧄禾元年文入佃卒限吴平斛米六⧄　六四〇三

入廣成鄉嘉禾二年還貸食黃龍元年限米七斛☒　六四〇四
☒閣董基付三州倉吏鄭黑受　六四〇五
☒董基付三州倉吏鄭黑受　六四〇六
☒大男滙調二年布一匹⿻三乂嘉禾二年☒　六四〇七
☒民貸食付倉吏黃諱番慮受　六四〇八
☒布三匹三丈九尺⿻三乂……☒　六四〇九
☒楊朋付庫吏潘侑受　六四一〇
☒年還民貸食付倉吏黃諱潘慮受　六四一一
☒塈閣董基付三州倉吏☒　六四一二
☒　千七百七十五斛八斗六升六合☒　六四一三
其一萬三千八百枚☒　六四一四
鎌師攸謝傾年卌二☒　六四一五
☒□貧民所貸米　☒　六四一六
☒□年十六在本縣　六四一七
入故吏陳□二年限米□☒　六四一八
☒關塈閣董基付三州倉吏鄭黑☒　六四一九
☒斛胄米畢⿻三乂嘉禾二年十一月☒　六四二〇
☒三州倉吏鄭黑受　六四二一
☒□嘉禾二年還所貸☒　六四二二
☒閣董基付倉☒　六四二三
☒□米五斛五斗☒　六四二四
☒和丘謝□關塈閣董☒　六四二五
☒男子張□付庫吏殷☒　六四二六
入中鄉梨下丘大男文林☒　六四二七
☒付三州倉吏鄭黑受　六四二八
☒付庫吏黃諱番慮受　六四二九
☒⿻三乂□□二年九月十二日和丘男子謝□☒　六四三〇
其十七斛六斗付倉吏☒　六四三一
其卌四斛五斗一升付吏鄭☒　六四三二
☒給二年財用錢……　六四三三
☒□年六十　單身　六四三四
□妻□年卌一踵兩足　☒　六四三五
☒□□所調布二匹⿻三乂嘉禾二年☒　六四三六
☒⿻三乂嘉禾二年二月十一日付庫☒　六四三七
☒董基付倉吏鄭黑受　六四三八
☒年□月廿四日烝弁付庫吏殷　☒　六四三九
☒關塈閣董基☒　六四四〇
☒三年民□貸食……☒　六四四一
入佃卒黃龍三年限米　☒　六四四二
其卅三斛給貸□☒　六四四三
☒丘□黃關☒　六四四四
☒鄉二年布一匹⿻三乂嘉☒　六四四五
入□鄉□□二年……☒　六四四六
☒……還嘉禾二年貧民□☒　六四四七
☒關塈閣董基付倉吏鄭黑受　六四四八
☒二年十月十四日烝弁付庫☒　六四四九
☒三斛一斗民□付三州倉☒　六四五〇
☒禾二年三月廿一日烝弁付庫吏☒　六四五一
☒嘉禾二年九月十四日烝弁付庫吏殷☒　六四五二
☒⿻三乂嘉禾二年六月四日拉陵丘男子鄧支付庫吏殷　☒　六四五三
☒□□月□□日烝弁付庫吏殷連受　六四五四
☒布二匹⿻三乂嘉禾☒　六四五五
☒⿻三乂嘉禾二年八月三日☒　六四五六
☒□⿻三乂嘉禾三年□月□日和☒　六四五七
☒一斛六斗　☒　六四五八
☒基付三州倉吏鄭黑□　六四五九

六四六〇 ☒□七斛〼黄龍三年……☒
六四六一 ☒二年貸食區光□□卒□□錢米☒
六四六二 入廣成鄉嘉禾二年☒
六四六三 ☒□鄭里　☒
六四六四 ☒三州倉吏鄭黑受
六四六五 ☒閤董基付倉吏鄭☒
六四六六 ☒□□□書思□☒
六四六七 ☒動妻汝年五十　☒
六四六八 ☒鄭黑受
六四六九 ☒九月廿六日烝弁☒
六四七〇 ☒倉吏鄭黑受
六四七一 ☒□〼嘉禾三年四月☒
六四七二 ☒鄉平支謝□二年布四匹三丈□尺〼嘉禾☒
【注】「平支」下脱「丘」。
六四七三 入□鄉二年□□布二匹〼嘉禾☒
六四七四 ☒□二年布三丈九尺〼嘉☒
六四七五 ☒□□大男□□☒
六四七六 入桑鄉二年調布☒
六四七七 ☒〼嘉禾二年十月廿九日□丘鄧□關坚閣☒
六四七八 ☒倉吏鄭黑受
六四七九 ☒□楊朋二年□☒
六四八〇 ☒郡吏監□□☒
六四八一 ☒禾二年九月七日新唐丘☒
六四八二 ☒付庫吏殷☒
六四八三 ☒付庫吏殷☒
六四八四 右毛家口☒
六四八五 ☒鄭黑受
六四八六 ☒董基付三州倉☒
六四八七 入正月裸擿☒
六四八八 ☒坚閣董基付三州倉☒
六四八九 ☒布一匹　☒
六四九〇 ☒付庫吏☒
六四九一 ☒都尉嘉☒
六四九二 ☒付倉吏☒
六四九三 其五十四斛二斗付吏☒
六四九四 右莂卌一枚布合卌五匹一丈五尺☒
六四九五 入廣成鄉嘉禾二年所調布三丈九尺〼嘉禾二年八月☒
六四九六 ☒斛黄龍三年民貸食付吏□☒
六四九七 ☒三日上於丘男子吴初付庫吏殷連☒
六四九八 ☒斛四斗八升四合付三州倉□□☒
六四九九 ☒　隹妻囗年十七　見
六五〇〇 ☒胄畢〼嘉禾二年十一月廿三日敬□☒
六五〇一 □郎吏王□黄武五年□□□准米三斛四斗黄☒
六五〇二 ☒　節子女□年五歲　見
六五〇三 ☒匹〼嘉禾二年八月廿二日烝丘男子廖鮑付☒
六五〇四 其☒
六五〇五 願子☒
六五〇六 其一百五十七斛五斗□☒
六五〇七 ☒□付庫吏番珛受
六五〇八 ☒吏黄諱番慮　□
六五〇九 ☒……二萬三千八百
六五一〇 ☒貸□□二年□米五十四斛二☒
六五一一 ☒□□斛黄龍二年□☒
六五一二 右西鄉入嘉禾二年布莂合五十二枚□☒
六五一三 ☒閤郭據付倉吏監賢受
六五一四 ☒□〼嘉禾二年八月廿九日……男子☒

入郡吏谷能二年□□三斛黄龍二年十月廿一日□□☒ 六五一五
☒布一匹㲹嘉禾二年九月六日二簿丘□□付庫吏殷連☒ 六五一六
盻子女婢年六歲☒ 六五一七
入黄龍二年税米一百卅八斛四斗五升 ☒ 六五一八
☒録嘉禾二年調布一匹三☒ 六五一九
領黄龍二年税米一百六十斛六斗五升 ☒ 六五二〇
☒嘉禾二年十月七日烝弁付庫吏殷連□ 六五二一
倉吏鄭黑謹列故倉吏谷漢所度民還貸食連年襍米簿 ☒ 六五二二
☒□子謝則二年□□二斛黄龍二年十一月一日關坠閣□☒ 六五二三
入平鄉二年布一匹 ☒ 六五二四
☒ 妻寅年☒ 六五二五
其六十三斛三斗☒ 六五二六
☒□□二年布三丈八尺㲹嘉禾☒ 六五二七
入益陽縣□民還所貸黄龍三年☒ 六五二八
領黄龍元年鹽賈米四斗 ☒ 六五二九
入叛士黄龍元年限米□□斛 ☒ 六五三〇
入平鄉胡長丘□田何貸三☒ 六五三一
……付州中倉關坠閣□□吏□龍區冑受 六五三二
其六斛付倉吏鄭黑☒ 六五三三
入黄龍二年叛士限米卅□□ ☒ 六五三四
☒㲹嘉禾二年八月廿九日下汝丘大男鄧前付庫吏☒ 六五三五
☒黑妻汝年十四 見 六五三六
☒□□尺㲹嘉禾二年六月十七日烝弁☒ 六五三七
入吏黄高二年鹽米八斛㲹嘉禾元年十月廿二☒ 六五三八
☒㲹嘉禾二年八月卅日□☒ 六五三九
入桑鄉二年新調布 ☒ 六五四〇
☒㲹嘉禾二年九月十五日烝弁付庫吏殷連受 六五四一
☒八斛三斗一升 六五四二
☒ 付庫吏殷連☒ 六五四三
☒□㲹嘉禾二年八月廿日□興丘朱年付庫吏殷☒ 六五四四
☒周丘男子史册☒ 六五四五
☒男子周眘（？）付庫吏☒ 六五四六
☒ 其卅四斛八斗正領 六五四七
入武陵鄉武龍☒ 六五四八
右□家口食三人 ☒ 六五四九
入□□□□新調布四匹☒ 六五五〇
☒ □妻□☒ 六五五一
☒布五匹㲹嘉禾二年八月十□□☒ 六五五二
☒年卌一 見 六五五三
☒□尺㲹嘉禾二年十二月十八日□☒ 六五五四
☒□□年廿五歲 六五五五
☒料校不見前已列言吏詭責負者 六五五六
☒烝弁付庫吏番琦受 六五五七
入新吏黄龍三年限米☒ 六五五八
☒付倉吏監賢受 六五五九
☒ 其□斛三斗五升□□□☒ 六五六〇
☒□三斛八斗冑畢㲹嘉禾二年十一月☒ 六五六一
□文入縣吏弟所領☒ 六五六二

【注】「文」上□上半殘缺，下半從「辶」。

☒元年民還貸食黄龍二年吏□囷限米卅二斛五斗五升☒ 六五六三
☒黄龍二年十一月六日☒ 六五六四
☒月廿三日烝弁付庫吏殷連受 六五六五
☒□嘉禾元年民還□□□□☒ 六五六六
入小武陵鄉所調嘉禾二年布二匹三丈☒ 六五六七
☒三月廿四日淂丘大男☒ 六五六八
☒九尺㲹嘉禾二年十二月☒ 六五六九

⧄……單身 ⧄ 六五七〇
入模鄉嘉禾⧄ 六五七一
入□鄉二年調布⧄ 六五七二
⧄吏殷連受 六五七三
入黄龍二年州佃吏鄭循限米十斛 ⧄ 六五七四
入小武陵鄉平攴丘雷車二年布三丈九尺〓嘉⧄ 六五七五
其五百一十⧄ 六五七六
入桑鄉嘉禾二年新調布⧄ 六五七七
⧄ 其□□斛三斗五升付倉吏□⧄ 六五七八
入西鄉二年布二匹三丈 ⧄ 六五七九
⧄月五日關坒閣□⧄ 六五八〇
⧄□匹〓嘉禾⧄ 六五八一
□□□師鹽米⧄ 六五八二
⧄佐醴陵□⧄ 六五八三
⧄嘉禾二年⧄ 六五八四
□黄龍二年私學⧄ 六五八五
⧄〓嘉禾二年十一月六日⧄ 六五八六
⧄□浩二年布⧄ 六五八七
⧄丘男子周客二年布⧄ 六五八八
⧄坒閣李嵩吏黄諱番慮受 六五八九
⧄大女□年廿五在本縣 六五九〇
入黄龍元年佃卒限米七十一斛 六五九一
領黄武五年佃卒限米卅□斛黄龍三年民貸食付…… 六五九二
入吏烝縣龍元毛蔡□□□等還所貸三州倉黄龍三年税米卅二斛四斗□□ 六五九三
⧄吏董基⧄ 六五九四
⧄□關坒閣董⧄ 六五九五
⧄禾二年十一月三⧄ 六五九六
⧄□ 陽子男□⧄ 六五九七
⧄廿一日□丘男子石弩□⧄ 六五九八
⧄ 鷩子男和年一歲 ⧄ 六五九九

【注】簡下有朱筆塗痕。

鮿尉佐醴陵李解年廿六 見 六六〇〇
鮿尉佐永新雷齊年廿二 單身 ⧄ 六六〇一
乾鍛佐攸張元年卅一 單身 見 六六〇二
錢佐羅朱鷩年卅 見 六六〇三
錢佐建寧黄取年卅五 單身 見 六六〇四
⧄ □妻汝年廿八 □ 六六〇五
阿母汝年卅 見 阿子女婢年四歲 見 六六〇六
貫田師臨湘魯章年卅一 六六〇七
吕子男舌年十六在本縣 留 六六〇八
物故剛師臨湘張頟子男秋年十二 見 六六〇九
⧄ 仨妻汝年廿三 王三 六六一〇

【注】「王三」為朱筆補寫。其上又有朱筆塗痕。

貫連師臨湘唐龍年卅 ⧄ 六六一一
別佐吴昌黄啓年卅 見 六六一二
⧄ □男弟根年卅在本縣 留 六六一三
乾鍛佐臨湘勇頡（？）年廿 單身 見 六六一四
剛佐永新利班年廿 單身 ⧄ 六六一五
貫連師醴陵李賈年五十九 見 六六一六
其妻子八人在本縣 六六一七
捞子女績年六歲 見 六六一八
⧄ 其子女了年十一在本縣 留 六六一九
⧄□女弟練年十歲在本縣 六六二〇
廣奴德年十歲 見 六六二一
捞妻婢年卅六 見 六六二二

☒□年廿二　見　曹妻思年卅二在本縣　六六二三

入郡吏唐杷二年限米七斛黃龍二年十月十二日關坚閣☒　六六二四

定妻汝年卅七　見　六六二五

【注】簡下有朱筆塗痕。

☒吏谷能二年鹽米□斛黃龍二年三州倉關坚閣☒　六六二六

☒佐吴昌黃撈年卅四　見　六六二七

☒　羅妻汝年卅六在本縣　留　六六二八

☒永新誦成年廿八　見　六六二九

☒　□妻婢年廿三　見　六六三〇

□子女□年二歲　六六三一

□師攸利碩年卅四　單身　見　六六三二

☒佐下雋□平年廿三　見　六六三三

其二百廿四斛八斗四升民□入付三州倉吏谷漢□付□☒　六六三四

鍊師醴陵塗烏年卅一　見　六六三五

□妻華年卅五　見　六六三六

☒黃文年……　見　六六三七

其廿二斛□□□☒　六六三八

☒　其廿一斛付倉吏黃諱番慮　☒　六六三九

☒　□妻來年卌一　見　六六四〇

□鍛攸張生年廿一　單身　見　六六四一

【注】「□鍛」下脱「佐」字。

☒坚閣郭據付倉吏監賢☒　六六四二

☒　部妻蔡年卅　見　六六四三

☒倉吏監賢受　六六四四

乾鍛佐臨湘☒　六六四五

其廿七斛☒　六六四六

☒□□二年布三匹吴嘉禾二年☒　六六四七

☒□□限米九斛　☒　六六四八

☒黃龍元年叛士限米六十六☒　六六四九

☒基付倉吏鄭黑受　六六五〇

☒佐下雋□☒　六六五一

□男弟惟年十五別使　六六五二

右羅師佐四人　六六五三

【注】簡下有朱筆塗痕。

囷妻是年卅三在本縣　留　六六五四

☒　□男弟囷年卅四在本縣　六六五五

☒建寧黃民年廿一　單身　見　六六五六

□治師醴陵陳利□年卅八在本縣　六六五七

黃妻早年卅四　見　六六五八

□妻□年六十一在本縣　六六五九

□子女□年十六歲　見　六六六〇

□子女新年三歲　見　六六六一

其八斛二斗七升付倉吏鄭黑☒　六六六二

☒□□年卅歲　單身　見　六六六三

……在本縣　六六六四

☒據付倉吏監賢受　六六六五

物故□佐吴昌黃□妻妾年五十五在本縣　留　六六六六

☒囊妻启年卅二　見　六六六七

☒建寧□□年廿二　單身　見　六六六八

員子女汝年十四在本縣　留　六六六九

□妻姑年十九　見　六六七〇

其師佐十八人母妻子女五人見今送　六六七一

☒年卅五　見　六六七二

☒毛建年卅六　見　六六七三

馬妻妾年卅九　見　六六七四

其十二人師佐妻子十九人見今送　六六七五

□白佐劉陽李起年卅四　見　六六七六
□子男曰年廿九在本縣　留　六六七七
鑢佐下雋黄丁年五十一　見　六六七八
妻汝年卌五　見　六六七九
其三百田二……州中倉關坠閣□□☐　六六八〇
鎌佐醴陵廖員年五十五　見　六六八一
剛佐□□畀年卅　見　六六八二
乾鍛佐下雋李□年卌　見　六六八三
物故鎌佐臨湘唐□妻汝年卅六在本縣　六六八四
□妻□年五十四　見　六六八五
物故剛師高米男弟□年卅一在本縣　六六八六

【注】「高米」上脱縣名。

□□佐醴陵□武年廿六　單身　見　六六八七
黄武五年文入租吴平斛米二百七十七斛六斗料校不見前已列言更
詭責負者□　六六八八
其一十四斛四斗四升准錢二万六千……錢……☐　六六八九
黄龍二年文入桼租吴平斛米□百九十四斛四斗四升八合三勺料校
不見前已列☐　六六九〇
□□□□年卌二　六六九一
子男鄧年九歲　見　六六九二
剛佐攸唐多年卅一　見　六六九三
☐黄韋年卅六　見　六六九四
米子女識年四歲　見　六六九五
☐吴昌黄伯妻貞年卅六　見　六六九六
☐丞董謙二年鹽米卅斛黄龍三年十月廿三日關坠閣郭據付倉吏監
賢受　六六九七
☐□臣臨湘□岑子女□年九歲在本縣　六六九八
領黄龍元年張復田米十七斛　六六九九

入吏英□等二年鹽米□斛嘉禾元年十月廿五日關坠閣郭據付倉吏監
賢受　六七〇〇
□妻妾年卅二　見　六七〇一
□妻女年卅八　見　六七〇二
□承餘新入連年襍米三百卅六斛三升四合　六七〇三
乾鍛佐安成區承年廿二　見　六七〇四
小妻姑年廿七在本縣　屯將行　六七〇五
□妻儀年卅　見　六七〇六
入□吏番迪二年鹽米一斛八斗黄龍二年十二月廿七日關坠閣郭據付
倉吏監賢受　六七〇七
右見師佐廿一人兄弟妻子及奴七十八人合九十九人　六七〇八
治師建寧英漢年五十三　見　六七〇九
☐下雋監軍年廿四　單身　六七一〇
驚子男軍年三歲　見　六七一一
農子男尉年十八在本縣　留　六七一二
☐　□子男寒年□歲　見　六七一三
物故□錦佐臨湘袁當妻禀年五十七在本縣　六七一四
□子男水年廿一别使行　屯將行　六七一五
☐　□男弟萇年十九　見　六七一六
愬兄明年卅四在本縣　留　六七一七
入劉陽縣還價人李綬米卅四斛　☐　六七一八
其妻子三人見今送　六七一九
觚尉師醴陵侯曹年廿八　單身　見　六七二〇
入□唐□鹽米……二年三月卅日關坠閣郭據付倉吏監賢☐　六七二一
入吏廖賢二年鹽米四斛黄龍三年二月☐　六七二二
秋妻錢年卅□　見　六七二三
觚尉佐益陽□□年十七　單身　見　六七二四
右安成師佐四人妻子五人見今送　六七二五

其妻子三人見今送 六七二六

凡下雋領師佐十八人母妻子卅七人合五十五人 六七二七

貫連師臨湘張徇年廿八 見 六七二八

⍁ 圓子男徇年六歲 見 六七二九

平妻婢年廿一 見 六七三〇

⍁□□□受（?） 六七三一

一張命□□□⍁ 六七三二

□佐下雋張才年廿五 見 六七三三

⍁ □子男□年八歲 見 六七三四

⍁ □子男弟年四歲□□□ 屯將行 六七三五

【注】簡下有朱筆塗痕。

□□痽□□□ 凳妻汝年卅四 凳子女□⍁ 六七三六

【注】前六殘字為朱筆。

⍁□年布三匹⍁嘉禾⍁ 六七三七

⍁□嘉禾二年布一匹□⍁ 六七三八

⍁人師佃卅四人…… □見送 六七三九

⍁月廿日□□丘男子⍁ 六七四〇

龍妻能年廿六 龍子女婢年三歲 六七四一

【注】簡下有朱筆塗痕。

員妻汝年卅五 見 六七四二

⍁ □子男山年四歲 見 六七四三

⍁ □妻□年卅六在本縣 見 六七四四

⍁ 達妻成年卅三 見 六七四五

□□吏周章備連道縣□米七十五斛四斗四升付吏黃諱潘慮受 六七四六

⍁ 景子男奴年三歲 六七四七

⍁□龍二年鹽米十二斛七斗黃龍二年十一月七日關坒閣郭據付倉 六七四八
吏監賢受

⍁ 田男弟□年十五在本縣 六七四九

入黃龍元年吏帥客限米廿斛 六七五〇

⍁ □子女□年九歲 見 六七五一

入□吏鄭漢鹽米四斛 黃龍三年正月十日⍁ 六七五二

⍁ 囊子男仙年五歲 見 六七五三

⍁秃年卅五 以嘉禾三年三月六日被病物故 留 六七五四

⍁ 建妻妾年五十四 ⍁ 六七五五

⍁□□□妻汝年卅□在本縣 六七五六

□劉陽領師佐一十二人母兄妻子廿九人合卅一人 六七五七

⍁ 張忠謝頡等運……⍁ 六七五八

鑢佐劉陽丁光年卅三 見 六七五九

入吏周伯二年鹽米廿斛⍁黃龍三年二月十六日關坒閣郭據⍁ 六七六〇

□子男澤年十五 見 六七六一

□□五百五十□斛……⍁ 六七六二

鑢師臨湘丁凳年卅九 六七六三

⍁三匹⍁嘉禾二年九月□日貝田丘大男周純付庫吏殷連受 六七六四

⍁四月廿四日㧙陵丘⍁ 六七六五

⍁ □妻□年卅□在本縣 屯將行 六七六六

□□佃臨湘□□年卅 見 六七六七

□子男由年十九在本縣 六七六八

凡四萬二千三百□八斛八斗 六七六九

已入五十九斛二斗 六七七〇

表子女麦年四歲 見 六七七一

⍁ 怒子女萌年十一在本縣 留 六七七二

⍁ 十一人妻子…… 六七七三

入□鄉嘉禾二年所調布二匹□□⍁嘉禾二年八月廿三日且下丘男
子僕種付庫吏殷⍁ 六七七四

⍁年卅四 ⍁ 六七七五

⍁付三州倉關坒閣□□□⍁ 六七七六

六七七七　▨嘉禾二年十月廿日烝弁付庫吏殷▨

六七七八　▨爻嘉禾二年九月二日小平丘男子黃君付庫吏殷　▨

六七七九　▨珧年卅八　單身

六七八〇　▨　□妻□年廿五……

六七八一　▨　□□年□□在本縣

六七八二　▨□年六十一　以嘉禾三年五月二日被病物故　大男▨

六七八三　　橫母汝年五十五　見

六七八四　□□師吳昌鄧朔年卅六　見

六七八五　入吏許蒼二年鹽米□斛黃龍二年十一月七日關坠閣郭據▨

六七八六　……月十六日□▨

六七八七　▨□□□□□□連年□□限吳▨

六七八八　▨爻嘉禾二年十月廿日烝弁▨

六七八九　▨四月十四日□丘▨

六七九〇　▨匹爻嘉禾□年▨

六七九一　▨吏殷連受

六七九二　▨陳宗年卅五　▨

六七九三　▨□□走□□妻子▨

六七九四　▨　章子男伯年三歲　▨

【注】簡下有朱筆塗痕。

六七九五　□妻汝年卅四　見

六七九六　唐妻汝年廿七　見　唐子女處年一歲　見

六七九七　▨　□男弟□年十五在本縣　留

六七九八　入都鄉二年調布▨

六七九九　傖子男龍年廿六在本縣

六八〇〇　□子男錦年二歲　見

六八〇一　昌子男鼠（？）年十八在本縣　留

六八〇二　入鄉吏□□二年鹽米十斛黃龍三年十一月九日關坠閣郭據付倉吏監
賢

六八〇三　▨□領師佐□□□人□□妻子……

六八〇四　右起十月訖十二月十五日吏黃龍元年米二百卅一斛

【注】「右」上原有墨筆點記。

六八〇五　▨　□子男□年卅四在本縣　留

【注】「子男」上□右半殘缺，左半為「卓」。

六八〇六　其一人弟妻子在本縣

六八〇七　入吏李廣二年鹽米十斛爻黃龍四年五月廿日關坠閣郭據□▨

六八〇八　▨九月十七日烝弁付庫殷連受

六八〇九　▨布二匹爻嘉禾二年九月十六日烝弁付庫吏殷連受

六八一〇　▨……付庫吏殷　▨

六八一一　▨禾二年稅米十四斛六斗二升胄畢爻嘉禾二年十一月四日平樂丘
郡吏謝威關▨

六八一二　入小武陵鄉嘉禾二年布一匹爻嘉禾二年六月十日廉丘大男鄧國付
庫吏殷　▨

六八一三　入樂鄉柚丘帥烝開二年布一匹三丈九尺爻嘉禾二年□□▨

六八一四　入廣成鄉孫丘男子吳遠二年調布二匹▨

六八一五　入東鄉東平丘男子董根二年布一匹爻嘉禾二年十月十五日烝弁付
庫吏▨

六八一六　入廣成鄉二年所調布二匹爻嘉禾二年四月十日李下丘男子▨

六八一七　入□鄉敦丘帥□□二年布二匹三丈四尺爻嘉禾二年▨

六八一八　▨丘男子困勤二年布二□□□□爻嘉禾二年九月廿二日▨

六八一九　入平鄉嘉禾二年郡吏石□子弟限米六斛四斗胄畢爻嘉禾二年十一
月廿日□丘□▨

六八二〇　入吏李廣二年粿米廿斛黃龍三年二月廿一日關坠閣▨

六八二一　入中鄉二年調布一匹三丈八尺爻嘉禾▨

六八二二　未畢一萬三千八百　▨

【注】「未」上原有墨筆點記。

〼　其二百八十二斛六斗五升……　六八二三

入桑鄉嘉禾二年稅米十一斛胄畢𡗝嘉禾二年十一月十二日□〼　六八二四

〼嘉禾二年稅米三斛七斗胄畢𡗝嘉禾二年十一月四日〼　六八二五

入廣成鄉二年布二匹𡗝嘉禾二年九月十二日孫丘唐陽付庫〼　六八二六

右二年入□賈米六百六十八斛　〼　六八二七

右入稅米一百七十斛三斗六升〼　六八二八

二月　日關中部勸農……　六八二九

入□鄉嘉禾二年□布二□□□□□𡗝嘉禾二年十一月十日〼　六八三〇

入平鄉嘉禾二年……　六八三一

……曹史趙野〼　六八三二

入南鄉邑下大女何思二年布一匹𡗝嘉禾二年十一月二日〼　六八三三

入模鄉二年調布三丈八尺𡗝嘉禾二年八月廿四日吏黃□付庫吏殷〼　六八三四

【注】「黃」下□下半殘缺，上半從「广」。

入桑鄉嘉禾二年稅米廿斛一斗胄畢𡗝嘉禾二年十一月廿二日亞下丘大男谷着關〼　六八三五

入西鄉龍中丘烝漢二年布五匹三丈四尺𡗝嘉禾二年十月廿一日〼　六八三六

〼嘉禾二年鄉吏烝卿子弟限米一斛二斗胄畢𡗝嘉禾二年十一月十一日桓坪丘男子李□關〼　六八三七

入西鄉□丘大男何惕入二年布一匹〼　六八三八

入平鄉嘉禾二年稅米三斛九升〼　六八三九

〼年稅米十二斛胄畢𡗝嘉禾二年十一月十二日州吏□閣關坚閣董〼　六八四〇

〼子唐菩二年布四匹𡗝嘉禾二年十月十一日　〼　六八四一

〼十一月二日……吏固朋……　六八四二

〼鄉嘉禾二年郡吏徐章子弟限米□四斛胄畢𡗝嘉禾二年十一月廿八日領〼　六八四三

入東鄉嘉禾二年稅米卅二斛一斗五升胄畢𡗝嘉禾二年十一月二日新成丘〼　六八四四

入西鄉布一匹𡗝嘉禾三年三月十日松田丘〼　六八四五

入廣成鄉二年布三丈八尺𡗝嘉禾二年九月十二日□丘烝弁付庫〼　六八四六

〼□丘男子唐泉二年布一匹𡗝……〼　六八四七

【注】本簡「九月」以下扭曲。

入西鄉茹丘男子區面二年布一匹𡗝嘉禾二年十月十七日〼　六八四八

入東鄉嘉禾二年稅米六十斛一斗胄畢𡗝嘉禾二年十一月廿五日上莘丘黃強關〼　六八四九

入模鄉嘉禾二年所調布一匹𡗝嘉禾二年□月十四日□□丘□□〼　六八五〇

右桑鄉入布十二匹〼　六八五一

入桑鄉東平丘大男殷柱二年布七匹𡗝嘉禾□□□□〼　六八五二

入男子王頭二年鹽米九斛嘉禾元年十一月廿日關坚閣□〼　六八五三

入廣成鄉東薄丘男子……〼　六八五四

〼平鄉……𡗝嘉禾二年九月廿九日烝弁……〼　六八五五

〼嘉禾二年稅米二斛胄畢𡗝嘉禾二年十一月廿四日浸頃丘唐〼　六八五六

入模鄉□丘男子稟□二年布一匹□丈□尺𡗝〼　六八五七

□□□□二年鹽米十三□□□黃龍三年二月十六日關坚閣〼　六八五八

【注】簡中未見𡗝文。

入桑鄉□丘男子□進嘉禾二年調布……〼　六八五九

〼□丘男子謝囷二年布三丈九尺𡗝〼　六八六〇

〼……未治支（？）故牒却書督絞促校課□□□〼　六八六一

□□□□□□□被書酒租縣之常領□書□郭邑見民〼　六八六二

兼録事掾潘　校　六八六三

……匹𠄣嘉禾二年☒　六八六四
入廣成鄉桓□丘……𠄣嘉禾二年九月☒　六八六五
入□□鄉□吏丘大男區蹟嘉禾二年布一匹𠄣嘉禾☒　六八六六
入平鄉□丘男子……𠄣嘉禾二年九月廿四日☒　六八六七
☒稅米一斛七斗四升畢𠄣嘉禾二年十一月廿四日杖丘□☒　六八六八
入桑鄉嘉禾二年……𠄣嘉禾二年十一月☒　六八六九
入西鄉□□丘男子張□布□匹三丈四尺𠄣嘉禾二年十一月☒　六八七〇
☒□□布一匹𠄣嘉禾二年九月卅☒　六八七一
入平鄉□番丘□□男子李□二年☒　六八七二
入□鄉伍丘男子□□□布□丈□尺𠄣☒　六八七三
入平鄉……二年……𠄣☒　六八七四
☒□□嘉禾二年布一匹𠄣嘉禾二年☒　六八七五
右入稅米☒　六八七六
☒禾四年十一月男子□□□☒　六八七七
☒平鄉大男□☒　六八七八
入小武陵鄉二年□□布一匹𠄣嘉禾四年五月……☒　六八七九
萬三千□□□桓王廟所出負□□一萬三千八百□□□□曹掾典□
□校書　六八八〇
入廣成鄉周陵丘民單□二年調布四匹𠄣嘉禾二年十一月六☒　六八八一
入模鄉滓丘男子……𠄣嘉禾二年九月……☒　六八八二
入樂鄉柚丘男子謝斗二年布一匹𠄣……☒　六八八三
入都鄉因疒丘大男烝□二年布三匹三丈五尺☒　六八八四
右模鄉入嘉禾二年布廿匹三丈☒　六八八五
入平鄉得□丘男子□□新布□匹𠄣嘉禾二年……☒　六八八六
☒畢𠄣嘉禾二年十一月十六日松下丘大女黃領關坚閣董☒　六八八七
入平鄉嘉禾二年稅米四斛四□☒　六八八八
入平鄉嘉禾二年□□丘大女☒　六八八九
☒□所調布一匹𠄣嘉禾二年八月廿四日□□丘□☒　六八九〇

☒廿四日上和丘縣吏□☒　六八九一
入樂鄉□丘男☒　六八九二
☒周陵丘□侯關☒　六八九三
☒三年五月七日☒　六八九四
☒□布四匹三丈□□𠄣嘉禾二年☒　六八九五
□丘州吏石張關☒　六八九六
入模鄉嘉禾☒　六八九七
☒嘉禾二年十二月十六日☒　六八九八
☒布一匹𠄣嘉禾二☒　六八九九
入桑鄉□☒　六九〇〇
入廣成鄉嘉禾二年□吏□□□限米卅斛一斗三升畢𠄣嘉禾二年十
一月十一日□丘□□☒　六九〇一
☒子女騰年十歲　六九〇二

【注】簡下有朱筆塗痕。

言君誠惶誠恐敢言之　六九〇三
右中鄉入布……　六九〇四
入桑鄉嘉禾二年新調布三丈九尺𠄣嘉禾二年八月廿三日敷丘男子
潘錢付庫吏殷☒　六九〇五
入模鄉□洭丘周復二年布一匹𠄣嘉禾☒　六九〇六

【注】「洭丘」上□左半殘缺，右半為「黃」。

☒□思年卅六在本縣　六九〇七
☒𠄣嘉禾二年十一月廿日伍秵丘□□☒　六九〇八
入西鄉二年布一匹三丈八尺𠄣嘉禾二年十一月廿二日上俗丘何☒　六九〇九
入東鄉嘉禾二年故吏□具子弟限米七斛胄畢𠄣嘉禾三年□月□日☒　六九一〇
入都鄉二年財用錢一萬四千　六九一一
右東鄉入布五匹　☒　六九一二

入平鄉上和丘男子謝遠二年布二匹𧘲嘉禾二年九月廿日☒　六九一三

入東鄉上利丘男子烝京二年布一匹𧘲嘉禾☒　六九一四

右小武陵鄉入布廿四匹二丈五尺　六九一五

☒□□谷石二年布一匹𧘲嘉禾二年十二月廿七日☒　六九一六

入中鄉二年財用錢四萬一千九百　六九一七

右中鄉入嘉禾二年布五十五匹四尺　☒　六九一八

【注】「右」上原有墨筆點記。

嘉禾三年十一月辛巳朔日□臨湘侯相君丞叩頭死罪敢言之　六九一九

入南鄉桐唐丘陳文李勉嘉禾二年布一匹𧘲嘉禾二年十一月☒　六九二〇

入模鄉□丘區□二年布三丈九尺𧘲嘉禾二年十月廿九日☒　六九二一

【注】「區」下□左半殘缺，右半從「方」。

入模鄉嘉禾二年布一匹三丈九尺𧘲嘉禾二年九月七日□□丘男子
□茹付庫吏殷　☒　六九二二

入模鄉泠丘彭略嘉禾二年布一匹𧘲嘉禾二年九月十三日烝弁付庫
吏殷☒　六九二三

入都鄉二年調布一匹𧘲嘉禾二年九月九日□☒　六九二四

☒鄉上和丘謝遠二年☒　六九二五

……吏谷劉嘉禾二年所調布一匹𧘲嘉禾二年☒　六九二六

入廣成鄉逢唐丘□□□☒　六九二七

入□鄉□丘大男周□二年布☒　六九二八

☒徑丘因男潘衢付庫吏殷☒　六九二九

入廣成鄉……𧘲嘉禾☒　六九三〇

☒子女績年六歲　☒　六九三一

【注】簡下有朱筆塗痕。

入西鄉高樓丘逢客二年麻三丈四尺𧘲嘉禾☒　六九三二

☒何丘男子李達郭連嘉禾二年調布一匹☒　六九三三

入小武陵鄉廉丘男子殷能入二年布一匹□☒　六九三四

臨湘丞掾副言縣領三年租具錢五萬六千八百部吏唐王□□民□□
入四　六九三五

【注】「唐王」下□右半殘缺，左半從「卩」。

入西鄉嘉禾二年布一匹三丈七尺𧘲……☒　六九三六

入廣成鄉二年財用錢二萬四千　中　六九三七

九千二年故吏錢　六九三八

入廣成鄉□下丘吳□二年布□匹□丈七尺……☒　六九三九

☒二年新調布一匹𧘲嘉禾☒　六九四〇

入小武陵鄉嘉禾二年新調布一匹𧘲嘉禾二年……☒　六九四一

☒……殷連受　六九四二

☒□月□日烝弁付庫吏☒　六九四三

☒□丘□□二年布□匹……☒　六九四四

入桑鄉狙丘男子谷民二年布一匹𧘲□□☒　六九四五

【注】「狙」疑為「狊」之別體。

其一萬五千七十二年財用錢　六九四六

入□鄉嘉禾二年吏所調布二匹𧘲嘉禾二年十月三日……☒　六九四七

☒……布二匹𧘲嘉禾二年☒　六九四八

入廣成鄉二年布一匹𧘲嘉禾二年九月十一日□☒　六九四九

☒𧘲嘉禾二年四月□☒　六九五〇

☒𧘲嘉禾二年十二☒　六九五一

入廣鄉二年布一匹𧘲嘉禾二年九月十二日蔦州丘大男□☒　六九五二

【注】「廣」、「鄉」間疑脱「成」字。

入平鄉五禮丘男子韓佃二年布一匹𧘲嘉禾二年九月廿日烝弁付庫
吏殷　☒　六九五三

凡責□逋錢有人復言書□右金曹　六九五四

【注】「逋」上□右半殘缺，左半從「食」；「右」上□右半殘缺，左半從「言」。

入廣成鄉嘉禾二年調布三丈九尺𧘲嘉禾二年九月十二日……☒　六九五五

右新入櫃（？）錢廿七……☒　六九五六

……二年布二匹……▨　六九五七正
入□鄉□丘……▨　六九五七背
右承餘租□錢一萬　▨　六九五八
▨□鄉億丘謝莊二年調布二匹三丈二尺𡘖嘉禾▨　六九五九
▨胄畢𡘖嘉▨　六九六〇
▨付庫吏殷連受　六九六一
▨庫吏殷　▨　六九六二
▨付庫吏殷　▨　六九六三
▨年布一匹𡘖嘉禾三年□▨　六九六四
六十八匹一丈五尺　▨　六九六五
▨匹𡘖嘉禾三年十一月▨　六九六六
▨嘉禾□年十二月廿二日烝弁付庫吏殷連受　六九六七
▨基付三州倉吏鄭黑受　六九六八
▨……男子番郡付庫吏潘　▨　六九六九
□主簿五□十一月廿五日乙巳白　六九七〇

【注】據陳垣《魏蜀吳朔閏異同表》，嘉禾三年十一月朔為辛巳，廿五日為乙巳。

嘉禾四年二月庚戌朔廿一日庚午長沙囚守兼中部勸農督郵書掾昆
當……　六九七一
▨　□　在　桐　丘　六九七二
▨寇丘呂囷關坠閣▨　六九七三
入中鄉東扶丘男子宙揚二年布一匹▨　六九七四
▨庫吏殷連受　六九七五
▨料校不見前已▨　六九七六
▨倉吏鄭黑受　六九七七
▨庫吏殷連受　六九七八
入廣成鄉彈浭丘民鄧▨　六九七九
▨黑受　六九八〇
▨□丘□囷關坠閣董　六九八一
入北鄉嘉禾二年□米□斛胄畢𡘖嘉禾二年十一月□□▨　六九八二
入東鄉二年布四匹▨　六九八三
▨吏鄭黑受　六九八四
▨卅日寇丘潘□▨　六九八五
▨年九月五日禾丘呂儁付庫▨　六九八六
▨匹𡘖嘉禾三年二月▨　六九八七
▨殷連受　六九八八
▨禾二年十一月十一日監池丘□□▨　六九八九
入都鄉二年布三丈八尺▨　六九九〇
▨黃諱潘慮受　六九九一
▨𡘖嘉禾二年▨　六九九二
物故剛佐▨　六九九三
入西鄉億丘謝□二年布一匹三丈八尺𡘖嘉▨　六九九四
▨付庫吏殷　▨　六九九五
▨廿日唐下丘男子陳□付▨　六九九六
▨據付倉吏監賢受　六九九七
入廣成鄉榴丘吳□▨　六九九八
▨□□□三年稅▨　六九九九
▨二斛二斗胄畢𡘖嘉禾□年▨　七〇〇〇
▨年十一月二日甲子書給□▨　七〇〇一

【注】據陳垣《魏蜀吳朔閏異同表》，嘉禾元年十一月朔為癸亥，二日為甲子。

▨嘉禾二年九月五日東溪丘大男□□▨　七〇〇二
▨番慮所領嘉▨　七〇〇三
▨二年布一匹▨　七〇〇四
入廣成鄉二年調布二□▨　七〇〇五
入中鄉吏□▨　七〇〇六
▨□□付庫吏殷　▨　七〇〇七
▨𡘖嘉禾二年▨　七〇〇八

⧄　連受　七〇〇九
⧄關坐閣董基付三州倉⧄　七〇一〇
入平鄉嘉禾⧄　七〇一一
⧄□二丈六⧄　七〇一二
⧄□五十五斛一斗一升稅米⧄　七〇一三
⧄關坐閣⧄　七〇一四
⧄㐅嘉禾二年十一月廿一日烝弁⧄　七〇一五
⧄具封　七〇一六
⧄二年九月四日□田⧄　七〇一七
⧄屯佃民所領⧄　七〇一八
⧄入黄□⧄　七〇一九
⧄禾二年布五匹㐅　七〇二〇
⧄嘉禾二年布⧄　七〇二一
⧄烝弁付庫吏潘　⧄　七〇二二
⧄□關坐⧄　七〇二三
⧄　連受　七〇二四
⧄董基⧄　七〇二五
⧄據付倉吏監賢受　七〇二六
⧄上唐⧄　七〇二七
⧄禾二年十一月□日□□□□⧄　七〇二八
⧄布二匹㐅⧄　七〇二九
⧄　連受　七〇三〇
⧄□布五匹三丈□⧄　七〇三一
⧄　五錢⧄　七〇三二
⧄年十一月□⧄　七〇三三
⧄□男子黄難嘉禾二年調布三匹㐅嘉禾二年十月廿五日⧄　七〇三四
入吏□佢鹽米十斛⧄　七〇三五
⧄倉吏黄諱潘⧄　七〇三六
⧄基付倉吏鄭⧄　七〇三七
⧄閣董基付⧄　七〇三八
⧄㐅嘉禾二年十一月⧄　七〇三九
⧄㐅嘉禾⧄　七〇四〇
⧄關坐閣董基⧄　七〇四一
⧄二年十一月⧄　七〇四二
出倉吏黄⧄　七〇四三
⧄二年八月十五日⧄　七〇四四
⧄元年折咸吴平斛米九十五斛⧄　七〇四五
其十一斛……⧄　七〇四六
出倉吏黄⧄　七〇四七
⧄鄭黑受　七〇四八
⧄……舊贛郡□□　七〇四九
……謹列　七〇五〇
其二百七十七斛七斗九升民先入付三州倉□⧄　七〇五一
浦母⧄　七〇五二
⧄黑受　七〇五三
⧄里户人公乘□□年五十五⧄　七〇五四
⧄□妻金年□⧄　七〇五五
⧄畢㐅嘉禾二年十一月十□日⧄　七〇五六甲
⧄二年九月二日下象丘烝⧄　七〇五六乙
⧄□所主桐丘民⧄　七〇五七
⧄□勇□關坐閣董⧄　七〇五八
入廣成鄉嘉禾二年布一匹㐅嘉禾二年□□⧄　七〇五九
⧄□付庫吏殷⧄　七〇六〇
入平鄉嘉禾二年□⧄　七〇六一
⧄　其□⧄　七〇六二
⧄　連受　七〇六三

☒郭據付倉吏監賢受　七〇六四
入小武陵鄉平支丘男子□☒　七〇六五
☒□米丘男子五□□☒　七〇六六
☒年十一月廿九日盧丘黄何☒　七〇六七
☒付倉吏鄭黑受　七〇六八
☒匹三丈九尺吴嘉禾二☒　七〇六九
☒嘉禾二年十一月□日付庫吏殷　☒　七〇七〇
☒禾都丘監□☒　七〇七一
☒畢吴嘉禾二年十一月廿三日□☒　七〇七二
☒年十二月十三日□□□☒　七〇七三
入東鄉嘉禾二年☒　七〇七四
入鄢卒黄龍☒　七〇七五
☒　五斗☒　七〇七六
入都鄉嘉禾……☒　七〇七七
☒□黄龍三年税米☒　七〇七八
☒堅閣董基付三州倉吏鄭☒　七〇七九
☒屯田掾王陵白　七〇八〇
☒斛四斗僦畢吴嘉禾三年四月十☒　七〇八一
☒黑受　七〇八二
入平鄉二年☒　七〇八三
☒□吴嘉禾二年十月☒　七〇八四
　右廣成☒　七〇八五
☒鄉唐龍☒　七〇八六
☒布一匹☒　七〇八七
☒廿九　☒　七〇八八
☒□一斛五斗□☒　七〇八九
☒年五月二日□丘□☒　七〇九〇
☒據付倉吏監賢受　七〇九一

入東鄉□☒　七〇九二
入平鄉嘉禾☒　七〇九三
☒禾二年八月廿□☒　七〇九四
☒丘鄧六付庫吏番☒　七〇九五
☒殷連受　七〇九六
☒付庫吏殷☒　七〇九七
☒　石斩家口食☒　七〇九八
☒□黄龍☒　七〇九九
☒黑受　七一〇〇
入吏毛廣二年鹽米四斛嘉禾元年☒　七一〇一
☒受　七一〇二
☒禾二年十一月廿二日石下☒　七一〇三
☒二年税一斛四斗五升☒　七一〇四
【注】「税」下疑脱「米」字。
入廣成鄉二年布☒　七一〇五
☒九日彈溲丘☒　七一〇六
入模鄉嘉禾二年☒　七一〇七
☒四月廿六日☒　七一〇八
☒黑受　七一〇九
☒黑受　七一一〇
☒□一千五百☒　七一一一
☒　連受　七一一二
☒年三月廿四日關堅☒　七一一三
☒□下丘大男五福☒　七一一四
入廣成鄉☒　七一一五
☒□三年二月十九日☒　七一一六
☒基☒　七一一七
☒黑受　七一一八

□一百卅☒　七一一九

☒五十五斛□□☒　七一二〇

☒布五匹☒　七一二一

☒鄉嘉禾二年□□☒　七一二二

☒□關邸閣董☒　七一二三

☒□唐丘大男奚□☒　七一二四

☒基□☒　七一二五

☒□旲嘉禾二☒　七一二六

☒千八百□☒　七一二七

☒□妻☒　七一二八

☒付三州倉吏☒　七一二九

☒十五日　七一三〇

☒董基☒　七一三一

☒大男謝石☒　七一三二

☒月廿三日烝弁☒　七一三三

☒　旲嘉☒　七一三四

☒　連受　七一三五

☒……畢旲嘉禾二年十月廿九日□□丘□□關邸閣☒　七一三六

☒……州中倉關邸閣李□吏黄諱番慮受　中　七一三七

……吏師客限米二百七十一斛一斗七升……　七一三八

☒　訾　五　十　七一三九

……斛料校不見前已列言更詭責負者　七一四〇

☒□男弟□年廿八□兩足　☒　七一四一

☒□七家……☒　七一四二

☒五□關邸閣董基付三州倉吏鄭黑受　七一四三

凡口四事□　筭三事一　訾　五　☒　七一四四

右庚家口食三人　☒　七一四五

☒□□丘□□關邸閣董基☒　七一四六

凡口五事四　筭三事一　訾　五　☒　七一四七

☒嘉禾二年十月廿六日監□丘周起關邸閣董基付三州倉吏☒　七一四八

☒嘉禾三年税米三斛胄畢旲☒　七一四九

其五百五☒　七一五〇

☒□日楊丘吴蘭關邸閣董基☒　七一五一

……四斛一斗三升七合　七一五二

☒□關邸閣董基付三州倉吏谷漢受　七一五三

☒凡□米三百五十六斛三斗五升未有入　七一五四

入□鄉嘉禾二年税米九斛胄畢旲嘉禾二年十月廿二日閤丘謝□關☒　七一五五

☒黑受　七一五六

☒□□租米一斛旲嘉禾二年☒　七一五七

☒鄭黑受　七一五八

□□言府□□□□□☒　七一五九

□子安汝年五歲　☒　七一六〇

☒萬七千□黄武六年盡錢……　七一六一

☒董基付倉吏谷漢受　七一六二

入□鄉嘉禾二年税米三斛胄畢旲☒　七一六三

☒丘縣吏監□關邸閣董☒　七一六四

【注】「監」下□左半殘缺，右半為「聿」。

☒年九歲　七一六五

☒……潘慮受　七一六六

☒米四斛九斗胄畢旲嘉禾二年十月□□☒　七一六七

☒基付☒　七一六八

右模鄉入□□☒　七一六九

☒邸閣董基付□吏□□□　七一七〇

☒付倉吏鄭黑受　七一七一

☒付倉吏鄭黑受　七一七二

⧄□關邸閣董基⧄　七一七三
⧄　□妻絲年卌筭一　⧄　七一七四
⧄董基付三⧄　七一七五
⧄嘉禾二年⧄　七一七六
⧄丘大女紀妾關邸⧄　七一七七
⧄付三州倉吏鄭黑受　七一七八
⧄關邸閣董基⧄　七一七九
⧄□□關邸閣董基付三州倉吏鄭黑受　七一八〇
⧄黑受　七一八一
⧄付三州倉吏⧄　七一八二
⧄　米三斛⧄　七一八三
入桑鄉二年布二匹𠄡嘉禾⧄　七一八四
⧄十一月二日關邸閣郭據付倉吏監賢受　七一八五
入西鄉嘉禾二年稅米……⧄　七一八六
……董基……⧄　七一八七
⧄□年八歲　七一八八
⧄年十月廿七日□□⧄　七一八九
⧄邸閣董基⧄　七一九〇
⧄黑受　七一九一
⧄五　十　七一九二
⧄基付三州倉⧄　七一九三
⧄畢𠄡嘉禾二年十月□⧄　七一九四
⧄基付三州倉⧄　七一九五
⧄關邸閣董基⧄　七一九六
⧄付倉吏⧄　七一九七
⧄吏鄭黑⧄　七一九八
⧄付倉吏鄭⧄　七一九九
⧄斛二斗冑米畢⧄　七二〇〇
⧄□□關邸閣董基付三州倉吏⧄　七二〇一
⧄日翟丘謝□⧄　七二〇二
⧄米廿斛四斗□⧄　七二〇三
⧄董基付⧄　七二〇四
⧄大女烝⧄　七二〇五
⧄付三州倉吏⧄　七二〇六
⧄斗二升畢𠄡嘉禾⧄　七二〇七
⧄□丘□□關邸閣董⧄　七二〇八
⧄邸閣董基付⧄　七二〇九
⧄……𠄡嘉禾二⧄　七二一〇
⧄𠄡嘉禾二年十一月十一日□□⧄　七二一一
⧄□冑米畢𠄡嘉禾二年⧄　七二一二
⧄基付倉吏鄭黑受　七二一三
⧄三州倉吏⧄　七二一四
⧄付倉吏鄭黑受　七二一五
⧄倉吏鄭黑受　七二一六
入都鄉嘉禾⧄　七二一七
⧄董基付⧄　七二一八
⧄……𠄡嘉⧄　七二一九
⧄黑受　七二二〇
⧄關邸閣董⧄　七二二一
⧄冑畢𠄡嘉禾⧄　七二二二
⧄基付三州倉⧄　七二二三
⧄□□□鄭黑受　七二二四
⧄付三州倉⧄　七二二五
⧄基付倉吏⧄　七二二六
⧄付三州倉吏鄭黑受　七二二七
鄭黑受　七二二八

☒富貴里戶人公乘□□年卅四☒　七二二九
☒年十月卅六☒　七二三〇
☒董基☒　七二三一
☒董基付☒　七二三二
☒□有人復☒　七二三三
☒吏股☒　七二三四
☒四日區丘胡□☒　七二三五
☒□年廿九　□男弟□年廿☒　七二三六
右□家口食十三人　□□☒　七二三七
☒年十二月廿一日□□□☒　七二三八
☒　男弟得年四歲　七二三九
☒年八歲　男弟赤年□歲　七二四〇
☒二年□米三斛八斗㕛嘉禾☒　七二四一
☒□三家細□□□☒　七二四二
……女□年十一　留　七二四三
☒　右根家口食六人　☒　七二四四
□□女□年八……☒　七二四五
☒□妻大女□□☒　七二四六
☒日下彈湮丘蔡☒　七二四七
☒倉年十四　☒　七二四八
□□里□□領吏民五□□☒　七二四九
☒弟□年七歲☒　七二五〇
☒□限米　七二五一
☒　□□□□年四歲　☒　七二五二
□卅五斛一斗□□☒　七二五三
☒妻□年卅三　七二五四

【注】「年」上□右半殘缺，左半從「言」。

☒七十四　☒　七二五五
☒□妻婢年五十五　☒　七二五六
☒二人　☒　七二五七
☒盡丘何□關☒　七二五八

【注】「何」下□上半殘缺，下半從「皿」。

☒　右□家☒　七二五九

【注】「家」上□右半殘缺，左半從「禾」。

☒□關坙閣董☒　七二六〇
☒　㕛嘉禾二年☒　七二六一
☒妻蓋年廿九　☒　七二六二
☒□二年租米☒　七二六三
☒□丘男子張□□☒　七二六四
☒二年稅米卅☒　七二六五
☒年七十　□☒　七二六六
☒嘗付倉吏☒　七二六七
☒嘉禾☒　七二六八
入中鄉☒　七二六九
出長沙大守于望（？）貸吏☒　七二七〇
□□□
☒□簞播材八□☒　七二七一
槕　□一　枚

【注】右行四□，第一、三、四□均右半殘缺，第三□左半從「禾」，第一、四□均左半從「糸」。

☒　一尺　四寸　直二斤　一□　七二七二
□六副□二斤一兩　一領☒
□□桌臨湘□☒　七二七三
右領吏民田□☒　七二七四
☒二日同丘大男□麦關坙☒　七二七五
入廣成鄉嘉禾二年稅米十五斛胄畢㕛嘉禾二年十月廿二日愓丘潘　七二七六
止關坙閣董基付三州倉吏鄭黑受

入廣成嘉禾二年税米十一斛五斗就畢𡗗嘉禾二年十月廿二日上薄丘蔡通關邸閣董基付三州倉吏鄭黑受　七二七七

【注】「廣成」下脱「鄉」字。

入廣成鄉嘉禾二年税米二斛二斗胄畢𡗗嘉禾二年十月廿八日周陵丘周兒關邸閣董基付三州倉吏鄭黑受　七二七八

入廣成鄉嘉禾二年税米六斛六斗胄畢𡗗嘉禾二年十月廿一日□嘉丘□□關邸閣董基付三州倉吏鄭黑受　七二七九

入廣成鄉嘉禾二年税米一斛一斗胄畢𡗗嘉禾二年十月廿八日七丘谷□關邸閣董基付三州倉吏鄭黑受　七二八〇

入平鄉嘉禾二年税米十斛胄畢𡗗嘉禾二年十月十四日合丘男子謝歸關邸閣董基付三州倉吏鄭黑受　七二八一

入西鄉嘉禾二年税米五斛三斗胄畢𡗗嘉禾二年十月卅日上俗丘男子馬德關邸閣董基付三州倉吏鄭黑受　七二八二

入西鄉嘉禾二年税米六斛胄畢𡗗嘉禾二年十月卅日上俗丘廖唐關邸閣董基付三州倉吏鄭黑受　七二八三

入樂鄉嘉禾二年税米十二斛一斗五升就畢𡗗嘉禾二年十月廿四日柚丘男子朱鄱關邸閣董基付三州倉吏鄭黑受　七二八四

入廣成鄉嘉禾二年税米七斛六斗五升胄畢𡗗嘉禾二年十月廿一日平陽丘陳廣關邸閣董基付倉吏鄭黑受　七二八五

入廣成鄉嘉禾二年税米二斛四斗胄畢𡗗嘉禾二年十月廿八日平陽丘陳民關邸閣董基付倉吏鄭黑受　七二八六

入廣成鄉嘉禾二年税米十五斛胄畢𡗗嘉禾二年十月廿一日周陵丘周平關邸閣董基付三州倉吏鄭黑受　七二八七

▨二年税米三斛一斗胄米畢𡗗嘉禾二年十月四日上和丘謝蕒關邸閣董基付三州倉吏鄭▨　七二八八

入廣成鄉嘉禾二年税米五斛胄畢𡗗嘉禾二年十月廿五日复丘吏唐政關邸閣董基付三州倉吏鄭黑受　七二八九

入西鄉嘉禾二年税米十斛胄米畢𡗗嘉禾二年十月廿七日略丘男子潘□關邸閣董基付三州倉吏鄭黑受　七二九〇

▨　胄畢𡗗嘉禾二年十一月廿二日上和丘鄭儀關邸閣董基付三州倉吏鄭黑受　七二九一

入廣成鄉嘉禾二年税米十一斛三斗胄畢𡗗嘉禾二年十月廿二日平陽丘陳民關邸閣董基付倉吏鄭黑受　七二九二

入小武陵鄉嘉禾二年税米七斛胄畢𡗗嘉禾二年十月廿八日區李丘潘止關邸閣董基付三州倉吏鄭黑▨　七二九三

入西鄉嘉禾二年税米一斛八斗胄畢𡗗嘉禾二年十月廿二日□丘吏□□關邸閣董基付三州倉吏鄭黑受　七二九四

▨胄畢𡗗嘉禾二年十月廿七日柚丘朱鄱關邸閣董基付三州倉▨　七二九五

入西鄉嘉禾二年税米五斛胄畢𡗗嘉禾二年十月卅日□浭丘黃涅關邸閣董基付三州倉吏鄭黑受　七二九六

▨税米二斛五斗胄畢𡗗嘉禾二年十月廿三日□□丘周□關邸閣董基付三州倉吏鄭黑受　七二九七

入西鄉嘉禾二年税米一斛三斗胄畢𡗗嘉禾二年十月卅日上俗丘鄭□關邸閣董基▨　七二九八

▨丘大男鄧有關邸閣董基付三州倉吏鄭▨　七二九九

右諸鄉入火庫米十八斛八斗四升　七三〇〇

右入税米一百七十一斛三斗　七三〇一

入平鄉嘉禾二年税米十九斛□□胄米畢𡗗嘉禾二年十月廿四日盡丘番門關邸閣董基付三州倉吏鄭黑受　七三〇二

▨嘉禾二年税米二斛　胄畢𡗗嘉禾二年▨　七三〇三

入小武陵鄉嘉禾二年税米三斛二斗胄畢𡗗嘉禾二年十月廿八日部丘男子□□關邸閣董基▨　七三〇四

入平鄉嘉禾二年税米六斛胄米畢𡗗嘉禾二年十月廿四盡丘李住關邸閣董基付三州倉吏鄭黑受　七三〇五

入西鄉嘉禾二年税米二斛五斗胄畢𡗗嘉禾二年十月廿三日茹丘大

男雷物關堅閣董基付三州倉吏鄭黑受 七三〇六
入小武陵鄉嘉禾二年税米六斛冑畢旲嘉禾二年十月四日□丘男子
谷□關堅閣董基付三州倉吏鄭黑受 七三〇七
　婓妻大女迷年廿三筭一 七三〇八
入廣成鄉嘉禾二年税米六斛五斗冑畢旲嘉禾二年十月廿日五日彈
涇丘卒番賈關堅閣董基付三州倉吏鄭黑受 七三〇九
入廣成鄉嘉禾二年税米□斛□斗冑畢旲嘉禾二年二月廿一日世丘
谷石關堅閣董基付三州倉吏鄭黑受 七三一〇
入西鄉嘉禾二年税米四斛五斗冑畢旲嘉禾二年十月廿日上俗丘男
子朱玫關堅閣董基付三州□ 七三一一
入廣成鄉嘉禾二年税米十斛冑畢旲嘉禾二年十月廿八日三州丘謝
奴關堅閣董基付三州倉吏鄭黑受 七三一二
入平鄉嘉禾二年税米十三斛冑畢旲嘉禾二年十月廿三日洽丘李成
關堅閣董基付三州倉吏鄭黑受 七三一三
入平鄉嘉禾二年税米八斛冑畢旲嘉禾□月廿二日□□丘朱□關堅
閣董基付三州倉吏鄭黑受 七三一四
入廣成鄉嘉禾二年税米三斛冑畢旲嘉禾二年十月廿五日東困丘謝困關
堅閣董基付三州倉吏鄭黑受 七三一五

【注】「十月」上脱「二年」二字。

入平鄉嘉禾二年租米六斛三斗冑畢旲嘉禾二年十月廿七日石□丘
郡吏石□關堅閣董基付三州倉吏鄭□ 七三一六
入平鄉嘉禾二年税米五斛七斗冑米畢旲嘉禾二年十月廿四日盡丘
番朋關堅閣董基付三州倉吏鄭黑受 七三一七
入西鄉嘉禾二年税米四斛冑畢旲嘉禾二年十一月廿二日且丘大男
谷□關堅…… 七三一八
入平鄉嘉禾二年税米三斛四斗冑畢旲嘉禾二年十月十四日伍社丘
鄧蘭關堅閣董基付三州倉吏鄭黑受 七三一九
□□年六十一 七三二〇

右樂鄉入𣂌種租米卅斛八斗 七三二一
入西鄉嘉禾二年税米五斛四斗冑畢旲嘉禾二年十月卅日高樓丘大
男逢這關堅閣董基付三州倉吏鄭黑受 七三二二
入平鄉嘉禾二年税米五斛冑畢旲……關堅閣董基…… 七三二三
吉陽里户人公乘黄□年□□□ 七三二四
小赤里户人公乘杜東年卅三筭一 踵兩足 七三二五
入平鄉嘉禾二年税米十四斛冑畢旲嘉禾二年十月廿四日洽丘婁□
關堅閣董基付三州倉吏鄭黑受 七三二六
入西鄉嘉禾二年税米四斛一斗冑畢旲嘉禾二年十月廿三日億丘楊
闔關堅閣董基付三州倉吏鄭黑受 七三二七
入廣成鄉嘉禾二年税米七斛冑畢旲嘉禾二年十月廿三日三州丘大
男萠力關堅閣董基付三州倉吏鄭黑受 七三二八
入□□鄉嘉禾二年税米一斛冑畢旲……董基…… 七三二九
　□女弟其年四歲□ 七三三〇
入□鄉嘉禾二年税米四斛冑畢旲嘉禾二年十月廿七日虞丘男子黄
利董基付三州倉吏鄭黑受 七三三一
□税米一斛五斗冑畢旲嘉禾二年十月廿九日頃丘蒴免關堅閣董基
付倉吏□ 七三三二
入桑鄉嘉禾二年税米卌一斛二斗冑畢旲嘉禾二年十月廿二日周丘
□庚關堅閣董基付三州倉吏鄭黑受 七三三三
入西鄉嘉禾二年税米四斛冑畢旲嘉禾二年十月廿二日□帛丘男子
潘萇關堅閣董基付三州倉吏鄭黑受 七三三四
　雕男弟浴年九歲 七三三五
入小武陵鄉嘉禾二年税米四斛僦畢旲嘉禾二年十月十四日下象丘
男子李民關堅閣董基付三州倉吏鄭黑受 七三三六
入廣成鄉嘉禾二年税米二斛　冑畢旲嘉禾二年十月廿八日佃三丘
潘進（？）關堅閣董基付三州倉吏鄭黑受 七三三七
入廣成鄉嘉禾二年税米十一斛冑米畢旲嘉禾二年十月廿五日复丘

大男唐奇關邸閣董基付倉吏☐ 七三三八
入樂鄉嘉禾二年租米卅四斛冑畢旲嘉禾二年十月廿四日大□丘　郡
吏□□關邸閣董基付三州倉吏鄭黑受 七三三九
入東鄉嘉禾二年税米三斛七斗冑畢旲嘉禾二年十月廿九日上古平
丘鄭萇關邸閣董基付三州倉吏鄭黑受 七三四〇
☐……丘黄□關邸閣董基付倉吏鄭黑受 七三四一
入小武陵鄉嘉禾二年税米五斛七斗冑畢旲嘉禾二年十月廿九日□
丘□生關邸閣董基付三州倉吏鄭黑受 七三四二
入桑鄉嘉禾二年税米廿斛冑畢旲嘉禾二年十月卅日……董基付三
州倉吏鄭黑受 七三四三
入平鄉嘉禾二年税米卅一斛冑米畢旲嘉禾二年十月廿四日常略丘
大男伍叙關邸閣董基付三州倉吏鄭黑受 七三四四
入樂鄉嘉禾二年税米九斛五升冑米畢旲嘉禾二年十月廿九日頃丘
大女陳如關邸閣董基付倉吏鄭黑受 七三四五
入廣成鄉嘉禾二年税米二斛冑畢旲嘉禾二年十月廿九日柚丘男子
烝開關邸閣董基付三州倉吏鄭黑受 七三四六
凡口七事六　筭四事三　訾　二　百 七三四七
☐禾二年十月廿七日杷丘吴馬關邸閣董基付三州倉吏鄭黑☐ 七三四八
☐二年十月廿五日常略丘烝禾關邸閣董基付三倉吏鄭黑受☐ 七三四九

【注】「三」下脱「州」字。

高遷里户人公乘萌署年六十一 七三五〇
入㐫（？）鄉嘉禾二年税米十六斛冑畢旲嘉禾二年十月十八日東
平丘韋副關邸閣董基付三州倉吏鄭黑受 七三五一
□妻大女婢年十九筭一 七三五二
高遷里户人公乘□□年卅三筭一給縣吏 七三五三
高遷里户人公乘□龍年卌三筭一 七三五四
脩男弟水（？）年廿三筭一 七三五五
□母大女思年八十九 七三五六
其四人兄妻子在本縣 七三五七
屈男弟進年卅五筭一刑右手 七三五八
高子男□年七歲 七三五九
入平鄉上和丘大男謝□嘉禾二年布一匹旲嘉禾二年九月廿九日烝
弁付庫☐ 七三六〇
脩妻大女雙年廿筭一 七三六一
入樂鄉嘉禾二年私學限米三斛九斗冑畢旲嘉禾二年十月十七日柚
丘烝咄關邸閣董基付三州倉吏鄭黑受 七三六二
邵女弟思年十九筭一 七三六三
屈季母大女妾年八十五 七三六四
□男弟伯年十歲 七三六五
入樂鄉嘉禾二年税米五斛冑畢旲嘉禾二年十月廿一日租下丘廬禽
關邸閣董基付三州倉吏鄭黑受 七三六六
彊男弟多年六歲 七三六七
凡口五事　筭三事　訾　五　十 七三六八
凡口五事三　筭三事　訾　五　十 七三六九
常子男□年四歲 七三七〇
高遷里户人公乘潘□年…… 七三七一
平陽里户人公乘劉囷年五十七 七三七二
萇妻大女易年廿五筭一 七三七三
凡口三事　筭□事　訾　五　十 七三七四
入廣成鄉嘉禾二年税米七斛三斗二升冑畢旲嘉禾二年十月廿五日…… 七三七五
☐囷妻大女妾年六十三 七三七六
盡男弟鼠年廿筭一腫兩足 七三七七
謜子女彩年五歲 七三七八
入廣成鄉嘉禾二年税米六斛冑畢旲嘉禾二年十月廿五日東庫丘□☐ 七三七九

□男弟□年卅二筭一　七三八〇

緒母大女□年五十一筭一　七三八一

⧄子女綵年三歲　七三八二

謙妻大女□年五十五筭一　七三八三

……胄畢𡘾嘉禾二年十月廿八日租下丘男子謝三關坚閣董基付三州倉吏鄭黑受　七三八四

【注】本簡上部扭曲，無法釋讀。

□子男客年十三　七三八五

入廣成鄉嘉禾二年税米六斛七斗五升胄畢𡘾嘉禾二年十月廿五日复丘大男鄧盡關坚閣董基付三州倉吏鄭黑受　七三八六

入小武陵鄉嘉禾二年税米⧄　七三八七

□孫子男平年七歲　七三八八

⧄□吏殷連受　七三八九

入小武陵鄉嘉禾二年税米七斛胄畢𡘾……⧄　七三九〇

右桑鄉入私學　限米卅四斛　七三九一

凡口五事　筭二事二　訾　五　十　七三九二

□子女妾年四歲　七三九三

⧄嘉禾二年十月廿八日□丘□□關坚閣董⧄　七三九四

入桑鄉嘉禾二年税米九斛胄畢𡘾嘉禾二年十月廿二日園丘縣吏烝民關坚閣　七三九五

⧄董基付三州倉吏鄭黑受　七三九六

晟母大女思年七十一　七三九七

□男弟□年廿八筭一　七三九八

⧄基付三州倉吏⧄　七三九九

⧄……斛胄畢𡘾嘉禾二年十月十八日栗丘番忽關坚閣董基付三州倉吏□□受　七四〇〇

難□□年廿三筭一　七四〇一

⧄　訾　五⧄　七四〇二

□子女□年廿筭一　七四〇三

凡口九事七　筭四事二　訾　五　十　七四〇四

□妻大女姑年卅筭一　七四〇五

節妻大女姑年十七筭一　七四〇六

章男弟金年十三聾□耳　七四〇七

旦妻大女殷年廿四筭一　七四〇八

入平鄉嘉禾二年税米一斛五斗胄畢𡘾嘉禾二年十月廿七日梁丘潘□關坚閣董基付三州倉吏鄭黑受　七四〇九

凡口三事　筭一事　訾　五　田　七四一〇

入□鄉嘉禾二年税米四斛五斗胄畢𡘾嘉禾二年十月廿一日租下丘谷上關坚閣董基付三州倉吏鄭黑受　七四一一

入□鄉吏五訓二年布三匹𡘾……　七四一二

麪男弟赿年十八在本縣　留　七四一三

凡口三事……　訾　五　十　七四一四

鷩子男金年二歲　見　七四一五

入□鄉嘉禾二年税米十斛胄畢𡘾嘉禾二年十月廿八日常略丘謝宿關坚閣董基……　七四一六

⧄……坚閣董基付三州倉吏鄭黑受　七四一七

吏廖祚關坚閣董基……受　七四一八

入平鄉嘉禾二年税米一斛五斗胄畢𡘾嘉禾二年十月廿七日僕丘郡高遷里户人公乘謝脩年卅筭一　七四一九

東陽里户人公乘鄭□年卅七筭一刑右手　七四二〇

凡口八事七　筭五事三　訾　一　百　七四二一

全女弟貞年七歲　七四二二

凡口三事　筭三事　⧄　七四二三

□女弟汝年八歲□□　七四二四

彊妻大女□年卅一筭一　七四二五

彊母父□年八十二　七四二六

凡口五事四　筭二事　訾　五　十　七四二七
彊子女取年五歲　七四二八
□□□年九歲　七四二九
□妻大女姑年卅一筭一　七四三〇
乾鍛師新陽鄧橋子男連年廿四在本縣　七四三一
高遷里户人公乘捵聱年卅一筭一給州吏　七四三二
脩妻大女蓋年十八筭一　七四三三
觚尉佐臨湘黄睾年廿九　⧄　七四三四
其子一人別使□□録送　七四三五
入桑鄉嘉禾二年税米二斛六斗三升冑畢𬀩嘉禾二年十月廿九日唐　七四三六
下丘縣吏黄諱關邸閣董基付三州倉吏鄭黑受　七四三七
入東鄉嘉禾二年税米十二斛二斗冑畢𬀩嘉禾二年十月廿八日上利　七四三八
丘烝□關邸閣董基付倉吏鄭黑受　七四三八
⧄……基付三州倉吏鄭黑受　七四三八
其妻子人在本縣　七四三九

【注】「人」上脱人數。

□妻婢年卅　見　七四四〇
馥妻大女貞年卅筭一　七四四一
□母止年六十四　見　七四四二
□妻民年十八　見　七四四三
⧄二斛一斗冑畢𬀩嘉禾二年十月廿八日上利丘烝思關邸閣董基付
倉吏鄭黑受⧄　七四四四
□小妻姑年卅　見　七四四五
□妻大女素年卅二筭一　七四四六
鑪佐劉陽五累年卅一　見　七四四七
□□師建寧□□妻□年卅四在本縣　七四四八
□模師醴陵區□年廿四　見　七四四九
□尉吴昌吴純年卅三　見　七四五〇

□妻汝年廿七　見　七四五一

【注】「□尉」下脱「佐」或「師」字。

倉妻吏年十七　見　七四五二
閫妻汝年卅二　見　七四五三
右□鄉郡縣吏兄弟合十五人前後各叛走□趣劉陽吴昌醴陵⧄　七四五四

【注】「趣」上□右半殘缺，左半從「氵」。

鑪佐劉陽謝香年卅一　單身　見　七四五五
入平鄉嘉禾二年税米九斛冑米畢𬀩嘉禾二年十月廿四日下和丘男
子鄧有關邸閣董基付三州倉吏鄭黑受　七四五六
右入税米一百一十斛四升　七四五七
⧄佐醴陵□客年卅三　見　七四五八
入西鄉嘉禾二年……𬀩嘉禾二年十月廿七日租下丘男子廖郅關邸
閣董基付倉吏⧄　七四五九
……五斛冑畢𬀩嘉禾二年……丘監□關邸閣董基付倉吏鄭黑受　七四六〇
入廣成鄉嘉禾二年郡吏黄何子弟限米廿三斛冑畢𬀩嘉禾二年十月
廿日□丘烝□關邸閣董基付三州倉吏鄭黑受　七四六一
入東鄉嘉禾二年税米十五斛三斗五升冑畢𬀩嘉禾二年十月廿八日
谷丘縣吏烝贇關邸閣董基付倉吏鄭黑受　七四六二
乾鍛佐吴昌這□年廿五　單身　見　七四六三
紀妻女年六十八在本縣　⧄　七四六四
物故綃白佐新陽□□妻□年卅三在本縣　七四六五
治皮師吴昌黄仙年六十四　見　七四六六
入平鄉嘉禾二年税米十四斛一斗冑畢𬀩嘉禾二年十月十四日常略
丘謝麦關邸閣董基付三州倉吏鄭⧄　七四六七
入桑鄉嘉禾二年税米十五斛冑畢𬀩嘉禾二年十月廿六日何丘男子
殷□關邸閣董基付三州倉吏鄭黑受　七四六八

□子女客年八歲在本縣　嘉禾二年三月十日物□　七四六九
凡醴陵領師佐廿六人母弟妻子六十二人合八十八人　七四七〇
□女弟□年☑　七四七一
入樂鄉嘉禾二年税米五斗就畢☒嘉禾二年十月廿八日頃丘潘止關
邸閣董基付三州倉吏鄭黑受　七四七二
其妻子八人在本縣　七四七三
入東鄉嘉禾二年税米三斛二斗胄畢☒☑　七四七四
東陽里户人公乘烝䏍年卅二筭一刑右手　七四七五
右領師佐□二人母兄妻子廿二人　七四七六
睪妻汝年廿二　☑　七四七七
☑……☒嘉禾二年十一月廿二日租下丘□□關邸閣董基付三州倉吏鄭
☑　七四七八
入平鄉嘉禾二年……畢☒嘉禾二年十月廿七日洽丘□□□□關邸
閣董基付三州倉吏鄭黑受　七四七九
入平鄉嘉禾二年税米二斛胄畢☒嘉禾二年十月廿一日租下丘縣吏
谷龍關邸閣董基付三州倉吏鄭黑受　七四八〇
雀子男養年二歲　七四八一
治師㰱殷侍年五十一　見　七四八二
□妻麋年六十五　☑　七四八三
□□佑建邸劉□父□年卌六在本縣　七四八四
觚慰師醴陵張□年廿七　見　七四八五
入平鄉嘉禾二年税米十二斛胄畢☒嘉禾二年十月十四日上和丘謝
於關邸閣董基付三州倉吏鄭黑受　七四八六
凡口三事　筭一事　訾　五　☑　七四八七
丈子男僕年四歲　七四八八
……☒嘉禾二年十一月廿五日彈溲丘潘正關邸閣董基付三州倉吏☑　七四八九
入廣成鄉嘉禾二年税米四斛胄畢☒嘉禾二年十月廿四日□溲丘男子

趙邸關邸閣董基付三州倉吏☑　七四九〇
入□鄉嘉禾二年税米二斛□□☒嘉禾二年十月十四日工□丘何馬
關邸閣董基付三州倉吏鄭☑　七四九一
入桑鄉嘉禾二年税米二斛胄畢☒嘉禾☑　七四九二
入模鄉氏下丘大男唐禿嘉禾二年調二匹☒嘉禾二年十一月□日付
庫吏殷　☑　七四九三

【注】「調」下脱「布」字。

鏕佐吳昌黄闔年卅一　見　七四九四
□佐建邸□始年五十三　見　七四九五
學妻若年卅　☑　七四九六
其師佐十七八妻子十二人合廿九人見今送　七四九七
□妻小年卅　見　七四九八
入模鄉嘉禾二年布四匹三丈七尺☒嘉禾二年八月廿六日上恩丘早
力付庫吏殷連受　七四九九
入廣成鄉楊丘男子鄧馬二年布三丈七尺☒嘉禾二年十月廿三日付
庫吏殷　☑　七五〇〇
入廣成鄉二年所調布一匹☒嘉禾二年十一月廿二日小胡丘大男□
□付庫吏殷連受　七五〇一
東陽里户人公乘□□年卅二　七五〇二
鎌師劉陽焉緅年卅一　七五〇三
出都鄉松□丘大男區巴二年布一匹二丈一尺☒嘉禾二年十月十五
日烝弁付庫吏殷連受　七五〇四
□男弟取年十五在本縣　留　七五〇五
盉妻□□年卅五在本縣　□□□☑　七五〇六
其師佐十八人母妻子廿二人見今送　七五〇七
☑☒嘉禾二年八月八日何丘男子丘囊付庫吏殷　☑　七五〇八
入小武陵鄉劉丘謝至嘉禾二年布二匹☒嘉禾二年九月廿九日烝弁
付庫吏殷連受　七五〇九

入都鄉東薄丘男子毛布二年布二匹𠔁嘉禾二年九月十六日烝弁付
庫吏殷連受 七五一〇
　盃子男鼠年十四□□　☑ 七五一一
□稷師下雋蓴龍年五十七　□ 七五一二
　□妻客年卅九　見 七五一三
□□師□□……陽年卅在本縣 七五一四
☑……　見 七五一五
乾鍛佐臨湘□俗年卅六　☑ 七五一六
　龍子男□年十二歲在本縣　留 七五一七
入樂鄉嘉禾二年布三丈九尺𠔁嘉禾二年八月八日男子☑ 七五一八
鎌佐醴陵周尾年卅五　☑ 七五一九
☑□劉里丘男子劉取嘉禾二年布一匹𠔁嘉禾二年十月廿九日烝弁
付主庫吏殷連受 七五二〇
入樂鄉所調嘉禾二年新布六匹𠔁嘉禾二年八月八日內口丘大男☑ 七五二一
入廣成鄉㭬陵丘潘梨二年布三丈九尺𠔁嘉禾二年十一月十日烝弁付
庫吏殷連受 七五二二
　累子男囊年三歲　見 七五二三
其師佐十二人母兄妻子十八人見今送 七五二四
入都鄉蕢丘大男烝解二年布一匹二丈二尺𠔁嘉禾二年十月廿九日
烝弁付庫吏殷連受 七五二五
觚慰師臨湘謝□年卅一　☑ 七五二六
長妻市年卅　見 七五二七
負子女□年四歲　見 七五二八
入平鄉伍社丘石芮二年布一匹𠔁嘉禾二年九月廿九日烝弁付庫吏
殷連受 七五二九
　□妻若年廿六　見 七五三〇
鎌佐攸羅睾年卅五　見 七五三一

……雙年卅八在本縣　☑ 七五三二
入都鄉邑下男子陳仗所調二年布三丈九尺𠔁嘉禾二年十一月廿五
日付庫吏殷連受 七五三三
凡口三事二　筭二事　訾　五　十 七五三四
入廣成鄉泊□丘男子周車二年布一匹𠔁嘉禾二年九月廿一日烝弁
付庫吏殷連受 七五三五
入廣成鄉嘉禾二年布一匹𠔁嘉禾二年三月廿四日前龍丘大男區僕
付庫吏殷連受 七五三六
其妻子六人見今送 七五三七
入廣成鄉嘉禾二年調布一匹𠔁嘉禾二年十一月十三日桓平丘☑ 七五三八
穆男弟吉年十一　☑ 七五三九
鑢佐醴陵□金年五十六　……別使行 七五四〇
入廣成鄉上□丘……布一匹𠔁嘉禾二年十月十日烝弁付庫吏殷連
受 七五四一
乾鍛師□□五倉年卅七　見 七五四二
……朱□年卅四　見 七五四三
　□子女騰年十歲　見 七五四四
入廣成鄉二年新調布一匹𠔁嘉禾二年八月廿二日李☑ 七五四五
　妻子三人在本縣 七五四六
☑　……師佐……　見今送 七五四七
☑鄉□□丘……烝弁付庫吏殷連受 七五四八
【注】第一□右半殘缺，左半從「木」。
☑吳有二年布四匹三丈九尺𠔁嘉禾二年九月廿九日烝弁付庫吏殷連
受 七五四九
☑丘鄧鉞付庫吏殷連受 七五五〇
☑□子女匯年□□　見 七五五一
岑妻因☑ 七五五二

☐ 凡口五事三 筭☐ 七五五三

物故乾鍛佐永新□東父紀☐ 七五五四

入廣成鄉孫丘唐陸二年布二匹㠯嘉禾二年九月廿四日烝弁付庫吏
殷連受 七五五五

入廣成鄉亭傳丘大男□□二年布一匹㠯嘉禾二年十月二日烝弁付
庫吏殷連受 七五五六

☐二年布一匹㠯嘉禾二年九月十九日烝弁付庫吏殷☐ 七五五七

☐㠯嘉禾二年□月廿三日付庫吏殷連受 七五五八

□佐臨湘□□年卅二 ☐ 七五五九

元男弟□年☐ 七五六〇

☐ 其十人在本縣 ☐ 七五六一

☐□□付庫吏殷連受 七五六二

☐□年廿八腫兩足 ☐ 七五六三

入廣成鄉嘉禾二年縣吏□□☐ 七五六四

物故剛佐永新□言子男□☐ 七五六五

【注】「言」上□右半殘缺，左半從「木」。

其四百□☐ 七五六六

入廣成鄉嘉禾二年稅米七斛胄畢㠯嘉禾二年十月廿二日撈丘□□☐ 七五六七

☐吏殷 ☐ 七五六八

☐日拉丘陳夏關坒閣董基☐ 七五六九

入小武陵鄉武龍丘男子張彤二年布一匹 七五七〇

入模鄉二年中賜布一匹㠯嘉禾二年☐ 七五七一

☐十三…… ☐ 七五七二

入西鄉嘉禾二年稅米□斛胄畢㠯……☐ 七五七三

☐ 連受 七五七四

☐關坒閣董基付三☐ 七五七五

☐倉吏谷□☐ 七五七六

☐吏殷連受 七五七七

☐□稅米四斛㠯嘉禾☐ 七五七八

☐□田丘何□二年布三丈八尺㠯嘉禾☐ 七五七九

☐年七歲在本縣 ☐ 七五八〇

入平鄉嘉禾二年稅米十一斛六斗胄米畢㠯嘉禾二年十月十四日下和丘
吏鄧緒關☐ 七五八一

入樂鄉嘉禾二年新調布☐ 七五八二

☐一匹㠯嘉禾二☐ 七五八三

☐烝弁付庫吏☐ 七五八四

☐稅米七斛㠯嘉禾二年☐ 七五八五

☐筭二事 訾 五 十 七五八六

【注】簡中有朱筆塗痕。

唐遷里户人公乘聶禮年六十二 ☐ 七五八七

右安成師佐□☐ 七五八八

【注】「右」上原有墨筆點記。

☐劉年六歲 七五八九

☐付庫吏☐ 七五九〇

☐歲 見 七五九一

☐卅八斛九斗㠯嘉禾二年十二月☐ 七五九二

聲母老女尋年九十五 見 七五九三

□師劉…… 七五九四

廣妻□年十九 見 廣子男蓋年五歲 見 七五九五

☐二年十二月十八日龍☐ 七五九六

☐□關坒閣李嵩☐ 七五九七

【注】第二□左半殘缺，右半為「唐」。

乾鍛佐劉陽焉□□年卅二在本縣 七五九八

□陽里户人公乘蘇莀年卅五筭一 七五九九

龍妻女年廿八 見 七六〇〇

入東鄉亭伍李息二年布一匹㆒嘉禾二年十月十九日烝弁付庫吏殷連受 七六〇一
兆妻妾年五十 見 七六〇二
逆妻大女姑年卅一筭一 七六〇三
☑ 鼠女弟兒年三歲 七六〇四
右師佐十八人母妻子廿六人 七六〇五
麋子男伯年九歲 七六〇六
右春家口食三人 筭二 訾 五 十 七六〇七
【注】「右」上原有墨筆點記。
☑ □□佐一人母弟妻子在本縣 七六〇八
☑事三 訾 五 十 七六〇九
鎌佐下雋謂純妻汝年廿九在本縣☑ 七六一〇
□妻大女男年廿二筭一 ☑ 七六一一
☑吏谷漢受 七六一二
黃龍三年領□還貧民貸食嘉禾二年☑ 七六一三
□妻□年廿二在本縣 留 七六一四
右小武陵鄉入嘉禾二年布卅一匹二丈九尺 中 七六一五
奇妻□年廿七在本縣 七六一六
☑周陵丘男子☑ 七六一七
入模鄉緒丘□□二年布☑ 七六一八
☑月廿三日常略丘伍□☑ 七六一九
入平鄉嘉禾二年稅米二斛胄畢㆒嘉禾二年十月廿一日烝弁☑ 七六二〇
☑廿八斛九斗㆒嘉禾二年☑ 七六二一
☑倉吏鄭黑受 七六二二
☑倉吏黃☑ 七六二三
☑嘉禾二年十月十一☑ 七六二四
☑年私學限米廿一☑ 七六二五
入樂鄉嘉禾二年稅☑ 七六二六
入樂鄉嘉禾二年……☑ 七六二七
☑付庫吏☑ 七六二八
䫭子女還年十二 還女弟毛年七歲 七六二九
右兒家口食□人 七六三〇
縣吏唐達年廿一 七六三一
☑十九踵兩足 七六三二
民周明年卅五盲左目 七六三三
☑吏劉曼年廿五 七六三四
☑年卅三盲右目 七六三五
鼠妻汝年卅 鼠子男彊年九歲 七六三六
□戶下奴右長六尺 戶下奴進長五尺 七六三七
【注】□左半殘缺，右半從「文」。
郡吏黃士年十二 七六三八
休女弟土年一歲 晃子女金年三歲 七六三九
……詣基付三州倉吏鄭黑受 七六四〇
一家合五人 七六四一
☑ 彊男弟育年六歲 育男弟□年四歲 七六四二
☑ 一家合七人 七六四三
☑……仕伍宜年五歲 □□仕伍□年四歲 七六四四
孫子仕伍陵年九歲 □□仕伍漢年六歲 七六四五
□□年廿二刑左足 □母足年七十三 七六四六
一家合七人 ☑ 七六四七
留妻連年廿八 七六四八
一家合三人 七六四九
達母客年六十八 達兄士年卅三 七六五〇
廣男弟貴年一歲 長男姪卷年廿二踵左足 七六五一
潘妻金妻（？）年廿 番男弟橋年廿盲左目 七六五二
□男弟仕伍康年□ 七六五三

☐趚妻☐年卅六　趚子男卿年四歲　七六五四
【注】「妻」下☐左半殘缺，右半從「見」。
一家合五人　七六五五
其一千一百八人女　七六五六
☐年廿六　七六五七
☐☐妻大女身年卌二　☐子男生年十歲☐　七六五八
☐　一家合三人　七六五九
☐　譖母思年九十七　譖妻汝年六十一　七六六〇
☐　一家合五人　七六六一
☐妻大女☐年廿二　☐子男兒年五歲　七六六二
☐　謙小父㑊年五十六踵兩足　㑊妻☐年六十　七六六三
文妻婢年五十二　文子男錢年十一　七六六四
☐戶下奴☐長五尺　七六六五
【注】「戶下奴」下☐上半殘缺，下半從「女」。
☐董基付三州倉吏鄭黑受　七六六六
巴女弟思年九歲　司戶下婢汝長五尺　七六六七
……子安☐年一歲　七六六八
☐☐仕伍☐年……　七六六九
入廣成鄉嘉禾二年稅米二斛二斗四升就畢㕚嘉禾二年十月廿八日
平陽丘陳☐關坠閣董基付三州倉吏鄭黑受　七六七〇
民胡文年六十三腹心病　七六七一
……☐從弟仕伍陵年廿一歲踵兩☐　七六七二
☐妻☐年廿五　☐子男業年一歲　七六七三
一家合五人　七六七四
明姪子碓年八歲　明子男國年三歲　七六七五
☐　一家合六人　七六七六
☐弟公乘應年☐刑左足　應妻大女☐年……　七六七七
民張客年六十二　☐妻　☐　七六七八

倂女弟賓年八歲　☐姪子男關年五歲　七六七九
☐母妾年七十一雀兩足　從女弟汝年六歲　七六八〇
☐　盧（？）妻思年廿三　盧（？）男弟侯年十四腹心病　七六八一
……☐年六十三　七六八二
☐子男☐年☐歲　……年三歲　七六八三
民張道年五十八　七六八四
入中鄉嘉禾二年調布一匹三丈八尺㕚嘉禾二年八月一日東扶丘男
子黃元付主庫吏殷連受　七六八五
潘父机年七十一碓病　机妻陵年五十三　七六八六
入西鄉二年布一匹㕚嘉禾二年八月廿六日男子張有付庫吏殷　☐　七六八七
入中鄉嘉禾二年調布一匹三丈九尺㕚嘉禾二年八月一日五唐丘男
子壬奴付主☐☐連受　七六八八
☐☐子陳困年七十四　七六八九
一家合五人　七六九〇
☐㕚嘉禾二年八月十一日☐丘吏☐龍付庫吏殷連受　七六九一
☐☐年卅八筭一苦狂病　七六九二
右殷家口食一人　七六九三
入☐鄉嘉禾二年布二匹㕚嘉禾二年八月十五日唐下丘郡吏☐☐
付庫吏殷連受　七六九四
☐丘男子區巴付庫吏殷連受　七六九五
入廣成鄉嘉禾二年調布二匹㕚嘉禾二年八月三日河下丘男子☐☐
付庫☐　七六九六
頎妻大女☐　七六九七
☐八月十日男子文啓付庫吏殷連受　七六九八
☐子男兒年☐　七六九九
……廿七日日☐丘殷業付庫吏殷連受　七七〇〇
入小武陵鄉嘉禾二年新調布四匹㕚嘉禾二年八月十二日日進丘黃

純蒸金付庫吏殷連受 七七〇一
耀女弟元年五歲 七七〇二
凡口七事六 筭二事 訾 五 十 七七〇三
⧄ □母妾年七十一 □妻□年廿 ⧄ 七七〇四
⧄月十一日龍上丘男子□□付庫吏潘珛受 七七〇五
錢妻大女□年卅二 錢弟仕伍布年五腹心病 七七〇六
⧄一匹㞡嘉禾二年三月一日付主庫吏潘珛受 七七〇七
□姪子肙年七歲腹心病 七七〇八
⧄ 謝妻當年卅五 謝子男□年五歲 七七〇九
根妻忌年卅二 ⧄ 七七一〇

【注】「五」下疑脱「歲」字。

⧄三丈九尺㞡嘉禾二年八月二日東扶丘男子鹿元付主庫□□連受 七七一一
⧄年□□在本縣 七七一二
⧄丘男子周平付庫吏殷連受 七七一三
入平鄉嘉禾二年税米三斛肙畢㞡嘉禾二年十一月廿五日伍□丘□□
⧄ 七七一四
⧄年十八苦腹心病 七七一五
⧄ 圭妻謝年十五踵兩足 仲子女杲年七歲 七七一六
⧄ 右一□…… 七七一七甲
⧄ 中 七七一七乙
⧄男子紀達付庫⧄ 七七一八
⧄ 野男弟兹年廿苦腹心病 野妻文年卅 七七一九
⧄年卅三 七七二〇
⧄ 一家合七人 七七二一
入東鄉上利丘男子烝洋二⧄ 七七二二
⧄廿五日□丘男子唐陶付庫吏殷連受 七七二三

【注】「丘」上□下半殘缺，上半從「艹」。

⧄匹㞡嘉禾二年八月十三日平支丘大男劉倉付⧄ 七七二四
⧄㞡嘉禾二年十一月⧄ 七七二五
⧄十八日何丘男子□□付庫吏殷連受 七七二六
平陽里户人公乘劉康年卅三筭一 ⧄ 七七二七
⧄ 壽子女□年七歲 □□□年七歲 七七二八
右都鄉入嘉禾二年布□匹五丈□尺合一百七十二匹二丈五尺 中 七七二九
入□□鄉嘉禾二年□吏□□⧄ 七七三〇
⧄□吳□民唐議付庫吏殷連受 七七三一
入小武陵鄉嘉禾二年所調布七匹㞡⧄ 七七三二
⧄付庫吏殷連受 七七三三
⧄……㞡嘉禾二年⧄ 七七三四
⧄庫吏殷連受 七七三五
⧄嘉禾二年私學限米十一⧄ 七七三六
⧄吏殷連受 七七三七
⧄税米九斗五升僦畢㞡嘉禾二年□月廿七日寇丘周陳關⧄ 七七三八
⧄□付庫吏殷連受 七七三九
⧄ 連受 七七四〇
⧄□庫吏潘 ⧄ 七七四一
⧄□民限米 七七四二
⧄□付庫吏殷連受 七七四三
⧄布二匹三丈九尺㞡嘉禾二年九月⧄ 七七四四
⧄廿七日□東丘男子黄堂付庫吏殷連受 七七四五
⧄庫吏殷連受 七七四六
⧄調布二匹㞡嘉禾二年七月⧄ 七七四七
⧄一匹㞡嘉禾二年□月十九日石子丘□⧄ 七七四八
⧄殷連受 七七四九
⧄弁付庫吏殷連受 七七五〇

七七五一 ☒ 連受
七七五二 ☒吏殷連受
七七五三 ☒ □母□□年七十二
七七五四 □休食客五役年廿五刑左足 □客□年十六
七七五五 右莂卅七匹布□合布三匹一丈六尺
七七五六 ☒……頁男弟稟年一歲
七七五七 ……給郡吏……
七七五八 □女弟饒年九歲 兒小妻大女媚年八十七
七七五九 □男弟□年卅歲 □妻大女婢年卅 一腫兩足
七七六〇 ☒ □妻醫年廿 □□□□四歲
七七六一 ☒男子□□付庫吏殷 ☒
七七六二 ☒田□日平陵丘呂□☒
七七六三 右□鄉☒
七七六四 ☒閣董基付三州倉吏鄭黑☒
七七六五 ☒□唐□付庫吏殷連受
【注】「唐」下□左半殘缺，右半從「日」。
七七六六 ☒□匹㇏嘉禾二年☒
七七六七 ☒……付庫吏殷☒
七七六八 ☒口食百六☒
七七六九 ☒壁閣董基付倉吏鄭黑受
七七七〇 ☒鄭黑受
七七七一 縣吏鄧潘年☒
七七七二 ☒一日周陵☒
七七七三 ☒吏殷連受
七七七四 ☒庫吏殷☒
七七七五 ☒關壁閣董基☒
七七七六 ☒宜陽里户人公乘唐□年五十八……☒
七七七七 宜陽里户人公乘謝達年廿六筭一給縣吏
七七七八 筭女弟糸年三歲 ☒
七七七九 東子男堅年七歲
七七八〇 堅妻大女緣年六十一
七七八一 入桑鄉二年新調布一匹㇏嘉禾二年八月二日監丘男子谷元付庫吏殷連受
七七八二 入西鄉二年布一匹㇏嘉禾三年三月二日□丘男子毛裖付庫吏潘琦受
七七八三 入□鄉二年布一匹㇏嘉禾二年八月廿六日末州丘縣吏陳□付庫吏殷連受
【注】「陳」下□右半殘缺，左半從「金」。
七七八四 大寡婦大女思年六十二
七七八五 入□鄉池上丘謝車嘉禾二年布二匹㇏嘉禾二年九月廿六日烝弁 付庫吏殷 ☒
七七八六 入南鄉新唐丘大男□□二年布一匹㇏嘉禾二年九月十四日烝弁付庫吏殷連受
七七八七 ……定見……
七七八八 □子男軍年七歲
七七八九 入小武陵鄉嘉禾二年布三丈九尺㇏嘉禾二年九月十二日淦丘男子衛育付庫吏殷連受
七七九〇 入中鄉五楊丘大男劉□二年布一匹㇏嘉禾二年九月廿六日烝弁付庫吏殷連受
七七九一 入小武陵鄉桐唐丘男子謝□二年布三丈九尺㇏嘉禾二年七月廿三日烝弁付庫吏殷連受
七七九二 □子男定年十二
七七九三 入桑鄉二年新調布一匹㇏嘉禾二年八月十一日□下丘男子陳□付庫吏殷連受
七七九四 ☒二年調布二匹三丈六尺㇏嘉禾二年……大男潘□付庫吏殷連受

入小武陵鄉嘉禾三年新調布一匹㆑嘉禾二年八月十二日諸下丘男
子文□付主庫吏殷連受　七七九五

入廣成鄉嘉禾二年所調布一匹㆑嘉禾二年八月十九日里中丘曹□
付庫吏殷連受　七七九六

【注】「曹」下□右半殘缺，左半從「女」。

□妻大女⿱年卌四筭一　七七九七

☒……布二匹㆑嘉禾二年九月十三日烝弁付庫吏殷連受　七七九八

☒嘉禾二年布三匹㆑嘉禾二年□月□日邦丘男子周复付庫吏殷連受　七七九九

入桑鄉嘉禾二年所調布一匹㆑嘉禾二年八月廿六日何丘大女許員
付庫吏殷連受　七八〇〇

入平鄉二年布三丈九尺㆑嘉禾二年八月廿三日盡丘男子臣□付庫
吏殷連☒　七八〇一

因男弟山年十歲　七八〇二

頁子男遅年五歲　七八〇三

高遷里户人大女侯葵年六十　七八〇四

☒匹㆑嘉禾二年四月廿八日唐子丘男子……☒　七八〇五

入桑鄉嘉禾二年新調布☒　七八〇六

□妻大女鼠年六十一　七八〇七

凡口三事二　筭一事　訾　五　十　七八〇八

入廣成鄉桑都丘大男圓七新布二匹三丈九尺㆑嘉禾二年十月三日
烝弁付庫吏殷□□　七八〇九

凡口十二事六　筭四事三　訾　一　百　七八一〇

入南鄉嘉禾二年所調布四匹㆑嘉禾二年八月十五日巨佃丘大男彭
伍付庫吏殷連受　七八一一

高遷里户人公乘雷德年卅九筭一　七八一二

凡口二事　筭二事一　訾　五　十　七八一三

扡男弟買年十三　七八一四

凡口四事三　筭二事　中訾　五　十　七八一五

【注】簡中「中」為朱筆。

凡口四事三　筭二事　中訾　五　十　七八一六

【注】簡中「中」為朱筆。

廉男弟陛年九歲　七八一七

凡口八事六　筭五事三　訾　一　百　七八一八

□妻登年廿三筭一　七八一九

姑女弟麻年五歲　七八二〇

☒　中男弟石年七歲　七八二一

石女弟糸年五歲　七八二二

□妻尉年卅二筭一　七八二三

凡口三事二　筭二事一　訾　五　十　七八二四

入平鄉盡丘潘明二年布一匹㆑嘉禾二年九月廿七日烝弁付庫吏殷連
受　七八二五

入平鄉嘉禾二年布一匹㆑嘉禾二年八月十六日唐中丘鄧疇付庫吏
殷 ☒　七八二六

入平鄉嘉禾二年布三丈九尺㆑嘉禾二年八月十六日下和丘周廖付
庫吏殷連受　七八二七

入桑鄉二年新調布一匹㆑嘉禾二年八月二日夫□丘男子李鳥付庫
吏殷連受　七八二八

入平鄉嘉禾二年布三丈九尺㆑嘉禾二年……上殷丘男子□□付庫
吏殷……　七八二九

□男弟里年九歲　七八三〇

凡口六事　筭三事　訾　五　十　七八三一

☒布三丈九尺㆑嘉禾二年八月十五日☒　七八三二

入廣成鄉嘉禾二年新調布三丈九尺㆑嘉禾二年八月二日彈浭丘男
子黃鼠付庫吏殷連受　七八三三

入廣成鄉三州丘男子番郡二年布一匹㆑嘉禾二年九月十七日烝弁

付庫吏殷 ☒　七八三四
□子女佑年六歲　七八三五
☒凡口三事　筭二事一　訾　五　☒　七八三六
……筭一……　七八三七
☒付庫吏殷連受　七八三八
☒□□□烝弁付庫吏殷連受　七八三九
☒男子烝深付庫吏殷連受　七八四〇
右黄□□布合廿四匹二丈八尺　七八四一
☒　連受　七八四二
☒　連受　七八四三
☒□□□□□付庫吏殷　☒　七八四四
丁子女伍年十一　七八四五
入平鄉二年布一匹烝嘉禾二年八月廿三日常略丘大男謝復付庫吏殷　☒　七八四六
□子男□年四歲　☒　七八四七
入平鄉……烝嘉禾二年九月十四日烝弁付庫吏殷☒　七八四八
謡鄉讁列郡縣吏兄弟叛走人名簿　七八四九
□子男硯一名杢年五歲　七八五〇
入都鄉龍下丘男子逢□二年布一匹三丈九尺烝嘉禾二年十月二日烝弁付庫吏殷連受　七八五一
曰妻大女思年廿八筭一　七八五二
入廣成鄉……布一匹烝嘉禾二年……付主庫吏殷連受　七八五三
☒故乾鍛師臨湘黄□兄廻年卅六在本縣　七八五四
徐男弟鼠年八歲　七八五五
☒　□女弟汝年四歲　七八五六
右□家口食五人　筭二　中訾　五☒　七八五七

【注】簡中「中」為朱筆。

栢妻大女……　栢子女堯年八歲　七八五八
如男弟穎年十二　見　七八五九
☒匝羅阿起年廿九　……　見　七八六〇
☒布二匹三丈九尺烝嘉禾二年八月廿五日□丘男子謝□付庫吏殷運 ☒　七八六一
入廣成鄉廣成丘男子謝文二年布一匹烝嘉禾二年□月四日烝弁付庫吏殷連受　七八六二
□妻□年六十三　七八六三
黄龍二年文入税吴平斛米二千六百七十八斛三斗四升料校不見前已列言更詭責☒　七八六四
縣吏毛章弟頎年十五　以嘉禾三年十二月廿七日叛走　七八六五
民槅□□穎年卅刑左□　妻思年卅五　□□□年六十九　七八六六
……烝嘉禾二年十一月□日□丘男子朱熊付庫吏殷連受　七八六七
縣吏毛車世父青年卅九　以嘉禾三年十二月十七日叛走　七八六八
右頎家口食□☒　七八六九
……子女小年二歲　七八七〇
出付船師謝道潘宣運詣中倉關堅閣李嵩付倉吏黄諱潘慮受　七八七一
□男弟太年九歲　七八七二
☒年十月四日烝弁付庫吏殷連受　七八七三
☒帥客限米十二斛一斗　七八七四
入廣成鄉嘉禾二年布一匹烝嘉禾二年十一月六日漂丘男子番表付庫吏殷連受　七八七五
郎子女潘年九歲　七八七六
入廣成鄉二年布一匹烝嘉禾二年十一月六日官佃丘男子壬妻付庫吏殷連受　七八七七
其師佐廿九人妻子五十九人今見送　七八七八
☒盡丘巨赤付庫吏殷連受　七八七九
入模鄉嘉禾二年布一匹烝嘉禾二年十一月十二日斬丘男子番莊付主庫吏殷連受　七八八〇

其二千六百六斛五斗二升黃龍二年旱僦□米　七八八一

郡故吏史僦弟政年十五　嘉禾四年四月十日叛走　七八八二

□妻大女分年卅筭一　七八八三

入平鄉嘉禾二年布一匹㡀嘉禾二年八月十六日平陽丘男子陳命付庫吏殷連受　七八八四

入西鄉巨丘男子謝蘇二年布一匹㡀嘉禾三年三月二日付主庫吏番珛受　七八八五

入都鄉□□丘因男□□二年布四匹三丈九尺㡀嘉禾二年☒　七八八六

入樂鄉嘉禾三年布四匹三丈九尺㡀嘉禾二年十二月十三日東丘□□付庫吏潘珛受　七八八七

入東鄉嘉禾二年布一匹㡀嘉禾三年五月七日龍穴丘男子李和付庫吏☒　七八八八

入樂鄉窟丘毛丢二年布一匹三丈八尺㡀嘉禾二年十月十三日烝弁付庫吏殷連受　七八八九

入廣成鄉二年冬賜布一匹㡀嘉禾二年十一月十三日洽丘男子周持付庫吏殷連受　七八九〇

入中鄉嘉禾二年調布一匹㡀嘉禾二年八月十七日□□丘男子謝冀付庫吏殷連受　七八九一

入廣成鄉嘉禾二年布一匹㡀嘉禾三年五月☒　七八九二

郡吏黃□弟□年十三　嘉禾二年十月十八日叛走　七八九三

入都鄉新唐丘男子王日嘉禾二年布一匹三丈九尺㡀嘉禾二年十月五日烝弁付庫吏殷連受　七八九四

□□里户人公乘利□□□□筭一　七八九五

☒□丘臣難二年布一匹㡀嘉禾二年九月廿六日烝弁付庫吏殷連受　七八九六

□□□年卅六　七八九七

☒日三州丘男子蒯恩付庫吏潘　☒　七八九八

囊子女番年二歲　☒　七八九九

右物故師佐子二人　七九〇〇

☒二年所調布五匹三丈九尺㡀嘉禾二年八月十四日大男宋休秦香張客付庫吏殷連受　七九〇一

……　□□□年一歲　七九〇二

軍故吏烝□兄蓉年卅九　嘉禾四年四月十八日叛走　七九〇三

……年卅三　嘉禾三年正月七日叛走　七九〇四

郡吏谷漢兄子□年廿九　嘉禾三年二月十九日叛走　七九〇五

□□□文昭兄從年卌八　嘉禾二年十二月十五日叛走　七九〇六

入廣成鄉掘陵丘男子番張嘉禾二年布四匹三丈九尺㡀嘉禾二年九月十七日烝弁付庫吏殷　連受　七九〇七

☒事　筭三事二　訾　五　十　七九〇八

默妻□年卅三在本縣　七九〇九

☒年廿三筭一　七九一〇

入都鄉……四匹㡀……庫吏殷連受　七九一一

入廣成鄉嘉禾二年布二匹㡀嘉禾三年五月三日捞丘男子鄧馮庫吏潘　☒　七九一二

入西鄉上俗丘□□二年布一匹㡀嘉禾三年三月廿五日付庫吏潘　☒　七九一三

☒　付庫吏殷連受　七九一四

入樂鄉由淦丘大男謝□二年布一匹㡀嘉禾二年十月十三日烝弁付庫吏殷□□　七九一五

……布一匹㡀嘉禾二年八月廿五日□丘男子□□付庫吏殷連受　七九一六

入西鄉二年布一匹㡀嘉禾三年……　七九一七

其二人在本縣　☒　七九一八

入廣成鄉嘉禾二年品布☒　七九一九

入廣成鄉石下丘大男□□二年布二☒　七九二〇

【注】「蒯」下□上半殘缺，下半從「心」。

☒關坚閣李嵩☒ 七九二一
入□鄉佃溲丘□□□□布一匹𠆥嘉禾二年十月十三日烝弁付庫吏
殷連受 七九二二
☒二日樹陵丘男子□□付庫吏殷 ☒ 七九二三
☒𠆥嘉禾二年……付庫吏殷 ☒ 七九二四
其廿七人師佐母妻子☒ 七九二五
入都鄉撈丘男子區□□□布一匹三丈九尺𠆥嘉禾二年十一月□日☒ 七九二六
……付庫吏殷連☒ 七九二七
☒年十一月六日☒ 七九二八
☒其廿人師佐母妻子十五☒ 七九二九
右西鄉入布二匹 七九三〇
入樂鄉頃丘番卯二年布一匹𠆥嘉禾二年十二月廿日烝弁付庫吏潘琬
受 七九三一
☒□丘大男黄長付庫吏殷連受 七九三二
入都鄉□□丘男子□□□二年布一匹𠆥嘉禾二年十一月十三日付庫
吏殷連受 七九三三
錢佐攸張觀年卅□ ☒ 七九三四
……付庫吏殷連受 七九三五
☒吏潘琬受 七九三六
☒嘉禾二年十月☒ 七九三七
☒□□□布一匹□□□□𠆥嘉禾二年十☒ 七九三八
凡口八事五 筭四事三 訾 五 十 七九三九
右…… 七九四〇
□□女金年廿八筭一 七九四一
入模鄉二年冬賜布一匹𠆥嘉禾二年三月十三日浛丘大男蘇明付庫
吏殷連受 七九四二
凡口三事 筭二事 訾 五 十 七九四三

入西鄉二年布一匹𠆥嘉禾二年五月二日上俗丘男子五殷付庫吏潘琬
受 七九四四
入模鄉嘉禾二年所調布四匹𠆥嘉禾二年□月六日□丘□□□付
庫吏殷連受 七九四五
☒四三丈九尺𠆥嘉禾二年八月十八日殊溲丘男子☒ 七九四六
右樂鄉入布七匹三丈四尺 七九四七
入廣成鄉嘉禾二年布一匹𠆥嘉禾三年五月三日彈溲丘男子唐允付
庫吏潘 ☒ 七九四八
入廣成鄉彈溲丘□□□□布一匹三丈九尺𠆥嘉禾二年十一月七日
……受 七九四九
☒鄉□吏王䝼二年鹽米 ☒ 七九五〇
☒潘 丘 七九五一
☒匹𠆥嘉禾二年八月☒ 七九五二
☒□調麂皮七枚☒ 七九五三
☒丘男子□□付庫吏殷連受 七九五四
右□☒ 七九五五
☒ 連受 七九五六
☒潘 丘 七九五七
☒𠆥嘉禾二年十一月十八日彈溲丘男子☒ 七九五八
☒麂皮三枚𠆥☒ 七九五九
□□里户人公乘唐明年五十□☒ 七九六〇
☒ 遣子男☒ 七九六一
民謝□年七十三□□☒ 七九六二
☒腫兩足 七九六三
☒家口食二人 筭一☒ 七九六四
☒布一匹𠆥嘉禾二年八月☒ 七九六五
☒ 落男弟回年十☒ 七九六六
入廣成鄉□☒ 七九六七

☑吏陳□關邸閣董基☑　七九六八
☑基付倉吏鄭黑受　七九六九
入廣成鄉嘉禾二年税米二斛六斗胄畢㚅嘉禾二年十月廿五日東漠
丘謝耀關邸閣董基付三州倉吏鄭黑受　七九七〇
☑邸閣董基付三州倉吏谷漢受　七九七一
　其六百八十八斛一斗五升黄龍元年□☑　七九七二
☑㚅嘉禾二年十月廿九日……☑　七九七三
　已入五斛付州中倉關邸閣李嵩吏黄諱潘慮☑　七九七四
郡吏監訓兄帛年卅八　嘉禾四年四月十五日叛走　☑　七九七五
☑禾二年十月十一日烝弁付庫吏殷連受　七九七六
☑月廿日撈丘烝□關邸閣董基付三州倉吏☑　七九七七
☑□關邸閣董基付三州倉吏鄭黑受　七九七八
入西鄉上俗丘大男朱當嘉禾二年布☑　七九七九
縣吏五訓兄瞻年卅　嘉禾三年十一月九日叛走　☑　七九八〇
☑□關邸閣董基付三州倉吏鄭黑受　七九八一
☑嘉禾二年十月一日……付庫吏殷連受　七九八二
☑二年四月廿五日敬賢丘許帛關邸閣董基付倉吏鄭黑受　七九八三
入平鄉嘉禾二年税米四斛☑　七九八四
☑邸閣董基三州倉鄭黑受　七九八五
入廣成鄉□仁丘……☑　七九八六
☑二年十二月廿九日烝弁付庫吏潘有受　七九八七
☑付主庫掾殷連受☑　七九八八
☑嘉禾元年十一月十三日東丘……☑　七九八九
入樂鄉頃丘男子潘虎二年布一匹三丈九尺㚅嘉☑　七九九〇
☑胄畢㚅嘉禾二年十月廿日撈丘陳銀關☑　七九九一
☑□丘男子陳□付庫吏殷連受　七九九二
☑□□□一千五百五十九斛四斗七升☑　七九九三
☑五人合……　七九九四

☑子蔡上付庫吏殷連受　七九九五
☑㚅嘉禾三年四月十九日慮丘潘□關邸閣董基付倉吏鄭黑受　七九九六
☑□□關邸閣董基付三州倉吏鄭黑受　七九九七
☑□□㚅嘉禾元年十二月廿三日石下丘男子☑　七九九八
☑廿七日□□丘男子谷著關邸☑　七九九九
☑丘男子烝□關邸閣董基付三州倉吏☑　八〇〇〇
☑嘉禾二年十月廿五日夫丘大男黄禾關☑　八〇〇一
☑須（？）男弟聾年五歲　八〇〇二
☑諱兄建年廿二　嘉禾四年四月十二日叛走　☑　八〇〇三
☑五日下程丘大男周光付庫吏殷　☑　八〇〇四
☑二日蓋丘潘金關邸閣董基付☑　八〇〇五
☑基付三州倉吏鄭黑受　八〇〇六
☑子朱澤付庫吏殷連受　八〇〇七
　侯女弟□年三歲　☑　八〇〇八
入廣成鄉嘉禾二年新所調布一匹㚅嘉禾二年八月十九日□丘男子
□□付庫吏殷連受　八〇〇九
☑□□□三升　八〇一〇
入平鄉嘉禾二年税米四斛八斗僦畢㚅嘉禾☑　八〇一一
☑□□董基付三州倉吏鄭黑☑　八〇一二
☑男子蔡上付庫吏殷連受　八〇一三
入中鄉二年調布二匹㚅嘉禾三年二月☑　八〇一四
☑□子女贇年七歲　八〇一五
☑　中訾　五　十　八〇一六
　【注】簡中「中」為朱筆。
☑年卅二筭一　八〇一七
☑□□付庫吏殷連受　八〇一八
☑廿三日抶丘男子□□關邸閣董基付三州倉吏鄭☑　八〇一九
☑二年□月廿七日上闔丘男子黄利關☑　八〇二〇

☒田旦平樂丘男子□□付庫吏殷　☒　八〇二一

入廣成鄉嘉禾二年稅米六斛五斗胄畢𦰡嘉禾二年十月廿八日平陽丘呂曼關坙閣董基付三州倉吏鄭黑受　八〇二二

☒男子黃鼠付庫☒　八〇二三

畋妻大女汝年五十四　☒　八〇二四

集凡入黃武四年吏張閣稅吳平斛米卅四斛二斗料校不見☒　八〇二五

☒□□關坙閣董基付☒　八〇二六

☒子谷□付庫吏□☒　八〇二七

☒基付三州倉吏☒　八〇二八

☒筭一　八〇二九

☒元年十一月□旦□丘潘□□□☒　八〇三〇

☒付庫吏殷連受　八〇三一

☒禾二年十月十六日漂丘□□☒　八〇三二

……鹽米廿斛黃龍三年八月十八日關坙閣郭據付倉吏監賢受　八〇三三

☒大女□年廿四筭一　八〇三四

☒乘吳□年五十□筭一　☒　八〇三五

☒匹二尺　中　八〇三六

入□鄉□丘□□二年布一匹□□□□𦰡嘉禾二年九月廿六日烝弁付庫吏殷連受　八〇三七

☒□年卅二　見　八〇三八

黃龍元年文入連年部將長吏復田稅吳平斛米五百廿七☒　八〇三九

☒□子女宗年七歲　八〇四〇

☒□五十八斛二斗九升七合　八〇四一

☒何馬關坙閣董基付☒　八〇四二

☒關坙閣董基付倉吏☒　八〇四三

☒　走男弟□年十歲　☒　八〇四四

【注】「年」上□左半殘缺，右半為「曷」。

……𦰡嘉禾二年十二月□☒　八〇四五

☒　見　八〇四六

☒布二匹𦰡嘉禾☒　八〇四七

☒　連受　八〇四八

☒　□妻女年卅八　八〇四九

☒□賢付庫吏殷連受　八〇五〇

☒　一百六十二斛　☒　八〇五一

☒吏殷　☒　八〇五二

入西鄉嘉禾二年稅米二斛☒　八〇五三

☒十六人　歲　伍　區　將　王　八〇五四

☒二斛□☒　八〇五五

☒□丘言女關坙☒　八〇五六

☒□月二日泊丘□文關☒　八〇五七

☒庫吏殷　☒　八〇五八

☒三匹□丈九尺𦰡嘉禾二年十月十三日☒　八〇五九

入□鄉嘉禾元年☒　八〇六〇

☒元年子弟限米四斛☒　八〇六一

☒十八日彈浭丘男☒　八〇六二

☒　連受　八〇六三

☒　連受　八〇六四

☒　連受　八〇六五

☒□三□年……　八〇六六

☒□三年吏師客限米☒　八〇六七

入□鄉嘉禾二年☒　八〇六八

☒合一百☒　八〇六九

☒□鄉周丘嘉禾元年☒　八〇七〇

☒董基付三州倉吏鄭黑☒　八〇七一

☒□□□劉康付主庫吏殷連受　八〇七二

☒稅米卅二斛八斗　☒　八〇七三

⧄禾二年八月廿二日木匹丘大男潘奇付庫吏殷連受　八〇七四
⧄□□䒑嘉禾二年十一月五日□丘□□付三州倉吏鄭⧄　八〇七五
⧄八月廿九日租下丘盧世關坒閣董基⧄　八〇七六
⧄　右淮□□□□⧄　八〇七七
⧄殷連受　八〇七八
⧄　居　古　⧄　八〇七九
⧄丘孫定烝巨關坒閣董基付三州倉吏鄭黑受　八〇八〇
入平鄉嘉禾二年税米十一斛胄畢䒑嘉禾二年十一月十五日□丘□關坒閣董⧄　八〇八一
⧄付庫吏殷　⧄　八〇八二
⧄斛五斗䒑嘉禾二年四月十三日鄉吏⧄　八〇八三
⧄番慮受　八〇八四
⧄……丘□□付庫吏⧄　八〇八五
……承年廿一筭一　八〇八六
⧄胄畢䒑嘉禾二年十月廿二日伍社丘殷連關坒閣董基付三州倉吏鄭黑受　八〇八七
⧄禾二年十月廿八日烝弁付庫⧄　八〇八八
⧄月廿九日常略丘謝有關坒閣董基付⧄　八〇八九
⧄關坒閣董基㕧⧄　八〇九〇
⧄□付三州倉吏□⧄　八〇九一
⧄元年十一月十一日……⧄　八〇九二
⧄□頭付三州倉吏□⧄　八〇九三
⧄大男番主付庫吏⧄　八〇九四
⧄　居　在　湇　丘　八〇九五
⧄閣董基⧄　八〇九六
⧄殷　⧄　八〇九七
⧄　以嘉禾三年十二月十五日叛走　⧄　八〇九八
⧄□五斗䒑嘉禾二年四月十三日租□⧄　八〇九九
⧄年十歲　八一〇〇
⧄大男黃追付庫⧄　八一〇一
⧄豫車黃付庫吏殷⧄　八一〇二
⧄元年私學限米三⧄　八一〇三
⧄□丘閆長區□□⧄　八一〇四
入廣成鄉彈浭丘吳□⧄　八一〇五
⧄□獻付庫吏殷連受　八一〇六
⧄妻□年廿一筭一　八一〇七
⧄五斛胄畢䒑嘉禾二年十⧄　八一〇八
⧄付庫吏殷　⧄　八一〇九
⧄年十一月十四日居丘□⧄　八一一〇
⧄月廿四日領上丘⧄　八一一一
⧄嘉禾元年十一月⧄　八一一二
民黃讋年五⧄　八一一三
⧄李嵩付倉⧄　八一一四甲
⧄月廿一日上□⧄　八一一四乙
⧄　五　十　八一一五
⧄庫吏殷　⧄　八一一六
⧄□□二年□⧄　八一一七
⧄　連受　八一一八
⧄□丘□□關坒閣⧄　八一一九
⧄皮年十五　⧄　八一二〇
尚書吏伍皋年五十　⧄　八一二一
⧄□□尾□五隻樵所主阿洞南（？）　八一二二
⧄鄉三年税禾還米七斛胄畢䒑嘉禾元年⧄　八一二三
⧄料校不見詭責負者未有入　八一二四
□文入新吏番章烝□□□黃武六年吳平斛米一百卌九斛八斗五升
料校不見　八一二五

已入七十一斛六斗七升 八一二六
□陽里户人公乘桑鼠年廿六筭一給郡吏 八一二七
☒ 連受 八一二八
入平鄉嘉禾二年布一匹𡗝嘉禾三年☒ 八一二九
☒ 居 在 桐 丘 八一三〇
□妻大女奇年五十一筭一 八一三一
☒ 居 在 露 丘 八一三二
☒ 居 在 阿 丘 八一三三
☒關堅閣董基付倉吏鄭黑受 八一三四
民妻以年十八☒ 八一三五
☒ 居 在 阿 丘 八一三六
☒二歲 八一三七
☒□關堅閣董基付三州倉吏鄭黑受 八一三八
☒畢𡗝嘉禾二年十月十五日□☒ 八一三九
☒枚合三枚𡗝嘉禾二年十一月☒ 八一四〇
入廣成鄉調羊皮一枚☒ 八一四一
☒吏限米十一斛胄畢☒ 八一四二
☒基付三州倉吏鄭黑受 八一四三
右模鄉入□☒ 八一四四

【注】「右」上原有墨筆點記。

☒烝弁付庫吏殷連受 八一四五
☒鄉二年布三匹三丈五尺𡗝嘉禾二年二月☒ 八一四六
☒堅閣董基付三州倉吏鄭黑受 八一四七
☒吏鄭黑☒ 八一四八
入□鄉□□丘□□嘉禾☒ 八一四九
☒皮四枚 ☒ 八一五〇
☒□米二百六斛八斗𡗝 ☒ 八一五一
☒付庫吏殷 ☒ 八一五二
入郡吏唐施二年鹽米五斛黃☒ 八一五三
☒吏殷連受 八一五四
入廣成鄉嘉禾二年税米☒ 八一五五
☒武三年九月一日被病物故 八一五六
☒三州倉吏□☒ 八一五七
☒……丘民黃□□□□☒ 八一五八
入中鄉司馬黃松嘉禾☒ 八一五九
☒𡗝嘉禾二年九月十八日烝☒ 八一六〇
☒丘大男黃青關堅閣董基☒ 八一六一
☒□中里領吏民卅八户☒ 八一六二
入樂鄉嘉禾二年租米三斛☒ 八一六三
☒□日吳丘大男烝囷關堅閣董基☒ 八一六四
☒户別為息五斗𡗝嘉禾二年四月廿☒ 八一六五
☒子監友關堅閣☒ 八一六六
出廣成鄉☒ 八一六七
入廣成鄉發☒ 八一六八
☒大男朱□☒ 八一六九
入西鄉嘉禾二年☒ 八一七〇
☒大男陳□□☒ 八一七一
☒……中 八一七二

【注】簡中有朱筆塗痕。

☒弁付庫☒ 八一七三
入西鄉嘉禾元年☒ 八一七四
□妻□年卅□筭一 ☒ 八一七五
☒禾二年八月廿一日□☒ 八一七六
☒百卅二斛八斗☒ 八一七七
☒ 金男弟餘年三☒ 八一七八
☒□𡗝嘉禾二年二月十五日□□□☒ 八一七九

⧄二年十一月二日烝弁付庫⧄　八一八〇
⧄□付庫吏殷⧄　八一八一
⧄　付主庫吏殷連受　八一八二
⧄二年布一匹三丈九尺⧄　八一八三
⧄□毛□烝開□⧄　八一八四
⧄九日五丘男子□□⧄　八一八五
⧄二年布□□⧄　八一八六
⧄年三月七日彈浭丘唐□⧄　八一八七
⧄三州倉吏鄭⧄　八一八八
⧄天女李姑厨⧄　八一八九
⧄董基付三州倉吏鄭⧄　八一九〇
⧄□丘男子□⧄　八一九一
⧄□丘男子□⧄　八一九二
⧄□□丘谷□⧄　八一九三
入樂鄉嘉禾二年報調布一匹𠄘嘉禾二年八月一日佃丘大男黃絛付庫吏殷連受　八一九四
【注】「報」疑為「新」之誤。
入都鄉橫渓丘男子張□調布四匹三丈九尺𠄘嘉禾二年十月十二日烝弁付主庫吏殷連受　八一九五
【注】「張」下□左半殘缺，右半從「刂」。
入模鄉三年冬賜布六匹𠄘嘉禾二年八月廿六日周丘大男陳魯付庫吏殷連受　八一九六
集凡起五月一日訖十五日民入嘉禾二年布合廿四匹三丈六尺　八一九七
物𢾾□□佃□□子□男俗年廿五在本縣　八一九八
物故觚慰佐攸鄒（？）□妻□年卅在本縣　八一九九
子女□□　□子女𡛎年六歲　八二〇〇
【注】「子女□□」為朱筆。又，簡中有朱筆塗痕。
□佐𥊮潘□……　單身　見　八二〇一
入西鄉嘉禾二年布一匹𠄘嘉禾三年三月廿五日男子朱鹽付庫吏潘琦受　八二〇二
入廣成鄉逢唐丘大男殷勝二年所調布二匹𠄘嘉禾二年十月七日烝弁付庫吏殷連受　八二〇三
□妻唐年廿二　見　八二〇四
其二人在本縣　八二〇五
右物故佐父母妻子三人在本縣　八二〇六
其二人使到武昌　八二〇七
佑子男連年八歲　見　八二〇八
⧄□□年卅六　見　八二〇九
入南鄉二年布一匹𠄘嘉禾二年八月十八日逢唐丘男子劉掟付庫吏殷連受　八二一〇
縉白佐臨湘謝□年卅六　⧄　八二一一
入廣成鄉□□丘番張二年布一匹三丈八尺𠄘嘉禾二年十一月十七日□□付庫吏殷連受　八二一二
虧妻□年卅六　見　八二一三
入平鄉杷丘男子番足二年樂皮二枚𠄘嘉禾二年十二月廿一日烝弁付庫吏潘琦受　八二一四
其一人見今送　⧄　八二一五
令大妻思年卅五在本縣　嘉禾三年二月五日物故　八二一六
□佐醴陵黃尾年卅五　見　八二一七
右物故師佐妻子五人　八二一八
子女□□　囊妻汝年廿九　八二一九
【注】「子女□□」為朱筆。又，簡中有朱筆塗痕。
⧄……𠄘嘉禾二年十一月十三日㽞丘……殷連受　八二二〇
入平鄉三州下丘潘逐二年麂皮二枚𠄘嘉禾二年十二月廿一日烝弁付庫吏潘琦受　八二二一
入□鄉□丘男子吳卓二年……𠄘嘉禾二年九月廿九日烝弁付庫吏⧄　八二二二

入都鄉新唐丘男子張元嘉禾二年布三匹𠬝嘉禾二年九月十五日烝　八二二二
弁付庫吏殷連受　八二二三
物故乾鍛師劉恕妻細年卅六在本縣　八二二四
右廣成鄉入調布六匹……　八二二五
☐□師建堅趙監年卅二　見　八二二六
閭子男㽵年十歲在本縣　八二二七
□妻年通年卅九　八二二八
☐嘉禾二年布一匹𠬝嘉禾□年十二月十四日烝弁付庫吏☐　八二二九
☐□錢付庫吏殷　☐　八二三〇
凡送新領師佐五人父母妻子十人合十五人　八二三一

【注】「凡」上原有墨筆點記。

侍子男陽年廿一在本縣　嘉禾二年二月一日物故　八二三二
右物故師佐妻子七人　八二三三
乾鍛佐臨湘烝囊年卅一　見　八二三四
□妻瞻年卅二　八二三五
☐　昭子女□年三歲　見　八二三六
物故□模師攸□白妻苦年卅六在本縣　八二三七
☐年布一匹𠬝嘉禾□年□□☐　八二三八
☐□吏潘☐　八二三九
入南鄉吳上丘大女陳妾☐　八二四〇
其師佐五人妻子五人見今送　八二四一
入西鄉二年布一匹𠬝嘉禾三年三月廿八日林湮丘烝財付庫吏潘琑受　八二四二
☐匠大男盧大嘉禾□年新調布一匹𠬝嘉禾三年三月十日烝弁付庫吏☐　八二四三
貴女弟易年七歲　☐　八二四四
鑪佐醴陵𦀚蹋年卅一　見　八二四五
☐調布一匹𠬝嘉禾二年二月七日□□□□付庫吏殷連受　八二四六
入桑鄉嘉禾二年所調布一匹𠬝嘉禾二年五月九日男子李情付主庫
掾潘琑受　八二四七
入模鄉二年□□丘區晀布三丈八尺𠬝嘉禾二年十二月廿日烝弁付
庫吏潘琑受　八二四八
入模鄉二年林丘鄧改口筭麂皮二枚𠬝嘉禾二年十二月廿一☐　八二四九
入廣成鄉三州丘男子潘郡二年布二匹𠬝嘉禾二年十月五日烝弁付
庫吏殷連受　八二五〇
入模鄉嘉禾二年布一匹𠬝嘉禾二年十一月十三日希丘男子□貴付
庫吏殷連受　八二五一
入廣成鄉嘉禾二年布一匹𠬝嘉禾三年三月四日三州丘男子𦊅舊付
庫吏潘琑受　八二五二
入平鄉二年一匹𠬝嘉禾三年五月五日於上丘番張付庫吏潘琑受　八二五三
五唐里户人公乘唐元年七十　☐　八二五四
☐　男子男㰚年九歲　見　八二五五
右桑鄉入嘉禾二年布莂五十四枚合六十九匹一丈七尺　八二五六
右西鄉入布廿二匹三丈三尺　八二五七
物故治師攸唐懸妻責年卅五在本縣　留　八二五八
集凡諸鄉起十二月一日訖卅日入𥜥皮二百卌六枚□□☐　八二五九

【注】「集」上原有墨筆點記。

入西鄉二年布三匹三丈七尺𠬝嘉禾三年三月十七日上容丘大男魯
持付庫吏潘琑受　八二六〇
入模鄉二年布二匹𠬝嘉禾二年十一月十四日池丘男子鄧改付庫吏
殷連受　八二六一
入模鄉二年布一匹三丈九尺𠬝嘉禾二年十一月廿六日餘州丘大男
鉏悋付庫吏殷連受　八二六二
乾鍛佐臨湘淮監年卅　見　八二六三

入模鄉二年林丘鄧改口筭鹿皮二枚㒳嘉禾二年十二月廿日烝弁付
庫吏潘▨　八二六四

貫連師攸虞圖年卌六　▨　八二六五

▨　閾妻婢年廿六　見　八二六六

昕妻婢年廿六　見　八二六七

入平鄉巾竹丘烝直二年鹿皮三枚㒳嘉禾二年十二月廿一日烝弁付
庫吏潘珛受　八二六八

□妻儀年卌　□　八二六九

【注】簡上有朱筆塗痕。

▨匹㒳嘉禾二年十一月十三日薑丘男子□□付庫吏殷▨　八二七〇

入都鄉橫溪丘男子謝德入新布二匹㒳嘉禾二年十一月廿日烝弁▨　八二七一

▨□鄉廉中丘□□□年布一匹三丈四尺㒳嘉禾二年十月四日烝弁
付庫吏殷▨　八二七二

□□□六人在本縣　八二七三

入尚鄉嘉禾二年所調布一匹㒳嘉禾二年八月十八日師唐丘男子潘
槧（？）付庫吏殷連受　八二七四

入東鄉帶丘男子黃動二年布一匹㒳嘉禾二年二月十三日烝弁付庫
吏殷連受　八二七五

▨　留兄令年卌二在本縣　留　八二七六

入都鄉二年布一匹㒳嘉禾二年十一月廿四日□下大男陳孝付庫吏
殷連受　八二七七

【注】「□下」下脱「丘」字。

▨匹㒳嘉禾二年十月一日烝弁付庫吏殷連受　八二七八

婢女弟▨　八二七九

入桑鄉嘉禾二年冬賜布一匹㒳嘉禾二年八月六日東平丘男子郭厚
付庫吏殷連受　八二八〇

入廣成鄉嘉禾二年布一匹㒳嘉禾二年十一月十日下彈浭男子□連
付庫吏殷連受　八二八一

【注】「下彈浭」下脱「丘」字。

入模鄉二年冬賜布二匹㒳嘉禾二年十一月十五日水用丘祭□付庫
吏殷連受　八二八二

入廣成鄉嘉禾二年所調布一匹㒳嘉禾二年十二月□□日□下丘大
男劉□付庫吏殷連受　八二八三

□妻尾年廿八在本縣　八二八四

▨……珛受　八二八五

入西鄉嘉禾二年布三匹㒳嘉禾三年三月廿六日下俗丘男子五杭付庫▨　八二八六

入小武陵鄉□□丘男子謝監二年布一匹三丈九尺㒳嘉禾二年▨　八二八七

入廣成鄉嘉禾二年調布一匹㒳嘉禾二年十一月十三日三州丘鄧兒
付庫吏殷連受　八二八八

入廣成鄉樽丘大男潘岑二年布一㒳嘉禾□▨　八二八九

入平鄉困丘番元二年布一匹㒳嘉禾二年□□▨　八二九〇

▨十一月九日烝弁付庫吏殷連受　八二九一

▨□□年鹿皮二枚㒳嘉禾二年十一月十九日付庫▨　八二九二

▨鹿皮一枚㒳嘉禾二年▨　八二九三

入平鄉巾竹丘祭直二年鹿皮一枚㒳嘉禾二年十二月□▨　八二九四

右囊家口食三人　筭二　中訾　▨　八二九五

【注】簡中「中」為朱筆。

▨妾年卌八　見　八二九六

入平鄉二年洽丘吳有鹿皮五枚㒳嘉禾二年十二月廿六日烝▨　八二九七

入廣成鄉調羊皮一枚㒳嘉禾二年十月十九日烝弁掾▨　八二九八

▨□二年鹿皮二枚㒳嘉禾二年十月五日烝弁付庫吏殷▨　八二九九

▨年九月十九日烝弁付庫吏殷連受　八三〇〇

▨□客入二年布一匹㒳嘉禾三年五月廿日付庫吏▨　八三〇一

□子女胡年四歲☑ 八三〇二

掐男弟愴年九歲 ☑ 八三〇三

入桑鄉嘉禾二年冬賜布一匹𠄘嘉禾二年八月六☑ 八三〇四

入樂鄉布二匹𠄘嘉禾二年八月卅☑ 八三〇五

☑𠄘嘉禾二年十一月十三日□□□☑ 八三〇六

☑嘉禾二年十月十九日烝弁掾圜☑ 八三〇七

☑陶二年鹿皮一枚 ☑ 八三〇八

入酉鄉……布二匹𠄘嘉禾二年九月十一日烝弁☑ 八三〇九

☑□□關坠閣董基付三州倉吏鄭黑☑ 八三一〇

☑二年九月十九日烝弁付庫吏殷連受 八三一一

☑枚𠄘嘉禾二年十一月廿三日逢唐丘☑ 八三一二

入平鄉□□丘□□□□二年布一匹 ☑ 八三一三

入模鄉□□丘男子區□二年布二匹三丈九尺𠄘嘉禾二年九月十六
日烝弁付庫吏殷☑ 八三一四

入廣成鄉□□丘二年布一匹𠄘嘉禾二年四月十九日烝弁付庫吏殷☑ 八三一五

……𠄘嘉禾二年十月□日□□丘大男區□付庫吏殷連受 八三一六

生女弟靡年九歲 見 八三一七

入平鄉嘉禾二年布一匹𠄘嘉禾二年八月十六日區丘鄧□付庫吏殷 ☑ 八三一八

☑烝弁付庫吏殷連受 八三一九

右平鄉入布□三匹 ☑ 八三二〇

右小武陵鄉嘉禾元年☑ 八三二一

入平鄉嘉禾二年伍社丘李□☑ 八三二二

入都鄉□石丘男子朱政二年布九匹二丈七尺𠄘嘉禾二年☑ 八三二三

入廣成鄉迪丘男子謝棟二年布二匹三丈九尺𠄘嘉禾☑ 八三二四

入廣成鄉嘉禾二年□☑ 八三二五

☑年九月廿九日烝弁付庫吏殷連受 八三二六

入廣成鄉調鹿皮一鹿皮一合二枚𠄘嘉☑ 八三二七

入平鄉二年布二匹𠄘嘉禾二年八月廿三日□丘男子☑ 八三二八

入□□鄉□石丘男子□□二年布七匹□丈□尺𠄘嘉禾二年☑ 八三二九

☑番□枳皮一枚☑ 八三三〇

入平鄉於上丘☑ 八三三一

【注】本簡與前簡（八三三〇）可以綴合，本簡在前，前簡在後。

☑ 調布五匹𠄘嘉禾☑ 八三三二

☑鹿皮一枚□□☑ 八三三三

入中鄉鹿皮三枚𠄘嘉禾☑ 八三三四

☑丘男子吳遠二年鹿皮一枚𠄘嘉禾二年☑ 八三三五

入廣成鄉所調枳皮二枚𠄘嘉禾二年八月十☑ 八三三六

入平鄉東丘大男陳囷嘉禾二年鹿皮一枚𠄘嘉禾二年十二月廿九日☑ 八三三七

☑ 其一百卅一斛三斗五升黃□☑ 八三三八

物敀諂𨺗攸逢□…… 八三三九

☑二年十月七日烝弁付庫吏殷連受 八三四〇

☑ 龍子女婢年五歲 見 八三四一

入□□鄉下□丘男子□□二年調布二匹𠄘嘉禾二年九月廿日烝弁
付庫吏殷☑ 八三四二

右玉家口食六人 筭二☑ 八三四三

☑嘉禾二年八月十□☑ 八三四四

☑烝弁☑ 八三四五

☑吏殷連受 八三四六

入都鄉允中丘男子華湛鹿皮一枚𠄘嘉禾二年九月廿六日烝弁☑ 八三四七

☑□□丘男子廖殷鹿皮一麂二合三枚𠄘嘉☑ 八三四八

【注】「麂」下脱「皮」字。

入□□□嘉禾二年羊皮一枚𠄘嘉禾☑ 八三四九

☒□三年鹿皮二枚羊皮一枚合三枚〥嘉禾二年□☒　八三五〇

☒〥嘉禾二年九月十三日烝弁付庫殷連受　八三五一

入西鄉温丘男子陳讓鹿皮☒　八三五二

入都鄉皮五枚　其四枚杋皮 一枚鹿皮　〥嘉☒　八三五三

☒……　庫吏殷　連受　八三五四

☒□下丘男子烝平鹿皮二鹿皮二合四枚〥嘉禾二年九月廿一日烝弁付庫☒　八三五五

☒男子魯奇二年調鹿皮一枚〥嘉禾二年田☒　八三五六

尾妻丞年卅　見　八三五七

入模鄉二年布一匹〥嘉禾二年□月廿日……男子區□付庫吏殷　☒　八三五八

☒　其五人……　八三五九

☒〥嘉禾二年十月五日烝弁付庫吏殷連受　八三六〇

入中鄉鹿皮二枚〥嘉禾二年十月六日□☒　八三六一

☒鹽米九斛〥嘉禾三年四月廿五日常略丘謝□☒　八三六二

入中鄉鹿皮二枚〥嘉禾二年八月四日□下丘大男□□付庫吏□□☒　八三六三

右南鄉入皮七枚　☒　八三六四

凡口三事二　……　訾　五　田　八三六五

【注】本簡上部扭曲，圖版不能顯示。

卒妻婢年卅二　☒　八三六六

☒〥嘉禾二年十月十一日烝弁☒　八三六七

入廣成鄉調杋皮一枚〥嘉禾二年八月十三日彈溲丘月伍李名付庫吏☒　八三六八

☒三丈七尺〥嘉禾三年三月廿五日績丘謝蔣付庫吏☒　八三六九

☒付庫吏殷☒　八三七〇

☒　連受　八三七一

☒鹿皮一枚鹿皮一☒　八三七二

☒□丘大男楊萬入二年布□匹〥嘉禾二年□月□日烝弁☒　八三七三

☒斛三斗五升胄畢〥嘉禾二年十月☒　八三七四

入西鄉嘉禾二年☒　八三七五

☒一匹〥嘉禾二年□☒　八三七六

□子男孫年廿四在本縣　八三七七

【注】「子男」上□右半殘缺，左半從「足」。

右都鄉入皮十五枚　☒　八三七八

☒日穴丘男子☒　八三七九

入藎（？）鄉空□丘男子☒　八三八〇

☒　連受　八三八一

☒嘉禾二年貸布□□☒　八三八二

☒□年調皮一匹☒　八三八三

【注】按：「皮」稱「枚」，「布」稱「匹」。此處「皮」稱「匹」，二者必有一誤。

☒為禀斛米二百卅二人二□☒　八三八四

☒付庫吏殷連受　八三八五

入廣成鄉縣吏☒　八三八六

☒皮一枚　☒　八三八七

☒□潘□☒　八三八八

☒□廣成鄉□□□□☒　八三八九

☒吏殷　☒　八三九〇

☒男子□□付庫吏殷連受　八三九一

☒禾二年八月八日鄉吏五慈付庫☒　八三九二

☒廿七日浸頃丘□☒　八三九三

入西鄉調☒　八三九四

☒楊萬二年☒　八三九五

思子男仲年六十常限客　仲子男碓年廿六　八三九六

民男弟晲年四歲　八三九七
□妻詰年卅五筭一　☑　八三九八
東陽里户人大女婁妾年七十二踵兩足　八三九九
露妻筭年廿　露男弟頭年廿給縣吏　八四〇〇
記女弟婢年五歲　八四〇一
張妻騎年廿四　□男弟大年四歲　八四〇二
審子男逆年廿筭一　☑　八四〇三
□女弟□年廿五筭一　八四〇四
民楊明年八十五　八四〇五
一家合九人　八四〇六
一家七人　八四〇七
【注】「七人」上疑脱「合」字。
道妻𡉏年卅六　道子男䶮年九　八四〇八
【注】「九」下疑脱「歲」字。
☑　嵩父王年五十一在本縣　留　八四〇九
士小父曰年卅苦腹心病　曰妻金年廿　八四一〇
右客家口食三人　筭二　訾　五　十　八四一一
□妻旨年廿筭一　八四一二
逆妻大女阿年十九筭一　☑　八四一三
宜妻大女婢年卅二　八四一四
一家合六人　八四一五
尚書吏劉露年廿八　八四一六
逢妻大女魚年卅九筭一　八四一七
一家合□人　八四一八
潘父司年六十六踵病　司妻大女益年五十七　八四一九
入南鄉䧟中丘男子雷踦調麂皮五枚𠀬嘉禾二年十二月十七日烝弁☑　八四二〇
木妻大女汝年五十八　八四二一

右□家口食□人　訾　五　十　八四二二
右平鄉入皮五十八枚　八四二三
【注】「右」上原有墨筆點記。
孟母大女汝年七十二　八四二四
兕女弟□年四歲　八四二五
☑羅漫丘䆁□付庫吏潘☑　八四二六
☑孰米一斛胄米畢𠀬嘉禾二年十月廿三日□丘烝監關邸閣董基付
三州倉吏鄭黑受　八四二七
右豆家口食四人　訾　☑　八四二八
☑皮一枚𠀬嘉禾二年十一月廿二日掾黃庾付庫吏☑　八四二九
義成里户人大女石舞年卅三　八四三〇
平樂里户人公乘宋□年六十二　八四三一
長子男𤰈年廿筭一　𤰈男弟道……　八四三二
□□兄□年六十一腹心病踵兩足　□妻糸年卅三　八四三三
……目病　達男弟屯年五歲　八四三四
亙子女婢年六歲　☑　八四三五
東扶里户人公乘陳每年卅二筭一刑右足　八四三六
☑年鹿皮二枚𠀬嘉禾二年十二月卅日☑　八四三七
一家合十一人　八四三八
光妻大女□年卅五　八四三九
□子男□年八歲　……　☑　八四四〇
東扶里户人公乘仇莫年六十九踵兩足　八四四一
□男弟有年四歲　有女弟婢年二歲　八四四二
□□里户人公乘區單年卅七苦腫病　八四四三
民周府年廿二　八四四四
一家合□人　八四四五
平陽里户人公乘雷宜年卅八苦腹心病　八四四六
右元家口食五人　訾　五　十　八四四七

平樂里户人公乘李會年卌一苦腹心病　八四四八
入平鄉嘉禾二年布一匹𠄠嘉禾二年四月☑　八四四九
妻大女□年五十　八四五〇
顔男弟第七歲　八四五一
【注】「七歲」上脱「年」字。
帛男弟客年十　八四五二
子男□年七歲　八四五三
□子男尚年十五筭一　八四五四
【注】「子男」上□左半殘缺，右半從「生」。
焦子男奴年十　八四五五
局妄弟兒年七歲　八四五六
入廣成鄉嘉禾二年税米三斛五斗五升胄畢𠄠嘉禾二年十月廿八日
周陵丘監兵關坠閣董基付三州倉吏鄭黑受　八四五七
☑斗胄畢𠄠嘉禾二年十一月廿八日湛丘州吏烝土關坠閣董基付倉
吏鄭黑受　八四五八
入男子何春二年鹽米□斛黄龍三年二月五日關坠閣郭據付倉☑　八四五九
入□鄉嘉禾二年税米……☑　八四六〇
右恕家口食二人　筭二　訾　五　十　八四六一
亙母大女妾年八十　八四六二
凡口三事二　……　訾　五　十　八四六三
右□家口食四人　訾　五　十　八四六四
【注】簡中有朱筆塗痕。
☑南鄉入布一匹三丈九尺　中　八四六五
義成里户人公乘陳寬年六十五　☑　八四六六
右妾家口食三人　訾　五　十　八四六七
【注】簡中有朱筆塗痕。
凡口六事　筭三事　訾　五　十　八四六八

□父伍年六十刑兩足　伍妻汝年五十二　八四六九
□妻□年十五　□男弟什年四歲　八四七〇
民大女鄧思年八十二　八四七一
□桓父□年八十五　桓妻汝年廿一　八四七二
散妻大女財年卌七　八四七三
龍妻□年卌六　見　八四七四
右廉家口食四人　訾　五　十　八四七五
【注】簡中有朱筆塗痕。
□男弟□年八歲　八四七六
☑□□付庫吏殷連受　八四七七
右□家口食四人　筭一　訾　五　十　八四七八
【注】簡中有朱筆塗痕。
文男弟仲年三歲　☑　八四七九
入廣成鄉嘉禾二年税米三斛胄畢𠄠嘉禾二年十月廿八日□□丘男
子鄧和關坠閣董基付三州倉吏鄭黑受　八四八〇
右□家口食五人　訾　五　十　八四八一
集凡樂鄉領嘉禾四年吏民合一百七十三户口食七百九十五人　☑　八四八二
【注】「集」上原有墨筆點記。
凡口三事二　筭一事　訾　一　百　八四八三
□帛子男動年四歲　八四八四
☑一枚𠄠嘉禾二年五月廿日萇☑　八四八五
緒中里户人公乘張蕖年卌二筭一　八四八六
入平鄉嘉禾二年調枛皮四枚𠄠☑　八四八七
右□家口食三人　訾　五　十　八四八八
【注】□右半殘缺，左半從「扌」。
絹從兄□年六十　八四八九
胡寡婢汝年八十五　八四九〇

☒右胡家口食五人　筭二　訾　五　十　八四九一

【注】簡中有朱筆塗痕。

右東鄉入皮十五枚　☒　八四九二

【注】「右」上原有墨筆點記。

☐父☐年六十刑左足　☐妻汝年五十三　五☒　八四九三

郡吏黄蔦年十三　八四九四

來女弟小年五歲　八四九五

☒☐庳年廿……　八四九六

☒文年三歲　八四九七

晟寡㛐村年卌二筭一　八四九八

☒　☐男弟燕年二歲　八四九九

曼溲里户人公乘大女黄客年五十筭一　☒　八五〇〇

右中鄉入皮卌六枚　☒　八五〇一

【注】「右」上原有墨筆點記。

☐子男相年七歲　☒　八五〇二

☒　曹（？）子女䨱年三歲　☒　八五〇三

☒年卌七筭一　八五〇四

入☐鄉嘉禾二年税米☐斛二斗冑畢☒嘉禾二年十月廿九日☐☒　八五〇五

☐妻端年卌二筭一　☒　八五〇六

☒☐☐☐☐付庫吏殷　☒　八五〇七

☒客丘謝☐關邸閣董基☒　八五〇八

【注】「謝」下☐上半殘缺，下半從「辶」。

☐☐里户人公乘石孟年卌一　☒　八五〇九

☒☐年十五筭一　八五一〇

☒☐年六歲　八五一一

【注】簡中有朱筆塗痕。

☒☐☐☒嘉禾二年十月廿九日唐下丘盧常關邸閣董基付倉吏鄭☒　八五一二

☒㕣岑家口食十三人　筭四　中訾　五　十　八五一三

【注】簡中「中」為朱筆。

☒年卌一盲右目　☐貴年六十八常限客　貴妻謈年五十三踵右足　八五一四

義成里户人公乘壬盡年五十八踵兩足　八五一五

文男弟㯳☒　八五一六

☒户人公乘大女朱妾年五十二　八五一七

音女弟員年八　員女弟財年五　八五一八

【注】「年八」、「年五」下似均脱「歲」字。

☐女弟金年六歲　八五一九

☐女弟汝年三歲　八五二〇

婁☐里户人公乘李陽年六十八　八五二一

☐凡里户人公乘五湖年五十五筭一　八五二二

右勸家口食五人　筭二　中訾　五　十　八五二三

【注】簡中「中」為朱筆。

☒公乘周㰖年卌七筭一踵兩足　八五二四

☒　金女弟泠年三歲　八五二五

☒　☐子女起年七歲　起女弟☐年六歲　八五二六

一家合五人　☒　八五二七

子女金年十三　☒　八五二八

☒文姪子男☐年三歲　文子女東八歲　八五二九

【注】「八歲」上脱「年」字。

☒　訾　一　百　八五三〇

☒在　露　丘　八五三一

☒月卅日☐亭丘軍吏烝三關☒　八五三二

【注】「亭丘」上☐左半殘缺，右半為「且」。

入平鄉杷丘☒　八五三三

☒董基付三州倉吏☒　八五三四
平陽里户人公乘烝□年卅☒　八五三五
【注】「烝」下□右半殘缺，左半從「亻」。
入廣成鄉嘉禾二年税米☒　八五三六
☒　連受　八五三七
☒　□子男□年☒　八五三八
☒關坚閣董基付三州☒　八五三九
☒米二斛三斗胄畢㕦嘉禾二年十☒　八五四〇
入都鄉皮五枚㕦嘉禾二年四月廿三日吴唐丘師□☒　八五四一
□子男客年十一　☒　八五四二
入廣成鄉調鹿皮一枚㕦嘉禾二年八月十五日□☒　八五四三
☒濟丘男子謝□關坚閣董☒　八五四四
☒禾二年冬賜布一匹㕦嘉禾二年八月六日東平丘男子黄損付庫吏
殷連受　八五四五
☒□□伍烝開月伍黄□□主濟丘☒　八五四六
入桑鄉嘉禾二年税米十七斛胄畢㕦嘉禾二年□☒　八五四七
☒平樂丘民□□上户三斛為□五斗㕦嘉禾二年四月十二日☒　八五四八
☒禾五年十一月四日關坚閣郭據付□州倉吏☒　八五四九
五萬一千八百卌付□市布合□☒　八五五〇
☒鄭平谷文運詣中倉關坚閣李☒　八五五一
☒　居　在　☒　八五五二
☒□僦畢㕦嘉禾二年十月十四日下略丘☒　八五五三
☒子女耿年七歲　☒　八五五四
☒□皮三枚㕦嘉禾☒　八五五五
☒　在　區　丘　八五五六
入廣成鄉☒　八五五七
☒□付倉吏黄諱潘慮受　八五五八
☒關坚閣董基付三州倉吏鄭黑受　八五五九
☒董基付倉吏鄭黑受　八五六〇
☒□區付庫吏殷連受　八五六一
☒米畢㕦嘉禾二年十月☒　八五六二
入中鄉所調嘉禾年鹿☒　八五六三
【注】「嘉禾」、「年」間脱年數。
☒鹿皮一枚㕦嘉禾年八月八☒　八五六四
【注】「嘉禾」、「年」間脱年數。
☒基付三州倉吏☒　八五六五
☒皮□枚㕦嘉禾二年八月十四日□☒　八五六六
☒□付庫吏殷連受　八五六七
☒　右入税米七十一斛☒　八五六八
入平鄉嘉禾□年税米……☒　八五六九
☒董基付三州倉吏鄭黑受　八五七〇
☒　會妻金年十五　見　八五七一
入中鄉皮六枚㕦嘉禾二☒　八五七二
相妻□年□□□☒　八五七三
☒　客妻寄年五十二　☒　八五七四
☒皮一枚㕦嘉禾二年八月☒　八五七五
☒□妻困年五十二筭一　八五七六
☒□四日唐下丘□☒　八五七七
☒坚閣董基付三州倉吏鄭☒　八五七八
入廣成鄉彈溏丘男子唐兒枳皮☒　八五七九
☒十月廿四日濟丘男子謝☒　八五八〇
入廣成鄉嘉禾二年縣吏□□☒　八五八一
入廣成鄉二年所調☒　八五八二
☒鄉二年鹿皮一枚㕦嘉禾二年八月十□☒　八五八三
入平鄉常略丘烝困二☒　八五八四
☒居　在　沱　丘　八五八五

☒伍妻尾月伍妻樵（？）所主股　☒ 八五八六
☒□□□沱丘民☒ 八五八七
☒□□闞埅閣董基☒ 八五八八
入東鄉嘉禾二年□☒ 八五八九
入中鄉嘉禾二年鹿☒ 八五九〇
☒居　在　☒ 八五九一
入平鄉皮☒ 八五九二
☒付庫吏☒ 八五九三
☒□子男常年十三　☒ 八五九四
☒十一月七日付庫吏殷☒ 八五九五
☒□五斗畢旲嘉☒ 八五九六
☒　連受 八五九七
☒𣺼　丘 八五九八
☒墨受 八五九九
入中鄉杋皮☒ 八六〇〇
☒旲嘉禾二年八月☒ 八六〇一
☒□二年麗☒ 八六〇二
☒吏圜諱史☒ 八六〇三
☒殿連受 八六〇四
入桑鄉嘉禾☒ 八六〇五
☒十五日□丘大男☒ 八六〇六
☒嘉禾二年九月十七日☒ 八六〇七
☒訖九月廿八日收責大男馮膺詬（？）□□☒ 八六〇八
入廣成鄉調皮二枚☒ 八六〇九
入都鄉坪下丘大男□縣區□☒ 八六一〇
□□中部督郵書掾焉偶言臨湘侯☒ 八六一一
☒斗胄畢旲☒ 八六一二
坐妻婢年廿筭一 八六一三

桓男弟平年廿二　平妻姑年十八 八六一四
□女弟萌年十三 八六一五
晋姪子男尋年七歲 八六一六
右尚書吏三戶 八六一七
追妻蘭年卅一　追男子伎年七歲□病 八六一八
【注】「病」上□右半殘缺，左半從「氵」。
旲妻王年廿八　旲兄子黑年六 八六一九
【注】「年六」下似脱「歲」字。
□子男孫年五歲　孫男弟休年三歲 八六二〇
還妻大女逖年廿五筭一 八六二一
客男弟家年三歲 八六二二
□男弟來年七歲 八六二三
明妻汝年卅三　明男弟能年十九刑右足 八六二四
☒　訾　五　十 八六二五
□小父兒年七十二 八六二六
一家合十五人 八六二七
邀子女志年十 八六二八
縣吏尹桓年卅四 八六二九
宜陽里户人公乘鄧朕年卅七筭一 八六三〇
確妻汝年廿一　確男弟圭年十六苦腹心病 八六三一
東陽里户人公乘李禿年廿六筭一 八六三二
右闔家口食四人　筭二　中訾　五　十 八六三三
【注】簡中「中」為朱筆。
□妻屯年廿雀兩足　□小妻婢年十七 八六三四
達男弟得年十二　達妻牛年十八 八六三五
入平鄉二年鹿皮一枚麂皮一枚合二枚旲嘉禾二年十二月廿三日寇丘☒ 八六三六
一家合八人 八六三七

知男弟堂年五歲刑左手　堂男弟春年五歲刑左手　八六三八
尚書吏呂不年卅六　八六三九
遠囲弟耀年八歲　八六四〇
不男弟晃年卅　不妻原年卅二　八六四一
尚書吏惠已年十八　八六四二
露父張年七十九　張妻婢年六十踵兩足　八六四三
五唐里户人公乘鄭温年卌七筭一　八六四四
妾妻車年十五筭一　八六四五
東陽里户人公乘烝謂年廿二筭一給州吏　八六四六
縣領吏民所負故☐　八六四七
□妻上年廿六筭一　☐　八六四八
……　闌男弟知年九歲兩耳聾病　八六四九
一家合六人　八六五〇
入鄬賞鄉嘉禾元年户所出皮二枚☐　八六五一
□男弟寇年□四　寇妻使年十五　八六五二
喜姪子男客年七歲　八六五三
☐區囯　八六五四
廣成里謹列所□吏人名年紀為簿　八六五五
□男弟苗年三歲　八六五六
難女弟能年四歲　八六五七
☐□□五唐丘男子吴遠二年麂皮☐　八六五八
右西鄉入皮　☐　八六五九
☐□吏士一百一十七人嘉禾元年☐　八六六〇
入平鄉寇丘□☐　八六六一
五唐里户人公乘唐霪年卅八筭一　八六六二
☐□□……師佐七人母妻子卅一人合卅八人　八六六三
☐　□□□五十八　☐　八六六四
右南鄉入布一匹　八六六五
□母凡年六十一　八六六六
元妻思年六十七　八六六七
☐男子潘足二年枛皮四枚烝嘉禾二年十二月廿一日烝弁付庫吏☐　八六六八
迎妻大女□年廿八筭一　八六六九
☐年廿二給亭復人　八六七〇
東陽里户人公乘翁確年卅筭一　給軍吏　八六七一
妾子男芎年七歲　☐　八六七二
□女弟捨年十三　八六七三
一家合四人　八六七四
凡口三事　筭一事　訾　五　田　八六七五
□妻大女絞年五十筭一　☐　八六七六
☐列所領吏民合廿七户口食七十四人　八六七七
元妻大女汝年卅筭一　☐　八六七八
□妻大女汝年廿筭一　八六七九
☐年二月廿九日五唐丘周使付☐　八六八〇
民姪子女豆年九歲　八六八一
芎男弟針年五歲　八六八二
【注】簡上有朱筆塗痕。
□女弟莫年三歲　八六八三
平陽里户人公乘宗忠年卅筭一　八六八四
右□家口食三人　筭二　中訾　五　☐　八六八五
【注】「右」上原有墨筆點記。簡中「中」為朱筆。又，「家」上□上半殘缺，下半從「心」。
☐吴□年卅二筭一　八六八六
☐□二人　訾　五　十　八六八七
☐事四　筭二事　訾　五　十　八六八八
☐……二千九百卅二錢就留雇　八六八九

……　筭二事　訾　五　十　八六九〇

澮妻大女姑年卅□☐　八六九一

東陽里户人公乘□□年廿二筭一刑左手　八六九二

雄母大女妾年六十五　☐　八六九三

凡口三事二　筭二事　訾　五　☐　八六九四

【注】簡中有朱筆塗痕。

☐□西鄉入皮六枚　☐　八六九五

☐禾二年二月六日彈溲☐　八六九六

☐年鹿皮一枚⿰三乂嘉禾二年十月五日烝弁付庫吏☐　八六九七

☐□□關邸閣☐　八六九八

☐　筭二事一　☐　八六九九

☐……刑右手　八七〇〇

威妻小年卅三筭一　八七〇一

☐　⿰三乂嘉禾二年十二月廿一日烝☐　八七〇二

凡口三事　筭一事　訾　☐　八七〇三

☐……□□年十六筭一　八七〇四

蔦子女田年四歲　八七〇五

☐閣董基☐　八七〇六

凡口三事　筭☐　八七〇七

☐□領所貸平鐵☐　八七〇八

☐調枇皮三枚⿰三乂嘉禾☐　八七〇九

入平鄉嘉☐　八七一〇

入平鄉嘉禾☐　八七一一

妻大女姑年廿五　八七一二

☐□而吏潘羜☐　八七一三

入廣成鄉所調鹿☐　八七一四

☐□民連年□□☐　八七一五

其五十一斛民自入付州中倉關邸閣李嵩吏黃諱潘慮受　中　八七一六

喜妻大女澈年卅一筭一　八七一七

羜□□羜書言起六月三日訖九月卅日為□☐　八七一八

☐□□子女阿年九歲在□☐　八七一九

☐付庫吏殷☐　八七二〇

□子男孫年四歲　☐　八七二一

□女弟阿年六歲　八七二二

☐□付市吏潘羜市所調布廿三匹二尺　八七二三

領九月地僦錢二萬三☐　八七二四

☐□姪子男□年□□☐　八七二五

☐付三州倉吏鄭黑受　八七二六

☐男子張仲調稟□☐　八七二七

入中鄉黃龍三年☐　八七二八

其一人見今送　☐　八七二九

……年六十二　☐　八七三〇

☐□壬二　八七三一

☐　□男弟當年七歲　八七三二

阿男弟□年☐　八七三三

☐　兒女弟思年三歲☐　八七三四

☐　中訾　五　十　八七三五

【注】簡中「中」為朱筆。

平陽里户人公乘區□年五十九　☐　八七三六

☐百七斛□斗四升☐　八七三七

☐嘉禾元年正月九日淦丘男☐　八七三八

☐□⿰三乂二年正月八日柚☐　八七三九

【注】「二年」上似脱「嘉禾」二字。

□女弟勉年十二　☐　八七四〇

☐　五　十　八七四一

☐⿰三乂嘉禾二年☐　八七四二

☐墨付三州倉吏鄭黑受　八七四三
☐四斛六斗　☐　八七四四
□子女𡟰年十三　……　八七四五
☐𫷷……付庫吏殷連受　八七四六
☐年五十八筭一　八七四七
子男姶年五歲　八七四八
蔦妻因女□年卅□☐　八七四九
☐　□男弟□年十一　☐　八七五〇
入平鄉東丘大男潘於嘉禾二年麂皮三枚𫷷嘉禾二年☐　八七五一
緒中里户人公乘區曼年卌筭一　☐　八七五二
☐　其師佐廿七人母妻子☐　八七五三
右廣成鄉入皮九枚　☐　八七五四
☐　右□廣成鄉入皮十八枚　☐　八七五五
☐　子女□年十二　八七五六
……筭二事　☐　八七五七
☐二年十一月六日東丘烝雒☐　八七五八
☐嵩付倉吏黃諱☐　八七五九
☐殷連受　八七六〇
☐嘉禾二年九月三日□☐　八七六一
☐月六日丁未書給監運兵曹徐華所□☐　八七六二

【注】據陳垣《魏蜀吴朔閏異同表》，黄龍三年四月與嘉禾五年五月，均朔為壬寅，六日為丁未。

☐基付☐　八七六三
東陽里户人公乘胡鮑年卅六　☐　八七六四
□□□年廿一筭一　☐　八七六五
☐賢關坚閣郭　☐　八七六六
☐　見　八七六七
☐物故□□七人母妻子六十三人合七十人☐　八七六八
☐曹畢𫷷嘉禾二年十一月十☐　八七六九
入平鄉嘉禾二年杋皮☐　八七七〇
大男番□年□☐　八七七一
☐□女弟□年□☐　八七七二
☐丘男子朱選☐　八七七三
☐坚閣董基付三☐　八七七四
☐子吴官關坚閣董基付三州☐　八七七五
☐𫷷嘉禾☐　八七七六
入廣成鄉嘉禾二年税米十三斛☐　八七七七
☐吏殷　☐　八七七八
入平鄉嘉禾二年税米九☐　八七七九
☐烝弁付庫吏☐　八七八〇
☐人公乘李張年五十筭一☐　八七八一
☐年新吏□☐　八七八二
☐　連受　八七八三
☐七十三斛六斗……☐　八七八四
☐限禾二斛貸□☐　八七八五

【注】「禾」下疑脱「准米」二字。

☐殷連受　八七八六
☐米二斛胄畢𫷷嘉☐　八七八七
☐　濤　丘　八七八八
☐□二斛　八七八九
☐年十月廿二日夫丘男子☐　八七九〇
凡口七事☐　八七九一
☐□匹𫷷嘉禾三年☐　八七九二
☐月廿四日新☐　八七九三
☐年十二月廿☐　八七九四
☐□□貸民□□☐　八七九五

☒　凡口四事　筭三事　訾　五　田　八七九六
☒稅米六斛☒　八七九七
☒二月廿九日桑丘☒　八七九八
☒嘉禾二年十二月六日☒　八七九九
入廣成鄉三州丘☒　八八〇〇
☒匱吏潘琬受　八八〇一
☒庫吏潘琬受　八八〇二
☒日溫丘男子□☒　八八〇三
☒十二月三日烝弁☒　八八〇四
入平鄉嘉禾元年稅米□斛七☒　八八〇五
入平鄉嘉禾元年稅米☒　八八〇六
☒　居　☒　八八〇七
右一家合□☒　八八〇八
☒男子牛□關☒　八八〇九
【注】「牛」下□右半殘缺，左半從「忄」。
☒堅閣李嵩☒　八八一〇
入廣成鄉調鹿☒　八八一一
☒二年十月廿九日□☒　八八一二
入平鄉嘉禾二年☒　八八一三
☒三月廿七日租下丘☒　八八一四
☒吏潘　☒　八八一五
☒關堅閣李嵩☒　八八一六
☒□關堅閣董基☒　八八一七
☒庫吏殷☒　八八一八
☒一斛胄畢旲嘉☒　八八一九
☒匱吏潘琬受　八八二〇
入都鄉嘉禾二年布一匹☒　八八二一
入平鄉二年枛皮二☒　八八二二
☒　連受　八八二三
☒胄畢旲嘉禾元年十一月十☒　八八二四
☒十一月十四日合丘☒　八八二五
☒年十二月十七日☒　八八二六
以來少頃☒　八八二七
☒禾二年十月十四日上☒　八八二八
☒胄畢旲嘉禾二年☒　八八二九
☒□平丘盧遠關堅閣☒　八八三〇
☒基付三州倉☒　八八三一
☒□□丘縣吏鄭言關☒　八八三二
☒□八月　☒　八八三三
☒□旲嘉禾二年☒　八八三四
☒□□付三州倉吏□☒　八八三五
☒私學限米十二☒　八八三六
☒吏殷連受　八八三七
☒關堅閣董基☒　八八三八
入南鄉桐山丘男子☒　八八三九
五唐里户人☒　八八四〇
☒嘉禾二年布一☒　八八四一
☒石下丘屯田帥周☒　八八四二
☒付庫吏☒　八八四三
☒潘琬受　八八四四
☒日世丘☒　八八四五
☒二年稅米☒　八八四六
☒倉吏鄭黑受　八八四七
☒米十三斛九☒　八八四八
☒嘉禾二年□□☒　八八四九
☒□十八□□□□☒　八八五〇

八八五一　☒諱番☒
八八五二　☒□關坚閣☒
八八五三　☒殴連受
八八五四　☒二年十□□☒
八八五五　☒禾二年□☒
八八五六　☒廿三日☒
八八五七　入樂鄉嘉禾二年……吳嘉禾二年十月廿一日温丘男子☒
八八五八　☒　所貸☒
八八五九　☒嘉禾元年□□十二日☒
八八六〇　☒□林丘男☒
八八六一　☒董基☒
八八六二　☒付三州☒
八八六三　☒杸吳☒
八八六四　入平鄉嘉禾☒
八八六五　富貴☒
八八六六　☒鄉丘鄭☒
八八六七　☒年二月信☒
八八六八　☒　見
八八六九　右□客　☒
八八七〇　☒□大女□□年☒
八八七一　☒鄉嘉禾元☒
八八七二　入平鄉嘉禾元☒
八八七三　☒　連受
八八七四　☒斛一斗五☒
八八七五　☒關坚閣董基☒
八八七六　☒□桐關☒
八八七七　☒潘琦受
八八七八　☒□日何丘烝□☒
八八七九　☒萬三千☒
八八八〇　☒□鄉李☒
八八八一　☒男子潘育付庫吏殷☒
八八八二　☒坚閣郭☒
八八八三　右入米☒
八八八四　☒庫吏殷☒
八八八五　☒廿六日□□☒
八八八六　☒　連受
八八八七　☒七斗五升
八八八八　☒□限米二斛☒
八八八九　☒□□六十五□☒
八八九〇　☒付三州倉吏☒
八八九一　馬戶下婢心年卅
八八九二　溫戶下奴李年十四
八八九三　雅兄散年五十六刑左足
八八九四　溫戶下婢錢年廿五□
八八九五　典妻大女金年廿三
八八九六　富男弟遵年十八
八八九七　右紹家口食十一人　訾　五　十

【注】「右」上原有墨筆點記。

八八九八　戰妻大女思年卅九
八八九九　……□人　歲　鄧　客　主
八九〇〇　……年卅苦腹心病
八九〇一　□□不年九歲　……年卅八聾病
八九〇二甲　□戶下婢易年卅七
八九〇二乙　□□□年卅□腹心病
八九〇三　□母大女妾年七十
八九〇四　郡吏唐□年□一

民男子□□年□十一　八九〇五

紹户下奴鼠年十四聾耳病　八九〇六

□户下婢來年卌　八九〇七

☐年十月廿八日周陵丘鄧首關邸閣董基付三州倉吏鄭黑受　八九〇八

☐温丘男子區兵付庫吏殷連受　八九〇九

☐　一家合七人　八九一〇

一家合四人　八九一一

☐⿱三乂嘉禾二年□月□□日□□丘□□關☐　八九一二

囊從小父堅年六十三　八九一三

□妻大女賣年廿八　八九一四

……　鼠子□年卅二筭一　□□□□年□歲　八九一五

宜子女從年五歲　從男弟□年三歲　八九一六

□妻大女□年□十九筭一　八九一七

紹妻貞年五十一　☐　八九一八

☐丘大男衛緒付庫吏殷連受　八九一九

高兄興年卅一腹心病　八九二〇

右高家口食五人　呰☐　八九二一

【注】「右」上原有墨筆點記。

勞男弟蓋年七歲　八九二二

□妻大女□年卅四筭一　八九二三

□子女□年七歲　秃子男白年三歲　八九二四

橋大妻曲年卅八　橋小妻仕年卅　八九二五

☐□桼租米　八九二六

右□家口食□人　……　八九二七

宜陽里户人公乘劉桓年卅九真吏　八九二八

羊女弟昚年四歲　八九二九

□妻大女南年卅一　八九三〇

興妻老女麦年六十四　興子公乘平年十五……　八九三一

騎妻客年五十二　騎子男雙年六歲　八九三二

民大女李婢年七十一　☐　八九三三

□男弟期年五十腹心病給□吏　期妻事年卅七　八九三四

漢妻宗年六十二　漢子男□年卅給官□師　八九三五

子男誌年七歲　八九三六

右崇家口食六人　呰　五　十　八九三七

一家合六人　八九三八

☐□□卅九刑右手　大姊子男範年七歲　秃從兄子男妻年十一闇　八九三九

☐□⿱三乂嘉禾二年八月廿九日桃界丘男子唐☐　八九四〇

桓妻□年卅二　桓子男□年十二　八九四一

☐倉吏黄諱潘慮受　八九四二

民男子慈殷年□七　八九四三

☐□女弟了年九歲　了弟仕伍鼠年五歲　八九四四

其四☐　八九四五

物故剛□□□子　女至年七歲　八九四六

……私學田巾限田　八九四七

☐月廿五日□抶丘男子周筭關邸閣董基☐　八九四八

兒女弟紫年八歲　八九四九

右蔦家口食二人　呰　五　十　八九五〇

堅妻羕年五十三　堅子女姑年十五　八九五一

☐邸閣董基付三州倉吏鄭黑受　八九五二

民男子劉惕年五十一　□……☐　八九五三

一家合五人　八九五四

奴女弟連年六歲　八九五五

艷母大女妾年六十四　八九五六

鍾佐下雋張□年□十□　八九五七

☐男□年十九在本縣　屯將行　八九五八

【注】「年」上□左半殘缺，右半為「艮」。

☒閣李嵩付倉吏黃諱潘慮　八九五九

郖子男當年二歲　當男弟累年一歲　八九六〇

東男弟狗年二歲　鼠小妻囷年卅五　八九六一

宜陽里户人公乘區規年廿二真吏　八九六二

郿吏……☒　八九六三

熙男弟賁年卅五真吏　☒　八九六四

☒……給州卒　☒　八九六五

☒布二百廿八匹三丈九尺　八九六六

☒……二在本縣　八九六七

☒□子男郡年十六在本縣　黃龍三年七月廿日物故　八九六八

一家合七人　八九六九

右銀家口食三人　訾　五　☒　八九七〇

□子男格年十一　八九七一

民壐桓年五十九　八九七二

☒　一家合五人　八九七三

□妻聰年六十九　□子男□年……　八九七四

紹户下婢雙年十五苦腹心病　八九七五

☒年六十一給驛兵　八九七六

斗倉吏監賢領盡力絞促隨月收責縣文書到　八九七七

惉妻大女岑年卌九　八九七八

一家合四人　八九七九

□□吏□浑年卌四　八九八〇

□妻姑年卅　□男姪子綗年九歲　八九八一

右□家口食□人　中訾　五　田　八九八二

【注】簡中「中」為朱筆。

□男弟□年一歲　八九八三

☒　一家合二人　八九八四

右茓家口食三人　訾　☒　八九八五

民馮漢年七十二踵兩足復　八九八六

民朱堅年六十踵兩足　☒　八九八七

☒畓妻汝年☒　八九八八

□男弟高☒　八九八九

☒　見　八九九〇

☒　見　八九九一

民男子□奇年七十九　八九九二

□户下奴□年十八　八九九三

☒　見　八九九四

□妻□筭囲　☒　八九九五

【注】簡中有朱筆塗痕。

☒鼠年四歲　見　八九九六

【注】簡中有朱筆塗痕。

右□家口食三人　☒　八九九七

☒□年十八在本縣　八九九八

一家三人　☒　八九九九

【注】「三人」上疑脱「合」字。

水女弟□年四歲　☒　九〇〇〇

□妻大女□年十九筭一　☒　九〇〇一

☒□年廿六　見　九〇〇二

□女弟思年十二　☒　九〇〇三

☒……年廿四　見　九〇〇四

平樂里□谷□謹列……　☒　九〇〇五

【注】「谷」上□左半殘缺，右半從「斤」；「谷」下□左半殘缺，右半從「頁」。

平樂里户人大女番妾年卌八　九〇〇六

宜陽里户人公乘番霸年廿二真吏　九〇〇七

雄子男通年十五　九〇〇八

九〇〇九 厚母大女妾年一百一歲

九〇一〇 宜陽里户人公乘□□年卅五

九〇一一 政男弟囊年十五

九〇一二 稙子男鼠年八歲

九〇一三 隆户下奴謹年十三雀兩足 ☒

九〇一四 子男客年十二

九〇一五 客女弟豊年三歲

九〇一六 仵妻大女絮年卅二

九〇一七 右傴家口食七人 訾 五 十

九〇一八 區妻大女安年廿九

九〇一九 □男弟收年十九

九〇二〇 宜陽里户人公乘鄧樵年廿八

九〇二一 右帛家口食七人 中訾 五 十

【注】簡中「中」為朱筆。

九〇二二 右蘇家口食五人 中訾 五 十

【注】簡中「中」為朱筆。

九〇二三 客女弟生年八歲

九〇二四 右温家口食十二人 訾 五 十

九〇二五 禮子男幹年四歲

九〇二六 右秃家口食四人 中訾 五 十

【注】簡中「中」為朱筆。

九〇二七 胤子男帛年九歲

九〇二八 □男弟黑年四歲

九〇二九 □女弟阿年四歲

九〇三〇 宜陽里户人公乘孟識年廿八

九〇三一 □妻大女汝年卅

九〇三二 □妻大女妾年卌三

九〇三三 □小妻大女汝年廿三

九〇三四 □父秃年七十三

九〇三五 □子男生年八歲

九〇三六 顔户下婢綿年十七

九〇三七 □妻大女鼠年廿

九〇三八 高妻大女□年廿一

九〇三九 高男弟檐年九歲

九〇四〇 右□家口食五人 訾 五 十

九〇四一 □子男所年三歲

九〇四二 右先家口食六人 訾 五 十

九〇四三 民男子李□年卌□盲右目 ☒

九〇四四 右□家口食三人 訾 五 十

九〇四五 □女弟兒年七歲

【注】「女弟」上□左半殘缺，右半從「且」。

九〇四六 右金家口食三人 訾 五 十

九〇四七 □男弟生年六歲

九〇四八 識母大女姑年五十踵兩足

九〇四九 □男弟□年七歲

九〇五〇 □母大女妾年六十三

九〇五一 奇女弟婢年三歲

九〇五二 □母大女妾年卅三

九〇五三 屬子男政年廿九真吏

九〇五四 因成里户人公……年廿五苦風病

九〇五五 右彝家口食十人 訾 一 百

九〇五六 寶男弟滆年八歲

九〇五七 □子男止年十二

九〇五八 顔小妻大女陵年卅六

九〇五九 顔户下奴宋年十七

九〇六〇 祚子女婢年廿一

奇妻大女青年五十一 九〇六一
右兵家口食三人 ☐ 九〇六二
崇妻大女定年廿七 ☐ 九〇六三
湢女弟妾年六歲 九〇六四
宜陽里户人公乘劉艷年廿四真□吏 九〇六五
温女弟華年十七 九〇六六
高妻大女笲年廿二 九〇六七
陽户下奴斗年六十二 九〇六八
石門里户人公乘劉旋年卌八 九〇六九
右狢家口食四人 中訾 五 十 九〇七〇
【注】簡中「中」為朱筆。
桓妻大女初年卅三 九〇七一
誌妻大女汝年廿一 九〇七二
顔妻大女妾年卌 九〇七三
子女寧年十六 九〇七四
顔户下婢汝年卅八苦腹心病 九〇七五
兒男弟蟲年五歲 九〇七六
姉妻大女明年廿六 九〇七七
子女思年六歲 錐姪子男新年八歲 九〇七八
彝女弟阿年十三 九〇七九
□□妻大女□年卅八 九〇八〇
彝弟宜□□年廿 九〇八一
世男弟兒年六歲 九〇八二
兒男弟道年四歲 九〇八三
顔子男格年卅一真吏 九〇八四
宜陽里户人公乘徐熙年卅四真吏 九〇八五
婢女弟寶年十歲 九〇八六
格男弟頭年十三 九〇八七
南鄉謹列嘉禾四年吏民户數（？）口食人名年紀簿 九〇八八
囊從兄將年六十一 九〇八九
宜陽里户人公乘夏隆年卌一真吏 九〇九〇
侯女弟兒年十歲 九〇九一
隆户下奴成年廿二 九〇九二
兒男弟生年九歲 九〇九三
右熙家口食八人 訾 三 百 九〇九四
崇子男生年十二 ☐ 九〇九五
右化家口食四人 訾 五 十 九〇九六
民唐任年七十六 ☐ 九〇九七
□妻大女汝年卌 九〇九八
□母大女妾年七十 九〇九九
右□家口食三人 訾 五 十 九一〇〇
□子男兒年四歲 九一〇一
【注】「子男」上□右半殘缺，左半從「犭」。
□男弟勞年九歲 九一〇二
□男弟□年十歲 九一〇三
□男弟有年六歲 九一〇四
□子男□年廿二真吏 九一〇五
□妻大女汝年卅一 九一〇六
户下婢思年六十二踵兩足 九一〇七
統户下奴聽年十四 九一〇八
右顔家口食十六人 訾 二 百 九一〇九
□男弟樂年八歲 九一一〇
☐……年廿二真吏 九一一一
妻大女汝年廿□ 九一一二
【注】本簡背面有反文「妻大女汝年廿五踵兩足」，係另簡所留印痕。
□妻汝年廿八 九一一三

☑禾二年十月十四日上和丘男子何馬關邸閣董基付三州倉吏鄭黑受　九一一四
初（？）男弟吴年六歲　九一一五
祥姪子男舉年八歲刑右足　九一一六
嵩妻大女汝年廿五　九一一七
☑黃龍二年十月十六日關邸閣郭據付倉吏監賢受　九一一八
石門里户人公乘樂蔦年十七　九一一九
□□□□□年廿歲　九一二〇
慎妻大女汝年卅三　九一二一
欣母汝年五十二　九一二二
嵩從兄誌年廿□給縣卒　九一二三
南女弟厚年八歲　九一二四
囊男弟文年十二　九一二五
□母大女姿年七十五腫兩足　九一二六
清男弟真年十一苦腹心病　九一二七
成男弟廣年六歲　九一二八
宜陽里户人公乘許紹年卅五真吏　九一二九
右樂家口食三人　筭二　訾　☑　九一三〇
石女弟生年七歲　九一三一
右繒家口食七人　中訾　五　十　九一三二

【注】簡中「中」為朱筆。

蓋男弟客年卅一雀兩足盲　九一三三
彝户下奴士年六十三　九一三四
彝户下奴健年十四　九一三五
端父得年六十盲兩目　九一三六
右靖家口食三人　中訾　五　十　九一三七

【注】簡中「中」為朱筆。

奇男弟崇年卅八　九一三八
□妻大女華年十六　九一三九
□妻大女客年卅一　九一四〇
規父慈年六十一　九一四一
宜陽里户人公乘劉温年卅三真吏　九一四二
宜陽里户人公乘桓彝年卅五真吏　九一四三
□妻大女野年卅九　九一四四
右祥家口食七人　中訾　五　十　九一四五

【注】簡中「中」為朱筆。

宜陽里户人公乘黄高年廿五　真吏　九一四六
□女弟思年三歲　九一四七
□妻大女汝年卅八　九一四八
彝母大女妾年五十　九一四九
□妻大女劉年卅三　九一五〇
□母大女生年六十五　九一五一
樵母大女妾年六十二　九一五二
宜陽里户人公乘虞囊年卅五　九一五三
右公家口食五人　中訾　五　十　九一五四

【注】簡中「中」為朱筆。

領□□□錢十一萬二千七百　☑　九一五五
宜陽里户人公乘陳顏年五十六真吏　九一五六
宜陽里户人公乘董厚年五十六　九一五七
石子男成年五歲苦腹心病　九一五八
顏從兄奇年八十二刑左手盲左目　九一五九
子女貴年五歲　九一六〇
子女緋年四歲　九一六一
石中里户人公乘□草年卅五筭一刑右足　☑　九一六二
□男弟宗年廿腹心病　九一六三
宜陽里户人公乘黄端年廿八　九一六四

隆子男帛年十一　九一六五
禮妻大女青年卅一　九一六六
紹子女婢年十二　九一六七
紹户下婢易年廿三刑左足　九一六八
右□家口食四人　中訾　五　十　九一六九
【注】簡中「中」為朱筆。
右元家口食六人　訾　五　十　九一七〇
□姪子男識年十四　九一七一
右多家口食三人　訾　五　十　九一七二
真男弟買年九歲　九一七三
淵（？）姪子男皮年十二腹心病　九一七四
祥户下奴囊年十二害漯病　九一七五
【注】「漯」應為「瘰」之通假。
慎子男聾年六歲　九一七六
益女弟貴年十一　九一七七
祥母大女頤年卅六　九一七八
淵（？）兄香年卅三　九一七九
右唐家口食八人　訾　五　☒　九一八〇
右夏家口食四人　訾　五　十　九一八一
右緭家口食五人　中訾　五　十　九一八二
【注】簡中「中」為朱筆。
厚女弟欒年七歲　九一八三
妻大女甚年六十一　九一八四
唐從男弟誌年十二　九一八五
婢女弟稱年廿　九一八六
右導家口食三人　筭二　中訾　五　十　九一八七
【注】簡中「中」為朱筆。
□妻大女簡年卅三　☒　九一八八

□男弟耙年七歲踵左足　杷男弟胡年五歲　九一八九
右頎家口食四人　中訾　五　☒　九一九〇
【注】簡中「中」為朱筆。
右迸家口食三人　筭二　中訾　五　十　九一九一
【注】簡中「中」為朱筆。
□妻息年卌一筭一　九一九二
□妻澤年廿九筭一　九一九三
獵妻大女絮年卅四　九一九四
骨男弟主年十七　九一九五
平樂里户人公乘秦香年卌八　九一九六
唐户下婢思年卌八　九一九七
蓋妻大女阿年卅七　九一九八
唐妻思年卅九芺一　九一九九
☒乘鄭吉年廿一芺一　九二〇〇
桓從兄夷年卅二刑右眉　九二〇一
平樂里户人公乘胡穐年卅七　九二〇二
平樂里户人公乘黄頭年卅三　九二〇三
持女弟婢年四歲　九二〇四
營男弟草年十歲　九二〇五
霸妻大女汝年廿一　九二〇六
宜陽里户人公乘靳佑年廿四真吏　九二〇七
右□家口食九人　訾　二　百　九二〇八
右營家口食五人　訾　五　十　九二〇九
義成里户人公乘……　九二一〇
右散家口食四人　訾　五　十　九二一一
石門里户人公乘廬仵年卅八雀左手盲　九二一二
帛男弟燥年八歲　九二一三
□妻大女香年廿三　九二一四

□子男世年十八　九二一五
囊伯父作年八十三　九二一六
燥男弟得年六歲　九二一七
□男弟囷年九歲　九二一八
宜陽里户人公乘徐營年廿三真吏　九二一九
霸母欒年五十七　九二二〇
宗男弟侯年十三　九二二一
右材家食六人　材子男唐年三歲　中訾　五　☐　九二二二
【注】「右」上原有墨筆點記。又，簡中「中」為朱筆。
右鷩家口食二人　中訾　五　十　九二二三
【注】簡中「中」為朱筆。
宜母羅年五十九筭一　☐　九二二四
☐　户下奴□年十歲　九二二五
☐　□男弟□年八歲　九二二六
☐年六十五　☐　九二二七
鷩妻大女汝年廿五　九二二八
唐男弟奴年八歲苦腹心病　九二二九
右入七十五斛四斗四升民先入付三州倉□☐　九二三〇
右紹家口食十一人　……　九二三一
右妾家口食三人　☐　九二三二
東陽里户人公乘文□年廿九　☐　九二三三
東枎里户人公乘□謙五十二筭一腫兩足　☐　九二三四
【注】「五十二」上脱「年」字。
宜陽里户人公乘□□年……　☐　九二三五
南鄉謹列郵縣吏□☐　九二三六
☐　苦腹心病　九二三七
欣祖母妾年七十三　九二三八
草女弟□年八歲　九二三九

☐年廿五踵兩足　九二四〇
碩妻大女韵年六十一　九二四一
□陽里户人公乘程仲年六十八苦腹心病　九二四二
右欣家口食三人　訾　五　十　九二四三
營户下婢意年卅九　九二四四
香妻大女汝年卅四　九二四五
□妻大女倉年卅六　九二四六
右胤家口食四人　訾　五　十　九二四七
曼溲里户人公乘雷元年六十三　九二四八
義成里户人公乘□生年八十　☐　九二四九
頭男弟莫年四歲☐　九二五〇
持妻大女已年七十　九二五一
東陽里户人公乘文兩年八十一踵兩足　九二五二
妻大女汝年卅一　九二五三
☐四盲兩目　九二五四
☐子男□年八歲　九二五五
□子男□年十三　九二五六
□户下奴春年五十四腹心病　九二五七
☐年廿踵兩足　九二五八
客妻大女汝年卅七　九二五九
右□家口食四人　訾　五　十　九二六〇
□母大女妾年卅三　九二六一
□□□督郵書掾傅汜言郚臨湘絞☐　九二六二
八月九月十月就錢五十三萬□千□百料校不見☐　九二六三
□兄子男辯年六歲　九二六四
右□家口食三人　訾　五　十　九二六五
義成里户人公乘陳雙年五十□　九二六六
……男弟囯年十歲　九二六七

□男弟生年一歲　九二六八
子男益年十九　九二六九
□子女卯年九歲　九二七〇
祥户下婢紫年卅一盲右目　九二七一
□子男高年十三▨　九二七二
祚户下婢善年七十五腹心病　九二七三
雅妻大女純年卅九　九二七四
得女弟吴年三歲　九二七五
識兄平年卅踵兩足　九二七六
右黄龍元年租税限米一千六百七十五斛七斗六升　九二七七
【注】「右」上原有墨筆點記。
入男子毛禮二年□▨　九二七八
右□家口食四人　訾　五　十　九二七九
領三月市租錢十一萬二千七百　▨　九二八〇
麦妻大女婢年卅六　九二八一
阿男弟狗年十八　九二八二
□妻大女□年五十二　九二八三
德妻大女汝年廿一　九二八四
成妻大女汝年卅三　九二八五
右妾家口食三人　中訾　五　十　九二八六
【注】簡中「中」為朱筆。
祚户下婢思年五十三　九二八七
妻大女汝年廿二　九二八八
宜陽里户人公乘徐朝年廿一真吏　九二八九
子女偶年六歲　九二九〇
午男孫度年四歲　九二九一
右高家口食六人　訾　五　十　九二九二
得妻大女剋年廿　九二九三

妾子男成年五十一苦腹心病　九二九四
石門里户人公乘番主年六十五踵兩足　九二九五
右文家口食三人　中訾　五　□　九二九六
【注】簡中「中」為朱筆。
入三州倉運黄龍二年郵卒限米十斛六斗　中　九二九七
禄子男兒年一歲　九二九八
禄母大女妾年六十四　九二九九
禄男弟秃年十歲　九三〇〇
先男弟青▨　九三〇一
妻大女興年六十□　九三〇二
桓户下奴平年十八苦□病　九三〇三
□户下奴有年廿四苦腹心病　九三〇四
▨□□□□先入付三州倉吏▨　九三〇五
宜陽里户人公乘文雄年八十　九三〇六
平樂里户人公乘萬章年六十五苦腹心病　九三〇七
統妻大女汝年廿五　九三〇八
宜陽里户人公乘文慎年卅三真吏　九三〇九
□妻大女翼年廿一　九三一〇
【注】「妻」上□右半殘缺，左半從「礻」。
平樂里户人公乘李尾年八十五　九三一一
義成里户人公乘番麦年卌　九三一二
像子男嵩年二歲　九三一三
儘女弟婢年十一　九三一四
□□□□大女汝年□十　九三一五
□子女小年十三　九三一六
▨□嵩付吏黄諱番慮受　九三一七
高女弟買年▨　九三一八
入三州倉領黄龍元年……　九三一九

紹户下婢心年廿二苦腹心病 九三二〇
四月十一日倉吏黃諱番慮受 九三二一
宜陽里户人公乘張厥年廿九 九三二二
宜陽里户人公乘郭像年廿九真吏 九三二三
右隆家口食九人 訾 一 百 九三二四
鼠男弟約年七歲 九三二五
妻大女執年七十一踵兩足 九三二六
慎男弟鼠年十一 九三二七
統母大女妾年五十三 九三二八
右□□□□□ 中訾 五 十 九三二九
【注】簡中「中」為朱筆。
德男弟羊年十六 九三三〇
□男弟□年十五苦腹心病 九三三一
温户下婢□年十六 九三三二
詔母大女妾年六十一 九三三三
散母歷年五十六筭一 九三三四
散子女名年十二 九三三五
萇户下奴有年十二 九三三六
萇子女吉年十七 九三三七
宜陽里户人公乘鄧僅年卌 九三三八
宜陽里户人公乘劉高年廿八 九三三九
詔兄德年廿三苦腹心病 九三四〇
宜陽里户人公乘莫先年廿五真吏 九三四一
□女弟□年十三 九三四二
妻大女陵年廿八踵兩足 九三四三
胤小母大女汝年五十一 九三四四
宜陽里户人公乘呂詔年廿一真吏 九三四五
平樂里户人公乘李昰年卅六苦腹心病 九三四六
妻大女婢年卌 九三四七
右艷家口食五人 訾 五 十 九三四八
右祚家口食九人 訾 五 十 九三四九
□子男奇年廿雀兩足盲 九三五〇
倗妻大女侯年五十一 九三五一
達妻大女阿年卅一 九三五二
東陽里户人公乘…… 九三五三
⧄ 温户下婢財年十七 九三五四
子女婢年十歲刑右足 九三五五
□陽里户人公乘何統年六十一真吏 九三五六
右□家口食五人 訾 五 十 九三五七
奇男弟□年十歲 九三五八
胤母大女妾年卌八 九三五九
宜陽里户人公乘黃阿年八十一真吏 九三六〇
妻大女陵年卌刑左足 九三六一
□妻大女初年卌五 九三六二
□母大女妾年五十一 九三六三
母晶年六十八 九三六四
子男驚年卅三苦風矢病 九三六五
【注】「矢」似為「濕」之通假。
右厥家口食五人 中訾 五 十 九三六六
【注】簡中「中」為朱筆。
宗户下奴習年十歲 九三六七
妻大女妾年五十八 九三六八
治男弟成年十二 九三六九
紹户下婢意年十六 九三七〇
□女弟婢年六歲 九三七一
紹户下婢退年六十 九三七二

□女弟□年四歲 九三七三
厥男弟世年十一踵兩足 九三七四
易男弟聞年四歲 九三七五
右雅家口食七人 訾 五 十 九三七六
高子女姑年六歲 九三七七
右禄家口食六人 中訾 五 十 九三七八
【注】簡中「中」為朱筆。
□妻大女姑年□七 九三七九
【注】「七」上□殘缺，可能是「廿」，也可能是「卅」。
□男弟□年□□ 九三八〇
□女弟阿年十歲 九三八一
□□大女顔年卅一 九三八二
紹户下奴寔年十三 九三八三
宜陽里户人公乘文□年廿□真吏 九三八四
曼溲里户人公乘由末年六十六 九三八五
緒中里户人公乘黄□年卅筭一 九三八六
阿父胡年六十八風病 九三八七
□□里户人公乘□□年廿六刑左足 九三八八
種妻孫年十五 九三八九
東陽里户人公乘王雖年卌七 九三九〇
□妻大女□年卅九 九三九一
今年實得二百五十 五户口一千一百一十三人收吏口……十一錢 九三九二
右還家口食三人 子女連年三歲 中訾 五 十 九三九三
【注】簡中「中」為朱筆。
東陽里户人公乘陳□年卅五 九三九四
僅男弟改年八歲 九三九五
宜陽里户人公乘□禮年卅四真吏苦腹心病 九三九六

右末家口食四人 筭二 中訾 五 十 九三九七
【注】簡中「中」為朱筆。
禿妻大女思年廿六 九三九八
男弟𣄢年十歲 九三九九
□妻末年卅筭一 九四〇〇
□□里户人公乘鄧吕年廿 九四〇一
右仲家口食九人 中訾 五 十 九四〇二
【注】簡中「中」為朱筆。
右主家口食十人 訾 五 十 九四〇三
□男弟□年廿筭一 九四〇四
【注】「男弟」上□右半殘缺，左半從「月」。
右仵家口食八人 訾 五 十 九四〇五
頤姪大男雀年卅二筭一 九四〇六
□遷里領吏民户二百五十五户口一千一百一十三人收□□口筭
錢合六萬二千一百一十八錢 九四〇七
厥妻大女瞻年廿一 九四〇八
宜陽里户人公乘周禿年五十七 九四〇九
黨男弟心年六歲 九四一〇
□女弟□年□歲 九四一一
義成里户人公乘李孫年八十五 九四一二
典子女繒年八歲 九四一三
莨妻大女汝年六十八 九四一四
鼠男弟侯年六歲 九四一五
□子男客年七歲 九四一六
阿妻大女□年廿六 九四一七
□男弟禿年十歲 九四一八
園妻大女燕年六十三 九四一九
右小赤里領吏民户□□五口食一百廿二…… 九四二〇

純子女鼠年十八　九四二一

宜陽里户人公乘胡狁年卌六　九四二二

【注】簡中有朱筆塗痕。

⊘廿一斛五斗付（？）州中倉關邸閣⊘　九四二三

□妻大女合年卌一　九四二四

高婁因女汝年廿六　九四二五

平樂里户人公乘妻宜年卌八　九四二六

子男□年十一　九四二七

右任家口食三人　中訾　五　十　九四二八

【注】簡中「中」為朱筆。

□男弟果年十六　九四二九

高妻兄張年六十二　九四三〇

彝子女華年六歲　九四三一

常妻大女絲年廿四　九四三二

□男弟□年七歲　九四三三

子男池年十五筭一　九四三四

小成里户人公乘五陵年卌六給縣吏復　九四三五

□成里户人公乘李□年七十六　九四三六

右□家口食五人　中訾　五　十　九四三七

【注】簡中「中」為朱筆。又，本簡背面有反文「公乘李堅年七十六」，疑係九四三六簡所留印痕。

宗男弟保年十五　九四三八

【注】本簡背面有反文「妻大女汝年廿六」，係另簡所留印痕。

右□家口食六人　九四三九

□女弟婢年九歲　九四四〇

右□家口食三人　中訾　五　十　九四四一

【注】簡中「中」為朱筆。

□女弟兒年五歲　九四四二

【注】本簡背面有反文「右□家口食三人」等，疑係九四四一簡所留印痕。

倕小妻慈年卌五　九四四三

妻大女汝年廿九　九四四四

□男弟□年四歲　九四四五

義成里户人公乘番廣年七十一踵兩足　九四四六

自妻思年廿二筭一　九四四七

右胤家口食五人　訾　五　十　九四四八

張妻大女汝年卌八　九四四九

右孫家口食四人　訾　五　十　九四五〇

⊘　將妻大女姑年卌八　九四五一

石門里户人公乘□喜年卌八　九四五二

恒女弟絡年十一　九四五三

□□□年十三　九四五四

右呂家口食三人　中訾　五　十　九四五五

【注】簡中「中」為朱筆。

⊘　□□□年十三　九四五六

子女□年十歲　九四五七

元子女兒年六歲　九四五八

世男弟易年七歲　九四五九

妻大女罷年六十一　九四六〇

右像家口食三人　中訾　五　十　九四六一

【注】簡中「中」為朱筆。

義成里户人公乘高□年六十二苦風病　九四六二

□妻攝年卅筭一　九四六三

右誼家口食四人　筭二　中訾　五　十　九四六四

【注】簡中「中」為朱筆。

平樂里户人公乘彭光年五十風病　九四六五

曼溲里户人公乘□誼年卌一筭一　九四六六

□妻大女汝年卌七　九四六七
平小妻進年卌筭一　九四六八
□子男兒年一歲　九四六九
雙男弟中年七歲　九四七〇
子男雙年十六　九四七一
宜陽里户人公乘趙□年五十六苦腹心病　九四七二
義成里户人公乘雷夷年卌九苦腹心病　九四七三
廣妻大女汝年七十一　九四七四
……　訾　五　十　九四七五
□男弟崇年九歲　九四七六
祖男弟寄年三歲　九四七七
殷妻大女婢年十八　中　九四七八
【注】簡下「中」為朱筆。
☐中訾　五　十　九四七九
【注】簡中「中」為朱筆。
□妻大女意年卌六　中　九四八〇
【注】「妻」上□右半殘缺，左半從「亻」。又，簡下「中」為朱筆。
☐　中訾　五　十　九四八一
【注】簡中「中」為朱筆。
右□家（?）口（?）食四人　訾　五　十　九四八二
凡口二事一　訾　五　十　九四八三
右取家口食三人　筭二　中訾　五　十　九四八四
【注】簡中「中」為朱筆。
豆子男騰年四歲　九四八五
子男□年十五筭一　九四八六
右陽家口食三人　筭一　中訾　五　十　九四八七
【注】簡中「中」為朱筆。
□子女紊年廿三苦悹病　九四八八

妻大女汝年六十二　九四八九
像母大女妾六十五　九四九〇
【注】「六十五」上脱「年」字。又，本簡背面有反文「右莨家口食」等，係另簡所留印痕。
□女弟汝年十一　九四九一
妻父秋年六十　九四九二
□妻□年卌六筭一　九四九三
□□里户人公乘□□年……　九四九四
宜陽里户人公乘文胤年卌五真吏　九四九五
□妻大女絮年廿　九四九六
右遵家口食四人　中訾　五　十　九四九七
【注】簡中「中」為朱筆。又，本簡背面有反文「□□里户人公乘□□年十五（?）」等，係另簡所留印痕。
義威里户人公乘□□……　九四九八
□男弟池年五歲　九四九九
□子男星年六歲　九五〇〇
客女弟兒年二歲　九五〇一
妻鼠年五十八筭一　九五〇二
右植家口食四人　筭三　中訾　五　十　九五〇三
【注】簡中「中」為朱筆。
右□家口食六人　訾　五　十　九五〇四
松男弟尾年七歲　九五〇五
義成里户人公乘李城年七十盲兩目風病　九五〇六
常女弟生年六歲　九五〇七
曼溲里户人公乘逢掯年卌九筭一刑左手　九五〇八
取女弟泊年十歲　九五〇九
其四斛六斗還黄龍三年貧民所貸米　九五一〇
右布家口食三人　筭一　訾　五　十　九五一一
入三州倉運黄龍元年佃卒限米八十一斛三斗七升

其五十八斛八斗七升□□□ 其廿二斛五斗□□□□ 中 九五一二
□男弟易年五歲腫兩足 九五一三
入三州倉運船師張蓋栂朋□□折咸米一百七十五斛八斗□升與所先受米五十八斛…… 九五一四
【注】「所先」疑為「先所」之倒。
…… 筭一事 訾 五 十 九五一五
☑ 訾 五 十 九五一六
☑ 十三斛七斗八升 與□先所受米十一斛…… 其一百卌六斛九斗後入 九五一七
右□家口食五人 訾 五 十 九五一八
☑ 妻大女頃年卌一筭一 九五一九
署妻大女思年卌二筭一 九五二〇
☑龍二年員口漬米一斛付倉吏鄭黑 ☑ 九五二一
入三州倉運黃武七年吏帥客限米二斛 元年二月運 中 九五二二
入三州倉運黃武五年佃卒限米廿斛 中 九五二三
吉陽里户人公乘文□□□□ 九五二四
入黃龍二年私學限米□斛 ☑ 九五二五
☑十七斛二斗 中 九五二六
入三州倉運黃龍二年粢租米二百卌一斛六斗 其百卌九斛五斗元年十一月運 九十二斛一斗二年六月入
中 九五二七
入三州倉運黃龍二年佃卒麦種五斛八斗 中 九五二八
□妻大女□年廿四筭一 九五二九
入三州倉運郎中王毅黃武六年佃卒准米十八斛四斗 其十五斛黃武七年□□ 三斛四斗□□□□ 九五三〇
☑口食九人 筭三 訾 五 十 九五三一
凡口□□二 筭□□□ 訾 五 十 九五三二
右五六七年䅟米四百七十九斛一升 九五三三
入三州倉運新吏周蕾米七十五斛四斗四升 中 九五三四
右䅟米一百三斛三斗三升別領 …… 九五三五
平樂里户人公乘…… 九五三六
□黃龍二年粢租米一百□□斛五斗一升 九五三七
入三州倉運黃龍二年鹽米廿一斛一斗四升 九五三八
入吏文水鄧鐵所貸價人李綬米十九斛八斗 九五三九
入黃武七年司馬丁列佃禾准米二斛 九五四〇
入三州倉運司馬□□黃武七年佃禾准米六斛 元年二月運 九五四一
入三州倉運黃武七年税米十四斛五斗 九五四二
入黃武六年藎錢准米一百卌五斛 中 九五四三
入故吏鄧慎歲錢准米一百七斛六斗三升 九五四四
中倉謹列起五月一日訖卅日黃龍元三年䅟米種領受斛數簿 九五四五
右黃龍二年租税䅟米二千四斛五斗一升麦五斛六斗豆二斛九斗
中倉謹列起嘉禾元年正月一日訖三年三月卅日受三州倉運黃龍二 九五四六
年租税米要簿 九五四七
入三州倉運黃龍元年私學限米四百七十七斛六斗八升 其二百六十五斛二斗四升□□先入 二百一十二斛四斗四升後入合運 中 九五四八
其卌七斛四斗為黃龍三年貧民所貸米 九五四九
……□月十一日倉吏黃諱潘慮受 九五五〇
其九十斛正領 中 九五五一
曼溭里户人公乘李取年廿九筭一 九五五二
集凡連年䅟米合一千六百卌七斛七斗四升 九五五三
右平家口食四人 筭二 中訾 五 十 九五五四
【注】「右」上原有墨筆點記。又，簡中「中」為朱筆。
□男豪年廿三苦□病 九五五五
蓋男弟□年□歲 九五五六

其九百六十一斛九斗六升黃龍元年□□□□□受　九五五七

□妻大女□年卌□筭一　九五五八

其卌八斛嘉禾元年貧民所貸米　九五五九

其卅一斛二斗嘉禾元年民貸食付倉吏黃諱番慮中　九五六〇

得女弟□年十七筭一　九五六一

入黃武五年租米卌八斛五斗　四月三斛未入　九五六二

聲妻大女枝年廿三筭一　九五六三

入黃武七年州佃吏鄭脩限米廿五斛　九五六四

曼溲里户人公乘文熊年廿五筭一　九五六五

領船師張梅朋等折咸米二百廿斛八斗九升四合　九五六六

【注】「張」下脱「蓋」字。

入黃武六年桼租米廿一斛七斗六升　中　九五六七

入三州倉運黃龍元年新吏限米八十六斛九斗八升　……先入　……合運　九五六八

右草家口食三人　筭二　中訾　五　十　九五六九

【注】簡中「中」為朱筆。

其□十七斛付倉吏鄭黑□　九五七〇

式妻大女姑年十五筭一　九五七一

右□家口食三人　筭一　訾　五　十　九五七二

青男弟奴年十一　九五七三

入三州倉運黃龍二年吏帥客限米一百五十三斛五斗
其先入所受米八十九斛……合運
其六十三斛九斗一升後入……　九五七四

中倉謹列起嘉禾元年□月一日訖嘉禾三年四月卅日入黃龍元年二
年襍米種領簿　九五七五

子男□年十二　九五七六

石男弟侯年十三　九五七七

□妻大女汝年卌五筭一　九五七八

署子女嬰年廿筭一　九五七九

元男弟八年八歲　九五八〇

入三州倉運黃龍二年私學限米二百九十八斛九斗七升
□□先所受米二百六十斛九斗七升
其卅八斛後入　中　九五八一

東陽里户人公乘鄧□年□□　九五八二

凡口二事　筭二事　訾　五　十　九五八三

凡口八事五　筭二事　訾　一　百　九五八四

入黃龍二年新吏限米十七斛　☑　九五八五

□文入部長吏等復田税吳平斛米四百三斛九斗三升料校不見前已
列言吏詭負者未有入　九五八六

【注】「詭」下似脱「責」字。

黃龍元年文入叛士限吳平斛米六百七十四斛九斗七升料校不見前
已列言吏詭責負者　九五八七

宜陽里户人公乘謝□年廿六筭一給縣吏　九五八八

右胡家口食十二人　筭四　中訾　五　十　九五八九

【注】簡中「中」為朱筆。

中倉謹列起嘉禾元年四月一日訖二年三月卅日□三州倉□黃龍元
年□税襍限米要簿　九五九〇

凡口九事六　筭六事五　訾　五　十　九五九一

☑米一百斛五斗九升付倉吏黃諱番慮　中　九五九二

右囊家口食五人　筭三　訾　☑　九五九三

【注】「右」上原有墨筆點記。

□子男客年七歲　九五九四

□妻□年卅三筭一　九五九五

罵妻思年六十　九五九六

☑□妻大女賣（？）年廿八筭一　九五九七

□子女□年十二　九五九八

□子男㬎年六歲　九五九九

入三州倉運黃龍二年叛士限米卅四斛二斗　中　九六〇〇
東陽里户人公乘胡濟（？）年廿三筭一　九六〇一
入吏許平故吏李牧□□米十斛黃龍二年十二月廿日關坠閣郭據
付倉吏監賢[中]　九六〇二
【注】簡中未見⿱三乂文。
其五斛為黃龍三年貧民所貸米　九六〇三
□男弟□年二歲　九六〇四
子女□年四歲　筭　五　十　九六〇五
【注】「年」上□右半殘缺，左半從「金」。
入三州倉運黃龍二年佃卒限米一百六十七斛五斗
其百六十四斛七斗九升……
二斛七斗一升……合運　九六〇六
鼠男弟岑年十一　九六〇七
入黃龍元年州佃吏鄭□限米十斛　九六〇八
凡口四事三　筭三事□（？）　筭　五　十　九六〇九
入黃龍元年吏帥客□□□卅斛　中　九六一〇
☐豆二斛九斗　中　九六一一
三州倉吏谷漢□□□□襍米出用付授要簿　九六一二
領黃龍二年佃卒限米□斛八斗黃龍三年民貸食付吏黃諱番慮　中　九六一三
右襍米三百七十一斛一斗五升　九六一四
入黃龍元年租米四斛九斗　九六一五
入三州倉運黃龍二年□□□三斛□斗二升　九六一六
□□謹列起嘉禾元年正月一日訖三年三月卅日受三州倉運黃武五
六七年襍米要簿　九六一七
宜陽里户人公乘陳□年卅五真[吏]　九六一八
霐母開年六十二　九六一九
入三州倉運黃龍二年稅米一千八☐　九六二〇

入黃龍二年租米九斛二斗　九六二一
……月十一日倉吏黃諱潘慮中　九六二二
□子女□年十二　九六二三
末妻客年卅三筭一　九六二四
入船師張蓋栂朋何春折咸米八十二斛八斗　中　九六二五
□□里户人公乘□□年五十三筭一　九六二六
入三州倉運□□□□漬米一百一十二斛六斗八升　元年二月先運十二
斛一斗　中　九六二七
入三州倉運黃武五年稅米五十四斛二斗　中　九六二八
其十斛五斗八升張……　九六二九
領黃龍二年新吏限米廿斛□斗五升黃龍三年貸食付吏黃諱潘慮　中　九六三〇
……□□付三州倉吏□□□　中　九六三一
入叛士還所貸黃龍元年稅米一百九十六斛　九六三二
☐基付倉吏鄭黑受　九六三三
四月卅日倉吏黃諱潘慮☐　九六三四
入黃龍元年稅米廿四斛[五]斗　九六三五
入郡吏烝勉所貸連道縣米五斛五斗　九六三六
右懸家口食二人　中筭　五　十　九六三七
【注】簡中「中」為朱筆。
仵妻大女汝年六十七　九六三八
☐[子]男□年七歲　九六三九
【注】「子男」下□右半殘缺，左半從「禾」。
☐限[米]　八斗　九六四〇
嘉禾元年十一月癸亥朔日長沙大守兼中部督郵書掾尤當察□　九六四一
☐斗冑畢⿱三乂嘉禾二年四月五日桓丘李巴關坠閣☐　九六四二
昱男弟兒年二歲　九六四三
入三州倉運黃龍二年租米三☐　九六四四

右兒家口食四人　⧄　九六四五
嘉禾元年五月丙寅朔日兼中部督郵書掾傅汜叩頭死罪□　九六四六
四斗二升付倉吏鄭黑　中　九六四七
⧄關坙閣郭據付倉吏監賢　九六四八
⧄家口食三人　⧄　九六四九
入男子蘇豪二年鹽米二百六斛黃龍二年三月廿日關坙閣郭據付倉
吏監賢　九六五〇
右□家口食八人　訾　五　十　九六五一
平陽里户人公乘烝□年廿八　九六五二
平陽里户人公乘楊畫年卌六　⧄　九六五三
□女弟汝年□歲　九六五四
平陽里户人公乘烝將年七十六　九六五五
平陽里户人乘胡□年□一腫兩足　九六五六
入三州倉運黃龍元年叛士限米……　其廿七斛漢先受　田　九六五七
⧄　五　十　九六五八
震男弟將年十八筭一　九六五九
□□里户人公乘杜非年廿⧄　九六六〇
□□□年卅筭一　九六六一
子女禁年五歲　九六六二
平陽里户人公乘錢□年七十九　⧄　九六六三
高男弟遣年四歲　⧄　九六六四
其廿五斛四斗嘉禾元年民貸□□倉吏黃諱番慮　中　九六六五
導子女可年十歲　九六六六
□女弟如年七歲　九六六七
□母大女半年六十一　九六六八
右山家口食三人　筭二　訾　五　十　九六六九
吉陽里户人公乘鄧□年卌一筭一　九六七〇
平子男山年十二　九六七一
其廿九斛正領付倉吏黃諱番慮　中　九六七二
□子女□年三歲　九六七三
⧄基付三州倉吏谷漢受　九六七四
⧄基付三州倉吏⧄　九六七五
未畢三百五十六斛　……　九六七六
未畢三百十四斛四斗五升　九六七七
其廿六斛……　九六七八
⧄□龍關坙閣董基付三州倉⧄　九六七九
右客家口食二人　筭一　⧄　九六八〇
入黃龍三年民還貸食元年□士限米二斛　九六八一
⧄閣董基付倉吏⧄　九六八二
入黃龍元年張復田税米廿一斛　中　九六八三
□男弟年八歲　九六八四
⧄禾（？）二年租米十一斛□⧄　九六八五
⧄倉吏鄭黑受　九六八六
⧄丘男子由朋付三州倉⧄　九六八七
⧄嘉禾二年十月十五日何丘大男毛陽□□⧄　九六八八
⧄　訾　五　十　九六八九
【注】簡上有朱筆塗痕。
⧄有妻生年廿五筭⧄　九六九〇
□子男喜□□⧄　九六九一
⧄黑受　九六九二
⧄吏帥客限米十二斛五斗　⧄　九六九三
□母大女□年六十五　九六九四
右□家口食四人　⧄　九六九五
⧄□子女糸年五歲　九六九六
⧄關坙閣郭據付倉吏監賢受　九六九七
入模鄉運⧄　九六九八

舅妻大女取年卅四☐　九六九九
入男子王大張德二年鹽米卌五斛四斗黃龍三年二月廿□日受　九七〇〇
嵩男弟□年八歲　☐　九七〇一
義成里户人公乘……　九七〇二
☐大女妾年七十五□□□□　九七〇三
☐□□□年五歲　九七〇四
右□家口食三人　☐　九七〇五
入樂鄉嘉禾☐　九七〇六
□貴里户人公乘曹元年卌一筭一盲左目　☐　九七〇七
凡口五事　筭四事　訾　五　十　九七〇八
□男弟□年十五　九七〇九
□妻大女□年卌三筭一　九七一〇
【注】「大女」下□右半殘缺，左半從「糸」。
凡口四事　筭二事　訾　五　十　九七一一
□男弟□年十六筭一　九七一二
☐關坒閣郭據付倉吏監賢受　九七一三
☐男弟□年九歲　九七一四
入船師張蓋栂朋等建安廿六年☐　九七一五
宜陽里户人公乘□□年廿五真吏　☐　九七一六
入廣成鄉嘉禾二年税米卅三斛胄畢☐　九七一七
☐禾二年十月廿一日由湮丘番湆關坒閣董基☐　九七一八
☐畢𡿨嘉禾二年四月二日□丘鄧進關坒閣董基付倉吏谷漢受　九七一九
☐年五月三日關坒閣□□☐　九七二〇
☐八日枯於丘烝□付三州倉吏谷漢受　九七二一
☐□二年粢租米八斗𡿨嘉禾二年正月六日☐　九七二二
散妻大女蓋年廿六　九七二三
☐烝郝關坒閣董基付倉吏鄭黑受　九七二四
☐　八斗胄畢𡿨嘉禾二年十月廿六日東丘縣吏謝除關坒閣董基付三州倉吏鄭黑受　九七二五
☐汝年卌五筭一　九七二六
☐二年正月卅七日□丘烝水關坒閣董☐　九七二七
☐吏□□關坒閣董基付三州倉吏鄭黑受　九七二八
入□鄉嘉禾二年税米七斛胄畢𡿨嘉禾二年十月廿九日☐　九七二九
集凡三州倉起二月一日訖卅日受□☐　九七三〇
遲男弟儘年□☐　九七三一
☐□已入未畢錢數為簿　☐　九七三二
入平鄉嘉禾二年子弟限米十二斛三斗胄米畢𡿨嘉禾☐　九七三三
平樂里户人公乘吕兵年五十九　☐　九七三四
☐限米十九斛　九七三五
右仲家口食六人　訾　五　☐　九七三六
右東鄉入佃吏☐　九七三七
☐武關坒閣董基付三州倉吏鄭黑受　九七三八
☐□關坒閣董基付三州倉吏鄭黑受　九七三九
東陽里户人公乘張□年廿苦狂病☐　九七四〇
入黃龍三年民還貸食黃☐　九七四一
右香家口食六人　中訾　五　十　九七四二
【注】簡中「中」為朱筆。
右馬家口食七人　☐　九七四三
子男春年廿七苦狂病　九七四四
妻大女汝年六十一　九七四五
入樂鄉嘉禾二年租米四斛三斗胄畢𡿨嘉禾二年十月廿七日□☐　九七四六
民男子唐琴年卅筭一　☐　九七四七
其十一斛□斗□升入黃武六年粢租米☐　九七四八
曼湮里户人公乘毛番年卅五☐　九七四九
☐吴平斛米二斛𡿨嘉禾二年九月☐　九七五〇

入平鄉嘉禾二年税米三斛胄畢𡖞嘉禾二年十月廿八日東丘廖暉關
邸閣☒ 九七五一
吳子男客年廿二盲左目 九七五二
右□家口食四人 ☒ 九七五三
右吳昌縣 ☒ 九七五四
☒嵩付倉吏黃諱番慮受 九七五五
☒圂限米一斛五斗胄畢𡖞嘉禾二年十一月廿二日泊丘鄭盡關邸
閣董基付三倉吏☒ 九七五六
剛佐吳昌英䴢年廿 ☒ 九七五七
【注】「三」下脱「州」字。
復言□誠惶誠恐叩頭死罪☒ 九七五八
文妻妻年卅四 ☒ 九七五九
☒䴢二年十二月廿一日關邸閣郭據付倉☒ 九七六〇
☒……市掾潘□□☒ 九七六一
東陽里户人公乘李左年六十一 九七六二
☒……六月七日關邸閣郭據付倉吏☒ 九七六三
東陽里户人公乘謝訖年五十八筭一刑兩手 九七六四
妻𡖞妾□年卌九筭□ 九七六五
宗男弟□年四歲 ☒ 九七六六
入西鄉嘉禾二年税米二斛胄畢𡖞嘉禾二年十□月廿三日高淒丘區☒ 九七六七
☒三丈五尺 ☒ 九七六八
右□家口食八人 中訾 五 十 九七六九
【注】簡中「中」為朱筆。
直子男詔年五歲☒ 九七七〇
☒一日訖□月卅日市嘉禾元年租□米十四斛一斗 九七七一
☒ 税米四斛四斗 中 九七七二
☒其六十四斛四斗一升吏周章等所□□□☒ 九七七三
☒署二年布一匹𡖞嘉禾☒ 九七七四
禾畢十一斛六斗九升 ☒ 九七七五
入模鄉寇丘大男錢碓二年調布三丈九尺☒ 九七七六
☒𡖞嘉禾二年十月廿七日東丘錢商關邸閣董基付三州倉☒ 九七七七
平從父䰟年六十五苦風病 ☒ 九七七八
懸母大女妾年六十一 九七七九
☒𡖞嘉禾二年十一月一日龍中丘高約關邸閣董基付三州倉吏鄭黑受 九七八〇
☒子男當年五歲 見 九七八一
臨湘丞掾副言部吏潘羿收責□☒ 九七八二
入東鄉嘉禾二年税米三斛七斗胄畢𡖞嘉禾二年十一月廿九日☒ 九七八三
妻大女汝年卅三 九七八四
宜陽里户人大女壬汝年卌六 ☒ 九七八五
其□人吏人收錢三百□ ☒ 九七八六
右仵家口食三人 ☒ 九七八七
☒□七斛胄畢𡖞嘉禾二年十一月廿二日上薄丘吳□☒ 九七八八
☒ 連受 九七八九
☒ 笐妻姑年卅四 笐子女兼年六歲 九七九〇
其□百廿人筭人收錢百卅 ☒ 九七九一
右雙家口食五人 中訾 五 十 九七九二
【注】簡中「中」為朱筆。
☒𡖞嘉禾二年四月六日□□丘□☒ 九七九三
☒月廿日下略丘男子五碩關邸閣☒ 九七九四
入三州倉運黃龍二年桼租 ☒ 九七九五
☒貸米合九十斛四斗 九七九六
☒基付三州倉吏鄭黑受 九七九七
☒倉吏鄭黑受 九七九八

☒鄭黑受　九七九九
東陽里户人公乘劉雙年六十八　九八〇〇
☒　□布三丈九尺　☒　九八〇一
入廣成鄉嘉☒　九八〇二
☒鄉嘉禾元年佃吏張田限☒　九八〇三
☒基付三州倉吏☒　九八〇四
☒限米二斛胄畢𠁧☒　九八〇五
☒禾二年郡故吏謝朋□□□限米十斛胄畢☒　九八〇六
☒□年布二匹𠁧嘉禾☒　九八〇七
☒禾二年十月廿四日窟丘郡吏毛鈞關邸閣董基付三州倉吏鄭黑受　九八〇八
入東鄉嘉禾二年税米☒　九八〇九
☒關邸閣董基付☒　九八一〇
入都鄉嘉禾二年鹽米☒　九八一一
☒□□丘鄧疇關邸閣☒　九八一二
☒年十一月廿五日薄丘鄭☒　九八一三
☒男子鄭流二年☒　九八一四
☒五日□丘吴馬關邸☒　九八一五
☒米為簿☒　九八一六
☒　中訾　五☒　九八一七

【注】簡中「中」為朱筆。

☒嘉禾二年十一月□☒　九八一八
☒斛五斗五升胄☒　九八一九
東陽里户人公乘謝車年卌三筭一　九八二〇
☒廿二日上薄丘區□關邸閣董☒　九八二一
☒月廿一日平支丘□□關邸閣李嵩□□☒　九八二二
☒年税米九斛胄畢☒　九八二三
☒嘉禾元年□米十四斛九斗☒　九八二四
☒　訾　五　十　九八二五
☒□入新吏限米五斛　九八二六
☒……弟為年廿九　嘉禾三年正月十一日物故　九八二七
☒𠁧嘉禾二年四月六日東□丘□□關邸閣□☒　九八二八
☒𠁧嘉禾二年九月二日薄丘謝□關邸閣董基付三州倉吏谷漢受　九八二九
☒……五斗胄畢𠁧嘉禾二年☒　九八三〇
入□□中平二年□□☒　九八三一
☒禾二年租米三斛胄畢𠁧嘉☒　九八三二
　□□□年九歲　九八三三
☒嘉禾二年租米九斛□☒　九八三四
☒關邸閣董基付倉吏鄭黑受　九八三五
入平鄉桓丘□☒　九八三六
其廿三户☒　九八三七
入平鄉嘉禾元年故☒　九八三八
　右□家口食三人　☒　九八三九
☒龍三年十一月十七日關邸閣郭☒　九八四〇
☒入卌斛……　九八四一
　右□家口食四人　☒　九八四二
☒布四匹三丈☒　九八四三
☒妻大女□年廿七腫☒　九八四四
☒嘉禾二年正月七日☒　九八四五
☒嘉禾元年州吏□☒　九八四六
☒三升　中　九八四七
☒鄉區丘黄□三年□☒　九八四八
☒□女弟□年十五　☒　九八四九
☒關邸閣董基☒　九八五〇
☒董基付三州倉☒　九八五一

☒民□入付三州倉吏谷漢□□□☒　九八五二
☒學限米十二斛　☒　九八五三
入黃龍元年郡☒　九八五四
☒付三州倉吏☒　九八五五
☒□冑逢軍　九八五六
入平鄉嘉禾二年帥謝東子弼☒　九八五七
☒二斗冑畢𠬪嘉禾二年十月廿☒　九八五八
宜男弟筭年四歲　九八五九
☒……　見　九八六〇
民範宜年卅雀右足　☒　九八六一
子男□年八歲　☒　九八六二
入□鄉□□孝二年鹽米廿二斛□□☒　九八六三
☒董基付三州倉吏鄭黑受　九八六四
入西鄉嘉禾二年稅米十二斛七斗冑畢𠬪嘉禾二年十月四日□☒　九八六五
民安弟……　☒　九八六六
其十二斛付吏李□□□□□嘉禾☒　九八六七
☒四斛一斗五升　九八六八
☒　……年□歲宜右目　九八六九
□男弟阿年五歲　九八七〇
☒旦唐下丘男子陳□關坒閣董基☒　九八七一
☒基付三州倉吏鄭黑受　九八七二
☒男子廖昭關坒閣李嵩付倉吏□☒　九八七三
☒丘吳盉關坒閣董基付倉吏鄭黑受　九八七四
☒　節子女□年七歲　見　九八七五
【注】「子女」下□左半殘缺，右半為「金」。
剛師□□文化年六十　嘉禾二年十二月□☒　九八七六
☒□□元年……斛七斗五升　九八七七
☒□□□□關坒閣董基付倉吏鄭　☒　九八七八
其卅三户□羸老鈍□☒　九八七九
□妻大女□年五十五踵兩足☒　九八八〇
入廣成鄉嘉禾二年租米九斛冑畢𠬪嘉禾二年十月廿四日彈溲☒　九八八一
……户人公乘……☒　九八八二
入平鄉寇丘男子呂□二年布一匹𠬪嘉禾二年十☒　九八八三
入廣成鄉嘉禾二年故□☒　九八八四
緒中里户人公乘李愢年廿九筭一　☒　九八八五
民男子番挑年五十盲□目　☒　九八八六
入西鄉嘉禾二年稅米二斛……𠬪嘉禾二年☒　九八八七
☒□限米十三斛五斗　九八八八
入西鄉嘉禾二年稅米四斛冑畢𠬪嘉禾二年十月廿日☒　九八八九
☒嘉禾二年十月廿二日泊丘……☒　九八九〇
右客家口食五人　筭□　訾☒　九八九一
入模鄉林丘男子吳貴二年布一匹𠬪嘉☒　九八九二
妻大女客年☒　九八九三
帥子男孫年十二　☒　九八九四
者子男連年八歲　九八九五
☒□□□□關坒閣郭據付倉吏監賢☒　九八九六
入船師□□折咸米□☒　九八九七
□□里户人公乘……　九八九八
☒年紀簿　九八九九
□妻□☒　九九〇〇
入西鄉二年布三丈九尺𠬪嘉禾二年十一月七日□□☒　九九〇一
☒……吏潘盧　九九〇二
入平鄉嘉禾二年稅米二斛☒　九九〇三
右入武陵鄉□新吏限米一斛一斗☒　九九〇四

【注】「右」上原有墨筆點記。

☒税米十四斛四斗冑畢𦉭嘉禾二年十月卅日高浭丘男子何瑲關☒　九九〇五

入西鄉鵠丘男子魯高二年布一匹☒　九九〇六

☒嘉禾二年税米卅斛𦉭嘉禾二年十月廿日亮丘吳車關坚閣☒　九九〇七

已入中□烝□七月　九九〇八

☒墨付三州倉吏鄭黑受　九九〇九

☒　基付三州☒　九九一〇

☒□關坚閣董基付倉吏鄭黑受　九九一一

☒□七十九□　☒　九九一二

☒閣董基付倉吏鄭黑受　九九一三

☒吏殷連受　九九一四

☒基付三州倉吏鄭黑受　九九一五

☒嘉禾二年税米二斛五斗☒　九九一六

☒付掾黄諱史潘慮受　九九一七

☒丘男子陳□關坚閣董基☒　九九一八

□佐吳昌……☒　九九一九

入小武陵鄉嘉禾二年税米九斛五斗冑畢𦉭嘉禾二年十月☒　九九二〇

☒𦉭嘉禾二年十月廿□日□丘□☒　九九二一

☒丘黄岑關☒　九九二二

入□鄉嘉禾二年貸租米七□𦉭☒　九九二三

☒男子蔡帘嘉禾□☒　九九二四

☒廣成鄉嘉禾二年税米三斛冑畢𦉭嘉禾二年☒　九九二五

☒□年□□□頷吳平斛米五十斛九斗六升四合☒　九九二六

【注】「年」下第一□右半殘缺，左半從「言」；第三□左半殘缺，右半為「田」。

☒倉吏鄭黑☒　九九二七

☒𦉭嘉禾二年☒　九九二八

入西鄉嘉禾二年税米四斛□☒　九九二九

☒坚閣郭據☒　九九三〇

☒付三州倉吏鄭黑☒　九九三一

入中鄉沙渚丘□□☒　九九三二

☒吏谷漢受　九九三三

入平鄉嘉禾元年郵卒□☒　九九三四

☒吏黄諱受　九九三五

☒年租米六斛冑畢𦉭☒　九九三六

☒許仲付庫吏殷　☒　九九三七

宜陽里户人……☒　九九三八

入西鄉嘉禾二年☒　九九三九

☒鄉嘉禾元年子弟☒　九九四〇

入黄龍二年吏帥客限米☒　九九四一

☒□年十月十八日小□丘李鳥關☒　九九四二

☒吏□□子弟限米☒　九九四三

平妻大女汝年☒　九九四四

☒□卅□𦉭嘉禾☒　九九四五

☒龍三年正月十五日☒　九九四六

☒……基付三州倉吏☒　九九四七

入廣成鄉二年調布三匹𦉭嘉禾☒　九九四八

☒畢𦉭嘉禾二年十月廿二日監沱丘大女苾蒴關☒　九九四九

入廣成鄉嘉禾二年郡故吏趙洛☒　九九五〇

☒男弟陽年十三　九九五一

☒墨付三州倉吏鄭☒　九九五二

☒五十四斛□七斛後□合□　九九五三

☒匹𦉭嘉禾三年☒　九九五四

入西鄉二年布一匹三丈九尺𦉭嘉禾☒　九九五五

入平鄉嘉禾二年税米七斛八斗冑☒　九九五六

☒三丈九尺𦉭嘉禾☒　九九五七

凡口四事二☒　九九五八

入西鄉嘉禾三年☒　九九五九

☒三斗胄畢𡘾嘉☒　九九六〇

☒月二日□☒　九九六一

☒閣董基☒　九九六二

☒　連受　九九六三

入平鄉嘉禾☒　九九六四

☒　□吏☒　九九六五

☒□□胄畢𡘾☒　九九六六

☒男子唐金付庫吏☒　九九六七

入廣成鄉嘉禾二年故☒　九九六八

☒鄭黑受　九九六九

☒□黃龍二年三月二日☒　九九七〇

入平鄉監沱丘□☒　九九七一

入西鄉嘉禾二年☒　九九七二

☒　黑受　九九七三

☒□　付三州☒　九九七四

☒□□匠男子吳傅付三州倉吏☒　九九七五

☒□□米□□斛一斗□☒　九九七六

☒□年十三　☒　九九七七

☒一斗胄畢𡘾嘉禾二年十月☒　九九七八

☒二年四月廿九日□丘☒　九九七九

入中鄉嘉禾二年□☒　九九八〇

☒□□□胄畢𡘾嘉禾二年十☒　九九八一

☒□□付庫吏殷☒　九九八二

☒畢𡘾嘉禾二年十月廿日石下丘☒　九九八三

入平鄉嘉禾二年郡吏廖□子弟限米☒　九九八四

☒□關邸閣董基☒　九九八五

☒丘□□關邸閣董基☒　九九八六

入小武陵鄉嘉禾☒　九九八七

☒吏谷漢☒　九九八八

☒十一月廿五日於□☒　九九八九

入南鄉邑下男子□☒　九九九〇

入東鄉嘉禾二年□☒　九九九一

☒烝弁付庫吏☒　九九九二

☒□妻大女姑年卅三筭一　九九九三

☒胄畢𡘾嘉禾二年□□□□丘番品（？）關邸閣董基☒　九九九四

☒　中訾　五　☒　九九九五

【注】簡上「中」為朱筆。

☒　妻連年五十九　姪子女䶄年五☒　九九九六

其卌二户給郡吏☒　九九九七

☒　訾　五　十　九九九八

☒𡘾嘉禾三年四月廿三日□□丘男子朱□關邸☒　九九九九

【注】「朱」下□左半殘缺，右半為「匕」。

☒□億關邸閣董基付三州倉☒　一〇〇〇〇

石妻𡟰年五十八筭一　一〇〇〇一

右□家口食十人　☒　一〇〇〇二

【注】「家」上□右半殘缺，左半從「禾」。

☒閣董基付三州倉吏鄭　黑受　一〇〇〇三

東抉里户人公乘李租年卅八筭一　一〇〇〇四

☒吏殷連受　一〇〇〇五

☒丘番明關邸閣董☒　一〇〇〇六

☒□潘慮受　一〇〇〇七

□子女石年□☒　一〇〇〇八

☒吏谷漢受　一〇〇〇九

☒吏殷連受　一〇〇一〇

入西（？）鄉下俗丘男子五尊入二年布一匹𠂤嘉▨　一〇〇一一

▨調三丈七尺▨　一〇〇一二

【注】「調」下脱「布」字。

▨□男子谷將□▨　一〇〇一三

▨閣董基▨　一〇〇一四

▨恩子女□▨　一〇〇一五

▨□付倉吏黃諱▨　一〇〇一六

小赤里户人公乘番萇年七十七　一〇〇一七

右陵家口食七人　筭四　中▨　一〇〇一八

【注】簡下「中」為朱筆。

▨嘉禾二年稅米九斛冑畢𠂤嘉禾二年十月廿三日敷丘▨　一〇〇一九

▨閣董基付▨　一〇〇二〇

縣吏唐瞠▨　一〇〇二一

▨　中訾　五　▨　一〇〇二二

【注】簡上「中」為朱筆。

入廣成鄉嘉禾二年▨　一〇〇二三

小赤里户人公乘竹□年卅一筭一▨　一〇〇二四

▨壂閣李嵩付倉吏▨　一〇〇二五

▨□□卅日臨湘部□掾番▨　一〇〇二六

▨公乘盧戰年卅七▨　一〇〇二七

▨付庫吏殷連受　一〇〇二八

▨嘉禾三年十月□▨　一〇〇二九

平樂里户人公乘沓東□▨　一〇〇三〇

宣女□▨　一〇〇三一

▨吏鄭黑受　一〇〇三二

廿五枚□▨　一〇〇三三

▨　□妻大女汝年卅四筭一……▨　一〇〇三四

▨歲刑左足　▨　一〇〇三五

▨稅米三斛七斗冑畢𠂤嘉禾二年□□▨　一〇〇三六

▨百卅錢▨　一〇〇三七

入平鄉下□▨　一〇〇三八

其四百一十▨　一〇〇三九

高男弟□年廿筭一盲右目　一〇〇四〇

妻大女姑年廿筭一　一〇〇四一

吉陽里户人公乘胡恕年卅四筭一給郡吏　一〇〇四二

□男弟帀年十六筭一　一〇〇四三

凡口五事三　筭二事一　訾　二　百　一〇〇四四

凡口七事六　筭四事三　訾　二　百　一〇〇四五

□男弟□年十五筭一　一〇〇四六

□小妻大女薄年卅五筭一　一〇〇四七

高遷里户人公乘苗霸年十七筭一給郡吏　一〇〇四八

宗妻大女柊（？）年六十二　一〇〇四九

男弟□年四歲　一〇〇五〇

□女弟姑年十五筭一　一〇〇五一

【注】「女弟」上□左半殘缺，右半為「殳」。

遡子男暹年十四　一〇〇五二

□妻大女姑年六十三　一〇〇五三

凡口八事□　筭三事二　訾　五　十　一〇〇五四

【注】簡中有朱筆塗痕。

令妻大女燕（？）年廿三筭一　一〇〇五五

高遷里户人公乘文□年卅六筭一給縣卒　一〇〇五六

□子男金年廿二筭一　一〇〇五七

凡口三事二　筭二事一　一〇〇五八

高遷里户人公乘孫宗年卅筭一　一〇〇五九

霸妻大女□年廿九筭一　一〇〇六〇

霸兄公乘買年卅筭一盲左目　一〇〇六一

暹男弟黄年十　一〇〇六二
高遷里户人公乘胡□年五十二筭一　一〇〇六三
高遷里户人公乘□□年六十九　一〇〇六四
推妻大女□年卌九筭一　一〇〇六五
了妻大女妾年十五筭一　一〇〇六六
軍子女胭年五歲　一〇〇六七
惕妻大女□年廿四筭一　一〇〇六八
凡口七事四　筭三事二　訾　二　百　一〇〇六九
叙姪子男米年六歲　一〇〇七〇
能子男仨年十七筭一刑左足　一〇〇七一
入桑鄉新調布一匹𠬛嘉禾二年十一月廿三日阿丘李□☑　一〇〇七二
惕母大女□年六十三　一〇〇七三
宗妻大女思年卅一筭一　一〇〇七四
監妻男弟蔯年廿筭一　一〇〇七五
男弟得年十三　一〇〇七六
舊妻大女姑年卅一筭一　一〇〇七七
純子女主年九歲　一〇〇七八
棐叔父負年廿八筭一　一〇〇七九
高遷里户人公乘松棐年卅四筭一給縣吏　一〇〇八〇
……筭一　一〇〇八一
□子女蒲年五歲　一〇〇八二
棐男弟□年十二　一〇〇八三
凡口四事三　筭一事　訾　五　十　一〇〇八四
凡口四事三　筭二事中　訾　五　十　一〇〇八五
【注】簡中「中」為朱筆。
□男弟□年五歲　一〇〇八六
軍妻大女妾年卌一筭一　一〇〇八七
純妻大女□年五十一筭一　一〇〇八八
吉陽里户人公乘□純年七十一盲右目　一〇〇八九
吉陽里户人公乘張設年廿筭一　一〇〇九〇
設母大女妾年六十三　一〇〇九一
凡口二事一　訾　五　十　一〇〇九二
叙妻大女妾年七十一　一〇〇九三
吉陽里户人公乘殷叙年八十一　一〇〇九四
凡口六事五　筭三事二　訾　五　十　一〇〇九五
黄妻大女……　一〇〇九六
□男□□□十五筭一　一〇〇九七
□……筭一刑兩足　一〇〇九八
【注】□右半殘缺，左半從「糸」。
吉陽里户人公乘□陵年廿五筭一　一〇〇九九
凡口四事　筭三事二　訾　五　十　一〇一〇〇
凡口六事三　筭三事　訾　五　十　一〇一〇一
黄小妻大女針年卅一筭一　一〇一〇二
凡口□事□　筭二事　訾　五　十　一〇一〇三
陵母大女胡年卌三筭一　一〇一〇四
羊姪子男□年七歲　一〇一〇五
黄子男末年七歲　一〇一〇六
吉陽里户人公乘蔦羊年卅五筭一　一〇一〇七
吉男弟□年二歲　一〇一〇八
平男弟吉年三歲　一〇一〇九
姑女弟潭年七歲　一〇一一〇
吉陽里户人老女趙妾年八十一　一〇一一一
饒妻大女姑年卌九筭一　一〇一一二
吉陽里户人公乘胡……　一〇一一三
□母大女□年六十三　一〇一一四
凡口□事□　□□□　訾　五　十　一〇一一五

吴妻大女送年廿二筭一　一〇一一六
羊妻大女微年卅二筭一　一〇一一七
吉陽里户人公乘吴帛年六十五　一〇一一八
□男弟□年廿二筭一　一〇一一九
□子男□年□歲　一〇一二〇
凡口八事六　筭四事三　訾　一　百　一〇一二一
□妻大女□年廿一筭一　一〇一二二
□子女兒年三歲　一〇一二三
□子男得年八歲　一〇一二四
【注】「子男」上□上半殘缺，下半從「兀」。
張男弟雙年廿六筭一　一〇一二五
□□□年廿三筭一　一〇一二六
□子男□年十五筭一　一〇一二七
棐妻大女絮年卅一筭一　一〇一二八
吉陽里户人公乘……　一〇一二九
□妻大女□年廿五筭一　一〇一三〇
純姪子男世年十一　一〇一三一
除女弟□年二歲　一〇一三二
設男弟□年十六筭一　一〇一三三
□女弟思年□歲　一〇一三四
陽叔父蔯年廿二筭一腫兩足　一〇一三五
□男弟□年九歲　一〇一三六
□妻大女乇年卅一筭一　一〇一三七
□男弟□年廿筭一　一〇一三八
宜陽里户人公乘勇頭年卌四筭一給州吏　一〇一三九
盡女弟姑年十五筭一　一〇一四〇
馥女弟倉年四歲　一〇一四一
□父□年六十二苦腹心病　一〇一四二
追妻大女思年卅筭一　一〇一四三
涓女弟□年七歲　一〇一四四
□女弟豫年四歲　□□□□□年八歲　一〇一四五
思男弟□年三歲　一〇一四六
□女弟□年十一　一〇一四七
□妻母大女妾年六十二　一〇一四八
吉陽里户人公乘鄱追年廿九筭一給州吏　一〇一四九
入廣成鄉嘉禾二年税米九斛胄米畢叉嘉禾二年十月廿五日區丘⊠　一〇一五〇
凡口七事五　筭四事二　訾　一　千　一〇一五一
□男弟目年七歲　一〇一五二
⊠小武陵鄉□嘉禾四年吏民人名妻子年紀簿　一〇一五三
毛（？）子男□年十苦狂病　一〇一五四
□子女□年十一　一〇一五五
【注】「年」上□左半殘缺，右半為「子」。
凡口三事　筭一事　中訾　五　十　一〇一五六
【注】簡中「中」為朱筆。
凡口五事　筭三事　中訾　五　十　一〇一五七
【注】簡中「中」為朱筆。
吉陽里户人公乘文□年十五筭一　一〇一五八
凡口三事二　筭二事　訾　五　十　一〇一五九
事男弟郡年十一　一〇一六〇
凡口九事　筭三事二　中訾　二　百　一〇一六一
【注】簡中「中」為朱筆。
朋子男事年十七筭一腫兩足　一〇一六二
□母大女□年七十五　一〇一六三
□從男弟□年廿筭一　一〇一六四
□子女□年七歲　一〇一六五

□子男□年五歲　一〇一六六

□子男睹（？）年五歲　一〇一六七

□妻大女□年卅九筭一　一〇一六八

吉陽里户人公乘逢□年卅二筭一給郡吏　一〇一六九

□妻大女□年十八筭一　一〇一七〇

……年七……　一〇一七一

□母大女思年六十五　一〇一七二

□妻大女□年卅三筭一　一〇一七三

凡口六事　筭四事三　訾　一　百　一〇一七四

吉陽里户人公乘廖□年廿七筭一給郡吏　一〇一七五

凡口四事三　筭二事一　訾　二　百　一〇一七六

□子男□年□歲　一〇一七七

□男弟談年九歲　一〇一七八

□妻大女蓋年……　一〇一七九

吉陽里户人……　一〇一八〇

□父□年七十二　一〇一八一

吉陽里户人公乘張惕（？）年廿八筭一給縣吏　一〇一八二

□妻大女姑年廿四筭一　一〇一八三

□女弟□年四歲　一〇一八四

□妻大女□年廿二筭一　一〇一八五

庫妻大女思年卅二筭一　一〇一八六

碩女弟糸年四歲　一〇一八七

糸女弟多年三歲　一〇一八八

元妻大女偶年卌八筭一　一〇一八九

如母大女妾年六十七　一〇一九〇

佑男弟買年七歲　一〇一九一

東陽里户人公乘吴□年□□筭一　一〇一九二

□女弟思年五歲　一〇一九三

☑凡口五事四　筭二事　中訾　五　十　一〇一九四

【注】簡中「中」為朱筆。

碩子女□年五歲　一〇一九五

元叔父軍年七十四　一〇一九六

【注】「年」上□下半殘缺，上半從「艹」。

□子女連年六歲　一〇一九七

碩姪子女縣年九歲　一〇一九八

元子男得年四歲　一〇一九九

☑　妻大女汝年廿九筭一雀右足復　一〇二〇〇

宜都里户人公乘吴□年十九筭一給州吏　一〇二〇一

凡口四事　中訾　五　十　一〇二〇二

【注】簡中「中」為朱筆。

凡口五事四　筭二事　中訾　五　十　一〇二〇三

【注】簡中「中」為朱筆。

凡口五事　筭二事　中訾　五　十　一〇二〇四

【注】簡中「中」為朱筆。

凡口五事四　筭三事二　中訾　五　田　一〇二〇五

【注】簡中「中」為朱筆。

凡口四事三　筭三事一　訾　五　十　一〇二〇六

惕男弟□年九歲　一〇二〇七

□妻大女帛年廿八筭一　一〇二〇八

☑　訾　五十　一〇二〇九

老女□年九十一　一〇二一〇

□男弟□年三歲　一〇二一一

【注】簡下有朱筆塗痕。

信男弟曼年三歲　一〇二一二

縣男弟毛年七歲　一〇二一三

☑　凡口四事三　筭二事　中訾　五　十　一〇二一四

直（？）子女草年五歲 一〇二一五
【注】簡中「中」為朱筆。

凡口六事四 筭三事二 訾 五 十 一〇二一六

喜女弟縣年三歲 一〇二一七

又子女帛年二歲 一〇二一八

□姪子女□年六歲 一〇二一九

合女弟□年十六筭一 一〇二二〇

□父□年六十一 一〇二二一

⿰舟旦女弟贊年九歲 一〇二二二

高遷里户人公乘唐□年卅六筭一 一〇二二三

□姪子男□年十一 一〇二二四

□妻大女□年十□筭一 一〇二二五
【注】「年」上□右半殘缺，左半從「立」。

凡口四事三 筭一事 訾 五 十 一〇二二六

□男弟□年七歲 一〇二二七

將男弟級年五歲 一〇二二八

右高遷里領吏民卅八户口食一百八十人 一〇二二九
【注】「右」上原有墨筆點記。

吉陽里户人公乘胡禿年卅五筭一踵兩足 一〇二三〇

將男弟□年廿三筭一盲左目 一〇二三一

□陽里户人公乘謝鼠（？）年卅三筭一給郡吏 一〇二三二

軍妻大女惕年五十五筭一盲兩目 一〇二三三

□子男□年三歲 一〇二三四

□□弟□年五歲 一〇二三五

□男弟□年九歲 一〇二三六
【注】「年」上□右半殘缺，左半從「言」。

凡口三事二 筭二事一 訾 二 百 一〇二三七

☐户人公乘區山年六十三盲右目 一〇二三八

將子男喜年廿五筭一 一〇二三九

☐ □□□年六十七腫兩足 一〇二四〇

□妻大女□年廿五筭一 一〇二四一

客小妻大女妾年卅筭一腫兩足復 一〇二四二

☐凡口四事三 筭二事復 訾 五 十 一〇二四三
【注】簡中有朱筆塗痕。

□妻大女□年五十一筭一 一〇二四四
【注】「妻」上□右半殘缺，左半從「犭」。

凡口四事 筭一事 訾 五 十 一〇二四五

平陽里户人公乘朱碩年卅一筭一 一〇二四六

碩妻大女蚤年廿一筭一 一〇二四七

右平陽里領吏民卅六户口食□百□□人 一〇二四八
【注】「右」上原有墨筆點記。

高子男領（？）年五歲 一〇二四九

平陽里户人公乘劉右（？）年五十一筭一苦腹心病 一〇二五〇

屈子女貞年七歲 一〇二五一

屈妻大女妾年卅九筭一 一〇二五二

□子女思年七歲 一〇二五三

…… 筭二事 訾 五 十 一〇二五四

高子男史年廿筭一苦腫病 一〇二五五

直子男食年五歲 一〇二五六

思女弟最年四歲 一〇二五七

史妻大女汝年十九筭一 一〇二五八

高妻大女敦年六十四 一〇二五九

高妻大女□卅一筭一 一〇二六〇
【注】「卅一」上脱「年」字。

敦子女直年五歲 一〇二六一

凡口四事三 筭一事 訾 五 十 一〇二六二

東陽里户人公乘謝高年卌六筭一盲左目　一〇二六三
敦妻大女思年卅七筭一　一〇二六四
囷妻大女□年六十一　一〇二六五
凡口四事　筭二事一　訾　五　十　一〇二六六
東陽里户人公乘謝囷年六十二　一〇二六七
寡㛐大女妾年七十六　一〇二六八
東陽里户人公乘烝敦年卌一筭一刑左手　一〇二六九
得妻大女思年六十六　一〇二七〇
東陽里户人公乘烝得年八十四　一〇二七一
凡口十三事十一　筭八事七　訾　一　百　一〇二七二
贊男弟□年十九筭一　一〇二七三
㒵子男設年五歲　一〇二七四
凡口三事二　筭二事　訾　五　十　一〇二七五
告女弟姑年七歲　一〇二七六
凡口三事二　筭二事一　訾　五　十　一〇二七七
傷妻男弟狗年五歲　一〇二七八
贊寡㛐大女㒵年廿二筭一　一〇二七九
旱子男鳥年四歲　一〇二八〇
頁子女給年九歲　一〇二八一
頁妻大女最年卅二筭一　一〇二八二
棠男弟政年十五筭一　一〇二八三
像妻大女亭年廿五筭一　一〇二八四
□妻大女少（？）年卌六筭一　一〇二八五
□陽里户人公乘□宜年五十二筭一　一〇二八六
宜子男得年七歲　一〇二八七
宜妻大女導年卌一筭一　一〇二八八
高遷里户人公乘張像年卌筭一刑右足　一〇二八九
□妻大女思年十九筭一　一〇二九〇

凡口五事四　筭二事一　訾　五　十　一〇二九一
星子男婁年廿筭一　一〇二九二
高遷里户人公乘五棠年廿筭一　一〇二九三
兄小妻大女□年廿二筭一　一〇二九四
凡口十一事八　筭一事　訾　二　百　一〇二九五
□妻大女悦年廿三筭一　一〇二九六
隱母大女妾年六十五　一〇二九七
高遷里户人公乘□□年卅三筭一給郡吏　一〇二九八
□男弟□匡四歲　□女……　一〇二九九
□母大女□年六十一　一〇三〇〇
□妻大女□年卅二筭一　一〇三〇一
買男弟胎年四歲　一〇三〇二
凡口四事二　筭二事　訾　五　十　一〇三〇三
凡口六事五　筭三事　訾　五　十　一〇三〇四
凡口五事　筭三事一　訾　五　十　一〇三〇五
高遷里户人公乘黄毛年卅四筭一給軍吏　一〇三〇六
凡口四事三　訾　五　十　一〇三〇七
東陽里户人公乘□贊年廿一筭一給縣卒　一〇三〇八
兒男弟盡年七歲　一〇三〇九
□女弟□年十一　一〇三一〇
凡口七事五　筭一事　訾　二　百　一〇三一一
凡口五事三　筭二事　訾　一　百　一〇三一二
元母大女妾年六十七　一〇三一三
元妻大女汝年卅一筭一　一〇三一四
圖遷里户人公乘鄭宜年六十四　一〇三一五
□妻大女姑年廿筭一　一〇三一六
軍女弟□年十　一〇三一七
姑女弟最年七歲　一〇三一八

閑妻大女□年六十三　一〇三一九
阿女弟妾年七歲　一〇三二〇
高遷里户人公乘唐星年七十六腫兩足　一〇三二一
解子男□年四歲　一〇三二二
廬女弟仨年十五筭一　一〇三二三
凡口八事六　筭二事一　訾　二　百　一〇三二四
□妻大女□年卅一筭一　一〇三二五
思女弟□年五歲　一〇三二六
平陽里户人公乘黄□年卅八筭一苦狂病　一〇三二七
安陽里户人公乘囊□年六十六　一〇三二八
高遷里户人……　一〇三二九
要男弟杋年三歲　一〇三三〇
子男□年十七筭一　一〇三三一
【注】「年」上□右半殘缺，左半從「言」。
東陽里户人公乘□石年廿六筭一　一〇三三二
歲妻大女□年十六筭一　一〇三三三
□子女□年六歲　一〇三三四
☑　……年十一　一〇三三五
□男弟□年廿故縣吏　一〇三三六
豪男弟山年六歲　一〇三三七
凡口三事二　筭二事一　訾　二　百　一〇三三八
□女弟□年五歲　一〇三三九
□妻大女黄年十五筭一　一〇三四〇
希女弟麦年四歲　一〇三四一
凡口四事二　筭二事一　訾　五　十　一〇三四二
東妻大女銀年六十三　一〇三四三
思女弟婢年六歲　一〇三四四
□子男豪年十七筭一腫兩足　一〇三四五
吉陽里户人公乘□□年卅五筭一……　一〇三四六
深母大女妾年七十一　一〇三四七
鼠子男希年五歲　一〇三四八
張父□年七十五　一〇三四九
【注】「年」上□右半殘缺，左半從「金」。
吉陽里户人公乘蔡饒年五十二筭一　一〇三五〇
李男弟□年八歲　一〇三五一
凡口四事三　訾　五　十　一〇三五二
□□□□年八歲　一〇三五三
歲子男豪年十一刑左足　一〇三五四
凡口九事五　筭三事二　訾　一　百　一〇三五五
得妻大女難年卌九筭一　一〇三五六
叙妻大女武年六十二　一〇三五七
得子男貞年七歲　一〇三五八
張妻大女□年廿九筭一　一〇三五九
□妻大女□年五十二筭一　一〇三六〇
啓子男□年五歲　一〇三六一
□子男□年六歲　一〇三六二
□男弟□年卌一筭一　一〇三六三
元子男□年三歲　一〇三六四
凡口八事七　筭三事二　訾　一　千　一〇三六五
凡口八事四　筭二事一　訾　二　百　一〇三六六
吉陽里户人公乘區張年廿八筭一給州吏　一〇三六七
□姪子男□年廿筭一盲兩目　一〇三六八
□妻大女□年十五筭一　一〇三六九
吉陽里户人公乘文啓年五十四筭一　一〇三七〇
吉陽里户人公乘董得年五十一筭一　一〇三七一
□男弟□年八歲　一〇三七二

□從男弟□年七歲　一〇三七三
吉陽里户人公乘李瑋年廿九筭一刑左足　一〇三七四
凡口四事三　筭二事一　訾　五　十　一〇三七五
吉陽里户人公乘區深年卅三　筭一　一〇三七六
胡女弟□年五歲　一〇三七七
凡口五事四　筭一事　訾　五　千　一〇三七八
潘子女□年五歲　一〇三七九
凡口三事二　筭二事　訾　五　十　一〇三八〇
吉陽里户人公乘孫潘年卅五筭一　一〇三八一
潘妻大女蔦年十九筭一　一〇三八二
凡口三事　筭一事　訾　五　十　一〇三八三
橐子女□年十二　一〇三八四
吉陽里户人公乘勇客年卌一筭一踵兩足　一〇三八五
客妻大女姑年卅一筭一　一〇三八六
指母大女姑年六十五　一〇三八七
□女弟□年十二　一〇三八八
□妻大女黄年卅九筭一　一〇三八九
奇男弟士伍兒年十　一〇三九〇
綺男弟暹年五歲　一〇三九一
凡口四事　筭一事　訾　五　千　一〇三九二
吉陽里户人公乘彭橐年五十九　一〇三九三
妻大女汝年五十　一〇三九四
凡口九事八　筭三事二　中訾　一　百　一〇三九五
【注】簡中「中」為朱筆。
右奇家口食五人　訾　五　十　一〇三九六
右吉陽里領吏民卅六户口食一百七十三人　一〇三九七
【注】「右」上原有墨筆點記。
高遷里户人公乘賈約年卅四筭一給郡吏　一〇三九八
喬子女土年二歲　一〇三九九
喬兄□年廿八筭一刑左足　一〇四〇〇
高遷里户人公乘蔡嬰年十七筭一給縣吏　一〇四〇一
□男弟類年十　一〇四〇二
項女弟米年八歲　一〇四〇三
□男弟旱年五歲　一〇四〇四
吉陽里户人公乘李奇年六十一　一〇四〇五
鼠姪子女熊年十　一〇四〇六
高遷里户人公乘五將年卅五筭一　一〇四〇七
將妻大女□年卅一筭一　一〇四〇八
將妻大女笄年廿五筭一　一〇四〇九
將子男角年七歲　一〇四一〇
牛母大女妾年六十九　一〇四一一
高遷里户人公乘張喬年卅筭一給縣吏　一〇四一二
麦女弟樂年五歲　一〇四一三
客子女農年五歲　一〇四一四
喬妻大女健年廿五筭一　一〇四一五
客兄日年六十七　一〇四一六
狗子男陽年四歲　一〇四一七
陽男弟得年三歲　一〇四一八
首妻大女姑年六十七　一〇四一九
首子女泠年五歲　一〇四二〇
妻女弟姑年十五筭一　一〇四二一
凡口四事　筭三事　訾　五　十　一〇四二二
【注】簡中有朱筆塗痕。
善男弟鄧年二歲　一〇四二三
約妻大女囷年卅九筭一　一〇四二四
禮子女誌年三歲　一〇四二五

日姪子男晶年七歲　一〇四二六
日姪子男□年六歲　一〇四二七
□姪子男達年七歲　一〇四二八
【注】「姪」上□上半殘缺，下半從「辶」。
凡口六事　筭四事二　訾　五　十　一〇四二九
高遷里户人公乘烝約年五十筭一　一〇四三〇
客妻大女雙年卌五筭一　一〇四三一
□妻大女鷩年卅筭一　一〇四三二
【注】「妻」上□上半殘缺，下半從「辶」。
高遷里户人公乘李牛年卅二筭一　一〇四三三
凡口二事　筭二事　訾　五　十　一〇四三四
□小妻大女□年廿一筭一　一〇四三五
□男弟喜年四歲　☑　一〇四三六
□男弟□年十五筭一　一〇四三七
【注】「年」上□左半殘缺，右半從「且」。
凡口五事　筭五事四　訾　一　百　一〇四三八
凡口六事三　筭一事　中訾　五　十　一〇四三九
【注】簡中「中」為朱筆。
□男弟記年六歲　一〇四四〇
衆子男□年八歲　一〇四四一
衆妻大女在年廿六筭一　一〇四四二
東陽里户人公乘唐靖年六十四　一〇四四三
凡口三事三　筭一事　中訾　五　十　一〇四四四
【注】簡中「中」為朱筆。
□妻大女思年卅七筭一　一〇四四五
□妻大女□年卌五筭一　一〇四四六
□子男羊年廿五筭一　一〇四四七
羊男弟勉年十七筭一腫兩足　一〇四四八
高遷里户人公乘聶首年七十五　一〇四四九
□妻大女從年卌四筭一　一〇四五〇
□男弟易年八歲　一〇四五一
羊妻大女屈年廿四筭一　一〇四五二
赳妻大女□年廿一筭一　一〇四五三
【注】「年」上□上半殘缺，下半從「豕」。
凡口五事　筭二事　訾　五　十　一〇四五四
恕叔母大女囊年卅五筭一　一〇四五五
琿男弟小年八歲　一〇四五六
□男弟□年五歲　一〇四五七
吉陽里户人公乘謝莨年五十筭一刑右足　一〇四五八
琿子女奇年二歲　一〇四五九
凡口四事三　筭二事一　訾　五　十　一〇四六〇
□子女□年□歲　一〇四六一
吉陽里户人公乘朱就年六十六刑右手　一〇四六二
果（？）妻大女貞年卅一筭一　一〇四六三
凡口十一事八　筭五事三　訾　一　百　一〇四六四
兒男弟主（？）年四歲　一〇四六五
車母大女阿年八十三　一〇四六六
東陽里户人公乘烝東年卌四筭一刑歐背　一〇四六七
車子女□年三歲　一〇四六八
凡口四事三　筭二事　訾　五　十　一〇四六九
東陽里户人公乘鄧糜年六十　七　一〇四七〇
車妻大女烝年卅六筭一　一〇四七一
石子男巳（？）年十三　一〇四七二
在妻大女汝年卅五筭一　一〇四七三
□子男起年廿八筭一　一〇四七四
平陽里户人公乘劉戰年五十八刑兩足　一〇四七五

平陽里户人公乘朱佃年六十一 一〇四七六
佃妻大女畢年五十八筭一 一〇四七七
右石家口食三人 筭一 中訾 五 十 一〇四七八
【注】簡中「中」為朱筆。
平母大女妾年七十 一〇四七九
平陽里户人公乘烝平年卅二筭一腫兩足 一〇四八〇
平妻大女取年廿八筭一 一〇四八一
惦女弟□年七歲 一〇四八二
【注】「年」上□左半殘缺，右半從「目」。
聚子男軍年五歲 一〇四八三
佃子男惦年九歲 一〇四八四
戰妻大女取年卅一筭一 一〇四八五
戰姪子女糸年八歲 一〇四八六
富子女金年四歲 一〇四八七
平子男各年七歲 一〇四八八
【注】簡中有朱筆塗痕。
凡口五事 筭二事 訾 五 十 一〇四八九
凡口四事三 筭一事 訾 五 十 一〇四九〇
【注】簡中有朱筆塗痕。
困弟公乘粻年八歲 一〇四九一
安陽里户人公乘烝頡年五十七 一〇四九二
姓弟小女息年七歲 一〇四九三
客弟小女筭年十一 一〇四九四
☑公乘文禮年卅六筭一苦腹心病復 一〇四九五
小囼（？）里户人公乘大女五西年□□筭一 …… 一〇四九六
頡男弟庢年十三 一〇四九七
【注】簡中有朱筆塗痕。
粻弟小女紙年五歲 一〇四九八

☑ …… 筭一復 訾 五 十 一〇四九九
末弟小女是年十四 一〇五〇〇
□妻大女是年廿九筭一 一〇五〇一
頡妻大女妾年五十一筭一 一〇五〇二
凡口四事三 筭一事 訾 五 十 一〇五〇三
腹弟小女□年十 一〇五〇四
□妻大女當年卅筭一 一〇五〇五
東陽里户人公乘謝建年卅二筭一 一〇五〇六
民男弟買年七歲 一〇五〇七
筭弟小女思年八歲 一〇五〇八
在子男兆年七歲 一〇五〇九
凡口三事 筭一事 訾 一 百 一〇五一〇
具弟公乘腹年十二 一〇五一一
度弟公乘世年七歲 一〇五一二
兆女弟兒年四歲 一〇五一三
糸女弟兒年五歲 一〇五一四
□□□年卅五筭一 一〇五一五
【注】「年」上□左半殘缺，右半從「生」。
凡口五事四 筭一復 訾 五 十 一〇五一六
末妻大女汝年卅筭一 一〇五一七
鐘女弟姑年九歲 一〇五一八
凡口七事六 筭三事 訾 五 十 一〇五一九
☑□□ 十五斛四斗 一〇五二〇
□子男□年七歲 一〇五二一
□姪子男民年十一 一〇五二二
取子男□年十三 一〇五二三
富妻平年卅一筭一 一〇五二四
如母大女妾年六十六 一〇五二五

右郎家口食四人　筭一　中訾　五　十　一〇五二六

【注】簡中「中」為朱筆。

貴弟小女精年五歲　一〇五二七

妻汝年卅筭一　一〇五二八

吉陽里户人公乘何林年六十六　一〇五二九

赤弟公乘追年六歲　一〇五三〇

妻大女酒年十八筭一　一〇五三一

右□家口食三人　筭二　訾　五　⍁　一〇五三二

民男子蒴如匩□　⍁　一〇五三三

兒弟公乘小年六歲　一〇五三四

小弟小女香年四歲　一〇五三五

⍁□吏帥客限米八十斛二斗⍁　一〇五三六

生子女思年七歲　一〇五三七

入黄龍元年私學限米□□十二斛　⍁　一〇五三八

□興里户人公乘杜福年卅一筭一　一〇五三九

⍁　斗五升　元年二月運　中　一〇五四〇

□妻大女□年卅六　一〇五四一

思弟公乘趙年七歲　一〇五四二

□□□年十五筭一　一〇五四三

子公乘末年廿一筭一雀兩足復　一〇五四四

□妻大女□年卌三筭一　一〇五四五

附録一　竹簡揭剥位置示意圖

圖一

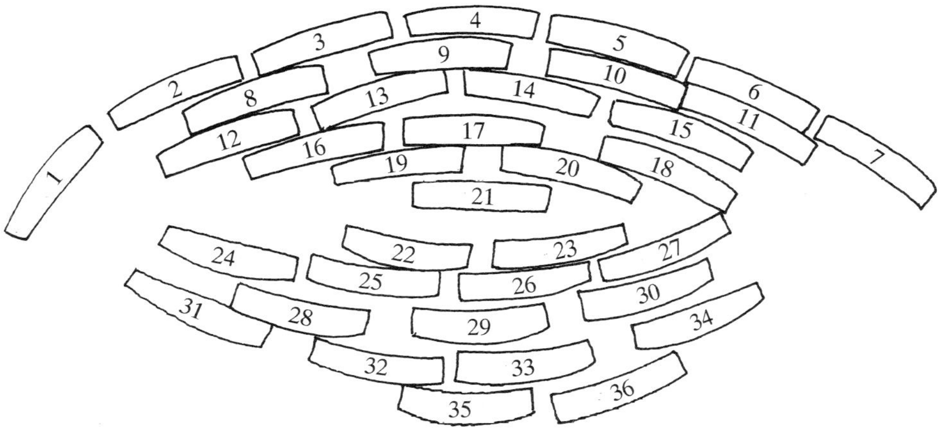

説明

一、本圖為竹間清理揭剥時的原狀態側視位置示意圖。

二、本卷發表的竹簡，均因施工而招致擾亂，大部分已失去相互關聯的原始狀態，僅有一少部分得以保留，但保留部分也因受到擾動變得殘缺不齊。儘管如此，在清理揭剥的過程中，遇到稍為完整的簡册，仍按考古清理的操作要領，結合揭剥的技巧，採取謹慎小心的態度，儘量按其現存狀況，疊壓的層次，分層，分面，細心地進行揭剥清理和記録。這種記録包括層位、序列、數量、轉折面，其包含物如木牘、木楬等等。這一工作始終貫穿簡牘清理揭剥的全過程，不僅對已擾亂的簡册如此，對經考古發掘的簡册更是如此。這項工作的結果和詳細記録，將會在日後出版的各卷中陸續出現。

三、竹簡揭剥位置示意圖上的編號是按揭剥時的先後順序，以及對簡册收卷後自然形成的面、裏相疊狀態的界定而標注的。這種界定亦難排除在實際操作中人為觀察失誤的因素以及因各種原因造成簡册相疊擠壓、分離錯位的情況。

四、本圖應與對應表相互參看。

竹簡整理編號與揭剥位置示意圖（圖一）編號對應表

整理號	示意圖編號	整理號	示意圖編號	整理號	示意圖編號
一〇一五一	1	一〇一六三	13	一〇一七五	25
一〇一五二	2	一〇一六四	14	一〇一七六	26
一〇一五三	3	一〇一六五	15	一〇一七七	27
一〇一五四	4	一〇一六六	16	一〇一七八	28
一〇一五五	5	一〇一六七	17	一〇一七九	29
一〇一五六	6	一〇一六八	18	一〇一八〇	30
一〇一五七	7	一〇一六九	19	一〇一八一	31
一〇一五八	8	一〇一七〇	20	一〇一八二	32
一〇一五九	9	一〇一七一	21	一〇一八三	33
一〇一六〇	10	一〇一七二	22	一〇一八四	34
一〇一六一	11	一〇一七三	23	一〇一八五	35
一〇一六二	12	一〇一七四	24	一〇一八六	36

圖二

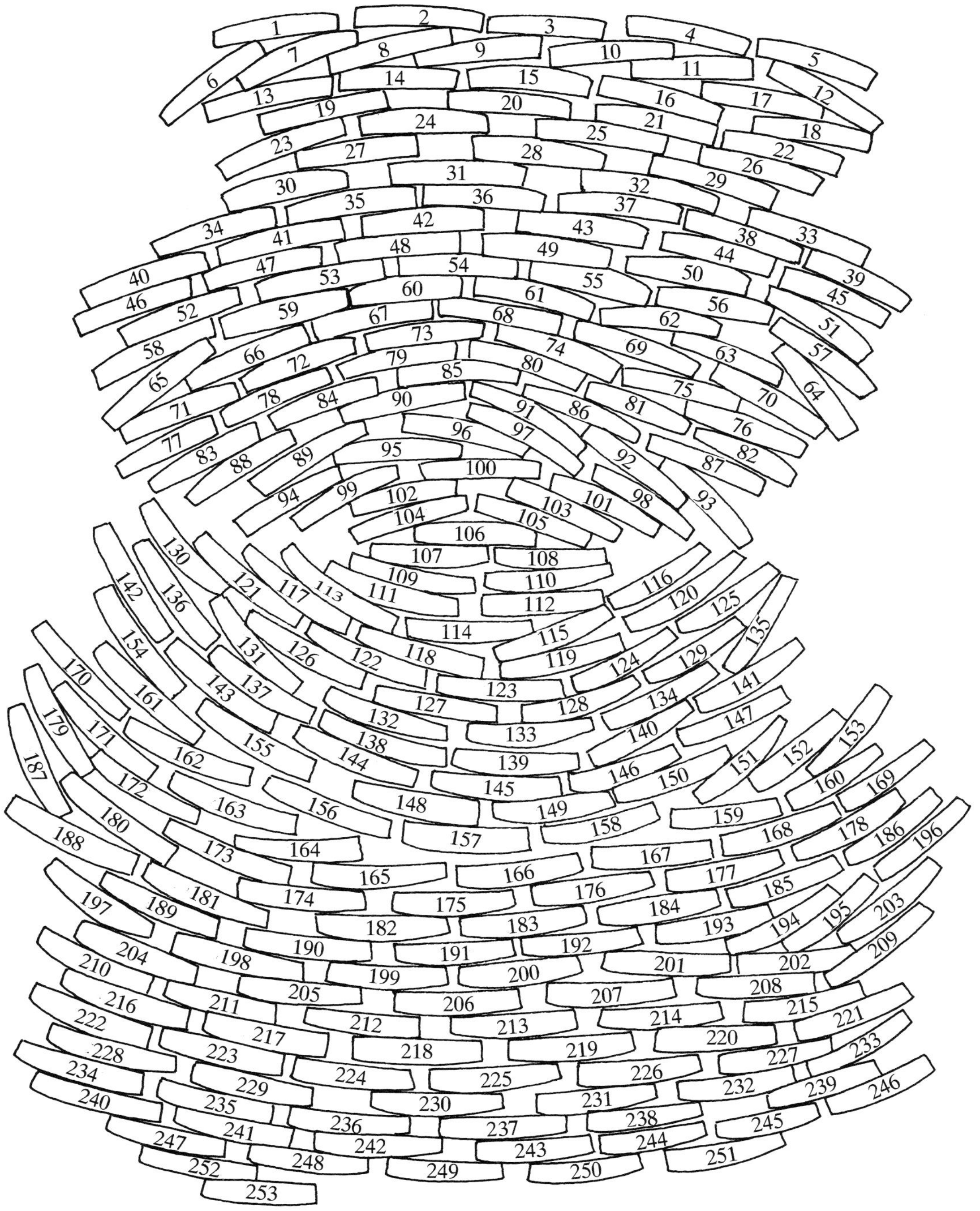

説明

一、本圖為竹簡清理揭剥時的原狀態側視位置示意圖。

二、本圖簡册出現了一些內容上彼此相關聯的竹簡。試舉例：

一例：編號128、129、130、131簡，簡文按户籍格式排列順序為：

吉陽里户人公乘孫潘，年卅五，筭一 (130)

潘妻大女蔦，年十九，筭一 (131)

潘子女□，年五歲 (128)

凡口三事二，筭二事，訾五十 (129)

二例：編號156、157、158、159簡，簡文按户籍格式排列順序為：

高遷里户人公乘五將，年卅五，筭一 (156)

將妻大女□，□卅一，筭一 (157)

將妻大女笄，年廿五，筭一 (158)

將子男角，年七歲 (159)

三例：編號148、149、161、164簡，簡文按户籍格式排列順序為：

高遷里户人公乘張喬，年卅，筭一，給縣吏 (161)

喬妻大女健，年廿五，筭一 (164)

喬子女土，年二歲 (148)

喬兄□，年廿八，筭一，刑左足 (149)

從示意圖上觀察，竹簡揭剥編號是工作人員按揭剥的順序，從左向右分層標注的。按當時操作的要求與簡牘保存的狀況，沒有也不可能按原簡册收卷的狀態進行復原剥離。而古代簡册收卷的一般方式，如同字畫的橫批、手卷一樣，均由篇尾卷向篇首。經考古發掘清理的出土飽水簡牘中，保存較為完整、編聯順序基本清楚的簡册，目前在全國範圍内所見到的，惟有湖北荆州張家山漢簡中「奏讞書」一例。但其編聯的順序與本圖説明所舉之例編號的順序相反。

如果我們推定標注編號一端為簡册天頭不誤的話，按簡册從右至左的閲讀習慣，上舉三例户籍簡的排列順序大體與之相符。當然，竹簡之間仍存在着許多錯雜移動的情況，錯章斷編的現象十分嚴重。以上所舉之例及觀察方法，供讀者研究時參考。

三、本圖應與對應表相互參看。本圖編號共計二五三號，有字簡為二〇二枚，無字簡為五一枚。編號之間有較大的跳動，凡對照表中未標明對應編號者，均為無字簡。無字簡編號排列如下：

25、40、49、52、53、54、55、56、57、59、60、61、62、63、64、65、66、68、69、71、76、77、78、80、86、89、111、112、113、114、119、200、211、214、217、218、221、222、232、235、237、238、239、242、243、244、245、250、251、252、253。

竹簡整理編號與揭剥位置示意圖（圖二）編號對應表

整理號	示意圖編號	整理號	示意圖編號	整理號	示意圖編號
一〇二四五	1	一〇二六八	24	一〇二九一	50
一〇二四六	2	一〇二六九	26	一〇二九二	51
一〇二四七	3	一〇二七〇	27	一〇二九三	58
一〇二四八	4	一〇二七一	28	一〇二九四	67
一〇二四九	5	一〇二七二	29	一〇二九五	70
一〇二五〇	6	一〇二七三	30	一〇二九六	72
一〇二五一	7	一〇二七四	31	一〇二九七	73
一〇二五二	8	一〇二七五	32	一〇二九八	74
一〇二五三	9	一〇二七六	33	一〇二九九	75
一〇二五四	10	一〇二七七	34	一〇三三七	79
一〇二五五	11	一〇二七八	35	一〇三三八	81
一〇二五六	12	一〇二七九	36	一〇三三九	82
一〇二五七	13	一〇二八〇	37	一〇三四〇	83
一〇二五八	14	一〇二八一	38	一〇三四一	84
一〇二五九	15	一〇二八二	39	一〇三四二	85
一〇二六〇	16	一〇二八三	41	一〇三四三	87
一〇二六一	17	一〇二八四	42	一〇三四四	88
一〇二六二	18	一〇二八五	43	一〇三四五	90
一〇二六三	19	一〇二八六	44	一〇三四六	91
一〇二六四	20	一〇二八七	45	一〇三四七	92
一〇二六五	21	一〇二八八	46	一〇三四八	93
一〇二六六	22	一〇二八九	47	一〇三四九	94
一〇二六七	23	一〇二九〇	48	一〇三五〇	95

整理號	示意圖編號	整理號	示意圖編號	整理號	示意圖編號
一〇三五一	96	一〇三七五	124	一〇三九九	148
一〇三五二	97	一〇三七六	125	一〇四〇	149
一〇三五三	98	一〇三七七	126	一〇四〇一	150
一〇三五四	99	一〇三七八	127	一〇四〇二	151
一〇三五五	100	一〇三七九	128	一〇四〇三	152
一〇三五六	101	一〇三八〇	129	一〇四〇四	153
一〇三五七	102	一〇三八一	130	一〇四〇五	154
一〇三五八	103	一〇三八二	131	一〇四〇六	155
一〇三五九	104	一〇三八三	132	一〇四〇七	156
一〇三六〇	105	一〇三八四	133	一〇四〇八	157
一〇三六一	106	一〇三八五	134	一〇四〇九	158
一〇三六二	107	一〇三八六	135	一〇四一〇	159
一〇三六三	108	一〇三八七	136	一〇四一一	160
一〇三六四	109	一〇三八八	137	一〇四一二	161
一〇三六五	110	一〇三八九	138	一〇四一三	162
一〇三六六	115	一〇三九〇	139	一〇四一四	163
一〇三六七	116	一〇三九一	140	一〇四一五	164
一〇三六八	117	一〇三九二	141	一〇四一六	165
一〇三六九	118	一〇三九三	142	一〇四一七	166
一〇三七〇	119	一〇三九四	143	一〇四一八	167
一〇三七一	120	一〇三九五	144	一〇四一九	168
一〇三七二	121	一〇三九六	145	一〇四二〇	169
一〇三七三	122	一〇三九七	146	一〇四二一	170
一〇三七四	123	一〇三九八	147	一〇四二二	171

整理號	示意圖編號	整理號	示意圖編號	整理號	示意圖編號
一〇四二三	172	一〇四四七	196	一〇四八三	228
一〇四二四	173	一〇四四八	197	一〇四八四	229
一〇四二五	174	一〇四四九	198	一〇四八五	230
一〇四二六	175	一〇四五二	201	一〇四八六	231
一〇四二七	176	一〇四五三	202	一〇四八七	233
一〇四二八	177	一〇四五四	203	一〇四八八	234
一〇四二九	178	一〇四六五	204	一〇四八九	236
一〇四三〇	179	一〇四六六	205	一〇四九〇	240
一〇四三一	180	一〇四六七	206	一〇四九一	241
一〇四三二	181	一〇四六八	207	一〇四九二	246
一〇四三三	182	一〇四六九	208	一〇四九三	247
一〇四三四	183	一〇四七〇	209	一〇四九四	248
一〇四三五	184	一〇四七一	210	一〇四九五	249
一〇四三六	185	一〇四七二	212		
一〇四三七	186	一〇四七三	213		
一〇四三八	187	一〇四七四	215		
一〇四三九	188	一〇四七五	216		
一〇四四〇	189	一〇四七六	219		
一〇四四一	190	一〇四七七	220		
一〇四四二	191	一〇四七八	223		
一〇四四三	192	一〇四七九	224		
一〇四四四	193	一〇四八〇	225		
一〇四四五	194	一〇四八一	226		
一〇四四六	195	一〇四八二	227		

附録二　索　引

一 人名索引

一、本索引所列為走馬樓吴簡中出現的人名，是用計算機按姓字的漢語拼音字母順序編排的。包括姓字清楚、名字不清楚的姓名，不包括姓字不清楚、名字清楚的姓名。為方便排版，原釋文未敢遽定之字而在釋文下加的（?）號及在釋文外補的「□」號，一律取消。

二、個別地名採用通假字時，本索引將其列入被通假字位置並加括號注明，如「番慮」入「潘慮」列，作「潘（番）慮」。

三、本索引所列人名下，仍列出其所在地名，以便讀者查閱。地名無法辨識者，不列出。

四、凡姓字為自造字者，附于最後。

A

阿起 羅 七八六〇
安明 五七一四

C

蔡帝 九九二四
蔡鵬 □下丘 二〇〇
蔡巴 一〇七
蔡禱 六二五〇
蔡德 楮下丘 一四〇
蔡鐃 吉陽里 一〇三五〇
蔡上 七九九五
〇一三
蔡通 上薄丘 七二七七
蔡文 □田丘 一五四五
蔡五 上俗丘 三四〇八
蔡晞 廣成鄉夢丘 四六六一
蔡嬰 高遷里 一〇四〇一
蔡䊦 一一五七
蔡□ 禿丘 三一八七
蔡□ 二四九
一一六五
一二七一
三一七九
曹卿 四五一二
曹思 上何丘 四五六五
曹元 □貴里 九七〇七
曹□ 里中丘 七七九六
曹□ 楊溴丘 三四五一
曹□ 一八二三

二一一二
常盡 六二九〇
車刀 三〇二一
車黃 八一〇二
臣難 七八九六
臣□ 藎丘 七八〇一
陳錄 撈丘 三六二三
陳部 三一三六
陳勑 三〇八五
陳車 東山丘 五三一三
陳成 四六五六
陳崇 中鄉 一七四一
陳棟 二〇八〇
陳碓 唐下丘 三五四七
陳頓 四七二七
陳放 三四二〇
陳蜚 宜陽里 五二三四
陳复 二一八九
陳管 都鄉 三七八正
陳廣 平陽丘 七二八五
陳機 三七〇二
三七八九
陳嘉 二〇三三
陳建 □于丘 四八三六
陳建 四七三九
陳彊 九八八
陳頡 五六六五
陳晉 二一二五
陳靚 一七五一
陳寬 義成里 八四六六
陳曠 廣成鄉楊丘 六二七九

陳利 醴陵 六六五七
陳廉 八四
陳魯 周丘 八一九六
陳每 東扶里 八四三六
陳覓 六〇三四
陳苗 三七三七
陳民 平陽丘 七二八六
七二九二
陳命 平陽丘 七八八四
陳奴 二二四五
陳匹 東天里 一二二三
陳其 □樂里 五三五三
陳洽 一八七〇
陳妾 五三六四
六三六二
陳妾 南鄉吴上丘 八二四〇
陳困 平鄉東丘 八三三七
陳讓 西鄉温丘 八三五二
陳如 頃丘 七三四五
陳慎 二五〇七
陳市 義成里 四一三一
陳雙 義成里 九二六六
陳通 三一七六
陳文 南鄉桐唐丘 六九二〇
陳文 三七九六
陳廈 拒丘 七五六九
陳孝 □下丘 八二七七
陳選 三二〇
陳延 西鄉楊溴丘 四三六
陳顔 新成丘 四八九一
陳顔 宜陽里 九一五六
陳顔 四一四五
陳陽 二〇九五
陳宜 宜都里 四八四七
陳義 一三一六

陳銀 撈丘 七九九一
陳仗 都鄉邑下 七五三三
陳中 一七五一
陳仲 一一五七
陳州 五三一二
陳胄 一四六五
陳宗 六七九二
陳困 七六八九
三四五六
陳□ 唐下丘 六九九六
陳□ 東陽里 九三九四
陳□ 末州丘 七七八三
陳□ 平陽丘 七六七〇
陳□ 上和丘 二九九八
陳□ 唐下丘 九八七一
陳□ 楊丘 五〇三八
陳□ 宜陽里 九六一八
陳□ □能丘 一九一
陳□ □下丘 七七九三
陳□ 九五八
二〇二四
二三〇一
四四四九
三一五六
七九六八
七九九二
八一七一
九九一八
程股 五五四六
程願 六二四八
程仲 □陽里 九二四二
程□ 白石丘 一三八八
崇客 下雋 五九三二

鉏恪 余州丘 八二六二
尊龍 下雋 七五一二
慈牛 周陵丘 三二一六
忩侯 監沱丘 三六八七
苍牛 一〇五五
苍蒴 監沱丘 九九四九
苍殷 八九四三

D

戴鴒 一七五一
戴邁 二七〇三
單□ 廣成鄉周陵丘 六八八一
鄧疇 二八〇二
鄧旟 二六一〇
鄧鉞 七五五〇
鄧罷 楷丘 三三六五
鄧成 廉丘 六八一二
鄧疇 唐中丘 七八二六
鄧疇 九八一二
鄧春 四八六八
鄧達 平丘 二八七八
鄧得 五一七〇
鄧朕 宜陽里 八六三〇
鄧棟 東丘 四五〇〇
鄧斷 平樂丘 二七八五
鄧頓 三五〇五
鄧兒 三州丘 八二八八
鄧兒 小武陵鄉 三五一一
鄧番 佃丘 二九三六

H

七一六六
七〇〇三
七一三七
七八七一
七九七四
八〇八四
八五五八
八七一六
八九四二
八九五九
九三一七
九三二一
九五五〇
九五六〇
九五九二
九六一三
九六二二
九六三〇
九六三四
九六六五
九六七二
九七五五
九九〇二
九九一七
一〇〇〇七
潘（番）珛 六五〇七
六五五七
七七〇五
七七〇七
七七八二
七八八五
七八八七
七九三一
七九三六
七九四四
八二〇二
八二一四
八二二一
八二四二
八二四七
八二四八
八二五二
八二五三
八二六〇
八二六八
八八〇一
八八〇二
八八二〇
八八四四
八八七七
潘蓮 佃三丘 七三三七
潘濆 惕丘 四五五一
潘邦 北鄉 五一五七
潘岑 廣成鄉樽丘 八二八九
潘噌 頃丘 五四三四
潘萇 □帛丘 七三三四
潘崇 溫丘 四五二七
潘大 四三一九
潘旦 度里 二六六一
潘複 四九五九
潘廣 平鄉桐唐丘 四五三〇
潘和 略丘 四〇五九
五〇三一
潘虎 樂鄉頃丘 七九九〇
潘金 藎丘 八〇〇五
潘儘 區丘 三四三七
潘郡 廣成鄉三州丘 八二五〇
潘孔 叟丘 二八六九
潘梨 廣成鄉拉陵丘 七五二二
潘連 中鄉湛龍丘 二八三一
潘孟 彈溲丘 三九五七
潘勉 於上丘 三二八三
潘明 盧丘 二八四三
潘明 平鄉盡丘 七八二五
潘明 三〇五七
四七二三
潘木 三五八六
潘朋 平鄉 四七七六
潘奇 木匹丘 八〇七四
潘起 惕丘 四六三九
潘錢 敷丘 六九〇五
潘槧 師唐丘 八二七四
潘桑 平陽里 四九九八
潘慎 漂丘 三五四一
潘慎 四二八
四三一
潘省 略丘 四三八五
潘特 廉丘 三四一六
潘衛 伻丘 六九二九
潘賢 宜陽里 二八八一
潘詳 二六四五
潘享 汩溲丘 四五四一
潘宜 七八七一
潘有 三一
五五一八
五七九三
六一三二
七九八七
潘侑 六四一〇
潘於 平鄉東丘 八七五一
潘張 區陵丘 一五五八
潘真 模鄉 一三〇三
潘正 彈溲丘 七四八九
潘止 頃丘 七四七二
潘止 區李丘 七二九三
潘止 惕丘 七二七六
潘逐 平鄉三州下丘 八二二一
潘注 四三四五
潘狩 四七八三
五〇〇五
八七一三
八七二三
九七八二
潘自 □社丘 三一九八
潘足 八六六八
潘翔 二五七六
潘畜 八八八一
潘□ 雷丘 四四四三
潘□ 東陽里 四八八七
潘□ 高遷里 七三七一
潘□ 盡丘 四〇
四五八七
六二五二
潘□ 寇丘 六九八五
潘□ 梁丘 七四〇九
潘□ 盧丘 七九九六
潘□ 略丘 七二九〇
潘□ 頃丘 五四五四
潘□ 惕丘 五七一九
潘□ 溫□丘 四六二八
潘□ 攸 八二〇一
一五八五
潘□ 二七〇三
四〇六四
四三七五
五六一五
七七九四
八〇三〇
八三八八
九七六一
番霸 宜陽里 九〇〇七
番表 漂丘 七八七五
番萇 小赤里 一〇〇一七
番迪 六七〇七
番典 盡丘 四七三三
番牒 於上丘 五七三七
番該 東丘 四九五三
番觀 一八六七
二二七七
番廣 義成里 九四四六
番弘 廣成鄉 三四六一
番忽 栗丘 七四〇〇
番賈 彈溲丘 七三〇九
番韭 四九〇三
番郡 廣成鄉三州丘 七八三四
番郡 六九六九
番侃 一四〇三
番禮 六二七四
番獵 一三一八
番龍 彈溲丘 三五一五
番麥 義成里 九三一二
番卯 樂鄉頃丘 七九三一
番門 盡丘 七三〇二
番明 六二九九
一〇〇〇六
番難 廣成鄉三州丘 六三〇〇
番能 義成里 五三六〇
番朋 盡丘 七三一七
番品 九九九四
番七 八七七一
番涪 由溲丘 九七一八
番妾 平樂里 九〇〇六
番瓊 浸頃丘 三二三三

謝□ 平陽里 四九七六
謝□ 三州丘 三二九九
謝□ 世丘 三五九〇
謝□ 西鄉億丘 六九九四
謝□ 小武陵鄉桐唐丘 七七九一
謝□ 宜陽里 九五八八
謝□ 翟丘 七二〇二
謝□ 中□丘 四三三一
謝□ 専丘 三〇〇六
謝□ □元丘 三一九七
謝□ 滈丘 八五四四
謝□ 東平丘 四八七八
謝□ 一四一
一四二〇
一九一三
三二七六
四五四三
五八〇二
七八六一
七九六二
新民 倉丘 六三〇六
信化 宜陽里 二八七二
脩故 都鄉 一七一正
徐朝 宜陽里 九二八九
徐華 八七六二
徐邵 二〇八九
徐熙 宜陽里 九〇八五
徐玄 二一二五
徐業 三〇九五
徐營 宜陽里 九二一九
徐章 六八四三

許貝 何丘 七八〇〇
許賓 石下丘 一八五
許帛 敬賢丘 七九八三
許蔡 常遷里 二九七四
許萇 六七八五
許丑 中鄉 一六七二
許廣 永新 一七八三
許華 三三七三
許平 九六〇二
許尚 一七五六
一七九三
二〇二四
二〇六九
二一八九
許紹 宜陽里 九一二九
許息 何丘 四五二八
許仲 九九三七
許□ 二〇一
二一八七
二六七六

Y

焉倜 八六一一
焉緅 劉陽 七五〇三
焉□ 劉陽 七五九八
延若 一五二四
言女 八〇五六
閻術 一六九四
楊樊 邑下 五三二八
楊樊 四三六二
楊蓋 平陽里 九六五三
楊明 八四〇五
楊朋 六四一〇
六四七九
楊萬 八三七三
八三九五
楊昭 一九五二
楊樔 臨湘 六〇〇六
楊□ 富貴里 七
楊□ 七八六六
衣脩 富貴里 二九七九
益買 臨湘 五八三二
殷楷 劉里丘 三三六七
殷達 何丘 三八八六
殷汗 臨湘 五八二三
殷桓 一〇二三
殷連 伍社丘 八〇八七
殷連 三〇
五四
三七五
一〇八〇
一一二一
一一五二
一二三四
一四四二
一四四五
一四四八
一四六三
一四六八
一四七四
一四八一
一四九四
一五〇三
一五一四
一五二四
一五五五
一五五七
一五五九
一五八七
一五九三
一五六二
一五九四
一六〇七
一六一四
一六二四
一六五四
一七〇九
二五五八
二六六三
二七〇一
二七〇六
二七二三
二七二八
二七三八
二七六一
二七六八
二七八五
二八〇二
二八〇五
二八一一
二八一九
二八二〇
二八二一
二八二三
二八二五
二八二八
二八三一
二八三六
二八四二
二八四四
二八四六
二八四七
三〇七八
三四八四
三五五九
三七三二
三七三三
四三五三
四三七二
四四一五
四四一七
四五一五
四五九一
四六〇四
四六三一
四六六三
四六六四
四七二二
五一一七
五一一五
五五一五
五七〇〇
五七〇五
五七一五
五七三四
五七五四
五七六七
五七七五
六二〇五
六二三〇
六二四四
六二五九
六三五九

周廖 下唐丘 四七三一
周明 七六三三
周牛 劉里丘 三七六四
周朋 六八四二
周平 周陵丘 七二八七
周平 七七一三
周起 監□丘 七一四八
周柔 一八一三
周生 五一七八
周使 五唐丘 八六八〇
周筭 □枎丘 八九四八
周唐 四九三八
周禿 宜陽里 九四〇九
周萬 四六七六
周尾 醴陵 七五一九
周吴 二二三八 二二五二 二二九二
周誤 頃丘 五二七九
周庚 八九八八
周章 一八八九 三〇三 六七四六 九七七三
周權 八五二四
周秩 平鄉 四八四〇
周□ 佃丘 四四六
周□ 南鄉邑下 三五四二
周□ 恕丘 二九七
周□ 一八三八 四三七七 四三七八 四四一六 五四九四
宙揚 中鄉東枎丘 六九七四
朱酆 柚丘 七二八四 七二九五
朱倉 常遷里 二六九四 二九五四
朱萇 都鄉 三七九正
朱存 二二七九
朱當 西鄉上俗丘 七九七九
朱典 四五六三
朱佃 平陽里 一〇四七六
朱福 石唐丘 二九二七
朱渙 常遷里 二九六八
朱會 富貴里 二九八四
朱堅 八九八七
朱監 柚丘 五二七五
朱驚 羅 六六〇三
朱敬 都鄉 一七二正
朱就 吉陽里 一〇四六二
朱玫 上俗丘 七三一一
朱米 五〇一九
朱旻 上俗丘 三三四二
朱年 □興丘 六五四四
朱年 二九八八 四八八四
朱謙 三〇七九
朱妾 八五一七
朱勤 六八一八
朱確 六一二七
朱讓 東鄉 一六九六
朱饒 四五〇三
朱設 東枎里 一二六四
朱碩 平陽里 一〇二四六
朱文 二〇五六
朱新 三八六三
朱熊 七八六七
朱選 八七七三
朱鼂 八二〇二
朱恙 一八三三
朱異 臨湘 五九一四
朱澤 八〇〇七
朱政 都鄉□石丘 八三二三
朱主 四三九〇
朱□ 彈浭丘 八四二六
朱□ 富貴里 三三八一
朱□ 四一 二二七九 二九一二 三三三六 三八〇〇 四三八六 七三一四 七五四三 九九九九
竹龍 七六九
竹□ 小赤里 一〇〇二四
宗萇 三四二四
宗忠 平陽里 八六八四
宗囷 殷梁丘 一四九〇
棕曹 龍穴丘 一五九一

附

炑朋 一二六七
萠力 三州丘 七三二八
漼監 臨湘 八二六三
卮陵 烝口 一八五四 一九八四
佴妾 奮丘 一〇九
假客 頃丘 六〇六三
蕣眼 浸須丘 四五一九
潭珠 三五二
篛追 吉陽里 一〇一四九

（劉聰編）

二　地名索引

一、本索引所列為走馬樓吴簡中出現的地名，分鄉、丘、里及出現的郡縣四部分，並將簡中鄉與丘有明確對應者附于後。各部分是用計算機按漢語拼音字母順序編排的。

三、個别地名採用通假字時，本索引將其列入被通假字位置并加括號注明，如「員口」入「湏口」列，作「湏（員）口」。

四、地名后仍保留相關人名，以便讀者查閱。為方便排版，原釋文未敢遽定之字而在釋文下加的（?）號及在釋文外補的「□」號，一律取消。

五、凡地名首字為自造字及地名首字不可確認者，附于後。

鄉

B

北鄉潘邦 五一五七
北鄉 六九八二

C

赤鄉 七三五一

D

東鄉李息 七六〇一
東鄉朱讓 一六九六
東鄉 二二 九三 三二五 三八四 四五〇 四六一 五一五 五五〇 六三〇 六四一 六六七 六六八 一二七三 一四四〇 一四八六 一五九五 一七〇一 二六二八 三四〇七 三四五〇 三六一二 三六七九 三八二〇 三八六八 四〇三六 四〇三九 四〇七三 四四六三 四四七二 四四八一 四五一四 四六二一 四六四六 四七一五 四七二六 四七六三 四八六二 四九〇〇 五〇一二 五〇一六 五二四七 五二七〇 五二九六 五三三四 五六八五 五七〇六 五七四四 五七六八 六一七八 六八一五 六八四四 六八四九 六九一〇 六九一二 六九一四 六九八三 七〇七四 七〇九二 七三四〇 七四三七 七四六二 七四七四 七七二二 七八八八 八二七五 八四九二 八五八九 九七三七 九七八三 九八〇九 九九九一
都鄉陳管 三七八正
都鄉龔將 二九一正
都鄉黃旱 四三〇正
都鄉黃治 三七七正
都鄉誦思 一七〇正
都鄉吳□ 四六八正
都鄉脩故 一七一正
都鄉張粹 四三三正
都鄉鄭郎 一七三正
都鄉朱萇 三七九正
都鄉朱敬 一七二正
都鄉 三六 八〇 八八 一二七 一七六 一七七正 二二九 二八四 三〇四 三一二 三四八 三五四正 三五六正 三七三 三九六正 四一二 四二〇正 四三七 四五一 四五八 四六六正 四六六正 四六七 四七一 五三七 五四六正 六〇〇 一〇三一 一〇八九 一一八九 一二一四 一三八五 一三八七 一三九三 一四〇八 一四一二 一四一九 一四二一 一四二三 一四四六 一四六九 一五一二 一五四四 一五五六 一五七七 一五八四 一五八六 一五九八 一六二三 一六八三 一六九〇 一七〇〇 一七〇四 一七〇五 一七〇七甲 一七八九 二六七九 二八三四 三四三四 三四四八 三八〇七 三九二二 四三〇三 四三二〇 四三三二 四四〇四 四八一一 五〇一五 五一八四 六三八三 六七九八 六八八四 六九一一 六九二四 六九九〇

G

附

里

A

C

吴簡中出現的郡縣及其他地名

附録（簡中出現的鄉與丘的明確對應）

（劉聰編）

三　紀年索引

一、本索引所列為走馬樓吴簡中出現的紀年，以年號先後為序。

二、在每一年中，若出現明確月份，則又依月份為序，未出現明確月份者，附于後。

二三一三
二三一五
二三二一
二三二九
二三三〇
二三三一
二三三七
二三四〇
二三四六
二三五八
二三七六
二三八〇
二三八一
二三九四
二三九七
二四〇〇
二四〇三
二四一二
二四一七
二四二三
二四四五
二四五二
二四七一
二四九三
三〇一九
三一二七
三一三二
三一五〇
三一五九
三一七九
三三六一
五一四三
五一五四
五二二〇
五七六一

六二〇六
六二三四
六三七九
六三八〇
六五一一
六五一八
黃龍三年 六五二〇
正月 六五三四
六五六三
六五七四
六五八五
六六二六
六六九〇
六七〇〇
七八六四
七八八一
九二九七
九五二一
二月 九五二五
九五二七
九五二八
九五三七
九五三八
九五四六
九五四七
九五七四
九五七五
三月 九五八一
九五八五
九六〇〇
九六〇六
九六一三
九六一六
四月 九六二〇
九六二一

九六三〇
九六四四
九七九五
九九四一
五月
七月
三〇一二
八月 三〇八二
十月 三〇八三
三〇八四
十一月 三一一〇
三一四四
三一七〇
三一七一
三一七三
六七五二
九九四六
十二月 一七七一
二三一四
無確切月份 五四三九
六七二二
六七六〇
六八二〇
六八五八
八四五九
九七〇〇
三〇七九
三〇八六
三一三六
三四一四
六〇八四
六一八三
二三一四
三〇三七

三〇五〇
三一〇五
三一一六
三一五六
五六五三
二〇六九
二〇三〇
八九六八
八〇三三
三四三六
六六九七
一七三〇
一八三二
二〇〇八
三一〇三
三一一五
六八〇二
九八四〇
三一七四
六〇七三
二四八
二五二
一一二三
一一六五
一一八八
一三〇九
一六四五
一七一七
一七一八
一七一九
一七二六
一七二八
一七三九
一七四六
一七四七

一七四八
一七四九
一七五〇
一七五二
一七五五
一七五八
一七六二
一七六四
一七六七
一七六八
一七六九
一七七〇
一七八五
一七八九
一七九六
一八〇〇
一八〇一
一八〇三
一八一九
一八二〇
一八二一
一八二九
一八三七
一八四二
一八六三
一八六四
一八六五
一八七二
一八八二
一八八四
一八九六
一八九七
一八九九
一九〇一
一九〇八

十月

十一月

十二月

閏月

無確切月份

九五七五
九九九九

五月

一六七〇
五二六四
五四三四
五六二七
六二四七
六七八二
七八八八
七八九二
七九一二
七九四八
八二五三
八三〇一

六月

五八八七

十月

三四三五
一〇〇二九

十一月

六九一九
六九六六
七九八〇

十二月

三二八七
七八六五
七八六八
八〇九八

無確切月份

六六六九
八六六
一一五七
一一七九
一二二一
一三八九
一五四四
二八三一
四五九九
五七九一
六三九六
六四五七
六九六三
七一四九
七七九五
七九一七
八一二九
九九五五
九九五九

嘉禾四年

一〇五一
一六七三
二四二四
二四五六
二四五九
二四七二
二四九七
五七七七
六八七九
六九七一
七八八二
七九〇三
七九七五
八〇〇三
八三六二
八四八二
九〇八八
一〇一五三

嘉禾五年

五三
二〇八
二六八
二八八
三一三
三二四
三八八
四〇三
四二三
四二七
五三八
五五〇
六二六
七五六
一一七〇
一二二四
一七三三
二六六八
二六九七
二七〇五
二七二九
二七四六
二七五四
二七五七
二七七七
二八二九

嘉禾六年

四四
四六
九一
一七五
一八五
二五九
二九四
三二一
三三〇正
三四四
三四六
三九三
四〇八
四六二
四七五
四八三
四八七
四九一
四九四
五〇二
五〇四
五一四
五九〇
六一三
六一五
六四八
六五〇
六五一
六七二
七一〇
七四三
九六八
一二一五
一三三六
一七三二
二五九一
二六七一
二六五六
二六七一
二六七四
二六七七
二六八九
二六九二
二七〇五
二七一六
二七五八
五七四六正

（劉聰編）